인물로 읽는 주역

# 주역에게 길을 묻다

인물로 읽는 주역

# 주역에게 길을 묻다

맹난자 지음

연암서가

지은이 맹난자

이화여대 국문과와 동국대학교 불교철학과를 수료하였다. 1969년부터 10년 동안 월간 『신행불교』
의 편집장을 지냈으며 1980년 동양문화연구소장 약연 서정기 선생에게 주역을 사사하고 도계 박재
완 선생과 노석 유충엽 선생에게 명리(命理)를 공부했다. '역문관서우회' 회장으로 『이름 22수의 주
술』(중앙일보사, 1995)과 『도계실관』(너른터, 1993)을 펴냈다.
1997년 1월부터 수효문화원에서 『주역』을, 능인선원에서 『명리(命理)』를 강의하며 『수필과비평』에
'이야기로 읽는 주역 에세이'와 월간 『까마』에 '천지현황(天地玄黃) 주역 에세이'를, 월간 『묵가』에
'주역산책'을 2년 동안 연재하였다.
2002년부터 5년간 수필전문지인 『에세이문학』의 발행인과 한국수필문학진흥회 회장을 역임하고
『월간문학』 편집위원과 지하철 게시판 『풍경소리』 편집위원장을 지냈다.
저서로는 수필집 『빈 배에 가득한 달빛』 『사유의 뜰』 『삶을 원하거든 죽음을 기억하라』 『인생은 아
름다워라』 『라데팡스의 불빛』과 선집 『탱고, 그 관능의 쓸쓸함에 대하여』 『만목의 가을』과 작가묘
지기행인 『그들 앞에 서면 내 영혼에 불이 켜진다』(Ⅰ·Ⅱ) 외 공저 다수가 있다. 현대수필문학상·남
촌문학상·정경문학상·신곡문학대상을 수상하였으며 지금은 『에세이문학』과 『에세이스트』의 편
집고문이며 한국문인협회 회원, 국제펜클럽 한국본부 이사로 있다.

# 주역에게 길을 묻다

2012년 12월 15일 초판 1쇄 발행
2021년 12월 20일 초판 3쇄 발행

지은이 | 맹난자
펴낸이 | 권오상
펴낸곳 | 연암서가

등  록 | 2007년 10월 8일(제396-2007-00107호)
주  소 | 경기도 고양시 일산서구 대화동 2232번지 402-1101
전  화 | 031-907-3010
팩  스 | 031-912-3012
이메일 | yeonamseoga@naver.com
ISBN 978-89-94054-31-5  03150

값 18,000원

# 서문

　자고로 성현군자는 어지러운 세상에 주역에게 길을 물어서 스스로 진실세계에 들어갔을 뿐만 아니라 불안과 공포에 사로잡혀 절망하는 민중을 널리 구제하여 안락하고 행복한 문명사회를 개척하였다.

　그러나 주역의 만화문(萬化門)은 진실하고, 착하고, 아름다워서 지혜와 사랑과 용기를 갖춘 어진 사람만이 들어갈 수 있기 때문에 쉽게 접근할 영역이 아니다. 대체로 주역을 공부하는 초학자는 8괘문(八卦門)으로 들어가서 64괘 384효(爻)를 손수 셈하여 만물의 생성원리인 5행(五行)의 운수를 확인할 뿐이고, 뛰어난 선비라야 다시 4상문(四象門)으로 들어가서 원회운세(元會運世)의 기수(氣數)를 셈하여 선천(先天)과 후천(後天)을 살펴 원형리정(元亨利貞)의 이수(理數)를 터득하고, 만물의 영장으로 하늘 아래 가장 고귀한 인격을 완성하나니, 그러한 다음에 능히 음양문(陰陽門)으로 들어가서 천기(天機)의 신묘불측(神妙不測)한 권능을 직접 파악하여 하늘 땅의 신령한 조화와 만물의 신비로운 작용을 자유자재로 능숙하게 운전하여 마침내 태극문(太極門)으로 들어가는 것이다.

일찍이 태극문(太極門)으로 들어가신 공자(孔子)는 삼라만상을 대통일하여 영원히 성실하고, 밝은 천리(天理)를 한 마음의 중심권에 모두 거두어 싸고, 우주의 무한한 태허(太虛)의 원기(元氣)를 남김없이 한 몸에 모아 원만하게 융합하여 마침내 하늘과 짝하는 신성한 경지에 올랐으니 공자님은 곧 하나의 태극이시다.

모름지기 주역의 세계는 천계(天界)와 신계(神界), 인계(人界)와 물계(物界)를 모두 하나로 아울러 천연의 도덕과 본연의 윤리와 당면의 예절을 밝히기 때문에 털끝만큼이라도 길이 어그러지면 아득히 혼돈으로 떨어질 위험이 있는 까닭에 예로부터 주역을 배움에는 반드시 도통(道統)의 연원(淵源)을 찾아서 입문(入門)하였던 것이다.

관여(觀如) 맹난자(孟蘭子) 사문(斯文)이 주역으로 들어가는 문을 뚜렷이 밝히고, 그 이정표를 세우기 위하여 동서고금의 위대한 역설(易說)을 널리 탐구하면서 발로 그 유적을 답사하고, 손으로 그 역사를 실측하여 몸소 형체도 색깔도 없는 진리의 빛을 보고, 소리도 냄새도 없는 영혼의 말씀을 들어 별천지의 희소식을 책으로 엮었으니 참으로 새 시대, 세계 속의 한국 역학계에 새 바람을 일으키는 역작이다.

회고하건대 내가 일찍이 『주역의리사상초고』(1974)와 『주역상수체계』(1980)를 필사본으로 써서 가르칠 때에 관여(觀如) 사문이 도안(道眼)을 집중하여 『새 시대를 위한 주역』(1992)까지 세밀하게 읽었으므로 주역학의 이론적 체계에 대하여는 이미 남은 공부가 없었는데 그 뒤로 주역학의 실천적·실용적 사례를 계속 탐색하여 20여 년 간 홀로 숨어서 읽지 않은 책이 없고, 지하인(地下人)과 벗하며, 인물로 읽는 주역 이야기를 기술하였으니 이 책을 통하여 고금의 8괘문과 동서의 4상문과 생사의 음양문과 유무의 태극문까지 다양한 실경을 내외의 역학군자가 앉아서 감상하고 음미할 수 있는지라. 사문의 길상(吉祥)이요, 오도(吾道)의 행운이로다.

이에 만화대관장(萬化大觀杖)을 내려 찬란한 공적을 표창하노니 강건하고, 독실하고, 휘광(輝光)하여 날로 그 덕을 새로이 하는 대축(大畜)과 스스로 힘써 그치지 아니하는 건(乾)과 동지와 더불어, 금란(金蘭)의 동아리처럼 날카롭고 향기로운 동인(同人)의 괘상(卦象)을 그려서 아름다운 영광의 자리에 임하여 또한 고무(鼓舞)하노라.

단기 4345년 10월 9일
북악동천 5경훈로 약연 서정기 씀

# 주역의 세계

『주역』의 책장을 덮고 정좌하면 행간에서 이런 말씀들이 울려나온다.

'기뻐하지 말라, 해도 중천에 있으면 기울고 달도 차면 이지러지느니. 슬퍼하지 말라, 비색한 것도 마침내는 기울어지나니 그것이 어찌 오래 갈까 보냐.' "비종즉경(否終則傾)하나니 하가장야(何可長也)리오"로 위안을 받던, '매서운 북풍 앞에서 어이 봄이 멀랴'를 외치던 때의 심정이 되살아난다.

추운 때가 물러가면 더운 때가 온다. 한래서왕(寒來暑往). 이 한 치의 오차도 없는 사계절의 순환, 그 운행의 근거가 바로 역(易)이다. 한번 추우면[陰] 한번 덥고[陽], 한번 밤[陰]되면 한번 낮[陽]되는 이것을 일러 도(道)라 한다.

음이 극에 달하면 양으로 변(變)하고, 양이 극에 달하면 음으로 화(化)하는 음변양화(陰變陽化), 이러한 변화의 철학이 주역이다. 그리하여 "수시변역(隨時變易)하여 도를 따르는 것이 역(易)"이라고 하지 않던가. 다만 변해 가는 상황이 있을 뿐이다.

그믐달이 만월을 향해 점점 커가듯이 제일 좋지 못한 때가 바로 좋은 때의 시작이다. 궁즉변(窮則變)이요, 변즉통(變則通)이다. 그러므로 '손(損)'은 성장의 시작이며 '익(益)'은 쇠퇴의 시작이다. 어찌 '손괘'를 흉하다 하고 '익괘'를 길하다고만 하겠는가. 어떠한 경우에도 『주역』은 우리에게 용기와 희망을 주며 겸손과 근신으로써 자만을 경계했다. 주역에는 좋고 나쁜 괘가 따로 없다. 한순간도 그대로 머물러 있는 것은 없고 수시로 바뀌면서 변화하기 때문이다.

주역은 상황의 논리다. 지금 내가 처한 자리는 어디인가? 그 좌표를 살펴보고 진퇴를 결정해야 한다. 나아갈 때가 아니면 근신하면서 조용히 때를 기다려야 한다. 그 때를 아는 것, 이 욕급시야(欲及時也)를 위해서 군자는 덕을 쌓고 학업을 닦아 '지지지지(知至至之)' 이를 데를 알아 이르고, '지종종지(知終終之)' 마칠 데를 알아서 마치는지라 가히 의리를 지킬 수 있었다. '시대의재(時大矣哉)'라 그만큼 주역은 때를 중시했다.

그 진퇴존망(進退存亡)의 변화는 6효가 서로 교류하면서 나타난다. 초효에서 상효까지 여섯 효의 왕래 변화 속에 때[時]의 개념이 정립되고, 한 괘에 있어서의 처해진 입장이 드러난다. 즉 같은 중천건(重天乾) 괘라 해도 도연명은 초 9에 해당하고 윤선도는 9₄에 해당한다고 볼 수 있다. 그들은 용덕(龍德)을 갖춘 군자로서 모두 뛰어난 시인이었다. 그러나 때가 불리했으니 초 9의 도연명은 '물 속에 잠긴 용[陶潛]'으로 은거해야 했고, 9₄의 윤선도는 연못 속에 처해져 '혹약재연[或躍在淵]'하며 때가 도래하기를 기다려야 했다.

또한 건괘 9₂와 9₅는 제갈공명과 유비에 비견해 보았다. 신하인 9₂는 '밭에 나타난 용[見龍]'으로 대인을 만나 보는 것이 이롭고, 임금인 9₅는 '나는 용[飛龍]'이 하늘에 있는 것이니, 이 또한 대인을 만나 보는 것이 이롭다. 효의 자리가 다르긴 해도 동덕(同德)으로써 이미 의기가 투합되고 있으니 이들은 만나야 천하의 대의를 도모할 수 있고 천하의 사업을 성취할 수 있겠기 때문이다.

『주역』의 말씀은 늘 덕을 닦고 괴로움을 이겨내는 지혜의 방법을 일러준다. 그러므로 많은 사람들이 주역에게 길을 물었다.

다도(茶道)의 성인이 된 육우와 화가 정선도 막히는 길목에서 주역에게 점을 쳐 길을 물었다. 육우가 뽑은 괘는 하필 수산건(水山蹇)괘였다. 첫 번째, 험한 물이 가로막고 있어 나아가지 못한다는 현재의 상황을 알려주고, 두 번째 불길하다는 판단을 내린다. 다리 절뚝거릴 '건(蹇) 난(難)'의 때를 당하여 험함을 보고 멈추니 지혜롭다고 주역은 충고한 뒤 "험난한 때의 쓰임이 크다"는 지침을 제시한다.

공자는 수산건(䷦)괘의 형상을 보고 다음과 같은 상사(象辭)의 말씀으로 조언한다.

"산 위에 물이 있음이 험난함이니, 군자는 이를 본받아 자기 몸을 돌아보고 덕을 닦느니라."

육우는 공자의 이 가르침을 본받아 반신수덕(反身修德)하며 각고의 노력을 기울여 『다경』을 완성하였다. 화가 정선은 지산겸(地山謙)괘를 뽑아 겸재라 자호하고 "겸손은 형통하니 군자는 마침내 좋은 끝이 있으리라", "먼저는 굽히나 뒤에는 폄을 이룬다"는 괘사의 말씀대로 겸손과 근면으로써 조선 8도를 누비며 실경을 사생한 끝에 조선 최고의 진경산수화가가 되었다.

『주역』의 말씀은 그 상황에 맞추어 각각 나아갈 바를 가리키고 있다.

『주역』이 점서(占書)임에도 불구하고 경전으로 대접받는 소이가 바로 이것 때문이다. 닥쳐올 미래상황에 어떻게 대처해야 하는가? 우리의 행동 규범을 제시하고 의리서(義理書)로서 윤리적 지침을 담고 있기 때문이다. 그리하여 군자는 처소에 거한즉 '관기상이 완기사(觀其象而玩其辭)하고' 그 괘의 형상(象)을 관찰하여 괘효사의 말씀을 완상 음미하면서 본성을 돌이키고, 장차 움직이려고 할 때에는 '관기변이 완기점(觀其變而 玩其占)'하나니 그 효의 변화를 관찰하여 거기에 따른 점(占)을 참작한다. 왜냐하면 괘효사(卦爻辭)의 말씀에는 길흉(吉凶) 소장(消長)의 이치와 진퇴존망(進退存亡)의 도가 갖추어져 있기 때문이다. 그러므로 "『주역』의 말씀[辭]을 미루어 보고, 괘를 고찰해 보면 가히 변화를 알 것이요, 상(象)과 점(占)은 그 가운데에 있다"는 것이다. 때문에 가장 중시해야 할 것은 사(辭)나 상(象)을 통하여 파악되어야 할 뜻, 즉 도(道)나 리(理)라고 하겠다.

이 책에서 '도와 덕'에 대한 부분은 공자와 노자편에서 그리고 '리(理)'나 '태극(太極)'에 대해서는 주자편에서 살펴보았다. 상수(象數)에 따른 점(占)에 관련된 부분은 귀곡자와 이토정편에서 언급했다.

마두령 꽃잎을 보고 손빈의 미래를 예언하며 위험에서 제자를 구해준 귀곡자 선생처럼, 임진왜란과 병자호란을 예언하며 나라의 안위를 걱정했던 토정 이지함 선생처럼 앞일을 훤히 알고 싶었던 때가 있었다. 주역에 대한 내 첫 번째 호기심은 신비한 영역에 대한 도전이었다. 그러나 역(易)에 통달한 분들은 술수에 능한 것이 아니라 먼저 천지와 더불어 그 덕을 합할 줄 아는 대인들이었다는 점을 깨달았다. 토정과 퇴계, 서화담과 소강절 , 주자와 공자 등은 모두 대인이셨다.

지극한 성실은 신명(神明)과 통한다고 했던가. 직(直)과 성(誠)으로써 이치에 통할 것을 염려할지언정 어찌 사욕으로써 술수만을 탐하겠는가 싶었다. 자고로 "역(易)에 능한 사람은 점을 치지 않는다"고 하였으니 왜냐하면 역(易)은 내 마음속에 있기 때문이다.

"역에 괘가 있는 것은 역(易)이 이미 형상(形象)한 것이요, 괘에 효가 있는 것은 괘(卦)가 이미 나타난 것이니, 이미 형상하고 이미 나타난 것은 가히 안다고 하거니와 형상하지 않고 나타나지 않은 것은 가히 이름을 구하지 못할지니 이른바 역(易)은 과연 어떤 것인가? 이를 배우는 자는 마땅히 알아야 한다"고 「역서(易序)」는 넌지시 우리에게 일러주고 있다. 한 생각도 일으키지 않는, 무심(無心)인즉 무동무효(無動無爻)이다. 어디에 따라붙을 길흉이 있겠는가?

착한 것에 복을 주고 지나친 것에 화(禍)를 내리는 것은 누가 주관하는가? 소강절에 따르면 귀신이 그렇게 한다는 것이다. 그러나 귀신이 아는 것은 말과 행실이다. 귀신이 한 일이지만 그 귀신을 그렇게 만든 것은 자신의 말과 행동이다. 자신의 말과 행동을 아는 사람은 시초를 빌어 길흉화복을 귀신에게 물어보겠는가? 그렇지 않다면 자신의 말과 행동을 돌아보겠는가? 『주역』에서 언행의 추기(樞機)가 강조되는 것도 이 때문이리라.

한 생각도 움직이지 않으면 귀신도 알지 못하나니 나로 말미암지 않고 다시 누구를 말미암겠는가? 그러므로 역(易)이 내 안에 있다 할 것이다.

토정 선생은 욕심이 적어지고 더 적어져서 더는 적어질 것이 없는 데까지 이르면 마음이 비고 신령스러워진다고 '과욕설'에서 언명하듯이 그는 허심자명(虛心自明)으로써 일월의 밝은 덕과 합치될 수 있었으며,

허령무사(虛靈無私)로써 신명(神明)과 통할 수 있었다. 지성여신(至誠如神)이다. 그러므로 나는 '성(誠)함으로써 명(明)하다'는 내 몸의 지성(至誠)을 돌아볼 따름이다. 내가 역문(易門)에 들어와 만난 것도 귀신같이 앞질러 아는 신인(神人)이나 이인(異人)이 아니라 두 발을 땅에 굳건히 딛고 지극한 성실을 실천한 도학군자들이었다. 왜 인간인가? '인간의 척도는 인간'이라는 공자의 말씀을 되새길 수 있었다. 자고로 도덕을 강조하는 이 땅의 선비나 유학자들, 뿐만 아니라 인문학에 종사하는 철학자나 교수들은 『주역』의 말씀에서 눈길을 떼지 못했다. 동양의 작가 바쇼나 소동파, 백거이는 물론 유럽의 작가 헤세나 괴테, 예이츠, 그리고 옥타비오 파스와 보르헤스도 『주역』을 애독했다. 보르헤스는 스페인어판 『주역』에 헌시를 쓰고 유럽 독자들에게 『주역』 읽기를 권했다. 헤르만 헤세는 『유리알 유희』에서 주역의 인문학적 정신과 『주역』의 산수몽괘와 화산여괘, 그리고 화풍정괘를 차용해 작품의 근간으로 삼았다.

시인이란 "언어가 원래 말할 수 없는 것을 이미지를 통하여 어떻게 말할 수 있는가의 경지를 보여 주어야 한다"던 멕시코의 시인 옥타비오 파스는 『주역』을 지목했다. 주역은 기호[괘]를 통해 언어를 배제한 수작[소통]이 가능했기 때문이다. 그는 주역의 기호(64괘)를 자신의 공간시에 직접 활용하기도 했다.

30년간 주역을 연구해 온 스위스의 심리학자 카를 융은 의식과 무의식의 불합치에서 일어나는 정신분열을 통합하기 위해 무의식 안의 모든 내용을 완전히 의식화시킬 것을 강조했는데 그 방법으로서의 주역을 주목했던 것이다. 그는 『주역』이 "무의식을 의식화시키는 도구요, 수천 년 동안 사용되어진 유일무이(唯一無二)한 지혜의 서"라고 평가하며 작괘(作卦)를 실시하는 과정에서 '동시성의 원리'를 발견해내기도 했다. 『주역』은 이렇게 정신분석학, 문학, 철학, 수학, 물리학 등 과학의 여러 분야에 크게 영향을 미쳤다. 현대물리학과 주역의 관계는 라이프니츠편에서 살펴보았다. 라이프니츠는 역의 64괘가 고도의 기호에 의하여 수학적 논리성을 포함하고 있는 점에 찬탄을 보냈다.

그는 '사상의 알파벳'이라고 불렀던 결합법과 보편기호법을 통해 자연과학은 물론 철학, 형이상학 등 일체의 문제들을 해결하고자 하였다. 그가 보편적 문자라고 일컫는 2진법, 즉 모든 수를 0과 1에 따라 표기할 수 있다고 생각하고 32까지의 수를 2진법으로 표기하고 그 보편문자 구상에 주역의 원리를 응용했을 때, 일본의 고라이 긴조 박사는 "주역과 라이프니츠의 2진법은 동서 두 문명이 서로 마주잡은 두 손을 상징한다"고 하였다.

『주역』이라는 책은 "천지의 모든 조화를 포괄하되 어긋남이 없고(範圍天地之化而不過), 만물을 원만하고 완전히 생성시키되 하나도 빠뜨리지 않는다(曲成萬物而不遺)"고 공자는 「계사전」에서 적고 있다. 주역의 범위가 천지(天地)의 모든 조화를 포괄하되 어긋남이 없다는 것은 어떤 법칙도 역(易)의 원리를 벗어나지 않음을 뜻한다. 역(易)은 천지의 준칙(易與天地準)이기 때문이다. 우주의 모든 법칙이 다 그 속에 들어 있다. 그리하여 『주역』은 제자백가의 기본사상이 되었고, 아인슈타인은 음양의 상대적 관점을 받아들여 상대성이론을 완성했다. 양자역학의 아버지, 닐스 보어는 주역을 참고해 원자 모델을 발표했다. 전자계산기, 컴퓨터, 로켓의 발사 원리가 주역에서 비롯되며 주역에는 첨단과학의 진리인 불확정성의 원리, 카오스 이론, 프랙탈 구조 등의 내용이 담겨 있다.

주역의 도는 이렇듯 모든 것을 포괄하기에 충분한데 그것의 접근은 실로 용이치 않다. 이에 필자는 인물 중심의 보다 평이한 서술로써 그 다각적인 응용(應用)을 통해 주역의 실체(實體)를 들여다보는 것도 의미 있는 한 방법이라고 생각했다. 해서 스무 개의 퍼즐[20章]로 주역의 공능(功能)을 살펴봄으로써 주역이란 어떤 것인가? 어렴풋이나마 『주역』이라는 한 마리의 코끼리를 형상화해 보고자 하였다. 안목도 뚜렷이 서지 않았으면서 이렇게 우(愚)를 범하고 만 것은 인의(仁義)와 충서(忠恕)가 쇠퇴한 지금 이 세심경(洗心經=周易)을 만날 수 있는 징검다리에 그 돌 하나를 놓는다는 충정에서였다. 여러분의 너그러운 해량이 있기를 바란다.

그 동안 소중한 인연으로 만나 『주역』에 눈을 뜨게 해주시고 서문까지 써주신 약연(躍淵) 서정기 선생님께 머리 숙여 감사드리며, 주자(朱子)편의 원고를 읽고 살펴 주신 이기동 박사님과 옥타비아 파스편의 원고에 도움을 주신 김흥근 박사님께도 깊은 감사를 드린다. 아울러 졸고를 책으로 묶어 주신 연암서가에게도 심심한 사의를 표한다.


인간의 이기심으로 지구의 생태환경이 위험에 처한 지금, 우리는 자연의 근원인 도에서 너무 멀어진 것이 아닌가 돌아볼 필요를 느낀다. 거기에서 멀어질수록 우리의 뿌리는 위험해지기 때문이다. 이에 오천년 지혜의 서 『주역』이 그 등불이 되기를 바라는 마음을 담는다.


2012년 楓菊之節

관여재(觀如齋)에서 맹난자

# 하늘이 무슨 말을 하더냐

―위편삼절의 공자

하늘이 무슨 말을 하더냐?

죽은 듯하던 나뭇가지에 생명이 꿈틀댄다. 눈길을 뗄 수 없다.

한치의 오차도 없는 저 자연의 운행(運行). 머리를 들어 하늘을 올려 다본다.

"하늘의 운행은 굳건하나니, 군자는 이를 본받아 스스로 굳세어 쉬 지 않느니라."*

공자의 말씀이 가슴에 와 닿는다. 하늘이 만약 운행을 들쭉날쭉 제 멋대로 한다면 어떻게 될까? 지난 겨울의 언 마음을 다독이며 따뜻한 봄볕 아래에서 나는 생각에 잠긴다.

* 天行은 健하니 君子 以하야 自强不息하나니라. (「乾象傳」)

"하늘이 무슨 말을 하더냐?"

다시 그분의 음성이 들려온다. 『주역』을 완성하고 난 뒤 공자는 이렇게 말씀을 하셨다.

"앞으로 나는 말이 없고자 하노라."

제자들이 놀라 "말씀을 아니 하신다면 저희들은 어떻게 배우겠습니까?" 하고 자공이 여쭈었을 때 답하신 말씀이다.

"하늘이 무슨 말을 하더냐?

그래도 봄 여름 가을 겨울은 돌아가고 온갖 사물들이 생겨나나니, 하늘이 대체 무슨 말을 하더냐?"

말 없는 가운데 자연의 현상은 어김이 없다. 하루도 거르지 않는 저 눈부신 태양의 일출과 일몰. 사계절의 순환과 사람의 가고 오는 일까지도 그러하다. 하늘의 운행은 참으로 굳건하다. 누가 시키지 않아도 자연(自然), 그렇게 하는 근거가 바로 역(易)이 아닌가.

그러나 공자의 노력이 없었다면 『주역』은 먼지 쌓인 선반에 놓여 있는 한낱 종이에 지나지 않았을는지도 모른다.

2005년 9월 24일, 한국의 유림단체인 '박약회(博約會)'를 따라 공자의 고향인 중국의 산동성 곡부를 찾았다. 공자의 탄신일을 기해 공묘(孔廟) 대성전에서 치러지는 치전(致奠) 행사에 참석하기 위해서였다. 매년 3월과 9월 두 차례 한국의 성균관에서 치러지는 공자 제사인 석전대제(釋奠大祭) 의식 절차를 준용해 식이 거행되었다. 이미 한국에서 마련해 놓은 64점의 제기에 음식을 차리고 금관제복과 심의도포 차림에 유건을 쓴 제관들이 공자의 신위 앞에 나아가 북향하여 세 차례 향을 올리고 술을 올렸다. 대성전 앞에 줄지어 선 유림들은 진행자의 말에

:: 태산에 이르는 길목의 패방, 천가(天街)

따라 네 번씩 절했다. 식은 전통의례에 맞춰 한 시간 넘게 진행되었다. 중국 본토에서도 사라진 공자제례를 예법대로 재현했다는 언론의 평가가 있었다.

'널리 글을 배우고 예로써 집약한다'는 박문약례(博文約禮)의 『논어』 구절에서 이름을 딴 '박약회'는 퇴계학의 현대적 계승을 표방하는 유림단체로서 한국의 전통예법에 맞추어 제사를 올렸다. 나는 한국인 400여 명 가운데 한 사람으로 참석하였다. 공자의 위패를 모신 대성전(大成殿)에는 백록동서원에서 본 것처럼 공자를 중심으로 좌우 양편에 두 사람씩 안자(顏子) 증자(曾子) 자사(子思) 맹자(孟子)의 상이 모셔져 있었다.

누군가 '공맹(孔孟)의 도'를 언급하면 나 자신도 모르게 옷깃을 바로

하게 되는 버릇, 경건하게 합장례를 올렸다.

　이튿날 안개 자욱한 이른 아침, 우리 일행은 태산으로 향했다. 이곳에서 황제들이 태평세계의 실현을 신에게 보고하는 봉선(封禪)의식을 치렀다는데, 그 의식을 치르던 대묘(岱廟)의 본전인 '천황전'을 안개의 비경 속에서 만났다. 동행한 작가 이문열 씨뿐 아니라 우리는 엄숙한 가운데 눌려 누구도 쉽게 입을 뗄 수 없었다. 얼마 뒤 天街(천가)라는 패방 앞에 다다랐다. 여기서부터는 하늘의 거리다. 천가(天街). 나는 그 언저리를 혼자서 몇 바퀴나 돌았다. 좌측에 세워진 두 개의 나란한 돌. 그곳에는 주서(朱書)로 '自强不息(자강불식)'과 '厚德載物(후덕재물)'이 새겨져 있었다.

그것은 공자가 건곤괘에다 붙인 대상(大象)의 말씀이다. 반가웠다. '자강불식'의 뜻이 전과 다르게 큰 울림으로 다가왔다. 그의 인격과 사상이 집약된 이 말씀에서 나는 아래로 굴러 떨어지는 바위를 끌어올리는 저 시지프스의 형벌과도 같은 노력을 감내하는, 스스로 자강불식을 실천하는 사람의 고단한 땀내가 느껴졌다. 쉬임없이 굳건하게 돌아가는 하늘의 운행을 본받고자 그는 얼마나 고달팠던가. 그분의 심정과 당시의 정황이 헤아려지기도 했다.

춘추시대 말엽(BC 551년) 노나라 곡부에서 태어난 공자는 어려서부터 유복하지 못했다. 그의 아버지 숙량흘은 부인 시(施)씨와의 사이에 딸만 아홉을 낳고 대를 이을 아들을 두지 못했다. 요행히 아들 하나를 두었건만 다리병신인데다 어려서 죽고 말았다.

숙량흘은 친구의 셋째딸인 안징재와 동거하면서 아들을 낳기 위해 온갖 정성을 기울였다. 공자의 어머니 안징재는 니구(尼丘)산에 올라가 매일 기도를 드렸다. 구(丘)란 이름은 여기에서 따왔고 자(字)는 두 번째 낳은 아들이라 해서 중(仲) 자와 니구산의 니(尼) 자를 따 '중니(仲尼)'로 이름 지었다. 이때 아버지의 나이는 61세, 어머니의 나이는 17세였다. 세 살 때 아버지를 여의고 24세에 어머니마저 잃은 그는 생활이 곤고하고 궁핍한 가운데서도 학문에 뜻이 굳었다. 19세에 창고지기를 지냈다. 21세 때는 가축을 관리하는 일을 맡아 그 번식에 힘을 기울였다. 30대에 이미 제자들을 가르치기 시작했다. 그러나 노나라에 큰 정변이 일어나자 제자들을 데리고 제나라로 길을 떠나야 했다.

공자는 유세 중 여러 차례 고난과 박해를 당했다. 송나라에서는 생명의 위협을 겪고 광에서는 양호로 오인되어 닷새 동안 잡혀 있기도 했다. 또한 진나라와 채나라에서는 7일간이나 양식이 떨어져 굶주림을 겪었다.

기골이 장대한 포악한 대부(大夫), 양호로 오인을 받아 곤욕을 치르고 풀려난 공자는 안회에게 이런 말을 한다.

"내 외양이 옛 양호를 닮았는지 어떤지는 모르지만 집 잃은 개 같더라는 말은 과연 그렇다, 과연 그렇다."

집 잃은 개 같은 몰골로 3년간 열국(列國)의 황야를 떠돌아다니던 그의 심중은 참으로 암담하고 비탄스러웠을 것이다. 그러나 이 유세의 세월이 그의 생애에 하나의 전기를 가져오게 했다.

그 후로는 자기의 정치적 활동에 실패를 인정하고 저술에 전념키로 한다. 고국에 돌아와 오로지 학문 연구와 제자 교육에만 힘을 쏟았다. 일찍이 중도재라는 벼슬을 위시하여 국정을 도맡는 재상의 자리를 겸하게 되었으나 평소 제세안민(濟世安民)의 꿈인 이상정치를 실현코자 국정을 쇄신하다가 정적의 모략에 휩싸이게 되어 위(衛)나라로 천하유세를 떠나지 않으면 안 되었다.

그는 13년 동안이나 가족과 헤어져 궁핍함 속에서 유세하는 신세가 되고 만다. 여러 나라를 순방하며 가는 곳마다 자기의 정치적 포부와 꿈을 펼치고자 했으나 안타깝게도 기회가 주어지지 않았다. 당시의 제후들은 공자의 주장을 현실과 동떨어진 이상으로만 생각했다. 지금으로 말하면 이력서를 들고 천하를 헤매 다닌 꼴이었다.

"남이 나를 알아주지 않아도 탓하지 않는다면 이 또한 군자가 아니겠는가?"라던 그의 음성이 들리는 듯하다.

갖은 고생을 다 하며 여러 나라를 두루 돌아다니면서 실패를 맛본 뒤에야 그는 비로소 깊이 운명을 깨달았다.

:: 공자

'운명의 신은 이렇게 가혹한가?'

공자는 운명이 무엇인지를 나이 오십에 깨달았노라, 그리하여 '나이 오십에 지천명(知天命)했노라'고 술회했다. 나이 오십이 되어 그는 『주역』을 손에 들고 죽을 때까지 내려놓지 않았다. "나로 하여금 수년을 더 살게 해서 오십에 역(易)을 배우게 한다면 가히 허물이 없을 것이다"(『논어, 술이편』)라고 했던 것이다.

그는 다시 말한다. 명(命)을 모르고서는 군자가 될 수 없다. 사람이 살고 죽음에는 일정한 명(命)이 있고 부귀(富貴) 여부는 하늘에 달려 있다. 군자는 삶과 죽음, 부귀와 빈천의 결정을 진작부터 알고, 명(命)을 바로 알기에 자신의 처지에 만족하면서 분수를 지킨다고 말했다.

하늘이 정해 놓은 운명을 따른다는 것, 이것이 공자의 '낙천지명(樂天知命) 고불우(故不憂)'의 소회이다. 천명을 알고 이에 안도하나니 무슨 근심할 바가 있겠느냐는 심정의 천명일 것이다. 그런데 나는 근심하지 않는다는 그의 강렬한 의지의 표현 속에서 '고불우(故不憂)'의 연고를, 즉 천명(天命)을 알기 때문이라는, 자기 이해의 변이 왠지 인간적인 연민으로 다가옴을 어쩔 수 없었다. 근심 속에서 근심하지 않는 것, 근심을 해결하지 못한 채, 그 속에서 다만 근심하지 않겠다는 의지의 표명으로 들렸기 때문이다.

그가 고국을 떠난 지 13년 만에 돌아왔을 때, 아내는 이미 2년 전에 세상을 떠난 뒤였고, 외아들 백어마저 그의 앞에서 숨을 거둔다. 손자인 자사(子思)를 데리고 이따금씩 임금의 자문에 응하면서 만년을 오로지 『주역』 연구에만 몰두했다. 이때 주역책의 가죽끈이 세 번이나 끊어졌다는 '위편삼절(韋編三絶)'의 고사가 생겨났다.

송나라의 성리학자 소강절 선생은 공자의 심정을 이렇게 대변했다.
"부귀를 지혜로 구할 수만 있다면 중니(孔子)도 젊은 나이에 제후로 봉해졌을 것이다. 세인(世人)은 푸른 하늘의 뜻(靑天意)을 알지 못하고 공연히 한밤중에 일어나 근심하는도다."

'천명을 알았으니 하늘을 원망하지 않으며 사람을 허물치 않겠다'던 그분의 심정이 조금이나마 짚어지는 것이었다. 그리고 '고불우(故不憂)'에서 차원이 다른 어떤 의미의 우환의식이 읽혀지는 것이었다. 자강불식과 우환의식. 그 우환 속에서 공자는 자강불식할 수밖에 없었던 것이리라.
"아! 나를 아는 이가 없구나!"
어느 날 그는 이렇게 탄식했다.
제자인 자공이 "어찌 아는 이가 없으리이까?" 하고 여쭈니 공자는 말했다.

"나는 하늘을 원망하지 않으며 사람을 허물치 않는다. 아래로 비근한 것부터 배워 위로 천명(天命)을 깨달으니 나를 아는 자, 저 하늘인저!"

이제 천명(天命)을 알았으니 하늘을 원망하지도, 사람을 탓하지도 않겠다던 사람. 어려운 세상을 주유천하하며 각고의 노력으로 『주역』과 스스로를 완성한 사람. 쉽지 않은 그의 생애를 떠올리니 "나를 아는 자, 저 하늘인저!"를 외치던 그의 울울한 심정이 되짚어지는 것이었다.

일행에서 떨어져 나와 나는 '자강불식'과 '후덕재물' 앞에 오래 서 있었다. 마치 그분의 위패 앞에 선 듯 경건한 마음이 들었다.

'후덕재물(厚德載物)' 땅의 형세가 곤(坤)괘이니, 군자는 이것을 본받아 두터운 덕으로써 만물을 실으라고 가르친다.

그는 자신에게는 '자강불식'의 엄격한 단속을, 그리고 남에게는 후덕한 관용으로써 모든 것을 포용하는 '후덕재물'을 몸소 실천하셨던 분이다. 나는 천가(天街)에서 비로소 공자의 진면목을 만난 듯하였다.

## 우환(憂患)의식

"역을 지은 사람은 우환이 있었는가 보다."*

공자는 「계사전」에서 이렇게 쓰고 있다. 이것은 특히 역(易)을 지은 주나라 문왕과 은나라 주왕(紂王)이 관련된 일이다.

중국의 문왕(文王)은 은나라 말기 서쪽 제후(西伯)로 봉해져 어진 덕으로 선정을 베풀고 있었다. 그런데 당대의 폭군인 주(紂)는 달기에게 빠져 국정을 돌보지 않았고 주지육림 속에서 횡포만을 더해 갔다. 어느 날 그는 문왕의 지혜를 시험하기 위해 심지어 그의 맏아들인 백읍고를 죽여 끓인 국을 그의 앞에 내놓았다. 이 같은 사실을 알고 국을

* 作易者其有憂患乎.

먹지 않는다면 죽임을 당할 게 뻔하므로 그는 마음속으로 눈물을 흘려가며 그 국을 먹었다고 한다.

이때 은나라 조정에 세 명의 어진 현자가 있었다. 주왕의 백숙부인 기자(箕子)는 조카에게 무수히 간언을 했지만 말을 듣지 않자 거짓 미치광이가 되어 목숨을 보전함으로써 후세에 '홍범의 도'를 무왕(武王)에게 전할 수 있었다. 충언을 멈추지 않던 비간(比干)에게는 주(紂)가 "성인의 심장에는 자고로 일곱 개의 털이 있다는데 그것이 과연 들어 있나 보자"면서 칼로 그의 심장을 찔러 죽였다.

문왕은 이렇게 절박한 상황 속에서 우환의식을 가지고 안으로는 밝은 덕을 품고, 밖으로는 유순하게 대처하면서 옥살이를 하는 동안 오로지 주역 연구에 박차를 가해 64괘의 차례를 다시 정하고 괘마다 말씀(괘사)을 달았던 것이다.

사람은 다소 불우해져야 도에 다가서게 되는 것 같다. 여기에는 공자 자신의 심정도 은유적으로 포함된 것이 아닌가 한다.

역(易)을 지은 자란, 즉 역(易)의 성립은 약 5,000년 전 문자가 없던 상고(上古)시대에 복희씨가 황하에서 출현한 용마의 등에 55개의 점을 보고 우주 만물의 생성의 이치를 깨달아 8괘를 그으니 시획(始劃) 8괘로써 그는 역의 조종(祖宗)이 되었다.

두 번째는 주나라 문왕이 '복희의 역'을 연구하여 64괘에 괘사를 붙이니 문자로 된 역(易)이 시작되었으며, 문왕의 셋째 아들인 주공(周公)이 부왕의 역을 계승하여 각괘의 효(384효)에 효사를 붙였다. 문왕의 괘사와 주공의 효사를 합하여 '주역경문(周易經文)'이라고 한다. 그러나 공자의 해설이 없었다면 『주역』은 세상 밖으로 나오지 못했다고 해도 과언이 아닐 것이다.

공자가 세 분의 역을 알기 쉽게 해설했으니, 즉 '십익(十翼)'으로써 찬술, 보익하니 이로써 오늘날의 『주역』이 완성된 것이다.

공자는 젊어서 학문을 연마할 때, 점을 쳐서 화산려(火山旅)괘를 얻었다. 석양에 홀로 걷는 나그네의 괘다. 상구씨의 판단인즉 "이 괘는 조금 형통한 괘상이요, 기괴한 지혜로움으로 기괴(奇怪)한 지위를 갖추게 될 것이다"라고 판단하였다.

과연 공자는 주유천하(周遊天下)하며 자기를 써 줄 현군을 찾아다녔지만 끝내는 나그네의 입장을 벗어나지 못한 채, 고국으로 되돌아왔다. 그때 그는 이런 말을 남겼다.

"오불시고예(吾不試故藝)."

나는 시험에 기용되지 않았다. 그 때문에 시간이 많아 여러 가지 기예에 통하게 되었다고.

그는 막히는 골목에서 뚫고 나가는 길을 찾았던 것이다.

『주역』 책을 맨 가죽 끈이 세 번이나 끊어지도록(위편삼절) 각고의 노력으로 주역의 '십익(十翼)'을 완성하였으니 기괴한 지혜로움으로 과연 기괴한 지위를 얻었다고 할 만하다.

그에게는 오로지 각고의 노력만이 있었다.


"10호밖에 되지 않는 작은 마을에 나만큼 정직하고 성실한 사람은 몇 사람 있겠지. 그러나 나만큼 학문을 사랑하여 연구에 몸을 바친 사람은 흔하지 않을 것"이라고 그는 말했다. "태어나면서부터 나는 현명한 사람이 아니다. 다만 옛 전통을 그리워하여 그것을 배우기 위해 열성껏 노력하는 사람에 지나지 않는다"고 공자 자신은 스스로 말하기도 했다.

열성껏 노력하는 사람, 무사자통(無師自通)한 그에게는 고정된 스승이 없었다. 다만 남의 장점을 본받고 단점을 타산지석으로 삼았을 뿐이다. "우리 선생님께서야 어디에서나 배우시지 않은 데가 있겠습니까? 또한 어찌 정해진 스승이 있겠습니까?"라고 한 자공의 말씀이 그것을 입증한다.

공자는 만년에 자기의 한평생을 이렇게 술회한 바 있다.

"나는 열다섯 살에 학문에 뜻을 두었고, 서른 살에는 몸이 뚜렷하게 섰으며, 마흔 살에는 판단에 혼란이 없게 되었고, 쉰 살에는 천명(天命)을 알게 되었다. 예순 살에는 듣는 대로 그 뜻을 저절로 알게 되었고, 그리고 일흔 살에는 무엇이든지 하고 싶은 대로 하여도 법도를 벗어나지 않게 되었다."

자기완성을 위해 그는 이렇게 한평생 노력을 게을리 하지 않았다. 문왕처럼 공자처럼 우환의식을 가지고, 스스로 굳세어 멈추지 않은 '자강불식'으로 대처한 또 한 사람이 있다.


### 오, 문왕이여!

괴테는 유리옥에 갇힌 문왕의 침착한 각오와 고통 속의 정진을 남다른 가슴으로 이해했다. 바이마르 공화국 시절, 그로서는 가장 어려운 때 자신의 일기장에 "오, 문왕이여!"라는 짧은 글을 남겼다. 괴테는 당시 예수회 신부들의 번역을 통해 문왕에 관한 글을 읽었다. 언제나 최상의 노력으로 선의 실천을 위해 애쓰는 자의 동병상련이라고나 할까.

괴테에게는 천재에다 유복한 환경까지 주어졌었다.

그러나 그는 자기 인생에는 "노력과 근심만이 있었을 뿐"이라고 말한다. "안락을 구가했던 기간이란 단 한 달도 되지 않는다"고.

형제 사이와도 같았던 아우구스트 대공이 죽고 같은 해에 그는 외아들의 비보를 전해 듣는다. 각혈을 하면서도 늦은 밤 괴테는 의자를 당겨 앉는다.

"의무라는 관념만이 나를 지탱케 해준다. 정신이 갈망하는 것을 육체가 완수해야 한다"며 그는 끝까지 『파우스트』 완성에 매달렸다. 60년이 걸렸다.

오직 성실만이 있을 따름인저!

위대한 자의 고통의 깊이는 위대한 사람만이 알아보는 모양이다. 괴테가 문왕에게 바친 경배의 감탄사. "오, 문왕이여!"

거기에서 자신의 울울한 심정을 괴테는 외마디로 토해낸 것일지도 모른다.

끝없는 우환의식, 이것이 그로 하여금 독일문학의 시성의 자리에 오르게 한 원동력이 아니었을까.

언제나 그의 인생에는 "노력과 근심만이 있었을 뿐"이라는 이 말에서 나는 또다시 공자의 심정을 끌어안게 된다.

"나를 아는 자, 저 하늘인저!"


막다른 길목에서 나 또한 하늘을 올려다본 적이 있었다.

"하늘이 내게 액(厄)을 주시거든 나는 도를 형통하여 그것을 뚫으면 하늘인들 내게 또 어쩌랴"던 구절을 앞에 놓고 창문을 세차게 두드리는 수유리의 칼바람 소리를 들으며 밤을 지새운 적이 많았다.

'나는 내 도를 형통하여 그것을 뚫으면…'을 위해 20대에 극락암의 경봉선사를 친견하고 삼일암의 구산스님을 찾아뵈오며 김동화 박사와 인연이 되어 잠시 불교학과를 섭렵하며 주역의 문을 기웃거리기도 하였다.

'낙천지명(樂天知命) 고불우(故不憂)'가 잘 되지 않는다. 나는 다만 그 저 우환의식 속에서 괴테처럼 책상 앞에 의자를 바짝 당겨 앉을 뿐이다. '의무라는 관념만이 나를 지탱케 해 준다'는 그런 심정으로.


## 공자의 십익(十翼)

네 사람의 성인, 즉 복희, 문왕과 주공, 그리고 공자가 역(易)을 하나로 꿰었다고 해서 '사성일규(四聖一揆)'라고 하는데 공자의 역(易)이란 무엇인가?

그것은 열 개의 날개인 '십익(十翼)'을 말한다.

두 날개만 있어도 새가 날 수 있는데 10개의 날개를 붙이는 것은 상하와 8방을 합해서 시방(十方)을 꽉 차게, 한 군데도 빼놓지 않고 『주역』을 보익(輔翼)한다는 뜻이 담겨 있다.

① 십익은 건곤괘를 중시해 부연설명을 단 건문언(乾文言), 곤문언(坤文言)을 말한다.

② 괘(卦)를 판단해서 설명을 붙인 단전(彖傳)

③ 괘상과 효상을 보고 설명한 대·소 상전(大小象傳)

⑤ 주역을 총체적으로 해설한 계사상전·계사하전(繫辭上下傳)

⑦ 괘를 설명한 설괘전(說卦傳)

⑧ 괘의 순서를 상하편으로 나누어 설명한 서괘상·서괘하전(序卦上

下傳)

⑩ 괘를 섞어 놓고 설명한 잡괘전(雜卦傳)이 그것이다.

이렇게 십익을 달았다.

"역에 대해 기술만 했지 내가 창작한 것은 아니다"라며 겸손하게 공자는 '술이부작(述而不作)'을 말씀했다. 특히 역도(易道)에 관해 본체적으로 설명한 「계사상전」과 현상학적으로 설명한 「계사하전」은 『주역』을 유가(儒家) 최고의 철학서로 자리매김케 했으며 문학적으로도 명문장으로 손꼽힐 만하다.

필자도 "『주역』을 읽기 전에 「계사전」을 읽으면 크게 도움이 될 것"이라는 서화담 선생의 덕을 본 일이 있다.

「계사전」에서 공자는 '역의 성인의 도', 네 가지를 요약해 들려준다.

역에는 '성인의 도'가 네 가지가 들어 있으니, 첫째 인문 교양 쪽에 관련되어 말을 위주로 하는 사람은 주역의 그 말씀(괘사)을 숭상하고, 둘째 변화를 추구하는 사람은 점괘의 동효(動爻)를 숭상한다. 셋째 그릇이나 기물을 만드는 사람은 그 점괘의 모양(象)을 숭상하고, 넷째 점(占)을 치려는 사람은 그 점괘를 숭상한다는 것이다.

길흉과 소장(消長)의 이치며, 진퇴, 존망(存亡)의 도가 모두 그 말씀에 구비되어 있다. '주역의 괘효사(卦爻辭)를 잘 추론하고 괘를 고찰(考察)하면 가히 그 변화를 알 수 있을 것이요, 상과 점(象與占)은 그 가운데 있는 것'이라고 밝혔다.

중국의 당나라 재상 우세남은 "역을 읽지 않은 사람은 장상(將相)이 될 수 없다"고 말한 바 있는데 그것은 '변화'를 알고 그에 대처할 능력을 기르라는 뜻일 것이다. 한나라의 장량(張良)은 변화의 도리를 알아 진퇴를 잘 결정하였기에 유방의 손에 죽은 한신과는 달리, 사지에서 빠져나와 목숨을 부지할 수 있었다.

임진왜란 때, 충무공 이순신도 『난중일기』에서 아침마다 주역 점으로 그날의 일기를 적었다. 해전(海戰)이란 날씨와 불가분의 관계에 있기 때문이다. 안개, 해풍, 물결의 파고는 작전에 큰 영향을 미친다. 제갈공명이 적벽대전에서 동남풍을 이용하여 조조군을 대파한 쾌거도 역시 역의 지혜를 빌린 것이었다. 그러므로 장차 움직이려고 하는 전략가들은 역점(易占)패의 그 변화를 숭상한다. 역의 네 가지 기능 중 그 두 번째가 이것에 해당된다.

그러나 인문 교양 쪽에 관련되어 있는 작가나 교수는 주역의 그 '말씀'을 숭상한다. 말씀이란 우리의 지향할 바를 가리키는 것으로, 그것은 모두 윤리적 지침(指針)을 담고 있다. 『주역』에게 길을 묻는 것도 그 때문이다.


공자는 훌륭한 교육자였다. 최고의 덕목을 인(仁)에 두고, 제자들의 근기에 따라 인을 다르게 설명하였으나 역시 최고의 인은 극기복례(克己復禮)에 두었다.

나는 대성전 앞에서 그 기둥에 새겨진 72마리의 용, 공자 문하의 뛰어난 제자 72명을 생각해 보았다.

제자 중 백우(伯牛)가 문둥병에 걸렸을 때, 공자가 그의 손을 잡고 "망했구나! 천명(天命)이겠지. 이 사람에게 이 병이라니" 탄식하던 소리가 들리는 듯했다.

안연이 죽었을 때는 "아, 하늘이 나를 망쳤도다. 하늘이 나를 망쳤도다" 하고 비탄에 잠기기도 했다. 그는 제자들을 한결같이 아끼고 사랑했다. 그가 만년에 고향에 돌아와 제자들과 고전을 정리하는 데 온힘

::공자의 무덤

을 쏟았던 행단(杏壇) 앞에 서 본다. 그의 이상세계인 도덕 정치는 실현되지 못했으나 그의 이상은 전적(典籍) 편찬과 제자 교육을 통해 후세에 전하여지게 되었다.(상구씨가 판단한 '화산려'괘의 점단은 틀리지 않았다.)

유가의 기본 경전이 된 『시경』, 『서경』, 『역경』, 『예기』, 『악경』, 『춘추』 등의 6경을 편정(編定)하니 동양철학의 근간이 되었던 유가의 학문적 체계가 이곳 '행단'에서 완성되었던 것이다.

문학에 뛰어난 자유, 자하. 덕행에 뛰어난 안연, 민자건. 그리고 언어에 뛰어났다던 자공 등의 이름이 떠올랐다.

자공은 스승을 이렇게 평했다.

"우리 선생님은 온(溫) 량(良) 검(儉) 양(讓)하시다."

안연은 스승을 어떤 위대한 신비적 존재에 비교했다.

"선생님은 이를 우러러 보면 우러러 볼수록 더욱 높고, 이에 구멍을 뚫으려면 참으로 단단하고, 앞에 있는가 하면 홀연히 뒤에 있으니 도저히 그 큰 모습을 측량할 수가 없다."

공자의 태도는 참으로 부드러운 가운데 위엄이 있었다. 엄숙했지만 그 정도가 지나치지 않았다고 한다. 정중하면서도 마음에 아무런 구속이 없었다니 '70세에 마음 따라가도 법도에 어긋나지 않았다'가 그 것일 것이다.

:: 자공이 6년 동안 공자의 시묘살이를 한 오두막

공자의 무덤 가까이에는 사랑하는 손자 자사(子思)의 무덤이 있었고, 공자의 무덤 옆에 초막을 짓고 6년 동안 시묘살이를 했다는 자공의 오두막은 퍽 인상적이었다.

그의 사랑하던 제자 안연의 사당과 그토록 존경해 마지않던 주공(周公)의 사당도 눈도장을 찍을 수 있었다. 곡부는 작은 도시였다.

타임머신을 타고 2,500년 전으로 돌아가 나는 그날 노나라 곡부에 있었다.

붓다가 열반에 들기 전, 제자 가섭을 기다렸듯이 공자도 죽음에 임박해 자공(子貢)을 무척이나 기다렸다. 자공은 이때 노나라 사신이 되어 제나라에 가 있었는데, 공자는 날마다 대문을 바라보며 그를 기다렸다. 돌아온 자공을 보자마자 공자는 마지막 유언을 마치고 자리에 누운 지 일주일 만에 영면에 들었다. 기원전 479년 4월 기축일이었다. 세수는 73세였다. 프랑스의 계몽주의 사상가 볼테르도 공자를 존경하여 자기 집 서재에 공자의 초상화를 걸어놓고 조석으로 예배를 드렸다고 한다. 신비함이나 기적을 말한 바 없이 인간을 교화한 공자의 인간성에 감격하여 그는 초상화 앞에 이런 시를 적어 두기까지 했다.

"공자는 유익한 도리만을 해설한다. 그는 사람들을 미혹함 없이 사람들의 마음의 문을 열어젖힌다. 공자는 성인으로 도를 말했지, 결코 예언자로서 말하지는 않았다. 그래서 사람들은 그의 가르침을 믿었다."

진리는 인간성에서 벗어나서는 안 된다. 가령 어떤 진리가 인간성에서 벗어나는 경우에는 이미 그것은 진리라고 할 수 없다. 이렇게 인본주의를 표방한 공자는 '인간의 척도는 인간'이라는 주장으로 굳건하게 두 발로 땅을 딛고 선 사람이었다.

강희제가 썼다는 글씨 '만대지사표(萬代之師表)'가 맑은 가을 하늘 아래에서 눈부시게 빛났다.

천지(天地)의 덕과 합일(合一)하여 성인이 되신 분.

나는 대성전에서 그가 심혈을 기울여 완성한 『주역』의 한 구절을 외웠다. 그분에게 되돌려 드리고 싶은 나의 충심어린 헌사이기도 했다.

"무릇 큰 사람은 천지와 더불어 그 덕을 합하며,
일월과 더불어 그 밝음을 합하며,

네 계절과 더불어 그 차례를 합하며,

귀신과 더불어 그 길흉을 합쳐 하늘에 앞서도 하늘이 어기지 못하며,

하늘에 뒤떨어져도 하늘의 때를 받드나니,

하늘도 또한 어기지 못하거늘, 하물며 사람에게일까 보며,

하물며 귀신에게일까 보냐!"*

이것으로서 나는 아직도 끝나지 않은 나의 '형오도(亨吾道)'를 위한 초석으로 삼고자 한다.

---

* 夫大人者는 與天地合其德하며 與日月合其明하며
　與四時合其序하며 與鬼神合其吉凶하야
　先天而天弗違하며 後天而奉天時하나니
　天且弗違온 而況於人乎아, 況於鬼神乎아.(「乾文言傳」)

# 만물은 음기운을 지고 양기운을 안아서 충기沖氣로 조화를 이룬다

—배옷을 입고 안에 옥을 품은 사람, 노자

## 노자는 누구인가?

노자(老子)는 생몰연대뿐 아니라 그의 생애와 행적마저도 자세하지 않다.

도는 숨어서 이름이 없다는 '도은무명(道隱無名)'과 스스로를 숨겨 이름을 드러내지 않는다는 '자은무명(自隱無名)'을 자신의 신조로 삼고 그것을 학문의 본령으로 삼은 데에서 그 같은 거취를 택했던 것이 아닐까?

다만 공자가 그를 한 번 찾아가 만난 일로, 두 사람을 동시대의 인물로 보고 있다. 공자는 그의 나이 30여 세 때, 남궁경숙과 주나라에 가서 노자를 찾아뵙고 예(禮)에 대해 물었다.

공자와 노자가 만났다. 노자의 답은 이러했다.

① 그대가 말한 바[禮]는 그 사람(禮를 만든 옛 성인)과 뼈가 다 이미 썩어 없어져 홀로 그 말만 있을 뿐이다. ② 또한 군자는 때를 얻으면 세상으로 나아가 정치를 행하며 수레를 타는 귀한 몸이 된다. 그러나 때를 얻지 못하면 미련 없이 떠나간다. 내가 듣기로 ③ "훌륭한 상인은 귀중한 물건을 깊이 감추고 빈 듯이 하며, 군자는 성한 덕의 용모를 어리석은 것처럼 한다"고 하였으니 ④ 그대는 교만함과 과욕과 잘난 척하는 마음과 산만한 생각 따위를 다 버려라. 그것들은 그대에게 아무런 이익도 되지 않는다. 내가 말하고자 하는 것은 이것뿐이다.

—『사기』, 「노장신한열전」

노자가 '이것뿐'이라고 한 짧은 말 속에 그의 사상적 핵심이 다 포함되어 있다.

① 예를 언급하던 사람은 이미 썩어 없어지고, 시비를 야기시키는 말만 남았을 뿐이라고 노자는 예(禮)의 무용론을 주장했다. ② 군자는 때를 알아 진퇴를 잘 결정해야 하니, 사실 노자는 주나라의 쇠퇴를 미리 알아차리고 서쪽 관문으로 나아가 몸을 숨겼다. 『도덕경』 제8장에서도 '동선시(動善時)'가 다시 한 번 강조되고 있다. 성인의 '움직임은 때에 맞게 잘 행하나니' 이는 『주역』의 '시중(時中)'과 일치한다. 군자가 덕에 나아가고 학업을 닦는 것은 때에 맞게(時中) 하고자 함이니 그런고로 허물이 없을 것이라는 건(乾)괘의 괘사가 바로 그것이다. ③ 군자가 덕의 용모를 어리석은 것처럼 보이게 하는 그것을 노자는 다른 말로 "성인은 베옷을 입고 안으로는 옥(玉)을 품는 것처럼 한다"(제70장)고 했다.

노자는 도에 이르른 사람을 성인(聖人)이라 하였으며, 현덕을 갖춘 그 성인은 자신의 총명을 나타내지 않고, 그 빛을 안으로 싸서 부드럽

::공자문례비(孔子問禮碑. 河南省 洛陽)

게 하며 특별한 행동을 취하지 않는다고 했다. 세상의 티끌 속에서 함께 생활하며 '화광동진(和光同塵)'하고, 겉으로는 허름한 베옷을 입고 안으로는 옥[玄德]을 품듯이 하며 내면은 무위(無爲) 무사(無事)를 행하며 도와 합치된다는 것이다. 노자가 바로 그런 사람이 아니었을까?

그가 공자에게 준 네 번째 충고(④)는 교만함 대신에 '겸허'를, 과욕 대신에 '무욕(無欲)'을, 잘난 체하는 마음 대신에 굽은 나무처럼 '온전하지 않은 듯 부족한 듯'하게, 산만한 생각 따위는 그저 멍하니 비어 있는 듯한 '허정(虛靜)의 무심(無心)'을 역(逆)으로 표현한 것이 아닌가싶다.

노자의 사상은 바로 '무위(無爲), 무사(無事), 무욕(無欲), 무아(無我), 무심(無心)'이라고 할 수 있다. 노자를 만나고 돌아온 공자는 그 감회를 제자들에게 이렇게 말했다.

"새가 날아다니고, 물고기는 헤엄치며, 짐승이 달린다는 것은 나도 잘 알고 있다. 그러니 달리는 것은 그물을 쳐서 잡고, 헤엄치는 것은 낚싯대를 드리워서 낚으며, 날아다니는 것은 주살을 쏘아야 떨어뜨릴 수 있다. 그러나 용은 바람과 구름을 타고 하늘을 날아오른다고 하니, 나로서는 용의 실체를 알 수가 없다. 나는 오늘 노자를 만났는데, 마치 용과 같아 전혀 잡히지 않는 사람이었다."

사마천의 『사기』에 의하면, 노자는 주(周)나라 수장실(守藏室)의 사관(국립도서관장)을 지냈으며 정식 이름은 이이(李耳)고, 노자는 그의 호이다. 자는 백양이며 시호는 담(耼)이다. 초(楚)나라의 여향 곡인리에서 태어났다. '노(老)'자는 밝힌다는 고(考)의 의미이고 자(子)는 낳는다(孶)는 뜻이니 노자는 "모든 이치를 가르치고 밝혀, 성스러운 것을 낳아 이룬다"는 뜻을 가진 호라고 설명한다.

## 공자와 노자

그들이 살던 춘추전국시대는 중국의 역사 속에서 가장 큰 변화가 일던 혼란한 시기였다. 그 혼란한 상황을 어떻게 대처하고 인간과 사회를 어떻게 재조정하여 새로운 지향점을 구현할 것인가를 그들은 고민했다. 공자는 당시 시대가 혼란한 이유를 인간성의 상실에서 찾았고, 노자는 한 가지 체계로 집중 통일하려는 인위적인 문화체계나 통치방식에 그 이유를 돌렸다.

공자의 핵심사상은 극기복례(克己復禮)의 인간성 회복에 집중되고, 노자는 인위적인 체계를 부정하는 무위(無爲)를 강조했다. "무위를 행하면 곧 다스려지지 않음이 없고"(『도덕경』제3장) "함이 없음에 이르게 되면, 곧 하지 않음이 없게 된다"(제48장)고 하는 것이 그의 주된 사상이었다. 인위적인 행위는 대자연의 근원인 도에 반(反)하는 것으로서, 도에서 멀어지면 멀어질수록 인간은 위태롭게 된다는 노자의 경고를 우리는 주목할 필요가 있다.

과학문명의 발달로 요즘 우리가 겪고 있는 생태환경의 파괴가 그 보복이 아닐까 싶다. 열에너지의 낭비로 인한 지구 온난화와 자연재해(災害), 빙하는 녹아내리고 바람의 흐름까지 달라졌다. 잇달아 일어나는 지진과 해일, 무기의 발달과 인명의 대량학살. 우리는 자연에서 너무나 멀리에 와 있다. 노자는 이와 같은 점을 미리 염려하지 않았던가.

지난 4월, '지구의 날'을 맞아 '우주적 책임감'을 통감한다는 달라이라마의 메시지가 목에 가시처럼 남아 있다. 우리가 『노자』를 다시 읽는 이유도 여기에서 멀지 않다. 아무튼 혼란한 가치 상실의 시대에서 노자와 공자는 '도덕'을 주창했다. 그러나 그들의 견해는 일치하지 않았다.

그럼 유가의 도덕과 도가의 도덕은 어떻게 다른가?

유가의 도덕은 인간으로서 마땅히 걸어가야 할 길, 그 행동규범으로 인, 의, 예, 지, 신의 덕목을 설정하고, 그것을 수학(修學)하며 충분히 몸에 익히는 것을 덕(德)을 쌓는다고 말한다. 이에 반해 도가는 그러한 작위(作爲)를 하지 않는 것이 '덕'을 쌓는 일이라고 하였다. 왜냐하면 노자가 말하는 도(道)는 절대불변의 실재이기에, 당연히 그 자체로서 아무런 작용도 갖지 않는다. 만물을 생성화육하는 것은 실재로서의 도가 아니고, 도의 작용인 때문이다. 즉 도에는 실재로서의 도와 작용으로서의 도라는 두 가지 의미가 있는데, 도의 작용 쪽을 노자는 덕이라 명명했던 것이다.

"만물을 낳으면서도 그것을 자기 것으로 삼지 않고, 위대한 작용을 하면서도 공적으로 삼지 않고, 생성화육하면서도 지배하지 않는다."

이러한 도의 작용을 덕[玄德]이라고(제10장) 노자는 말한다.

여기서 잠깐 숨을 고른다. 우리가 겪고 있는 인간 존재의 비극, 그것은 자기가 생하는 모든 것을 모두 자기 소유라고 착각하는 데 있지 않을까? 본래 무일물(無一物)을 다시금 상기하게 된다.

영국의 철학자 버트런드 러셀은 노자의 사상을 이렇게 요약했다.

"소유 없는 생산(生而不有)"(제2장) "자기 주장 없는 행동(爲而不恃)"(제2장) 그리고 "지배 없는 발전(長而不宰)"(제51장)으로 함축했다.

무위를 실천할 때, 다스려지지 않는 것이 없다는 "위무위 즉무불치(爲無爲 則無不治)"(제3장)를 노자는 주창했다. 그 중에서도 그는 유가에서 중시하는 인의예지는 인간의 분별지에 의한 작위이기 때문에, 오히려 본래 갖추어져 있는 덕을 손상한다고 하며, 그는 도에서 가장 멀어진 상태를 예(禮)로 보았다.

"도의 완전한 작용이 숨겨지면 덕이 문제가 되고, 자연의 덕이 나타나지 않게 되면 인(仁)이 설파되며, 인이 쇠퇴하면 의(義)가 외쳐지고, 의가 쇠퇴하면 예(禮)의 범절이 번거롭게 된다."(제38장) 따라서 그는 성인이 할 바는 무위자연의 대도일 뿐, 결코 인위적인 '인의예지'에 있지 않다고 반박했다.

공자의 '극기복례'와 노자의 '무위자연'은 그 포커스가 전자는 '인간'이요, 후자는 '자연'이다. "인간의 타고난 성품은 서로 비슷하지만 학습에 따라 서로 차이가 생기고 그 과정에서 인격이 달라진다"(『논어』「양화편」)는 공자는 인본 중심이요, 자연 본래대로 있으면 그대로 완성된다는 노자는 자연 중심이다. 그러나 그의 자연(도덕관)설은 2,500여 년의 세월이 지나면서 유전자가 변형된 현대인에게 과연 얼마나 접근과 실효성이 있을지 모르겠다.

그제나 이제나 우리는 행복하지 못하다. 노자는 우리가 행복하지 못한 것은 쓸데없는 지식을 지나치게 구하기 때문이라며 무지(無知)와 안분지족을 행복의 대안으로 제시하였다. 그리고 자급자족하는 작은 나라를 이상(理想)으로 여겼으며, 태고의 황제(黃帝)시대를 이상으로 했기 때문에 '황노(黃老)의 도'라 칭하기도 하고 장자(莊子)가 그의 도를 이어 받았다 해서 노장사상(老莊思想)이라 일컫기도 한다. 그의 주된 사상이 담긴 『노자도덕경』은 노자가 어지러운 세상을 피하여 함곡관에 이르렀을 때, 관문을 지키던 관령 윤희가 "선생님께서는 이제 은거하시려고 하니 이 사람을 위해 가르침을 남겨 주십시오"라고 청하자 도덕의 의미를 밝힌 5천여 글자를 남긴 데서 비롯한다.

윤희와 헤어진 뒤, 그의 최후를 아는 사람은 아무도 없었다고 사마천은 『사기』에 쓰고 있다.

대체 그는 어디로 갔으며 언제 어떻게 죽었을까? 단지 수도양생을 잘 닦아 160여 세 혹은 200세까지 살았다는 기록이 보일 뿐, 어느 것 하나 확실하지는 않다. 신비감을 자아내며 베일에 가려진 그는 도가의 장생불사(不死)하는 존엄한 신으로 떠받들어지기도 한다. 그러나 그것은 도가(道家)의 한 지류일 뿐, 노자와는 엄격하게 구별되어야 한다. 주나라 왕실도서관의 사관을 지낸 노자는 문헌자료와 도서 관리를 하면서 그의 학문은 매우 박식해졌고, 고대의 전적(典籍)에도 두루 통하게 되었을 터. 『도덕경』에 『주역』의 상당 부분이 자연스레 인용된 것도 그의 직업과 무관하지는 않으리라고 보아진다. 도의 본체론을 설명하자면 『주역』의 만물생성에 관한 우주관을 빌려오지 않고서는 어려웠을 것이 자명하기 때문이다.

사실 철학사상적으로 보나, 그 연원에 있어 『주역』과 『도덕경』은 매우 밀접한 관계에 있다. 어찌 보면 『주역』을 제대로 알려면 『도덕경』을 알아야 하고, 『도덕경』을 제대로 알려면 『주역』을 알아야 한다고 말할 수 있다. "대자연의 근본을 상징하는 태극(太極)이 음양(陰陽)이라는 두 기운을 낳은 원리로 본다면, 『주역』은 양(陽)의 학문이고 『도덕경』은 음(陰)의 학문으로 볼 수도 있다. 『주역』의 근본은 태극에 있고 『도덕경』의 근본은 도(道)에 있으며, 『주역』의 핵심은 신(神)이고 『도덕경』의 핵심

:: 호남성 장사의 마왕퇴에서 출토된 백서본 『노자』. 현존하는 『노자』 판본 가운데 가장 오래된 것이다.

은 무(無)이다." 이 명쾌한 언표는 대산 김석진(金碩鎭) 선생의 말씀이다.

머무는 바 없이 어느 곳에나 있으며, 하지 않음이 없는 주역의 신(神)이나, 하는 바 없이 하지 않음이 없는, 도의 근원인 무(無)는 사실 서로 다르지 않다. 노자의 그 무(無)는 무위(無爲), 무욕(無欲), 무사(無事), 무지(無知)로 이어져 있다. 그래서 『도덕경』에서 제일 많이 만나게 되는 글자도 바로 '없을 무(無) 자'이다.

'무명(無名)' '무욕(無欲)' '무위(無爲)'가 거듭 나온다.

노자는 도(道), 무(無), 유(有)라는 세 개의 범주를 사용해 세계를 설명하고 있고, 주역은 음과 양(태극)이라는 두 개의 범주를 사용해 세계

를 설명한다. 궁극적으로 노자의 도(道)와 주역의 태극(太極)은 같은 것이라고 해도 틀리지 않는다.

도의 본체를 노자는 『도덕경』 제1장에서 다음과 같이 천명했다.

"도가 말해질 수 있으면 그것은 진정한 도가 아니다(道可道非常道)."

왜냐하면 도가 무엇이라고 정의를 내리면 그것은 도의 한 측면은 되었겠지만 도의 진정한 진면목은 아니라는 뜻에서다.

"도의 이름은 이름 지을 수 있으나 항상 한 이름이 아니다(名可名非常名)."

"이름 없는 것은 천지의 근원이요, 이름 있는 것은 만물의 어머니다."(제1장)

"천하만물은 유(有)에서 생겨나고 유(有)는 무(無)에서 생겨난다."(제4장)

형상도 이름도 없는 본체를 굳이 표현하자면 무(無)라는 것이다. 반면 보이고 만져지는 현상계는 형상이 있고, 이름이 명명되기 때문에 유(有)라고 한다. 그래서 무(無)는 천지가 시작되는 것을 명명한 것이고, 유(有)는 이미 이루어진 만물의 어머니라고 하였다. 이 무의 본체와 유의 현상을 같이 보아야 진정한 도를 얻게 된다. 무를 보존하고 유를 지킴으로써 온전한 도를 이루게 되는 이유는 무와 유가 사실은 한 가지로 같기 때문이다. 이름이 그렇게 나누어진 것뿐이라는 것이다. '무라는 존재'는 상대 세계보다 먼저 존재하는 것이므로 당연히 상대적 존재(대립하는 두 요소로 구성 되어진 존재)는 아니다. 즉 절대적인 존재로서 단 하나밖에 없기 때문에 영구불변하며, 그에 앞서서 존재하는 아무것도 없게 된다. 일설에 따르면 천제(天帝)가 세계의 주재자요. 만물을 만든 조물주라고 한다. 그러나 그렇다 할지라도 천제 이전에 이미 그것을 낳은 '시원'이 실재하고 있었다고 생각되어진다.(제4장) 이것이 천지만물의 궁극적인 시원이다. 노자는 이것을 '도'라 말하고, 또한 이것을 무극(無極)이라고 했다.

주역은 만물의 근본인 본체를 태극(太極)으로 파악하고 있다. 태극에서 64괘 384효로 펼쳐지는 대자연의 변화는 신비롭고 묘할 따름이다. 때문에 '태극'은 만물의 어머니라 할 수 있고, 무극(無極)은 천지의 시작인 것이다. 무에 해당하는 '무극'과 유에 해당하는 '태극'은 같은 근원에서 나와 그 명칭이 달라진 것이다. 즉 항상 없음으로 그 묘한 본체세계를 보고자 하며, 항상 있음으로 그 현상세계를 보고자 하니 이 두 가지는 같으나 나와서 이름이 달라진 것뿐이라고 제1장은 말한다. 노자의 『도덕경』은 제1장에서 제37장까지는 주로 '도(道)의 원리'에 대해 언급하고 제38장에서부터 제81장까지는 '덕(德)의 쓰임'(작용)에 대해 말하고 있다.


## 도와 그 작용


'도는 하나를 낳는다(道一生)'고 하는데 그런 경우의 '도'는 실재로의 도이며 '하나'는 작용으로서의 도이다. 존재로서의 도는 절대불변의 실재이므로, 그것 자체는 절대부동이며 아무런 작용도 하지 않는다. 만물을 생성화육하는 것은 실재[道], 그 자체가 아니고 실재로부터 빛나게 완성하는 그것을 도의 작용이라고 한다.

『주역』에서는 이것을 더 쉽게 음양으로 설명한다.

건곤(乾坤)괘를 하늘과 땅에 비유하고, 하늘인 양도(陽道=남자)가 시작하면 땅인 음도(陰道=女子)가 그것을 완성한다. 공자는 「계사전」에서 말한다. "무릇 역(易)이란 사물을 열고(開物), 업무를 이루어서(成務) 천하의 도를 덮는다." 이것을 '개물성무(開物成務)'라고 한다.

오래 전에 영화로 본 펄 벅 여사의 「대지」의 한 장면이 떠오른다.

여주인공 오란을 통해 음도의 성무(成務)와 부덕(婦德)의 아름다움을 영화는 감동적으로 전해 주었다. 신랑이 될 왕룽이 길에다 먹다 버린 복숭아씨를 주워 와 땅에 심는 오란의 조용한 모습은 퍽 인상적이었다. 음양의 '개물성무'를 단적으로 시사하는 좋은 예(例)로 삼고 싶다

『주역』「문언전(文言傳)」에서는 건곤(乾坤)을 '천지현황(天地玄黃)'으로 표현하였다. 본체와 현상을 하늘과 땅에 비유하여 "하늘은 검고 땅은 누렇다."

"근원은 그윽하며 검은 현(玄)에서 모든 만물의 묘함이 생겨 나온다. 음양, 이 두 가지가 같음을(이름만 다를 뿐) 현(玄)이라 이르나니 현묘하고 현묘(玄妙)해서 온갖 묘한 것들이 들락거리는 문이로다"라고 『도덕경』제1장은 도와 도의 작용을 위와 같이 설파했다.

도는 시간과 공간에 한정되지 않고 상하 좌우에 널리 퍼져 있다. 도(道)는 어디에나 있다. 모든 만물에 내재해 있다. 심지어 장자(莊子)의 말처럼 똥에도 있다. 모두 이 도의 위대한 작용 덕분으로 생성한다. 그러나 도는 그것에 관하여 한마디도 설명하지 않는다. 또한 조화의 위업을 완수하면서도 그것을 제 것으로 하지 않고 만물을 양육하면서도 지배자가 되지 않는다.(제34장)

도는 언제나 현상의 배후에 감춰져 있는 것인지, 없는 것인지 그 소재도 모를 존재가 되어 있다. 그리고 다만 사물에 힘을 빌려주어 그 존재를 완수하게끔 하는 것이다.(제41장)

그러므로 지상을 난폭하게 더럽힌 간밤의 폭풍도 하룻밤을 새우면 지상은 말끔해진다. 너무 높아진 것은 끌어 낮추고, 너무 낮아지면 끌어 올리고, 너무 많이 있는 것은 줄이고, 부족한 것은 보충한다.(제77장)

이렇게 하여 자연의 질서와 우주의 조화가 유지되는 것이다. 모두 도의 작용이 있기 때문이다.

제77장의 "많은 것은 덜어내고 부족한 것은 채운다"를 『주역』에서는 손·익괘로 설명한다. 손(損)괘는 "손하익상(損下益上)하여, 즉 아래를 덜어 위에 더하여 그 도(道)가 올라가 행함"이며, 익(益)괘는 반대로 "손상익하(損上益下)하여 위를 덜어 아래에 더해 주니 백성의 기뻐함이 무궁하고 위로부터 아래에 낮추니 그 도(道)가 빛난다"라고 하였다. 손해와 이익, 늘어남과 줄어듦도 이러한 표리일체의 관계에 있다. 모든 사물은 반드시 한번 성(盛)하면 한번 쇠(衰)한다. 영허(盈虛) 소식(消息)을 반복한다. 손(損)괘와 익(益)괘도 그와 같아서 손(損)이 극에 달하면 채워 주고 익(益)이 극에 달하면 반드시 덜어낸다는 것은 자연의 이법(理法)이다.

그렇다면 무엇이 그렇게 하는가? 그것은 어떤 외부의 힘에 의해서가 아니라 그 자신이 스스로가 그러하다는 것이다. 자연(自然)이다. 이렇게 모든 사물은 반드시 극처에 달하면 원점으로 되돌아온다는 것을 『주역』은 '극즉반(極則反)'이라 하였고 노자는 '물극필반(物極必反)'이라는 말을 사용하였다.

양(陽)이 극에 달하면 음(陰)이 되고, 음이 극에 달하면 양이 된다. 음변양화(陰變陽化)다. 이것이 진정한 의미의 '변화'이다. 음변양화, 즉 한번 양이 되면 한번 음이 되는 것을 『주역』에서는 도(道)라 일컫는다.


도의 작용과 원시반종(原始反終)


"되돌아가는 것은 도의 움직임이요(反者는 道之動)

약한 것은 도의 쓰임이니(弱者는 道之用)

천하의 물건은 유(有)에서 생기고(天下萬物生於有)

유는 무(無)에서 생긴다(有生於無)."(제40장)


만물이 본원으로 돌아가는 것은 제 스스로의 힘으로 가능할까? 그렇지 않다. 그것은 도의 작용에 의해서 이루어진다. 만물이 그 본원으로 돌아간다는 것은 본원인 도의 활동을 뜻한다.

『주역』의 「계사상전」은 이렇게 말한다.

"원시반종(原始反終)이라 모든 사물은 시원을 밝히면 끝으로 돌아감이니, 시작과 끝을 알기 때문에 그러므로 생사의 문제도 알 수 있다."

필자가 눈을 떼지 못한 대목도 바로 '원시반종 고지사생지설(原始反終, 故知死生之說)' 이 대목이다. 주역을 알면 생사(生死)를 알 수 있고, 게다가 귀신의 정상까지 알 수 있다는 이끌림 때문에 주역에 빠지고 말았다.


"삶은 세상에 잠시 몸을 맡기는 것이요, 죽음은 다시 되돌아가는 것이다."

이것은 우 임금(禹王)의 말이다.

이백(李白)은 이것을 좀 더 멋있는 시로 「춘야연도리원서」에서 이렇게 표현했다.


"夫天地者 萬物之逆旅 光陰者 百代之過客."

무릇, 하늘과 땅이라는 것은 만물의 주막집이며,

시간이라는 것은 백대의 지나가는 나그네일러라.

천지는 만물이 잠시 머물다 가는 곳이요, 세월은 영원한 길손이란 뜻이다. 삶이란 잠시 여행을 나온 것이요, 죽음은 다시 집으로 되돌아 간다는 이백의 심정도 그러니까 『주역』의 원시반종과 다르지 않다. 태 양의 일출과 일몰, 또한 사람의 생사(生死)도 이와 다르지 않아서 시작 된 근원으로 되돌아간다. 도의 움직임은 이렇게 반(反)한다. 약함을 작 용으로 하는 도로 인해서 만물은 근원으로 회복하게 된다.

『도덕경』제1장은 책 전체를 아우르는 요의를 담고 있다.

"없음(無)은 천지의 처음을 일컫고, 있음(有)은 만물의 어머니를 일컫 는다." 세상의 물건은 만물의 어머니인 유(有)에서 나왔으며, 이 유(有) 는 천지의 비롯함인 무(無)에서 나왔으므로 결국 도의 근원인 무(無)로 돌아간다는 것이다. 무(無)의 근원인 도(道) 자체가 아무런 작의(作意) 없이 그렇게 스스로 작용한다는 것을 노자는 제1장에서 이와 같이 설 파했던 것이다.


## 만물의 생성원리와 부음이포양(負陰而抱陽)


도는 하나를 낳고, 하나는 둘을 낳고, 둘은 셋을 낳고, 셋은 만물을 낳으니 만물은 음(陰)을 짊어지고 양(陽)을 안아서 빈 기운[沖氣]으로 조화를 이룬다(제42장)는 것이다.

이렇게 우주 만물의 생성원리는 만물의 근원인 도가 하나를 낳는 데 서 시작한다. 그 '하나'라는 것은 도에서 나온 생명의 원기를 말한다.

『주역』에서 보면 태극으로 하나가 둘을 낳는 것은 마치 태극이 음과 양을 낳는 것과 같다. 우주 만물은 태극과 음양 기운을 근원으로 하여 나온다. 즉 태극과 음양을 합하면 셋이 되니, 이 셋이 만물을 낳는다고 하였다.

"만물은 음기운을 지고 양기운을 안아서 충기로 조화를 이룬다."(제42장)

'역서(易序)'에서는 '부음이포양(負陰而抱陽)'을 이렇게 설명한다.

"역에 태극이 있으니 이것이 양의(兩儀)를 낸다. 태극은 도이고 양의는 음양이니, 음양은 한 도(道)이며, 태극은 무극(無極)이다. 만물의 나옴이 '음을 지고 양을 안아서' 태극이 있지 않음이 없으며, 양의가 있지 않음이 없으니, 농후하게 교감하여 그 변화가 다하지 않는다."

그러나 만물이 만물로서 존재하려면 음양의 두 기운을 교화(交和)케 하는 바로 그 충기(沖氣)가 필요하다. 이 충화(沖和)의 기(氣)야말로 만물을 만물케 하는 근본 원기(元氣)이며 생명인 것이다. 그러므로 "곡신은 죽지 않는다(谷神不死). 이를 현빈(玄牝)이라 이른다."(제6장)

왜 골짜기의 신(谷神)은 죽지 않는가?

충기로써 비어 있기 때문이다. 도의 본체가 허무인 것처럼 골짜기는 비어(虛) 있기 때문에 신비한 암컷이 일체의 만물을 낳듯, 신묘한 작용을 함으로써 자연의 도는 무궁하게 이어진다. 노자는 도를 신비한 암컷에 비유하고 여성적인 것을 자주 언급했다. 때론 물을 인용하면서 '부드럽고 유약한 것이 강한 것을 이긴다'며 암컷의 여성성을 그는 찬미한 바 있다. 물은 부드러워 자신을 주장하지 않으면서도 모든 것을 씻어내는 큰 힘을 발휘한다고 '상선약수(上善若水)'로써 그는 도의 작용을 상찬하였다.

독일의 문호 괴테도 『파우스트』의 입을 빌려 비로소 말한다.

"영원히 여성적인 것만이 우리를 천상으로 인도한다."

『파우스트』의 결미다.

인류의 구원 문제도 여기에서 답을 찾아야 하지 않을까?

'영원히 여성적인 것'이란 파우스트의 남성적인 능동정신이 폭주하지 않도록 그것을 균형과 조화로 꽃피우게 한 중도(中道)사상으로 이해된다. 그 그늘에는 그의 첫사랑 그레첸에 대한 사랑도 숨어 있다. 그레첸 모티프가 파우스트의 구원을 가능케 하고 악마 메피스토펠레스를 분노케 하면서 애인의 영혼을 천상으로 이끌어 올리는 데 결정적인 역할을 한다. 파우스트의 구원을 가능케 한 그 '여성성'이 노자와 지금 겹쳐지고 있다. 아마 인류의 구원도 다투지 않으며 남에게 이로움만 주는 상선약수(上善若水)와도 같은 '여성성'이 아닐까 싶기도 하다.


## 곡신(谷神)은 죽지 않는다


서구 작가들은 이 '곡신불사'에서 많은 시적 영감을 받았다고 한다. 사람에게도 골짜기와 같은 충허(沖虛)의 빈 마음이 필요하다고 하겠다. 도의 경지란 바로 이런 심원한 허심적정(虛心寂靜)의 상태가 아니겠는가. 텅 비어서 시비를 잊고, 불필요한 지식에 오염되지 아니한 영혼의 순결함, 무위의 단순한 삶, 무욕의 넉넉한 자유, 자연에의 경건함으로 가득 차기를 노래했던 「무지개」의 시인 워즈워스가 떠오른다.

서구 작가들이 일찍이 노자에게 심취한 것도 바로 이런 이유 때문이 아니었을까?

그 중에서도 말라르메, 예이츠, 에즈라 파운드, 헤세, 중국의 이백이나 도연명, 소동파는 말할 것도 없고 일본의 바쇼나 남미의 옥타비오 파스는 노자에게 몹시 경도되어 있었다.

도의 근원인 무(無)에 대한 심오한 사상, 그것들의 상징적인 비유. 보다 함축된 간결한 언어, 은유적 표현은 시인들에게 많은 영감을 불러일으키면서 그들 내면의 세계에 지평을 확대해 주었을 것이다.

프랑스의 상징시인 말라르메의 경우를 잠시 들여다보자.

"이 정적 속에 흩어진 순결한 부재(不在)를, 마치 어떤 경치의 기념으로 꽃을 따 모으듯이, 한눈에 요약하고 있었는데, 그런데 거기에 느닷없이 솟아오르는 저 경이로운 오므라진 수련들의 허나, 그의 속이 빈 하얀 색으로—때묻지 않은 꿈들과 있지 않을 행복, 현시(顯示)에 대한 두려움으로 여기에서 멎어 버린 나의 호흡으로 이루어진—어떤 무(無)를 에워싸고 있는…."

『목신(牧神)의 오후』 중 한 부분이다.

"저 경이로운 오므라진 수련들의 하지만 그 속이 빈 하얀색으로" 이 충기(沖氣)로 '때 묻지 않은 꿈'의 분위기는 '있지 않을 행복'으로 이어지면서 행복이기보다는 오히려 완벽한 고요함을 드러낸다. 여기서 '수련'은 존재 그 자체로서 말라르메는 모든 방식으로 자연의 그것과 소통하고 있다. 숨조차 멎어 버릴 듯한 나의 호흡, 적정(寂靜)의 순간. 이 모든 것들은 현시(顯示)라는 말로 요약되어 있는 초월의 예감에 싸여 있다.

초월의 예감과 무(無)에 둘러싸인 말라르메는 빈 방에서 '허실생백(虛室生白)'한다.

"나는 죽었다가 내 정신의 마지막 보석상자의 열쇠를 지닌 채 되살아났네…. 나는 자신 있게 말하기 위해서 무(無)까지의 꽤나 먼 길을 내려갔었네. 거기에는 오직 미(美)밖에는 없으며 그 아름다움의 완벽한 표현은 단 하나뿐이네. 시(詩)."

말라르메는 스스로 세속적 욕망을 버리고 순교자적 고행으로 삶 자체를 시에 바쳤던 사람이다. 순수시에 대한 초인간적인 집착은 그에게 일년 동안 실어증의 고통을 안겨 주기도 했다. 시인이 언어의 성에 유폐되다니, 나는 무(無)까지의 꽤나 먼 거리를 내려갔었다는 이 절대 고독한 시인을 만나러 열두 시간의 비행기를 타고 파리의 북쪽인 제17구 롬가 89번지, 그의 집 앞에 서 있던 적이 있었다. 존재의 근원에 대한 탐구로 이어진 그의 시적 추구, 그의 시 세계에서 가장 많이 눈에 뜨인 낱말들은 허무, 무(無), 텅 빔, 침묵 등으로 숱한 부재(不在)의 이미지들이었다. 동양사상의 무(無), 특히 노장(老莊)의 무(無)와 관련한 그의 작품들을 논한 평문들을 볼 수 있었다.

나는 그날 어둑한 저녁 시간에 5층 방을 향해 머리를 젖히고 올려다 보았다. 그의 방에는 아직도 램프의 황량한 불빛이 켜진 아래, 글을 거부한 하얀 백지 앞의 고뇌로 인해 숱한 밤들을 지새워야 했던 그의 모습이 붙박여 있을 듯, 그런 그의 모습이 보이는 듯했다. 무거운 발걸음을 돌리려는데 작가의 분신과도 같은 「이지튀르」가 뛰어나와 작품의 결미를 내게 속삭이는 것이다. 노자가 공자에게 일러준 그것처럼 그것만이 전부라는 듯.

'무(無)는 떠나고

순수의 성(城)은 남아 있다.'

그것은 내게 화두(話頭)이면서 한편 답이기도 하였다.

　노자는 이렇게 작가에게뿐 아니라 도가, 유가, 법가, 음양가, 제자백가들에게도 심오한 영향을 끼쳤다. 노자의 물리적 세계관과 인생관은 아인슈타인의 상대성원리와 원자이론에, 그리고 그의 부쟁(不爭)사상은 간디나 슈바이처에게 영향을 미쳤다. 니체와 하이데거 등을 위시한 서양 철학자에게는 소유와 존재론에 관한 개념 정리에 적지 않은 영향을 준 것도 사실이다.
　동양의 고전 가운데『도덕경』의 주석서가 가장 많은 이유도 심오한 사상을 너무 함축된 언어로 담아 놓았기에 행간의 각기 다른 해석과 견해가 분분하였던 때문이리라. 한·중·일 3국의 주석서를 합하면 수천 종에 이른다고 하니 그만큼 이 책의 비중을 반증하는 것이라고 하겠다.


글을 마치며


　책장을 덮으려니 황홀, 그 속 깊고 어두운 경지에 멍하니 앉아 있던 노자가 내게로 다가와 천천히 입을 뗀다.
　"도를 아는 사람은 도의 내용에 관하여 이야기하지 않는 법이라네."
(제56장)
　나는 얼른 두 손을 포개며 멋쩍은 듯, 그분께 무언의 목례를 보냈다.

짧은 순간이지만 그분은 나를 내려다보시고 나는 그분의 무언(無言) 속에서 울려나오는 독백을 들었다.

　"… 아 피곤함이여! 돌아갈 바 없는 듯하다.
　모든 사람은 다 여유가 있지만 그러나 나 홀로 잃어버린 듯하다.
　나는 어리석은 사람의 마음인저! 혼돈함이로다.
　속인은 소소(昭昭)하지만 나 홀로 흐린 듯하고,
　속인은 찰찰(察察)하지만 나 홀로 번민함이니 담담함이여!
　그 바다 같고, 표요(飄颻)함이여! 이르는 바 없는 것 같도다.
　모든 사람은 쓰일 데가 있으나, 나 홀로 고루하며 천한 것 같다.
　나는 홀로 남과 달라서 만물의 근원인 도를 기르는 것[食母]을 귀히 여긴다네."(제20장)

　함곡관에서 그가 윤희와 헤어질 때처럼, 내게 이 말의 여운을 남기고는 홀연히 사라져 버렸다.
　"아 피곤함이여! 돌아갈 바 없는 듯하다"던 그분의 탄성과 뒷모습이 오래 가슴에 남는다.
　가되 어디로 갔을까? 하나로 시작하되 시작한 하나가 없고, 하나로 마치되 마친 하나가 없는* 그곳으로 가지 않았을까?
　처음 태(太) 멀 극(極), 고개를 들어 먼데 하늘을 바라본다.

* 一始無始一 (…) 一終無終一.(『天符經』)

# 그 밝은 것을 어둡게 하라

― 주자와 지화명이(地火明夷)

## 주자는 누구인가

주자(朱熹, 1130~1200)는 한당(漢唐)의 경학을 존중하여 많은 경서(經書)를 해석하고 북송 유학자들의 학문을 흡수하여 성리학(性理學)이란 학문 체계를 수립, 중국철학사에 새로운 지평을 연 최고의 철학자이다. 그는 죽어서도 죽지 않는 사람, 불천지위(不遷之位)가 되어 영원히 사당(祠堂)에 모셔진 신위(神位)가 되었으니 죽을 수도 없는 사람이다.

중국 사람들은 말한다.

동주(東周)에서 공자가 나왔고
남송(南宋)에는 주자가 있으니

중국의 문화는 태산과 무이(武夷)
뿐이다.

또한 그의 유일한 논적(論敵)이었던
육상산은 주자를 이렇게 평가했다.
"주원회(朱元晦)는 태산교악(泰山喬
岳)이다."

:: 주자

여기서 태산은 공자를 지칭하며
'태산의 우뚝한 나무'는 주자를 가
리킨다. 평생 공자의 학문을 밝혀
1,500년 전의 그를 다시 살려낸 업적을 찬탄한 것이다.

그러한 공로로 주자는 공자의 사당에 배향되었다. 중국의 공자를 살
려낸 주자를 다시 살려낸 사람은 한국의 퇴계 이황 선생이다.

이퇴계→송시열→이항로로 이어져 온 『주자대전(朱子大全)』의 주석
을 보면 한국 성리학에서 그가 차지하는 위상을 짐작할 만하다.

주자는 처음부터 태산교악이 아니었다. 각고의 노력으로 한 발 한
발 태산에 올라 스스로 태산이 된 사람이었다. 그는 80여 종에 이르는
저서를 남겼고, 학문을 토론한 편지만도 2,000편이 넘는다.

주자는 남송의 건염(建炎) 4년(1130) 복건, 우계현에서 태어났다.

이름은 희(熹), 자는 원회(元晦)이며, 호는 회암(晦庵)이다.

주자(朱子)는 그를 높여 부른 존칭이다. 그가 태어난 시기는 송조가
금(만주족)의 압박을 받아 강남으로 옮겨간 남송(南宋)시대로 얼마 후에

칭기즈칸이 나와 금을 멸망시키고 송을 압박해 오는, 한민족의 위기가 닥쳐오는 불안한 시대였다. 이러한 상황에서 사회질서를 바로잡는 대안으로 '성리학'이 자리 잡게 되었으니 그의 학설이 명분, 절의(節義)를 중시하고 엄숙한 경향을 보여 주는 것도 이런 시대적 상황의 요청이라고 볼 수 있다.

대금(對金) 정책을 둘러싸고 당시 신구 양당은 화의파와 주전파로 갈라졌는데 화의를 제창한 관료의 대부분은 왕안석의 흐름을 계승했고, 대의명분에 의거하여 항전을 주장한 대부분의 사람들은 도학(道學) 신봉자들이었다.

주자의 아버지 주송(朱松)은 진회가 주장한 화의에 반대함으로써 정계에서 추방당한다. 그는 환계정사에 은거하면서 명석한 외동아들에게 정성을 쏟아 북송의 정자학(程子學)을 전수했다. 14세에 부친을 잃은 주자는 아버지의 유언대로 친구 세 분을 찾아가 스승으로 모시고 학문에 매진했는데 먼저 유백수(劉白水)는 주자를 사위로 삼았고, 호적계(胡籍溪)는 그에게 『주역』을 가르쳤다. 유병산(劉屛山)은 주자에게 '원회(元晦)'라는 자를 내렸다.


어둠을 써서 밝게 하라(用晦而明)


주자는 원회(元晦)와 중회(仲晦)를 자(字)로 썼으며 스스로 호를 회암(晦庵)이라 했다.

그 밝은 것[智德]을 어둡게 하라는 '회기명야(晦其明也)'.

이것은 『주역』의 지화명이(地火明夷)괘에서 유래된다.

유병산은 "밝은[해] 것이 땅 속으로 들어가는 어둠의 때가 '명이(明夷)'이니 군자는 이를 본받아 뭇사람에게 임할 때, 어둠을 써서 밝게(用晦而明)하라"는 상전(象傳)의 말씀, 즉 '회장(晦藏)'을 취해 자를 짓고는 이렇게 덧붙였다.

"나무는 그 뿌리를 어둡게 하여 봄의 광채를 갈무리하며
사람은 그 몸을 어둡게 하여 신명(神明)을 살찌운다."

나무의 뿌리를 어둡게 하지 않는다면 어찌 봄의 광채를 보겠는가? 스승의 말씀을 주자는 잊지 않았다. 예로부터 지혜로운 이들은 '회장'을 사용했다. 주나라 문왕은 지덕을 감추고 어둡게 하여 폭군인 주(紂)로부터 죽임을 피할 수 있었고, '회장'의 양광(佯狂, 거짓 미친 체)으로써 은나라 기자(箕子)나 제나라 손빈은 목숨을 보전할 수 있었다.

회장(晦藏)은 현명함[用晦而明]에 의거한 것으로 '熹(밝을 희)'의 반대 개념인 '晦(어두울 회)'를 자(字)로 정함으로써 병산은 한층 더 깊은 내면적 의미를 강조하려 한 것이었다. 주송은 먼저 송조의 건염(建炎)에서 불화(火)를 강조하여 아들의 이름을 희(熹)로 지었다. 음양오행의 오덕종시설(五德終始說)을 중시한 송나라는 화덕(火德)을 부여받은 왕조였다. 건염(建炎)이 송조의 재흥을 의미하듯 열렬한 민족주의자였던 주송은 중원회복의 염원을 희(熹, 빛을 발함)자에 담아 아들의 이름을 지었던 것이다.

밝을 희(熹)와 어두울 회(晦).

아버지와 스승 유병산의 깊은 뜻이 담긴 이름이며 자(字)였다.

밝음과 어두움이 한 쌍의 음양으로서 아름다운 조화를 이루고 있지 않은가.

이미 잘 다스려진 하나의 완성된 괘, 수화기제(水火旣濟)를 보는 듯하다. 병산은 주역의 지뢰복(復)괘를 중시하였으며 '복' 자를 사용하여 서재의 이름을 짓고, 또한 「복재명(復齋銘)」이라는 글도 남겼다. 주자는 그에게서 큰 가르침을 받았다.

## 한국의 성리학과 주자

고려말 13세기 후반, 안향(安珦, 1243~1306)에 의해 유입된 성리학은 조선의 건국이념으로 오랫동안 우리의 윤리의식을 지배하여 왔다. 그래서 우리는 주자가 누구인지 모른다고 해도 벌써 그는 우리의 무의식 속에 깊게 자리하고 있었다. 『주자가례(家禮)』나 '주자십회(十悔)' 등 도덕적 사표로서 그의 엄격한 예법은 많은 장점이 있음에도 이조 오백년 동안 또한 여러 가지 폐단을 낳기도 하였다.

삼종지도(三從之道) 등 부녀자들에게 가해진 엄격한 단속은 시대에 맞지 않는다고 해도 '성리학'이란 어차피 인성(人性)과 도리에 관한 문제와 맞닿아 있었던 때문이다. 그러나 시대의 흐름을 따라 바뀌고 변화하는 것이 주역의 이치가 아니겠는가. 남존여비 사상이 여성상위로 변모됨을 지켜보면서 음극양화(陰極陽化)의 주역의 이치를 떠올리게 된다. 아무튼 한국의 성리학은 주자를 떠나서 존립 불가능할 정도로 그에게 의지된 바가 많았다. 안향은 원나라에 가서 『주자서』를 손수 베끼고 공자와 주자의 화상을 그려 가지고 돌아와 후원정사(精舍)에 그들의 화상(畵像)을 모셨다. 안향은 구경(九經)과 성리(性理)에 관련된 서적을 들여와 후학을 지도함으로써 비로소 도학의 문호를 열었다. 주자학은 안향으로부터 비롯되었으며, 주자의 호[晦庵]에서 '회(晦)' 자를 가져와 자신의 호를 '회헌(晦軒)'으로 삼았다. 원나라 학관들은 회헌 안향을 '동방의 주자'라고 불렀다.

중종 때의 성리학자 이언적(李彦迪, 1491~1553)은 주자의 이기론(理氣論)을 성리학의 정통으로 밝힘으로써 조선시대 성리학의 방향과 성격을 정립하는 데 선구적인 역할을 주도했다. 그는 주자[晦庵]의 학문을 따른다는 의지로 자신의 호를 회재(晦齋)라고 지었다.

회재 이언적의 성리학은 퇴계로 이어지며 퇴계 이황(李滉, 1501~1570)도 학문의 근본을 주자로 삼았으며 주자학의 체계를 정립하여 『주자서절요(朱子書 節要)』와 『심경강해』를 세상에 내놓았다.

퇴계의 『주자서절요』는 일본에서 번역 출판되어 주자학 붐을 일으켰으며 일본의 석학인 오쓰카[大塚]는 손수 필사한 『주자서절요』 20권을 소중히 하였는데 그것이 훗날 모토다[元田]에게 전해졌다. 모토다는 이것을 근간으로 삼아 일본의 교육칙어를 지었다. 퇴계의 주자학은 그러니까 메이지유신의 근본이념이 되었던 것이다.

퇴계는 도산서당의 세 칸 중 한 칸은 '완락제'라 명명하고, 동쪽 한 칸은 '암서헌'이라 지었는데 이 모두가 주자의 글귀에서 따온 것이었다.

주자의 학문을 조종(祖宗)으로 삼고 주자를 무던히도 닮으려고 애쓴 또 한 사람이 있다. 우암 송시열(尤庵 宋時烈, 1607~1689)이다.

우암의 부친인 수옹공(睡翁公)은 "주자는 뒤의 공자이고, 율곡은 뒤의 주자이니 공자를 공부하려면 마땅히 율곡부터 배워야 한다"면서 아들에게 율곡의 『격몽요결』을 가르쳤다. 우암은 율곡의 수제자인 사계 김

장생(沙溪 金長生) 문하에서 예학을 공부했다.

예학(禮學)은 당시 혼란한 사회(왜란과 호란으로)를 안정시키는 수단이기도 했다. 성리학은 예(禮)로 실현되는 '오륜(五倫)'의 근거를 밝히는 학문이므로 예학과 깊은 관련이 있었다. 특히 우암은 『주자서』를 읽는데 전념하였다.

"나는 먼동이 트면 머리 빗고 객실에 앉아 아침이면 『주역』, 『시전』, 『예기』, 『춘추』를 읽고 저녁이면 뜰 안을 거닐면서 『시경』을 노래하며, 초야에서는 백가중씨(百家衆氏)의 글을 수 없이 읽어 귀에 넘쳐흐르게 하였다. (…) 그리고 『가례(家禮)』와 『소학(小學)』을 읽고 몸을 검속하였으며 『심경(心經)』과 『근사록(近思錄)』을 읽고는 의리를 알았으며 사서오경은 평생토록 짊어지고 다니면서 읽어서 남겨둔 대목이 없었다"고 전한다. 『근사록』은 주자와 여동래가 선현의 말씀을 가려 뽑아 찬술한 것이다.

우암은 "학문의 길은 격치(格致)보다 앞선 것이 없고 격치의 요강은 또한 독서에 있으며, 독서의 요체는 또한 본심(本心)을 간직하는 데 있다"는 『주자대전』의 어록을 인용하며 궁리하여 존심(存心)하는 길은 독서보다 더 좋은 것이 없다며 독서가 지언양기(知言養氣)하는 공부의 방법임을 또한 제시했다.

『맹자』에서는 호연지기를 기르는 방법으로 궁리지언(窮理知言)과 존심양기(存心養氣)를 들고 있다. 맹자(孟子)는 의리(義理)의 선행(善行)을 쌓아서 호연지기를 기르라고 하며 그 실천 방법으로는 '직(直)'을 제시했다.

우암은 천지가 만물을 생(生)하는 근본과 성현이 만사에 응(應)하는 근본은 직(直)이다. 공자, 맹자 이래로 전해져 내려오는 것도 이 '직(直)' 뿐이라며 학문의 목적을 의(義)를 구명(究明)하는 데 두었다. 의리를 분석하는 데 있어서 우암은 누구보다도 정밀하였고 행에 있어서도 과감하였으며 의롭게 순국한 분들을 추모하고 저술로 기록하여 남겼다.

정조(正祖)는 우암의 화상찬(畵像贊)에서 "이리저리 하는 말이 다 이치에 맞으니 울연히 이학(理學)의 종사(宗師)가 되었다"고 찬하며 그의 문집을 『송자대전(宋子大全)』이라 명명케 했다. 대전(大全)이라 한 것도 『주자대전』을 본 딴 것으로 우암 자신도 주자를 학문의 조종으로 삼고 있었기 때문이다. 제자들이 "어떻게 종일 꿇어앉아 계시냐?"고 질문하면 "이렇게 하는 것이 좋다. 주자는 가부좌를 하였다"고 답했다. "주자는 마음먹은 대로 글씨를 쓰면 그것이 모두 훌륭한 문장이 되니 도가 이루어지지 않고서는 이렇게 될 수 없다"면서 평생 주자를 배웠으며 학문에 있어서도 그러하고 의리(義理)에 있어서도 그러하며 문장에 있어서도 심지어는 글씨까지도 주자의 큰 글씨를 닮으려고 우암은 무던히도 애썼다.

안향, 우탁, 이색, 등에 의해 전수된 성리학은 조선 중기에 이르러 사화(갑자, 무오, 을사, 기묘)를 겪은 선비들에 의해 사림(士林)정신으로 구축되어졌다. 대의명분을 위해 살신성인을 서슴지 않는 성리학 특유의 도통적(道統的) 규범으로 자리매김 되었으니 정몽주→길재→김숙자→김종직→김굉필→조광조로 이어지는 도학적 학통관에서도 잘 나타난다. 그들은 학문의 전수나 학업만을 중시한 것이 아니었다. 성리학의 도학적 측면, 즉 '의리 구현'을 설정 기준으로 삼았으니 이로써 한국 성리학은 의리의 실천궁행을 강조하는 도학적 성격이 강하게 되었으며 성리학의 도통을 위해 주자를 주벽(主壁)으로 모신 서원들이 많았다.

임실의 신안(新案)서원, 공주의 충현(忠賢)서원, 화순의 백록(白鹿), 곡성의 도동(道東), 강진의 남강(南康)서원 등이 있으며 주자가 배향된 서

원만도 무려 스무 곳이 넘는다. 특히 주자와 송시열이 함께 배향된 곳은 네 군데, 율곡과 나란히 배향된 곳은 다섯 군데나 되었다. 서원(書院)이란 강학(講學)의 기능과 선현(先賢)의 위패를 모시고 제사 드리는 제향(祭享)의 기능을 갖춘 공간을 말한다. 주자학과 성리학과 도학과 유교와 주역은 이름만 다를 뿐, 성리(性理)라는 우주론적 이기론과 본성의 이치에서 보면 하나로 꿰어지는 동일한 사유체계였던 것이다.

인간을 포함한 우주만상을 이기(理氣)로 설명하려 한 것이다. 성리(性理)와 이기(理氣), 먼저 태극(太極)을 알지 않으면 안 되겠다.


## 태극은 만물의 근원

"역에는 태극이 있다(易有太極).

이것이 양의(兩儀)를 낳고 양의가 4상(象)을 낳으니 4상이 8괘를 낳는다."

『계사전』의 이 말씀은 주돈이의 『태극도설』로 이어지고 태극은 만물을 생성하는 만물의 근원을 가리키는 개념으로 발전한다.

주자는 '역에 태극이 있다'는 위의 문장을 '역의 알맹이(易之精)요' 성인이 역(易)을 지은 강령(綱領)이요, 『역』이라는 책이 시작하는 첫 번째의 뜻(開卷策一義)이며 『역』의 중심이 되는 골수는 모두 여기에 있다고 언급했다.(『朱文公文集』에서)

태극에 대해 그는 『역학계몽』에서 의미 있는 한 마디로 이렇게 함축했다.

"이른바 태극이라고 말하는 것은 천지만물의 이(理)를 합하여 하나의

:: 주자의 글씨

이름으로 한 것일 뿐. (…) 그러므로 태극은 상과 수가 형체를 갖추지 않았을 때 그 이(理)의 전체(太極者 象數未形之本也)를 말한다"는 것이다.

태극이란 상(象)과 수(數)가 아직 형체를 갖추지 않았으나 그 이(理)는 이미 갖추고 있는 것을 말한다. (…) 형기(形器)가 이미 갖추어진 뒤에 이(理)는 조짐이 없음을 지목해서 말한 것이다 .

내재 원리로서의 태극이 '동자 없는 눈(無朕之目)'이라고 한 것은, 태극이 아무런 작위(作爲)도 하지 않는다는 뜻이다. 즉 「하도」, 「낙서」에서 사용하지 않는[虛] 가운데 수의 모습이라는 것이다.

"이(理)는 정의(情意)도 없고 계탁(計度)도 없으며 조작하는 것도 없다…. 다만 하나의 정결하고 공활한 세계이다"라고 주자는 언급했다.

정의와 계탁, 그리고 조작은 인간의 의지에 따라 발동되는 행위이다. 모두 기(氣)의 영역에 속한다. 그러나 이(理)는 시간과 공간의 제한을 받지 않는 것이므로 거기에는 아무런 정의(情意)도 없고 계탁(計度)도 없으며 조작함도 없다는 것이다. 이(理)의 본체는 허(虛)일 뿐, 그렇다고 텅 빈 것이 아니다.

그는 『주자어류』에서 다시 말한다.

"태극은 오행 음양의 이(理)를 모두 갖추고 있는 것이지 텅 빈 것이 아니다(太極是五行陰陽之理皆有, 不是空底物事)."

여기서 그가 말하는 이는 실재하는 이(理)다.

실재하는 이(理)는 아무런 작위도 하지 않지만 그렇다고 텅 비어 있지 않은 실체(實体)라는 뜻이다.

그에 의하면 태극은 이(理)이고 음양은 기(氣)이다. 상수(象數)와 형기(形器)는 모두 기의 영역에 속한다. 주자 이기론(理氣論)의 천명이다. 그의 역(易)은 이러한 이기론의 형이상학을 기초로 해서 건립되었다.

주자의 아버지는 어느 날 하늘을 가리키며 말했다.

"보아라. 저것이 하늘이란다."

"하늘 위에는 무엇이 있습니까?"라고 묻던 네 살짜리 꼬마는

"천지 사방의 바깥은 어떻게 되어 있을까?"라는 물음에 골똘히 잠겼다고 한다. 그의 첫물음인 '우주'는 이렇게 해서 평생 그의 화두가 된다. 우주의 중심을 찾고자 고심했던 주자는 주돈이(周敦頤, 1017~1073)의 『태극도설』에서 그 해답을 찾을 수 있었다.

『태극도설』을 쓴 주돈이는 만년에 여산 연화봉 아래 염계서당을 짓고 살아 염계(濂溪) 선생이라 불렸으며 빼어난 시문 「애련설(愛蓮說)」과 주역에 관한 저서, 『태극도설』과 『통서』가 있다.

주돈이는 우주의 근원과 만물의 생성에 대한 설명을 위해 태극도(太極圖)라는 도식을 만들고 거기에 해설을 덧붙여 『태극도설』을 지었다.

이 『태극도설』은 『주역』 「계사전」의 "역에 태극이 있으니 이것이 양의를 낳는다(易有太極 是生兩儀)"는 구절에다 우주의 이론적 근거를 두고 그 내용을 발전시킨 것인데 핵심은 태극이 만물의 근원이 된다는

것이다.

　그리고 동(動)과 정(靜)이 이른바 운동인(運動因)이 되어 음과 양이라는 기(氣)를 생한다. 이 두 가지 음양의 기가 일종의 현상만물을 이루는 재료 또는 원질로서 서로 감응하여 만물을 생성한다는 우주발생론을 내놓기에 이른다. 이것이 주자에게 그대로 수용되어 주희 성리학에서 우주론의 토대를 이루게 된 것이다.

　훗날 중국의 4대 서원 가운데 하나인 악록서원에 초청된 주자는 원장인 장식과 함께 나란히 앉아 있었다.

　"천지는 어떻게 생성되었습니까?"라는 어느 서생의 질문에 그는 자신의 어린 시절을 떠올렸을지도 모르겠다. 그러다가 그는 이렇게 대답했다.

　"천지 음양의 두 기가 태극처럼 엉켜 도는 것으로 시작되었다. 회전이 빠르다보니 둘레의 모든 찌꺼기들을 흡인하여 복판에다 굳힌 것이 땅이고, 찌꺼기가 사라진 맑은 기가 일월성신이 되어 바깥 축에서 계속 돌고 있으니 그것이 하늘이다."

　38세의 이 신예 학자가 그날 남긴 글씨는 지금도 악록서원 강당 벽면에 붙어 있다.

　節(절)·孝(효)·忠(충)·廉(염)의 넉 자다.

　주자는 주돈이의 『태극도설』을 주목했던 것이다.

## 무극이태극(無極而太極)

　"무극이면서 태극이다…. 양이 변하고 음이 합하여, 수화목금토를 낳아 5기(氣)가 순하게 펴지고 4시(時)가 행한다. 오행은 하나의 음양이 요, 음양은 하나의 태극이니, 태극은 본디 무극이다."(『태극도설』)

주돈이는 무극을 태극에 앞서 있는 실재라 하여 무극에서 태극이 나오고 태극에서 음양, 음양에서 오행, 오행에서 만물이 나온다고 하였다.

즉 그의 『태극도설』 중의 "오행은 한 개의 음양이고, 음양은 한 개의 태극이며 태극의 본원은 무극이다(五行一陰陽也, 陰陽一太極也, 太極本無極也)"라고 하였다.

이때 '태극본무극(太極本無極)'의 본(本)은 곧 '본어(本於)'의 뜻이므로 무극이 태극의 본원이 된다는 것이다. 원래 '무극'이라는 말은 『노자』에서 비롯된다. "다함이 없다(無可窮盡)"는 뜻의 형용사로 사용된 것인데 주돈이는 무극을 이와 같이 태극의 근원으로 보았던 것이다.

주자는 주돈이의 『태극도설』을 특별히 좋아하여 『태극도설해』를 지었다고 했는데 그 첫머리에서 '무극이태극'을 이렇게 설명하고 있다.

"하늘이 하는 일은 소리도 없고 냄새도 없으니, 실제 '조화의 밑둥'이요, 만물의 근원이다. 그러므로 무극이면서 태극이라 한 것이지, 태극외에 다시 무극이 있는 것이 아니요, 즉 유무(有無)를 하나로 합한 것을 무극이 본래 태극, 최고의 실체는 본래 하나다."

주자는 '태극이무극'의 이(而)를 평행관계를 나타내는 연접사로 보았던 것이다. 사람들이 무극과 태극을 같은 것으로 여길 것을 염려하여 "무극이면서 태극이다"라고 한 것으로 다만 "형체는 없으나 원리는 있다(無形而有理)"는 뜻이라고 했다. 주자의 해석은 주돈이의 본뜻과는 달랐다.

주돈이의 무극은 태극에 앞서 있는 실재(實在)이나

주자의 무극은 태극을 묘사한 것일 뿐이었다.

주돈이는 『태극도설』에서, "태극은 운동하여 양(陽)을 낳고, 운동이 극(極)에 달하면 고요에 이르고 고요함으로써 음(陰)을 낳는다"라고 했는데 이 말은 주자의 체계와 달랐다. 왜냐하면 주자의 체계 내에서는 태극에 운동의 리(理)가 있기 때문에 기(氣)가 운동하여 양기가 되고, 태극에 고요의 리(理)가 있기 때문에 기(氣)가 고요하여 음기가 된다고 할 수 있기 때문이다.

주돈이의 태극은 주자의 체계에서 보면 형이하(形而下)의 존재이다. 주돈이의 '무극이태극'은 사실상 "천지만물은 유(有)에서 생겼고 유는 무(無)에서 생겼다는 노자에 가깝다. 이런 점을 육상산이 지적한 것은 옳다"라고 주자는 피력했다.

주자와 육상산의 논쟁 중 그 대표적인 것도 '무극이태극'론이다.

태극의 앞에 '무극'이란 두 글자가 필요한가, 그렇지 않은가에 대한 것이었다. 육상산의 형 육구소(陸九韶)가 『태극도설』과 『통서』의 내용을 비교해 본 바 '무극'이라는 말이 잘못 끼어들어 간 것이라고 주장했다.

이에 주자가 반박했다.

"무극을 말하지 않으면, 태극은 한 사물과 같게 되어 모든 변화의 뿌리가 되기에 부족하고 태극을 말하지 않으면, 무극은 텅 빈 곳에 빠져서 만물의 뿌리가 될 수 없다"고 답했다. 그러므로 주자는 무극이 태극을 수식하는 형용사로 보았다.

육상산의 반박이 곧 이어졌다.

"나는 존형이 태극을 실견(實見)하지 못했다고 본다. 만약 실견했다면 그 위에 무극 자를 더할 필요가 없는 것이다. (…) 위에 무극 자를 더한다면 이것은 바로 상(床) 위에 상을 포개놓는 격이다. (…) 어찌 태극 위에 무극 자를 더해서 되겠는가?

「계사상전」에 '신무방(神無方)'이라 말했다 해서 어찌 '무신(無神)'이라 말할 수 있으며 '역무체(易無体)'라 말했다 해서 어찌 '무역(無易)'이라고 말할 수 있겠는가? 노자는 무위(無爲)로써 천지의 시(始)를 삼고 유위로써 만물의 모(母)를 삼고, 상무(常無)로써 묘(妙)를 보고 상유(常有)로써 규(竅)를 보니, 곧 무(無) 자를 위에 얹어놓은 것은 바로 노자의 학이다. 어찌 숨길 수 있겠느냐?"

그러나 주자는 여기에 대해,

"노자가 유무(有無)를 말하는 것은 유와 무를 하나로 하는 것이요, 주렴계가 유무(有無)를 말하는 것도 유와 무를 하나로 하는 것이니 바로 남과 북, 수(水)와 화(火)가 상반되는 것과 같은 것이다. 청컨대 그대는 좀 더 자세히 알아보기 바란다. 쉽사리 비난할 일이 아니다"라고 응수했다.

논쟁의 핵심은 태극 이외에 별도의 무극을 인정해야 하는가? 다시 말해서 무극이란 말이 태극을 형용하는 것이냐 아니냐에 따른다. 이것은 이(而)를 어떻게 해석하느냐의 문제로 귀결된다.

'이(而)'를 선후의 순서를 의미하는 것으로 본다면 '무극이태극(無極而太極)'은 '자무극이위태극(自無極而爲太極)'으로 해석할 수 있게 되고, 그렇게 되면 태극 외에 또 하나의 무극이라는 근원이 존재하게 되는데 그럴 경우 태극은 더 이상 만물의 근원이 되지 못한다. 따라서 태극 이외에 그 어떤 근원도 인정할 수 없기 때문에 무극이라는 글자를 더해서는 안 되며 그것은 바로 노자의 학문에 떨어지는 결과를 가져오게 된다는 것이 육상산의 주장이었다.

여기에 대해 주자는 '이(而)'를 대등한 연결의 의미로 보았다.

따라서 무극이란 태극 외에 별도로 존재하는 것이 아니라 태극이라는 근원의 복잡하고 미묘한 양태를 형용하는 수식어라는 것이 주자의 견해였다.

이렇게 보면 주자나 육상산은 똑같이 태극이 만물의 근원임을 인정하는 데는 의견이 일치했다.

황종염도 "주돈이의 '무극이태극'은 허공 중의 조화이니 노장(老莊)을 유가에 부합시키려 하였다"고 비판했다.

그러나 주자는 태극을 리(理)로 보았기에 무극이 태극에 앞선다는 설에 동의하지 않고, 무극은 다만 형적(形跡)이 없는 태극을 형용하는 말이라고 언급했던 것이다.

그러나 주자의 이러한 학문은 결코 독창적인 것이 아니었다. 그는 종합의 천재였다. 선배들의 이론을 분석, 통합하여 집대성함으로써 송학(宋學)의 완성이라고 일컫는 '주자학'을 탄생시킬 수 있었다. 그의 사상에는 반드시 전거(典據)가 있었다. 주돈이의 태극론, 정이천의 이(理)철학, 장횡거의 기(氣)철학을 기반으로 경서 연구를 추진하여 새로운 해석으로 신주(新注)를 성립시켰으니 이것이 주자학의 확립을 의미한다.

이른바 북송오자(北宋五子), 주돈이(周敦頤, 1017~1073), 소옹(邵雍, 1011~1077, 호 康節), 장재(張載, 1020~1078, 호 橫渠), 정호(程顥, 1032~1085, 호 明道), 정이(程頤, 1033~1107, 호 伊川)의 사상을 근간으로 하여 이루어진 것이었다. 요약하자면 북송의 주돈이는 『역통서(易通書)』를 지어 무극과 태극을 배합하고 음양오행의 관계구조를 밝혀 만물생성의 실체를 규명했으며 유교의 과학적 우주론을 정립하였다. 그리고 주역체계의 본체적 논리를 정립했다.

정이천은 『역전(易傳)』을 지어 유교사상에 기초한 왕도정치 이념으로 주역의 의리사상을 완전히 규명했다. 소강절은 『황극경세(皇極經世)』를 지어 음양과 사상(四象)으로 천지만물의 존재구조를 설명하였다. 장횡거는 『정몽(正蒙)』을 지어 우주만물의 생성근원은 태허(太虛)의 기임을 제시하여 송대 성리학의 이기론(理氣論) 정립에 크게 기여한 바 있다.

『태극도설』에서 주돈이는 "오행은 하나의 음양이요, 음양은 하나의 태극이며 태극은 무극이다"에서 음양을 양의(兩儀)로 해석했다. 그리고 4상(四象)을 언급하지 않은 대신 그는 오행을 말했다. 그러나 소강절은 태양, 소음, 소양, 태음의 4상을 말했다. 소옹도 '음양은 양의'라 하고 음양강유(陰陽剛柔)를 사상이라고 했다. 즉 음양은 하늘의 사상(四象)이며 강유는 땅의 사상(四象)이라는 것이다.

주자는 위의 두 학설을 다음과 같이 통합했다.

음양을 양의(兩儀)라 하고 태양, 소음, 소양, 태음을 4상이라 하며 9, 8, 7, 6의 수를 거기에 배합하였다. 우주 발생론적 입장에서의 해석이었다. 태극은 곧 우주의 본원(本原)이며, 양의는 하늘과 땅[天地], 사상(四象)은 춘하추동의 사계절, 8괘(天, 澤, 火, 雷, 風, 水, 山, 地)는 여덟 가지 자연 현상을 가리킨다는 것. 그러니 태극(太極)에서 하늘과 땅이, 그리고 4계절, 여덟 가지[8괘]의 자연 현상이 나오므로 태극은 만물의 근원이라고 보았던 것이다.

성리학의 사상적 구조나 논리의 뼈대는 처음에는 허약했다. 이런 유교가 만약 노장이나 불교를 들여와 새로운 이해의 틀을 짜지 않았다면 아마 주자학은 탄생하기 어려웠을는지도 모른다. 동진(東晋) 이후 불교에서는 반야를 설명함에 도(道)의 본체를 이(理)로 보고 당대(唐代)의 화엄학에서는 이사무애(理事無碍) 또는 이법계(理法界) 등의 논리와 분석을 통해 진여(眞如)를 이(理)로 해석했다. 주자는 불교에서 이(理)와 체용(體用)의 개념을 도입했다. 불교는 또한 도교에서 무(無), 현(玄) 등의 용어를 차입해 공(空)에 대입시켰다. 주자는 한때 대혜종고 선사 밑에서 선(禪) 수행을 한 적도 있었으며 그가 지은 『참동계고이(參同契考異)』도 도교에 대한 관심을 증명한 책이었다. 그의 노장과 불교는 성리학의 바탕이 되었다. 최종적으로 도(道)는 '이(理)'로 번역되었다.

도(道)라는 것은 곧 이(理). 우주의 근원이 태극에 있고 그것이 음과 양으로 양분되며 그 음양에서 오행이 구비되는 것인바, 만물이 이 음양과 오행의 기(氣)를 받아서 생성되면, 태극의 이치[理]도 그 속에 구비되는 것이라고 주자는 생각했다. 주돈이의 『태극도설』은 이렇게 주자의 우주론 형성에 지대한 영향을 미쳤다. 주자는 무극(無極)으로서의 태극에서 만물이 파생된 것이라 보고 이 태극을 이(理)라고 하였다. 또 이(理)를 형이상의 도(道), 기(氣)를 형이하의 기(器)라고 하였다. 이 둘의 관계는 논리적으로 보면 '이(理)가 기(氣)에 선재(先在)하는 실체라고 보았다.

주자학은 결국 '이(理)가 기(氣)에 선재(先在)하는 실체'라고 규정했지만 기(氣) 개념의 지지를 받고 있었다. 주돈이는 태극, 음양 등 만물의 발생을 기(氣)의 생성론으로 이해했으며 장횡거는 한 걸음 더 나아가 기(氣)의 취산을 일기(一氣)로 설명했던 것이다. 그는 우주가 기로 가득 차 있으며 만물의 생성 소멸은 기가 모였다 흩어졌다 하는 것으로 이해했다. 장횡거는 『역전』의 내용을 바탕으로 기일원론(氣一元論)을 완성했다. 이것은 율곡과 서화담에게 큰 영향을 미쳤다. 소강절은 음양의 소장(消長)으로 만물의 변화를 설명하며 이를 발전시켜 나갔다.

정이천은 『주역』 「계사전」의 '일음일양지위도(一陰一陽之謂道)'와 '형이상자위지도, 형이하자위지기(形而上者謂之道, 形而下者謂之器)'의 구절을 기초로 자신의 관점을 세웠다.

"한 번 음하고 한 번 양하는 것을 도(道)라고 한다"는 그 도는 음양이 아니라 한 번 음하고 한 번 양하는 까닭이 '도(道)'인 것이다.(생략)

음양을 떠나면 다시 도가 없다. 음양의 까닭이 도(道)요, 음양은 기(氣) 다. 기(氣)는 형이하자요, 도(道)는 형이상자다. 형이상자는 은밀하다."

이렇게 정이천은 형이상과 형이하를 구분한 다음, 이것들을 각각 도와 기(氣)에 연결시켰다. 이렇게 해서 기일원론(氣一元論)에서 우주만물의 근원이었던 기(氣)는 단순한 재료 또는 원질에 해당하는 것으로 간주되고 우주만물의 생성과 소멸은 도(道)라는 형이상적 원리에 따라서 형이하의 기(氣)인 음양에 의해 이루어지게 된다는 것이었다.

주자는 이기론(理氣論)에서 이(理)를 중시하고 기(氣)를 경시한 정이천의 입장과 기를 강조하고 이를 홀시한 장횡거의 입장을 종합하여 '이선기후(理先氣後)', '이재사선(理在事先)' 등의 개념을 제시하였다.

"천지간에는 이(理)가 있고 기(氣)가 있다. 이(理)라는 것은 형이상의 도(道)요, 만물을 낳는 근본이며, 기(氣)라는 것은 형이하의 기(器)로서 만물을 낳는 도구이다. 그러므로 사람과 사물이 생길 때는 반드시 이 이(理)를 타고난 연후에 성(性)을 지니게 되고 반드시 이 기를 타고난 연후에 형체를 지니게 된다"(『주자대전』)는 요지의 이기론을 완성하게 되었던 것이다.

정이천에게서 유래된 것이 많았다 해서 정이천과 주희의 성을 따서 '정주학(程朱學)'이라고도 하며 주희가 완성자라는 뜻에서 '주자학'이라고도 한다. 송나라에서 나온 학문이라고 '송학(宋學)'이라고도 했다.

이렇게 많은 이름을 가진 성리학의 철학적 기초는 그러니까 『주역』의 우주론적 이기론(理氣論)에 그 근원을 잇대고 있는 것이다.

주자의 『주역』은 이렇게 이기론을 기초로 하여 정립되었던 것이다. 태극과 음양은 본래 『주역』의 술어이나 이것을 이기론 계통 속에 융합하여 형이상학의 체계를 세웠으니 이것이 성리학과 주역의 관계라고 하겠다.


### 인간의 마음은 어떻게 생겼을까?


송대의 성리학에서는 우주론에 대한 탐구뿐만 아니라, 심성론(心性論) 또는 인성론(人性論)에 대한 철학이 철저하게 탐구되었다. 인간의 마음은 어떻게 생겼을까? 그들은 인간 심리의 모든 것을 이기(理氣)로 설명하려고 하였다.

앞에서도 언급했지만 주자는 "사람과 사물이 생길 때는 반드시 이 이(理)를 타고난 연후에 성(性)을 지니게 되고, 반드시 기(氣)를 타고난 연후에 형체를 지니게 된다"고 언급한다. 그는 모든 사물이 각각의 이치[理]를 가지고 있다고 보았다. 사람에게는 사람의 이치가 있고 개에게는 개의 이치가 있으며 꽃에는 꽃의 이치가 있다는 것이다. 그리고 그 이치[理]는 하늘이 정한다는 것이다. 즉 하늘로부터 어떤 본질을 타고 났는데 이것을 성(性)이라 하며 이 성(性)이 바로 이(理)라는 것이다. '성즉리(性卽理)'다. 이것을 다시 본연지성(本然之性)과 기질지성(氣質之性)으로 나누며 본연지성은 인의예지(仁義禮智)의 순수한 이(理)이고 기질지성은 식욕, 색욕과 같은 기의 영향을 받아서 개별적인 특성을 지닌다고 보았다.

주자는 『중용』의 '천명지위성(天命之謂性)'을 이와 같이 인용한다 .

하늘이 부여한 것이 명(命)이고, 사람이 품부 받은 것이 성(性)이다.

외부의 사물에 반응하여 움직이는 것이 정(情)이며 이 성(性)과 정(情)을 통제하는 것이 마음인 바 인간의 본성(本性)은 인, 의, 예, 지인데 그것이 정(情)으로 발휘된 것이 측은지심, 수오지심, 사양지심, 시비지심의 사단(四端)이라는 것이다. 인간관계에 이것을 배대하면 군신, 부자, 부부, 형제, 붕우의 오상(五常)이 된다. 이것을 사람에게 구하면 다른 사람의 이치[理]는 자기의 이치와 동일하고 사물에 대조하여 보면 사물의 이치는 인간의 이치와 동일한 것이 된다며 주자는 이것을 정밀하게 분석하고 종합하였다. 그리고 그는 '본성이 곧 이치'라는 '성즉리(性卽理)'를 깨달아 가는 과정을 『대학』에 나오는 '격물치지(格物致知)'에서 찾았다. '사물에 나아가(格物), 앎을 완성한다(致知)'는 격물치지는 말만 보면 앎의 대상이 사물인 것처럼 보이지만 사실 궁극적인 탐구 대상은 사물이 아니라 그 속에 들어 있는 이(理)라는 것이다.

성리학에서는 음양동정(陰陽動靜)하는 작용으로서의 기(氣)와 그 작용의 원리인 이(理)에 의해 모든 현상을 설명하고 있는데 그 '이(理)와 기(氣)가 우리의 마음에서 어떻게 작용하느냐?'를 논의하기 시작했다. 이것은 당시 철학하는 모든 이들의 학문적 과제이기도 했다.

우리나라에서 퇴계 이황이 이(理)와 기(氣)가 같은 비중으로 상호작용한다는 이기호발설(理氣互發說)을 내놓았다. 그의 학설은 8년 동안이나 고봉 기대승(高峯 奇大升, 1527~1572)과 편지로 벌인 사단칠정(四端七情)의 논쟁 덕분에 탄탄하게 완성될 수 있었다.

인간의 감정을 인, 의, 예, 지에서 우러나는 측은지심, 수오지심, 사양지심, 시비지심의 사단과 희(喜), 노(怒), 애(哀), 락(樂), 애(愛), 오(惡), 욕(欲)의 칠정을 이기(理氣)의 개념으로 분석하고 선악의 계기를 검토했던 논쟁이었다.

퇴계는 성리학의 인간관에 의해 사람의 마음은 이와 기를 함께 지니고 있는데 사단(四端)이란 이(理)에서 나오는 마음이고 칠정(七情)이란 기(氣)에서 나오는 마음이다. 그 중에서 사단은 선과 악이 섞이지 않은 순수한 마음으로 이(理)가 발동하여 생긴 것이고 칠정은 선과 악이 뒤섞인 탁한 마음으로 기(氣)가 발동한 것이라고 보았다. 인성에 있어 '본연의 성(性)'과 '기질의 성'이 다르다는 점을 주목하고 그는 이기이원론(理氣二元論)을 주창했다. 말하자면 퇴계의 사단칠정론은 이기이원론에 입각한 인성론(人性論)이었다.

독학으로 『주자문록』을 3권이나 편찬할 만큼 주자학에 통달한 고봉 기대승은 이황에게 편지를 보내 "이(理)와 기(氣)는 관념적으로는 구분할 수 있으나 구체적인 마음의 작용에서는 구분할 수 없다"며 그의 '사단칠정론'을 논박했다. 고봉은 인간의 물질적 욕망이나 감정과 별개로 도덕적 감정이 존재하는 것은 아니라면서 퇴계의 '이기호발설(理氣互發 說)'에 반대했다.

그러나 26년이나 차이가 나는 제자의 지적에 이황은 정성껏 답했다.

"측은지심, 사양지심, 수오지심, 시비지심 같은 사단은 인간의 이성, 즉 이에서 나온 것이기 때문에 순전한 선(善)이라네. 그러나 칠정은 기를 겸했으므로 선악이 있는 것이네. 『주자어류(朱子語類)』에서도 사단은 이가 발한 것이며 칠정은 기가 발한 것이라고 분명히 나와 있네. 사단은 이가 발하여 기를 따르는 것이고 칠정은 기가 발하여 이가 올라타는 것으로 이해해 보게."

이것이 이기호발설(理氣互發說)이다. 기대승과의 8년여에 걸친 토론 끝에 퇴계는 마침내 "사단은 궁극적인 존재 그 자체가 드러난 것이지만, 현상화할 때, 사물의 물질적 근원인 기가 뒤따른다. 또 칠정은 기의 소산(所産)이지만 현실화될 때에는 일정법칙의 제어를 받는다"는 결론에 이르게 된 것이다.

한편 이황의 학설에 논박한 기대승의 학설은 이이(李珥)에 의하여 뒷받침됐다. 율곡 이이는 '기발이승일도설(氣發理乘一途說)'을 주장했다. 기가 발하면 그 작용의 원리인 이(理)는 거기에 탈 뿐이라는 이기일원론(理氣一元論)의 입장이었다. 이로써 영남학과와 이이의 기호학과가 대립하면서 부단한 논쟁이 이어지게 된다. 퇴계의 사단칠정론(四端七情論)은 매우 중요한 학문적 가치를 지니며 독창적인 것으로 중국 성리학의 수준을 능가하였다는 평가를 받았던 것이다.

  71세로 생애를 마감한 주자는 외지에서 근무한 9년과 40일 동안 조정에 섰던 기간을 제외하고는 모두 저술과 강학으로 보냈다. 많은 부문에 걸쳐 서적을 편찬하거나 저술하였는데 특히 주역에 관한 것이 많았다.

  채원정과 함께 편찬한『역학계몽』, 그리고『주역본의』,『시괘고오』외에 주돈이의 역학을 해설한『태극도설해(解)』,『통서해(解)』가 있다. 그 속에는 주자의 역학철학이 집중적으로 반영되어 있으며 그 밖에『주자어류』의 기록 가운데는『주자서(周子書)』,『정자서(程子書)』,『장자서(張子書)』,『소자서(邵子書)』에 관한 부분을 강학하면서 그 사람들의 철학을 논평한 주자 자신의 역관(易觀)이 드러난 것이 많았다.

  또『주자어류』권 68에서 권 77까지는『주역』을 해설한 내용을 수집하여 둔 것으로『주역본의』를 보충하고 발의한 것들이며 그 밖에 역학의 문제점을 토론한 서신,『문집』,『잡저』중의 역학 논설,『주자어류』권 65에서 권 67까지에 수록된『주역』강령의 해설 또한 주자의 역관(易觀)을 들여다볼 수 있는 중요한 자료들이다.

  주자는 본디『역경』을 '점치는 책(易本卜筮之書)'으로 규정했다. 그는『주역』의 성립 과정에 대해 복희(伏羲)가 괘(卦)를 그리고 문왕(文王)이 괘풀이(卦辭)를 지었으며, 주공(周公)이 효풀이 글(爻辭)을 쓰고 공자(孔子)가 십익을 지었다는 전통적인 해석을 그대로 수용했다.

  그에 따르면 복희 당시에는 문자가 없었으므로 괘와 효를 그려서 천하의 사물을 개통시키고 그 사물들의 직무를 이루게 하였으며, 문왕이 괘 전체의 모습을 보고 괘풀이 글을 짓고 주공이 괘효의 변화를 보고 효풀이 글을 써 길흉의 모습이 더욱 분명해졌으며 문왕과 주공의 괘효(卦爻) 풀이 글은 다만 점치기 위해 쓴 것이나, 공자에 이르러 비로소 의리(義理)로 역(易)을 말하게 되었다고 『주자어록(朱子語錄)』에서 밝히고 있다.

한편 『역학계몽』 첫머리에서 그는 "성인의 훌륭한 공은 후세 사람이 의심과 망설임을 잘 결정해서 길한 것과 흉한 것, 후회함과 안타까움(吉凶悔吝)에 미혹되지 않게 하기 위하여 괘를 그리고 효의 이름을 지은 데 있다"고 상찬하며 상수(象數)적 역관을 나타내기도 했다.

주자는 말한다.

"역(易)은 다만 복서(卜筮)일 뿐이다."

여기에서 복(卜)이란 신령한 거북점을 말함이며, 서(筮)란 산통의 산(算)가지 셈, 즉 시초점을 말한다. 점은 무엇인가?

「계사전」은 답한다.

"수(數)를 다 셈하여 돌아올 일을 아는 것을 점(占)이라 하고, 변화에 통달하는 것을 일컬어 일이라고 한다(極數知來之謂占, 通變之謂事)."

『역경』이 본래 점치는 책이었다는 것은 『역경』 64괘의 괘효사 풀이 글에 점을 쳐서 결정하는 점복단사(占卜斷辭)가 그것을 입증한다. 또 『사기』 「진시황본기」에서 "역(易)은 점치는 책이었으므로 불태우지 않았다"고 한 것들이 또한 증거한다.

복희가 『역』을 만들 때에는 문자가 없었으므로 다만 한 개의 그림[河圖]으로써 그 상(象)과 수(數)를 함축하여 만물의 이치를 표출했던 것이다.

"역이란 상(象)이며(易者象也) 상이란 형상을 본뜬 것이다(象也者 像也)." (「계사전·하」 3장)

그러니 상(象)을 떠나서 역(易)을 말할 수 없다는 게 주자의 견해였다.

한(漢)나라 때 성행하던 상수역(象數易)은 송나라 도사 진단(陳搏, 약 871~989)에 의해 도서역(圖書易)으로 발전하였고 그 도서역은 유목, 소강절 등에 의해 「하도」, 「낙서」와 「선천도」, 「후천도」로 정립되어 주자에게 수용되었던 것이다.

진단의 도서역은 소강절의 「선천도」 계통으로, 그리고 유목의 「하도」, 「낙서」로, 주돈이의 『태극도』로 이어졌으며 이 세 계통은 모두 그림을 그려서 역의 원리를 해설하였다.

유목과 소강절은 수(數)를 중시하였으며 수는 모두 점(占)과 관련되어졌다. 유목(劉牧)은 "천지의 수가 이미 결정되면, 천지의 상(象)이 거기에 따라 정해진다"며 무릇 괘(卦)라는 것은 하늘이 스스로 그러한 상(象)을 드리운 것이다. 성인(聖人)이 비로소 「하도」, 「낙서」에서 그것을 열어 드디어 천지기우(天地奇偶)의 수(數)를 살펴, 이에 따라 괘를 그려서 8괘를 이루었으니 곧 마음대로 그 수(數)를 그린 것이 아니었다고 덧붙였다.

소강절은 『황극경세』 「관물외편(觀物外扁)」에서
"태극은 1이며 움직이지 않는다.　　　太極一也 不動
2를 생하니 2는 곧 신묘한 것이다.　　生二, 二則神也
신묘한 것이 수를 생하고　　　　　　神生數
수가 상을 생하고　　　　　　　　　數生象
상이 구체적 모습을 생한다."　　　　象生器

그 둘이라는 것은 홀수, 짝수의 두 수를 가리키며 두 수에서 수의 변화가(①太極 - ②兩儀 - ④四象 - 8卦 - 64卦) 시작하는 것이므로 신묘하다고 그는 말했다. 그러므로 소강절은, 수(數)가 확립되면 상(象)이 생성되고, 상(象)이 생성되면 말[言]이 밝혀지고, 말[言]이 밝혀지면 뜻[意]이 드러난다는 것이다.

소강절은 '象, 數, 解, 意'가 한 괘를 구성하는 요소로 보고 '수가 확립되면 상이 생성된다(數立則象生)'는 것을 강조했다. 소강절의 상수역을 계승한 채원정이 『역학계몽』의 초안을 쓰고 주자가 이를 수정 보완하여 『역학계몽』을 편찬했는데 그는 여기에서 또 이렇게 적고 있다.

"공자와 맹자는 사람을 가르치는데 원리[理]를 말했지 수(數)를 말하지 않았다. 소강절과 채원정은 선비가 말하지 않은 바[數=占]를 밝혀 이(理)와 수(數)가 천지에 찬란하게 빛나게 하였으니 그 업적 또한 작지 않은 것이다."

이렇게 『주역』의 말은 모두 상수(象數)에 의해 길흉을 결정한다는 것이다.

주자는 복희의 뜻[象數]을 미루어 『주역본의』를 지었으나, 공부하는 사람들이 복희의 뜻을 잘 이해하지 못할까 걱정되어 『역학계몽』네 편을 더 지었다고 했다. 그는 『역』을 말하는데 상수에 근본을 두지 않고 '의리(義理)'에만 전념한다면 지리산만하여 뿌리내릴 것이 없고 '상수(象數)'를 근본으로 하는 사람은 자기 뜻에 맞도록 억지로 가져다 붙임을 면하지 못한다. 하므로 처음 주역을 배우는 사람에게 '상수'의 기본지식을 알게 하여 주역의 본래 모습을 이해시키고자 『역학계몽』을 지어 의혹됨이 없도록 하였다고 주자는 덧붙였다.

한대(漢代)의 상수역(象數易)을 배척한 이는 위나라의 왕필(王弼)이었다. 그는 도가철학으로 역을 해석하며 의리를 언급했다. 의리역(義理易)은 공자『역전』의 철학적 원리를 계승 발전시킨 것인데 호원(胡瑗)이 건립한 유가역(儒家易)은 정이천에게로 계승되었고 이학(理學)의 터를 닦아 그것이 주자에게로 흡수되었다.

이(理)란 선진(先秦) 유학에서는 마땅히 행하여야 할 준칙, 원리 등의 의미로 쓰였으나 송대 유학에서는 우주만물의 소이연자(所以然者) 또는 천리(天理)의 뜻으로 그 의미가 승격되었으며 결국은 태극이 이(理)가 된 것이다. 그리고『주역』의 의리사상을 완전히 규명한 데는 공자의 『역전』외에도 정이천의 『역전』이 있다. 성명의리지학(性命義里之學)의 준말인 성리학에서 도출된 '의리'란 사물의 존재 이유나 그 원리를 뜻했다.

하므로 합리주의적인 역학자들은 점서(占書) 쪽을 부정하지는 않았지만 매우 경시하였으며 『역』은 점치는 것이라기보다는 여러 번 읽고 깊이 음미함으로써 그 진의[理]를 파악해야 한다고 생각했다.

정이천은 이러한 주장을 견지하는 대표적인 역학자였다. 그는 "이(理)가 있고 나중에 상(象)이 있으며 상이 있는 다음에 수(數)가 있다. 역(易)은 상(象)에 의하여 이(理)를 밝히려는 것이다. 그러므로 상이나 수와 같은 말단에 사로잡혀서는 안 된다. 가장 중요한 것은 사(辭)나 상(象)을 통하여 파악되어야 할 뜻, 즉 도(道)이며 이(理)"라고 하였다.

그러나 주자는『역』은 본래 점을 치는 책이었기 때문에 그러한 면을 무시한 채 해석하는 것은 인정할 수 없다는 입장을 고수했다.

그래서 주자는『주역본의』에서 다시 말한다.

"내가 해석한 한 부(部)의 역은 '다만 복서하는 책'으로 만든 것인데 지금 사람들은 말을 하는 것이 너무 정미(精微)해서 다시는 소략한 데에 들어갈 수가 없다. 나의 해설과 같은 것은 비록 소략하나 정미함에 들어갈 수 있어서 정한 뜻이 모두 이 가운데에 들어 있으니 만약 나의 해설을 깨닫는다면 복희와 문왕의 역이 본래 이와 같고, 원래 허다한 도리가 있지 않다는 것을 깨달을 것이니, 비로소 역(易)의 본의(本意)를 잃지 않을 것이다. 이제 성인이 역을 지은 본의를 깨닫지 못하고 먼저 도리를 말하려고 하면 비록 말한 것이 좋더라도 다만 역(易)과는 상관이 없게 된다"는 것이다.

그래서 그는 "역을 볼 때에는 먼저 나의 『본의』를 보고 그런 다음 『정전(程傳)』을 보아 서로 참고해야 한다. 만일 다른 역을 보지 않고 먼저 나의 해설을 보면 도리어 보기가 쉬울 것이니, 이는 다른 말에 어지럽힘을 당하지 않기 때문"이라고 덧붙였다. 주자는 『주역』의 경(經)과 전(傳)을 분리할 것을 주장했다.

그리고 정이천의 『역전서(易傳序)』에 대해,

"역은 변역(變易)함이니 때에 따라 변역하여 도를 따르는 것"이라고 천명한 그의 역관(易觀)에 대해 '변역' 하나만을 고집하는 것은 잘못된 견해라고 비판했다.

정이천의 『역』을 변역이라고 말한 것은 대립하는 음과 양의 유전(流轉)을 두고 말한 데 불과하고, 착종(錯綜)하는 음양의 상호작용하는 이치는 말하지 않았다. 『역』을 말하려면 이 둘을 겸하여야 한다….

『역』에 대해서는 두 가지 뜻이 있다. 하나는 변역(變易)이다. 곧 유행(流行)한다는 뜻이고 또 하나는 교역(交易)이다. 곧 서로 상대한다는 뜻이다.(『주자어류』)

  즉「선천도」의 한 변(邊)은 본래 모두 양이고, 또 한 변은 본래 모두 음인데, 양 속에 음이 있고, 음 속에 양이 있으므로 양은 가서 음과 교역(交易)하고, 음은 와서 양과 교역하여 두 변에서 각각 상대한다는 뜻이다.

  유행변역(流行變易)이란 전화(轉化)를 말하며, 대대교역(待代交易)이란 대립(對立)을 가리킨다. 정이천은 『주역』을 논하면서 음양의 교착에 대해서는 그다지 논하지 않았다. 이에 비해 대대교역을 더 강론한 사람은 소강절이었다. 주자는 정이천의 변역설과 소강절의 교역설을 포괄하여 『주역』을 유행변역과 대대교역의 두 가지 뜻이 있다는 설을 내놓았다.

  이에 주자는 상수파와 의리파가 『주역』의 음양변역 법칙론에 관해 제출하였던 이론들을 모두 종합하였을 뿐만 아니라 상수로 의리를 밝히고, 의리로 상수를 해석하는 방법을 취했다. 주자 역학(易學)의 특색은 '상수역'과 '의리역'을 창조적으로 결합한 데 있다고 하겠다. 주자는 정이천에서 장횡거에 이르는 역학을 계승 발전시키면서 아울러 소강절의 상수학을 종합하여 송역(宋易)의 발전에 새로운 국면을 열었을 뿐만 아니라 역학사(易學史)에 커다란 족적을 남겼다. 동양아시아 3국에서 그의 불씨는 아직도 꺼질 줄을 모른다. 죽어서도 죽을 수 없는 불천위의 사람이 된 것이다.

오늘을 위해 내게 모르는 일이 준비되었던 것일까? 계획하지도 않았는데 나는 운 좋게 백록동서원에서 주자와 만났다. 벌써 십여 년도 더 전의 일이다.

중국문학기행 팀과 도연명의 고향인 시상을 찾아가는 중이었다. 여산의 오로봉을 지나자 버스는 왼편으로 꺾어들었는데 성자(星子)현에 닿기 전 우리는 먼저 백록동서원에 닿았다. 전혀 예상치 못했던 보너스였다. 검은 바탕에 흰 글씨가 두드러진 '백록동서원(白鹿洞書院)' 그 앞에 내가 마주서다니, 그날의 감개가 어떠했으랴.

대문은 패방형태를 갖추었고 좌우 양편에 붉은 주름등이 걸려 있었다. 안으로 들어서니 천 년 세월의 무게가 울울창창한 숲에서부터 장엄하게 느껴졌다. 왼쪽 편에 씌어진 '백록동서원'이라는 붉은 글씨가 눈길을 잡았다.

이 서원은 당나라 때, 은사 이발이 세웠는데 그는 언제나 흰 사슴 한 마리를 데리고 다녔으므로 백록 선생이라 부른 데서 기인한다. 정문(正門)이라고 쓴 글자를 읽으며 안으로 들어섰다. 장원교(壯元橋)가 나왔다. 그 다리를 조심스레 지났더니 '정학지문(正學之門)'이 내 앞에 우뚝 다가섰다.

그때 입안에서 '학주자(學朱子)를 하리라'던 율곡의 시가 나도 모르게 튀어 나왔다.

"고산 구곡담(九曲潭)을 사람이 모르더니
주모복거(誅茅卜居)하니 벗님네 다 오신다.
어즈버 무이(武夷)를 상상하고 학주자(學朱子)를 하리라."

::백록동서원 정문

 

    율곡이 고산에 띠집 한 채를 마련하고 무이산을 생각하며 주자학을
공부하리라던 시였다. 율곡뿐 아니라 조선의 선비들은 당시 관학(官學)
이던 주자학을 표본으로 삼았으니 퇴계 이황은 이기이원론(理氣二元論)
을 발전시켜 영남학파를 이룩하였고 주자학(朱子學)을 집대성했다. 율
곡 이이는 성리학 연구로 기호학파(畿湖學派)를 형성하여 이황과 학계
의 쌍벽을 이루었으며, 이황의 이기이원론을 비판하고 기발이승일도
설(氣發理乘一途說)을 바탕으로 이통기국(理通氣局)을 주창했다.

    나는 '학주자'를 하리라던 우리나라의 유학자들을 떠올리며 '정학지
문'에 들어 다섯 층계의 돌계단을 천천히 올랐다. 대문 상틀에 '생민미
유(生民未有)'란 금(金) 자의 현판 글씨가 눈에 띈다. 백성이 생긴 이래
로 공자 같은 사람은 있지 않았다는 말씀이다. 그 위에 한 칸을 더 올

린 흰 기와지붕 위엔 '예성전(禮聖殿)'이라는 액자가 학처럼 앉아 있었다. 조심스레 문턱을 넘어 전각 안으로 들어갔다. '만세사표(萬世師表)'라고 쓴 편액 아래에 공자(孔子)의 동상이 중앙에 자리 잡고 공자를 중심으로 좌우 양쪽에 두 사람씩 네 명의 초상이 오석에 새겨져 있었다. 왼쪽에는 증자와 맹자가 오른쪽에는 안자와 자사가 모셔져 있었다. 초상화의 머리 윗부분에 '종성증자상(宗聖曾子像)' '아성맹자상(亞聖孟子像)' '복성안자상(復聖顏子像)' '술성자사자상(述聖子思子像)'이란 제호가 명기되어 있었다. 나는 '아성맹자상' 앞에서 조금 더 오래 머물러 있었다. 그러니까 문도들은 장원의 꿈을 가꾸며 이 장원교를 지나 '예성전'에 들어와 다섯 분에게 예배드리는 일로 아침을 시작했던 것이리라.

주자가 백록동서원과 인연을 맺게 된 것은 그가 남강(南康)군 지사로 부임해 오면서부터였다. 그의 나이 49세 때였다. 1179년 3월 그믐, 앞서 남강군에 부임하자마자 주자는 주렴계의 사당을 세우고 백록동서원을 복원했다. 앞서 남강군 지사를 지낸 바 있는 주돈이는 여산의 풍광에 반해 어머니의 묘를 이곳 강주(현재 九江)로 옮겼고 자신도 그 옆에 묻혔다.

주자는 주돈이의 사당을 세울 뿐만 아니라 그의 모습과 『태극도』를 돌에 새겼으며 『통서』의 유문(遺文)을 출판했다. 그리고 남강군과 관계 있는 도연명 등 다섯 현자의 사당도 세웠다. 2년 동안의 재직 중 그의 활약은 참으로 눈부신 바 있었다. 민생의 교화와 기근구제 조치가 높이 평가되어 후일 '직비각(천자의 두뇌)'에 임명되었다. 뭐니 뭐니 해도 그가 백록동서원에서의 절정을 이룬 사건은 육상산과의 만남일 것이다.

1181년 2월 육상산이 금계에서 이곳의 주자를 찾아왔다. 아호의 만남으로부터는 6년째였다. 상산은 자신이 지은 형(육지수)의 묘지명에 주자의 휘호를 받기 위해서 왔던 것이다. 아호의 첫 모임에서 상산은 각기 학문에 대한 입장의 견차를 시로써 나타낸 일이 있었다.

"이간(易簡)의 공부는 결국 변함이 없이 위대하며
지리(支離)의 사업은 결국 부침(浮沈)한다."

여기에서 '이간'이란 육상산의 학문 태도를 말하며 '지리'는 주자의 학문 태도를 가리킨 것이다. 상산은 심(心)이 곧 이(理)로써 고양되므로 심을 존양(存養) 확충하는 것으로 충분하다며 심의 분석이나 궁리라는 번잡한 절차는 필요 없다며 '심즉리(心卽理)'를 주창하고 『주역』의 '이간(易簡)'을 강조했던 것이다.

주자는 육상산의 심학[心卽理]은 인심 가운데서 오로지 도덕성(性)이 배제된 부분인 식심(識心, 의식 작용의 본체)만을 존중한다고 비판했다. 그러나 그 둘은 인본주의에 바탕을 둔 유학자들이었다. 도덕성과 도덕심의 견차(見差)는 있었으나 개인적으로는 존경하는 마음을 갖고 있었다. 주자는 육상산을 맞이하여 함께 배를 띄우며 즐거워했다.

"우주 개벽부터 이 산과 계곡은 있었을 테지만, 이처럼 정다운 손님이야 있었겠습니까?"라고 주자는 말하며 백록동서원에서 학생들을 깨우쳐줄 이야기를 들려달라고 간청했다. 상산이 "좋지요. 해보겠습니다"라고 흔쾌히 승낙했다. 주자는 상산을 백록동서원으로 안내했다.

그날 육상산은 "군자는 의(義)에 밝고, 소인은 이(利)에 밝다"는 『논어』「이인편(里仁篇)」을 강독했다. 학문은 이록(利祿)을 위해서가 아니라 의(義)를 위해서 해야 한다는 것이 강론의 주된 취지였다.

그들은 '무극이태극' 논쟁으로 서로에게 날카로운 비판을 퍼부은 적도 있었지만 마음 깊숙한 곳에서는 서로를 존중했던 것이다.

육상산의 부음을 듣고 주자는 대성통곡했다고 한다.

"남송에 들어와서 발을 견고히 땅에 붙이고 확실히 학문과 씨름한 것은 나와 육상산 둘뿐이다"라고 주자는 말했던 것이다.

육상산은 "주원회(朱元晦)는 태산교악(泰山喬岳)이다"라며 찬사를 아끼지 않았었다. 주자는 이곳 재임 기간 중 절친한 친구 장남헌의 부고를 들어야 했고, 같은 해 9월 육지수가 작고한데 이어 다음해엔『근사록』의 파트너인 여동래마저 세상을 떠났다. 단 한 명뿐인 누이도 죽고 일찍이 아내를 잃은 그는 장남을 앞세운 비통 속에서 두 딸들의 요절을 또 지켜보아야만 했다.

태양이 땅 속으로 꺼져 들어간 때가 지화명이(地火明夷)라고 했던가.

그는 어려운 시기를 '회장(晦藏)'의 덕으로『주역』에 매진하고 저술에 몰두하였다. 그 결과 57세에『역학계몽』, 59세에『태극도설해』와『서명해의』를 썼다. 육상산과의 '태극 논쟁'은 58세 때의 일이요, 61세 때는『주역본의』를 완성했던 것이다.


"이제 나는 사물을 확실히 보게 되었다. 성인의 1자 1구가 우리를 기만하지 않았음을 안 것이다. 61세가 되어서야 간신히 이렇게 깨닫게 되었으니 만약에 작년에 죽었다면 그것은 개죽음이 아니었겠는가?(생략)" 긴 여정 끝에『시경』과『주역』에 관해서는 겨우 성인의 마음을 읽을 수 있게 되었다고 그는 말했다. 노력의 축적이 가장 중요하지 않을까?"라던 대목이 나는 가슴에 담긴다. 67세 때에는 도학 수난극인 이른바, '위학(僞學)의 금(禁)'을 당한다. 북송 말기까지 이어진 왕안석의 신법당과 사마광의 구법당이 일으킨 당쟁은 남송에 들어와 대금(對金) 정

:: 백록동서원의 주자상

책을 둘러싸고 화의파와 주전파로 갈라졌다. 구법당 가운데 소동파, 소
철 형제와 함께 정이천도 탄압의 대상이었다. 즉 '위학의 금'은 항전을
주장한 도학자들의 탄압이었다. 그것은 사상투쟁이 아니라 정치싸움
이었다. 심계조는 열 가지 죄상을 들어 주자를 탄핵했다. 주자는 비각
수찬의 직명을 빼앗기고 사록관직에서 파면당했다. 그의 오른팔이라
고 할 만큼 아낀 채원정은 유배지에서 죽고 주자도 생명의 위협을 느
껴야 했다.

"지금 내 머리는 언제나 풀칠을 해 놓은 양, 목 위에 달려 있다"고 중

얼거리기도 했다. 탄압이 본격화되자 도맥(道脈)이 끊길까 걱정했던 그는 결[朱門]에 있던 문하생들이 하나 둘씩 떠나는 것을 지켜보아야만 했다. 게다가 만년에 그를 괴롭힌 다병(多病, 류머티즘 · 눈병 · 기비 · 난청 등)으로 자신의 육체를 파옥(破屋)에 비유하면서도 그런 고통 속에서 60대 이전까지의 저술을 수정하는 데 온힘을 쏟았다. 만년의 그는 시력을 잃어 글자를 볼 수 없었다. 그러나 토론을 통해 도리는 점점 더 확고하게 되었으며 나아가야 할 길을 더욱 확실하게 볼 수 있게 되었다고 편지에 적고 있다.

나는 그날 후원 별채에서 입상(立像)으로 서 계신 주자와 만났다. 학자답게 왼손에는 책을 펴든 채, 오른손으로는 강론하는 모습이었다. 양옆에 파초 두 그루가 마치 시녀처럼 시립해 널따란 잎사귀로 부채질을 해 드리는 모습이 보기 좋았다. 정면으로 우러러 뵈오니 선생의 안색은 장중하며 온화한 기운이 감돌았다. 800년 전의 선생을 나는 그곳에서 독대(獨對)하고 있었다.

여덟 살 때 『효경』을 읽고는 "만일 이렇지 않으면 사람이 될 수 없다"고 써 놓았던 어린이. 아이들과 모래사장에서 노는데 홀로 단정히 앉아서 8괘를 그렸다는 어린이. 그는 『중용』을 읽다가 "사람이 한 번 읽어 알면 나는 백 번을 읽는다. 사람이 열 번을 읽어 알면, 나는 천 번을 읽는다"는 구절을 읽는 순간 몸 깊숙한 곳에서부터 솟구쳐 오르는 힘을 느꼈다고 고백한 그에게서 나는 뜨거운 감동을 받은 적이 있다.

성미가 칼칼하고 까다로운 그였지만 아직 읽지 않은 책이 들어오면 밤을 새워 가며 탐독했다는 높은 열정과 한편 눈이 피로해서 책을 읽을 수 없을 때는 제자 문울을 시켜 낭독케 하여 새벽녘에 독서를 마쳤다고 하는 그의 대단한 탐구력이며 또한 술을 좋아하여 얼큰히 취했을 때에는 팔짱을 끼고 몸을 흔들며『경사자집(經史子集)』의 한 구절을 낭독하였다는 모습을 기분 좋게 상상해 보았다. 그리고 술이 조금 덜 올랐을 때에는 고문(古文)을 음영하였는데 특히 굴원의『초사』를 좋아하였고, 제갈공명의『출사표』와 도연명의『귀거래사』를 자주 흥얼거렸다는 모습이 떠올라 괜히 친근한 감정이 들었다. 미소로써 나는 선생께 목례를 드렸다. 쾌청한 늦가을, 올려다본 백록동서원의 하늘은 높고 푸르렀다. 어디선가 그의 음성이 끌로 나무를 파듯 내게 다가왔다.

"진리란 별것 아니네. 그저 꾹 참고 파 들어가는 것뿐이네."

꾹 참고 파 들어가는 것, '학문은 극기'라던 그의 말씀이 왠지 아프게 닿았다.

그의 마지막 유훈도 '견인각고(堅忍刻苦)' 넉 자였다.

이것은 그의 유훈일 뿐만 아니라 주자의 삶 자체였다고 할 수 있다.

넉넉지 못한 집에서 태어나 일찍 부친을 여의고 끝없는 노력 끝에 보통 사람이 이룰 수 없는 경지에까지 도달한 사람이 바로 주자다. '견인각고'로 그가 도달한 곳은 어디까지일까?

『맹자』를 읽고 '성인도 우리와 같은 사람'이라는 말에 크게 감동하고 발분하였다는 10세의 그 소년은 훗날 제자들에게 이런 말씀을 남긴다.

"옛 성현의 학문이란 선비다움에서 시작하여 성인(聖人)이 되는 것에서 끝났다. (생략) 맹자가 희구한 것은 공자를 배우는 것이 아니요… 선비가 선비 되어 성인에 이르는 데는 반드시 길이 있을 것이다."

그의 학문은 입신영달이 아니라 자기 자신을 위한 위기지학(爲己之

學)으로, 마침내 성인이 되는 데 그 뜻이 있었다. 그는 거기까지 도달한 사람이었다.

　정확히 2000년 11월 22일이었다. 나는 만추의 양광(陽光)을 등에 받으며 백록동서원에서 내려오고 있었다. 갑자기 걸음을 멈추게 하는 시구 하나.

　"소년이로 학난성(少年易老 學難成)하니
　　일촌광음 불가경(一寸光陰 不可輕)이라."

　주자의 글인 줄도 모르고 어린 시절부터 외워서 입에 붙었던, 특히 나는 다음 구절을 더 좋아하였다.

　"미각지당 춘초몽(未覺池塘 春草夢)인데
　　개전오엽 기추성(階前梧葉 旣秋聲)이더라.
　　아직 연못가의 봄풀은 미처 꿈을 깨지도 않았는데
　　뜰 앞에 오동나무 잎은 벌써 가을 소리를 알리더라."

　이 구절을 영탄조로 소리 높여 외우며 자신을 채근하던 지난 일이 떠오르는 것이었다. 이젠 시린 가슴으로 그 소리를 듣는다.
　"세월은 나를 기다려 주지 않는다. 이 누구의 허물인고!"
　그분은 또 채근하시지만 요즘 내 눈은 활자를 수용하지 못한다. 주자뿐 아니라 세종(世宗)도 만년에는 안질이 심하여 책을 읽을 수 없었다고 한다. 훈민정음도 반 실명 상태에서 창제되었으며 또한 많은 정적(政敵) 속에 둘러싸인 고독한 군주 정조(正祖)도 "지나치다 싶을 정도로 공부하지 않으면 마음이 편치 않았다. 열심히 책을 읽으면 오히려 피로가 풀렸다"던 대목도 나는 그냥 보아 넘길 수가 없었다.

가시 울타리 속에서 사람은 다소 불우해야만 성(聖)으로 나아가게 되는 것인가.

주자를 탄압하던 '위학(僞學)의 금(禁)'은 그가 죽을 때까지도 해금되지 않았다. 실명 상태에서 오뚝하게 무언정좌(無言靜坐)하신 선생의 모습이 눈앞에 나타난다. 그 밝은 것을 어둡게 하라던 스승의 '회장(晦藏)'을 생각하고 계신 것일까? '학문은 극기(克己)'라던 그분의 말씀과 의중을 헤아리는 날이 많아진다. 독서로써 스스로를 유배시킨 위리안치의 성역(聖域), 거기에서 또 나는 얼마나 자유로울 수 있었던가를 돌아보게 된다.

# 꽃 한 가지를 꺾어 오너라,
## 너를 위해 점을 치리라
— 귀곡자 선생의 암호

귀곡자(鬼谷子) 선생을 처음 알게 된 것은 1980년 봄이었다. 추위가 물러나고 있는 3월 무렵, 일어 공부를 하려고 집 가까이에 있는 학원에 등록을 하였는데 그때 선생께서 채택하신 교재가 사토 하루오[佐藤春夫]가 쓴 일어판 『중국 동화집』이었다.

거기에서 우연히 귀곡자라는 현자(賢者)를 알게 되었고 그것은 나를 주역으로 이끌어 들인 하나의 커다란 계기가 되었다.

손빈과 방연이라는 두 제자를 놓고 다스리는 스승의 태도, 그들의 미래를 예언하고, 따로 손빈에게는 별도의 처방전까지 내린다. 그 암호문의 글귀가 여간 궁금한 게 아니었다. 왜냐하면 귀곡자 선생의 예언과 그 암호는 한치의 오차도 없이 적중되었기 때문이다. 이 두 사람은 벌써 3년 이상이나 귀곡자 문하에서 병학(兵學)을 함께 공부하고 있었다.

귀곡자(鬼谷子)란 분은 주나라 양성 땅의 귀곡이라는 곳에 살아 스스로가 그렇게 불렀으며 위로는 천문(天文), 아래로는 지리(地理)를 꿰뚫어 보는 안목을 가졌다고 한다. 여간한 사람으로선 따를 수 없는 여러 가지 학문을 알고 있었는데 첫째가 수학(數學), 둘째가 병학(兵學), 셋째로는 유세법(遊說法)에 통달하였다고 전한다.

병법(兵法)에 뛰어난 제자로는 제나라 사람 손빈(孫賓)과 위나라 사람 방연(龐涓), 그리고 말 잘하기로는 소진(蘇秦)과 장의(張儀)가 있었다.

어느 날, 방연은 물을 길으러 산 밑에까지 내려갔다가 위(魏)나라에서 인재를 구한다는 소문을 접한다. 그는 생각이 굴뚝같았지만 귀곡자 선생이 워낙 명리나 부귀 따위를 탐탁하게 여기지 않으므로 말도 못 꺼내고 주저하고 있었는데 선생은 그의 마음을 훤히 들여다보듯 말한다.

"너에게 운이 열렸는데 왜 하산을 하려고 하지 않느냐?"

방연은 그제야 무릎을 꿇고 과연 떠나는 것이 어떤가를 여쭙는다. 선생은 말한다.

"산 속에 가서 꽃을 한 가지 꺾어 오너라. 너를 위해 점(占)을 쳐 주겠노라."

8월 염천, 반나절이나 걸려서 방연은 겨우 꽃 한 송이를 찾아내었는데 너무나도 초라하고 볼품없는 꽃이었다.

자신의 근사한 앞날을 점치기 위해 다른 꽃을 찾아보았으나 더 이상 꽃이 보이지 않았다. 하는 수 없이 다시 그 꽃을 주워 옷소매 속에다 숨겨 돌아왔다. 그는 스승 앞에 나아가 말했다.

"아무리 찾아도 꽃이 보이지 않던데요."

"그럼 네 소매 속에 들어 있는 것은 뭐지?"

어찌 더 속일 수 있으리오. 그 꽃을 스승 앞에 내놓았다. 꽃은 뿌리째 뽑혀 있었고 햇빛에 반쯤이나 시들어 있었다. 선생의 판단이 시작되었다.

"이 꽃은 마두령(馬兜鈴)이란 꽃이다. 이 꽃은 언제나 열두 장의 꽃잎으로 피어난다. 그것은 너의 번영하는 연수(年數)를 의미하고 있다. 이 꽃은 귀곡에서 캤고, 또 햇빛에 시들었으니 시들 '위(萎)'는 '위(委)' 자와 상통하는 글자인즉 '위'자 옆에다 귀곡이라는 '귀(鬼)'자를 붙이면 '위(魏)'자가 된다. 그래서 네가 장차 출세하는 곳은 위(魏)나라가 될 것이다. 그리고 여기에는 두 가지의 뜻이 담겨 있는데 양을 만나면 번영하고(遇羊而榮), 말을 만나면 탈이 날 것이다(遇馬而瘁).

너는 남에게 속을 사람이 아니다. 혹시 다음날에 네가 남을 속이는 일이 있을지도 모른다. 그러나 네가 남을 속이면 도리어 네가 남에게 속는다는 것을 알아라. 이 점을 특히 명심하라."

손빈이 산 아래에까지 따라가서 떠나는 방연을 전송했다. 방연이 그에게 다짐한다.

"나는 형과 함께 의형제를 맺을 때, 우리는 평생에 부귀를 함께하자고 맹세했소. 내 이번에 가서 만일 입신출세하게 되면 반드시 형을 임금에게 천거하겠소. 장차 우리 함께 천하에 공적을 세웁시다."

"동생의 말씀이 진정이오?"

"내가 만일 형에게 거짓말을 했다면 장차 온몸에 수만 개의 화살을 맞고 죽을 것이오."

두 사람은 서로 눈물을 흘리면서 작별했다.

방연이 떠나자 귀곡자 선생은 손빈에게 새로운 강의를 시작하였다.

"이 책이야말로 손가(孫家)의 현자로 불리는 자네 조부[손무(孫武)]가 세상에 남긴 것이다. 세상이 어지러워 끊어지게 된 것을 내가 겨우 한 권만을 전하게 되었다."

손빈은 왜 방연과 함께 있을 때 전해 주지 않았는가 그 이유를 여쭈었다.

"이 귀중한 책을 읽고서 바르게 쓰는 자는, 세상을 위해 무엇인가를 하지만 만약 그렇지 못하다면 세상에 해(害)를 끼치게 된다. 방연은 그런 사용법을 알아도 될 사람이 못 된다."

방연이 위나라 왕 앞에 나아갔을 때, 왕은 마침 식사 중이었는데 양 튀김 고기가 앞에 있었다. 스승의 말대로 그는 위나라 장군에 임명되었다. 그러나 손빈을 끝내 부르지 않았다. 다만 묵적이 위혜왕에게 손빈의 사람됨을 말하고 천거하자 방연에게 손빈이 오도록 편지를 쓰라고 하명한다. 그는 자기가 임금에게 천거한 것처럼 꾸며서 쓴 편지와 예물을 갖춰 귀곡으로 사람을 보냈다.

귀곡자는 앞으로 있을 일을 짐작하면서도 왕의 부름인지라 손빈을 만류하지 않았다. 그리고는 방연이 떠날 때와 똑같이 꽃을 한 송이 꺾어 오라고 했다.

손빈은 초겨울이기 때문에 마침 꽃병에 들어 있는 국화 한 송이를 뽑아다 바쳤다. 그리고는 다시 그 꽃을 받아 꽃병에다 전처럼 꽂아 놓았다. 귀곡자 선생의 판단이 시작된다.

"이 꽃은 뿌리가 잘려져 이미 만족한 꽃은 아니다. 그러나 이것은 추위를 견디어내며 서리에도 시들지 않는다. 이렇게 꽃병에 꽂혀져 모든 사람의 사랑과 존경을 받고 있다. 특히 기쁜 것은 네가 꽃을 도로 꽃병에다 갖다 꽂은 일이다. 장차 네가 공명을 이룰 수 있는 곳은 결국 너의 고국이 될 것이다. 너의 이름을 약간 고쳐야겠다.”

선생은 손빈의 이름자 빈(賓)에다 고기육(肉)변을 붙여서 빈(臏)이라
고 고쳐 주었다. 빈(臏)자는 월(刖)자와 같은 뜻이니, 즉 발을 끊는다는
뜻이다. 귀곡자 선생은 또 목숨이 급할 때가 아니면 열어 보지 말라고
하면서 비단 주머니 한 개를 손빈에게 건네주었다.

손빈을 만나 본 위나라 왕은 크게 기뻐하면서 방연의 밑에다 두어
부원수로 삼고자 하였다. 그러나 방연은 펄쩍 뛰면서 형인 그를 어떻
게 자기 밑에다 둘 수 있겠느냐며 그를 객경(客卿)으로 모시다가 장차
큰 공을 세우게 되면 그를 원수로 삼고, 자기는 기꺼이 그 밑에 들어가
겠다고 하니 왕도 그 말이 미덥다고 하면서 그렇게 결정을 해 버렸다.

방연은 손무의 병법에 대해 여러 차례 물었으나 손빈은 입을 열지
않았다. 그리고 임금 앞에서 막힘없이 전개되는 그의 전략을 듣고부터
는 자신의 입지가 불안해지기 시작했다. 드디어 그를 제거하려는 음모
를 꾸미게 된다.

손빈의 어린 시절을 그에게서 다 들어 알고 있는 방연은 제나라의
고향 사투리를 잘 쓰는 심복을 하나 골라, 거짓 편지를 들려 손빈에게
보낸다. 손빈은 즉시 답장을 썼다. 방연은 거기에다 몇 자 더 보태어 임
금께 갖고 나간다. 임금의 진노는 대단하였다. 방연은 위왕께 아뢴다.

“비록 제나라와 내통한 죄는 있지만, 죽일 것까지는 없습니다. 괜히
전하의 평판만 나빠지십니다. 그가 제나라에 갈 수 없도록 다리를 못
쓰게 하는 형벌(刑罰)을 내리고 먹으로 얼굴을 떠서 폐인을 만드는 것
이 어떨까 합니다.”

왕의 재가를 받아낸 방연은 손빈에게 돌아와 울면서 이 사실을 고한

다. 결국 손빈은 두 무릎을 잘리고, 얼굴엔 '사통외국(私通外國)'이란 넉 자가 새겨진다.

방연은 손빈의 흉악한 얼굴과 병신 다리가 된 것을 보고 능청스레 울면서 잘 거두어 치료해 준다.

은혜에 감읍한 손빈은 방연을 위해 드디어 손무(孫武)의 병서(兵書)를 쓰게 된다. 다리병신이 된 손빈은 오래 앉아 있을 수가 없어서 하루에 두세 줄밖에 못 쓰자 방연은 성견(하인)을 꾸짖는다. 손빈을 돌보던 성견이라는 사람은 손빈의 처지를 진심으로 동정하며 책이 완성되면 자기 주인이 손 선생을 죽일지도 모른다는 말을 들려준다. 손빈은 그제야 모든 걸 알아차리고 하늘을 우러러 크게 탄식한다.

"아! 우리 스승님은 대체 어디까지 알고 계시는 것일까?" 이 병서를 쓰지 않아도 죽일 테고, 다 써도 죽일 것이다 하면서 귀곡자 선생께서 주신 비단 주머니를 떠올린다.

"지금이 바로 그때다."

노란 헝겊을 펼쳐본다. 그때부터 손빈의 기행(奇行)이 시작된다. 음식을 토하기도 하고, 그릇을 집어 내던지기도 하면서 여태까지 써 둔 병서(兵書)의 목간을 전부 불 속에 집어넣었다. 하늘에 대고 욕설을 퍼붓다가 울기도 하고 때론 웃기도 하였다. 의심이 많은 방연은 그를 시험해 보려고 돼지우리 속에 처넣었으나 손빈은 머리를 풀어 낯을 가리고 돼지 똥구덩이 속에서 태연히 잠을 잔다. 그리고 개가 먹다 둔 음식 찌꺼기를 맛있게 먹는다.

"참으로 미쳤군, 그렇다면 염려할 것 없다."

방연의 감시망이 풀어지자 손빈은 시정(市井)에 나가 하루해를 보내고 늦게야 자기 처소로 돌아오곤 하였다.

마침내 제나라 대부(大夫) 전기(田忌)에 의해 구출된 손빈은 고향인 제나라로 돌아가게 된다.

어느 날 손빈과 방연은 각기 자기 나라의 군사(軍師)로서 맞서 싸우게 되는 날이 왔다. 손빈은 나무를 베어 활로를 차단하고, 한 개 남겨둔 나뭇가지의 껍질을 벗겨 허옇게 드러난 속살에다 이렇게 썼다.

"방연은 이 나무 아래에서 죽는다."

그리고 횡서로 넉 자를 더 썼다.

"군사손빈(軍師孫臏)."

과연 함정인 줄도 모르고 걸려든 방연은 횃불을 들어 글씨를 확인하려 한다.

"속았다 그 병신에게. 어서 후퇴하라!"

그러나 좌우에 매복시켜 둔 궁노수 만 명이 그 횃불을 신호로 하여 일제히 화살을 쏘아댔다. 그가 고슴도치처럼 수만 개의 화살을 맞고 죽은 곳은 '말'마자의 마릉(馬陵)이었으며 위나라에 온 지는 꼭 12년째가 되는 해였다.

귀곡자 선생의 판단은 과연 틀린 것이 없었다. '아! 우리 선생은 대체 어디까지 알고 계신 것일까?' 손빈의 이러한 탄식처럼 나도 천지만물을 보는 대로 알고 싶었던 때가 있었다. 그때부터 나는 『주역』의 언저리를 맴돌면서 최도화(崔道和) 선생, 도계(陶溪) 박재완 선생, 노석(老石) 유충엽 선생, 약연(躍淵) 서정기 선생, 대산(大山) 김석진 선생의 강의실을 기웃거리기 시작했다. 30여 년 전의 일이다. 특히 내게 도움이 되었던 것은 '홍역학회'의 월간 소책자 『동인(同人)』을 아무에게도 방해받지 않고 몇 번이고 몇 번이고 숙독하는 일이었다.

주역은 성인이 머리를 들어 천문(天文)을 관찰하고 머리를 숙여 지리

(地理)를 살피며, 가깝게는 인간에게서 취하고 멀리는 사물에서 모방하여 모든 자연계의 이치에 대한 개괄과 회합을 통하여 괘상을 만들었으므로 주역은 자연계와 인간계에 이르는 모든 사물의 변화를 망라한다. 인간은 자연과 연결된 유기적인 존재이므로 자연의 원초적인 본능과의 교류가 막히지 않는다면 "깊은 명상 상태에서 서로 공명(共鳴)하며 우주 에너지를 교환할 수 있다"고 말한 어느 물리학자의 말이 이럴 때 새삼스럽게 와 닿았다. 통신과 공명. 어떻게 하면 우리 자신을 우주와 공명 상태에 이르게 할 수 있을까, 어떻게 하면 주역의 태극신(太極神)과 합치될 수 있을까를 고민하던 때도 있었다.

귀곡자 선생은 하도(河圖)의 수리(數理)에 밝아 그 형체를 보고 상수(象數)를 관찰하여 그 같은 판단을 유추해낼 수 있었다.

무엇보다 나는 귀곡자 선생이 손빈에게 써 준 그 노란 헝겊의 글귀가 궁금했다.

그러던 어느 날 『주역』을 읽다가 헝겊에 쓰인 그 암호문을 알아냈다. '양광(佯狂)'이었다.

속은 태양처럼 밝게 알고 있으면서도 겉으로는 미치광이처럼 행동하라는 그 내용이 『주역』의 지화명이(地火明夷)괘에 들어 있지 않은가.

안으로는 내명(內明)하나 그 밝은 빛을 어둡게 하라는 말씀이다.

주나라 문왕이 이것을 사용하였다. 은나라 기자(箕子)도 이것을 사용하였다. '어려워도 마음이 바르고 곧아야 이롭다'는 것은 그 밝은 빛을 어둡게 함으로써다. 안으로는 어려우나 그 뜻을 바르게 할 수 있다는 '회기명야(晦其明也)'에서 '양광(佯狂)'을 생각해내고는 얼마나 득의만면하였던가. 오천 년 지혜의 서 『주역』에게 길을 물으면 이렇게 귀중한 답이 있었다.

# 지극한 성실은 신명(神明)과 통한다

— 건덕(乾德)을 실천한 토정 이지함

## 인간 이지함

하늘은 분명 사람을 가려내 감당키 어려운 고통을 주는 것 같다. 고통은 누구나 싫어한다. 그러나 아이러니하게도 그 고통을 통해서 도(道)가 완성되는 것을 볼 수 있다. 그러니 그의 고통 또한 선택 이전의 어떤 운명이 아닐까 싶기도 하다. 그는 도인(道人)이었다. 유가(儒家)보다는 도가(道家)풍의 처사(處士)로서 『주역』을 몸소 실천한 사람이었다.

"평소에 욕심을 내지 않고, 고통을 잘 견뎠고 짚신에 죽립 차림으로 걸어서 사방을 돌아다니며 학문과 명성, 절개가 있는 선비들과 교유했다"(『선조실록』)는 기록은 그의 인간됨을 잘 말해 주고 있다.

본관은 한산(韓山), 본명은 이지함(李芝菡), 토정은 그의 호다. 마포 강변에 허름한 흙집을 지어 청빈하게 살았으므로 '토정(土亭)' 선생이라 불렀다. 삶이 고단한 민초들의 문복(問卜)에 자상하게 응대해 주던, 앞일을 잘 아는 『토정비결』의 저자로만 그를 이해한다면 거죽만 보았다고 할 것이다.

어느 날 허목(許穆) 선생은 뱃길을 이용하려고 한강을 가던 중 '토정'에 잠시 들러 그를 회고하면서 "높은 행실과 기이한 재주를 가지고 세상을 조롱하며 스스로 즐긴 인물"이라고 평했다.

토정은 분명 높은 행실과 기이한 재주를 가진 사람이었다. 그러나 풍자시를 썼던 김삿갓처럼 세상을 조롱하거나 외면하지는 않았다. 오히려 명문가의 후손으로 신분을 뛰어넘어 대중과 동고동락한 현실참여인이요 훌륭한 경세가였다.

그가 제시한 '국부(國富) 증진책'은 북학사상의 원류가 되었고 『주역』에 통달하여 우주를 읽어내는 전지(前知) 능력도 뛰어났지만 무엇보다 내가 토정 선생을 경배해 마지않는 것은 어느 경우에도 인간됨을 저버리지 않는, 천지(天地)의 덕성에 부합한 대인(大人)이었기 때문이다.

이 글을 쓰기 위해 충남 보령에 있는 선생의 묘소를 찾았던 사진을 꺼내 들었다. 날짜가 찍혀 있다. 1997년 3월 29일이었다. 준비해 간 꽃다발을 무덤에 바치고 소주잔을 올렸다. 500여 년의 시공을 뛰어넘어 선생의 무덤 앞에 이렇게 인사를 드린다는 사실이 나를 감격스럽게 했다. 그분의 존재가 구체적으로 다가왔다. 함께 간 여동생과 나는 축축한 잔디에 좀 더 앉아 있었다.

검은 얼굴에 건장한 체격, 훤칠한 키, 웅장한 목소리, 형형한 눈빛. 갓 대신 솥을 쓰고 어디선가 불쑥 나타나 껄껄 웃을 것 같았지만 사방은 온통 적막함과 쓸쓸함뿐이었다. 다행히 나는 그곳에 가기 전에 윤

:: 토정 이지함의 묘

태현(尹太鉉) 선생이 쓴 『토정가장결』을 읽은 뒤였다. 원대한 도량과 경륜에도 불구하고 자신의 뜻을 펼칠 수 없었던 운명. 자손들의 일로 애를 끓였던 아비로서의 고초, 특히 나병 환자가 된 딸 산옥이 때문에 노심초사하던 모습과 큰 아들 산두가 풍랑을 만나 익사했을 때의 장면이 떠올랐다. 처가는 이미 이홍남의 고변 사건으로 멸문지화를 당한 뒤였다. 그 바람에 토정 선생과 산두도 과거시험을 볼 수 없었다. 자격 박탈이었다. 조카 이산해는 후에 영의정이 되었는데 아들 산두는 고기잡이 배를 타게 했던 것이다.

토정 선생은 슬하에 4남 1녀를 두었는데 장남은 위에서 말한 바와 같이 익사했고, 부친 산소에서 시묘살이를 하던 열두 살 난 셋째 산룡

(山龍)은 호사(虎死)를 당했다. 사방을 둘러본다. 이 근처 어디쯤이나 될까? 그 몹쓸 일이 일어났던 곳이.

둘째 산휘만 남아 시묘살이를 마쳤다. 임진왜란 때 조헌의 뒤를 이어 의병장이 된 넷째 산겸(산옥과 같이 서자임)은 송유진과 관련된 모함으로 전주감영에서 처형되고 말았다.

선생의 울울한 심정이 옮겨져 무덤 둘레에 술을 치면서도 나는 가슴 한 끝이 아릿해 왔다. 날씨마저 잔뜩 비를 머금었다. 흐린 것은 하늘만이 아니었다.

화담의 제자였던 토정은 어린 딸의 손목을 잡고 서경덕 선생을 뵈러 간 일이 있었다. 화담 근처에는 나환자촌이 있었는데 그때 감염이 되었던지 열다섯 살이 되자 산옥에게서 나병 증세가 나타나기 시작했다. 눈썹이 빠지고 발이 짓무르고…. 토정은 하늘이 무너지는 듯하였다. 그래서 아예 나환자인 조씨 집에 찾아가 한 달간 동숙하며 진물이 나는 부위에 서로 손을 대고 접촉하여 일부러 나병에 걸린다. 자신의 처지를 비관하고 나무에 목을 맨 딸을 생각하면 아비로서 무엇인들 하지 못할까? 토정은 아예 산옥을 데리고 나환자촌으로 옮겨 앉았다.

기왕 시집가서 아녀자로 살기는 틀린 운명. 토정은 딸에게 『주역』을 가르치기 시작했다.

"이 다음에 손님을 받을 때는 발을 한 겹 치거나 서사를 꼭 두고 하거라."

문둥병 걸린 딸의 생계를 위한 아버지로서의 눈물어린 배려였다.

"하루만 일찍 태어났어도 정승 부인의 사주인데…."

선생은 하늘을 보며 중얼거렸다고 한다. 모든 것이 너무나도 어긋난 운명이었다.

석 달 뒤 토정 선생의 눈썹도 빠지기 시작했다. 그는 기공 수련과 함께 약재 연구를 거듭했다. 그리고 그것을 자신의 몸에다 반드시 실험해 보았다. 스스로 생체 실험자가 된 것이다. 그러던 어느 날 화담 선생이 꿈에 나타나 약을 일러주었다. 일러준 대로 전갈을 시약했더니 과연 효험이 있었으나 약재를 구하기가 쉽지 않았다. 다시 의약서에서 독재(毒材)를 찾다가 오공(蜈蚣)과 섬여(蟾), 즉 '지네와 두꺼비'라는 글자에 눈이 멎었다. 약을 직접 먹어 보고 환부에 바르며 시험해 보기에 이른다.

"지네는 다리를 제거하고 생즙으로 마시는 것이 가장 효험이 있었고, 두꺼비는 불에 고아서 기름을 내어 상처에 바르는 것이 가장 좋았다. 생지네 즙과 취선산을 같이 쓰는 게 가장 효과가 있음을 알아내고 비위를 약하게 하는 고약한 냄새는 생밤을 먹어 개운하게 하였다"고 전한다.

약을 복용하며 기(氣)를 운영하자 석 달 만에 눈썹이 다시 나기 시작했다. 따라서 산옥도 호전되었다. 그녀는 주역, 사주, 관상, 단법(丹法) 등을 아버지로부터 배워 나갔다.

문둥병에 걸린 천형(天刑)의 이들 부녀가 마주앉아 공부하는 모습을 상상해 본다. 딸을 바라보는 아버지의 심정이 어떠하였을까?

자주 올려다보았을 하늘의 푸르름마저도 그에겐 상심벽(傷心碧)의 아픔이었을 터. 인품도 훌륭하고 학문도 높았지만 나는 무엇보다도 아버지로서의 모습에 더 깊은 감명을 받았었다. 동생과 두어 잔의 음복까지 마쳤다. 불붙듯 목안을 타고 내리는 소주의 쓴맛도 왠지 싫지 않았다. 그들의 삶은 더 썼을 테니까.

문장과 학문으로 이름이 높았던 가정(稼亭) 이곡(李穀)과 목은(牧隱) 이색(李穡)은 부자지간으로 목은은 토정의 7대조가 된다.

이곡의 「죽부인전」은 대나무를 의인화한 가전체 문학의 대표작으로 손꼽히며, 당시 원나라 고관이던 아버지를 찾아갔던 이색은 국자감에 정식 입학하여 3년 동안 그곳에서 정이천(程伊川)과 주자(朱子)의 성리학을 공부했다. 목은은 아버지의 친구였던 우문자정(宇文子貞)한테 『주역』을 배웠으며 북경 회시(會試)에서는 1등을, 황제가 친히 임석하는 전시(殿試)에서는 2등을 하여 일찍이 문명(文名)을 날린 바 있다. 원나라 제일의 문장가인 구양현(歐陽玄)은 이색과 시담(詩談)을 나눈 뒤 "나의 학문과 전통이 해외로 나가 그대에게 전수되리라"고 인정했다는 사실만 보아도 그의 문재(文才)를 짐작할 수 있었다.

그 후 목은은(공민왕 16년) 성균관대사성이란 총책임자로 있으면서 그 밑에 김구용(金九容), 이숭인(李崇仁), 정몽주(鄭夢周) 박의중(朴宜中) 등 쟁쟁한 명유(名儒)들을 학관으로 임명하여 가르치게 하였으니 학생의 수가 수천에 달했다고 한다. 이들 외에도 권근(權近), 정도전(鄭道傳), 길재(吉再), 맹희도(孟希道), 변계량(卞季良) 등도 그의 문인이었다. 그는 여말 성리학파의 대종사(大宗師)요, 고려 한문학을 집대성한 대문호이기도 했다.

목은은 이성계가 가장 존경하고 소중히 여기는 친구였다. 그러나 이두 사람은 노선이 달랐다. 목은은 공민왕이 시해되자 오대산으로 갔다가 이태조가 보낸 친서도 있고 해서 서울로 돌아왔다.

태조 이성계는 중문 밖까지 나와 목은을 맞았건만 그는 장읍(長揖)을 하고 절을 하지 않았다. 태조는 "내가 비록 우매하다고 할지라도 버리지 말고 도와주시오." 그러자 목은은 "망국의 대부는 살 수가 없는 것인즉 죽여 주시오. 그리고 해골이나 고향산에 돌아가 묻히게 해주시오"라고 답했다. 태조는 목은을 벼슬시킬 수가 없음을 알았다. 남은과 정도전 등이 들어오자 태조는 용상으로 올랐다. 목은은 이 꼴을 보고 "늙은 사람은 앉을 곳이 없군" 하면서 문 밖으로 나왔다.

"백설이 잦아진 골에 구름이 머흐레라./반가운 매화는 어느 곳에 피었는고./석양에 홀로 서서 갈 곳 몰라 하노라"던 그의 탄식이 들리는 듯하다.

목은은 공민왕의 국사였던 나옹선사가 거처하던 신륵사를 찾아보고 여강에서 배를 탔다. 연자탄에 이르렀을 때다. 태조가 보냈다는 술이 당도했다. 신륵사 중이 만류했으나 목은은 손을 내두르며 "죽고 사는 것이 명(命)에 있으니 걱정할 것이 없다"면서 술잔을 들었다. 정도전이 보낸 술이었다.

주중(舟中)에서 하세(下世)하니 나이 69세요. 태조 5년 1369년의 일이다. 어질고 총명하던 그의 두 아들도 두 마음을 갖지 않는다 하여 이성계파에 의해 무참히 살해되고 말았다.

토정의 조부 장윤(長潤)과 아버지 치(穉)는 각각 현감과 현령직에 머물렀다. 갑자사화가 일어났을 때 이미 사망한 증조부 이파(坡)의 폐비 사건 연루로 그의 부친 이치는 진도에 유배되었다가 풀려났다. 의금부 도사, 수원 판관 등의 관직을 지냈다. 몇 년 전에 타계한 『관촌수필』의 작가 이문구(李文求) 씨도 토정의 후손으로 이데올로기 문제로 뼈아픈 가족사를 겪어야만 했다.

그의 가문에 대해 설명이 길어진 것은 필자 나름대로의 이유가 있다. 역문관(易門關) 노석(老石) 유충엽(柳忠燁) 선생 문하에서 공부할 때, 도계(陶溪) 박재완(朴在玩) 선생으로부터 누누이 들은 이야기가 생각나서였다.

"역학(易學)은 귀신에게 사람의 운명을 묻는 점술(占術)의 차원이 아니라 자연의 이치를 밝히고 자신을 성찰하는 학문의 하나"라는 것과 한날 한시에 태어나더라도 각기 다른 삶을 살게 되는 것은 조상이 어떤 분인가? 조상의 영혼과 DNA, 그리고 그분의 정신과 가정교육이 후손의 운명에 절대적인 영향을 미친다는 것 때문이었다.

운명을 감정할 때는 반드시 '환·혼·동·각(環魂動覺)'을 참조해야 한다고 일러 주셨다.

환(環)이란 생로병사와 희로애락이 우리 인간에게만 있다는 것.

혼(魂)은 자신의 운명은 반드시 조상의 영향을 받는다는 것.

동(動)은 사람의 운명은 태어난 시대에 따른다는 것이며,

각(覺)이란 인간의 깨달음이 이를 극복할 수 있는 것인데, 토정 선생의 경우가 여기에 해당한다고 하겠다. 선생의 '혼'은 어차피 충절과 문명(文名)이 빼어난 집안의 후손이었던 것이다. 두 번째는 그가 태어난 시기이다. 중종 12년(1517년), 충남 보령군 청라면, 외갓집에서 그는 태어났다. 어머니는 광주 김씨로 판관을 지낸 김맹권의 딸이다. 집현전 학사였던 김맹권은 수양대군이 단종을 몰아내고 왕위를 찬탈하자 보령으로 돌아가 종신토록 절의를 지키며 출사하지 않았던 인물이다.

늦둥이 막내로 태어난 토정은 14세에 부친을, 16세에 모친을 잃었다. 아홉 살 위인 큰형 지번이 그를 돌봤다. 형제가 나란히 과거장에 나가면 토정은 답안지를 제출하지 않거나 이름을 쓰지 않았다. 일부러 과거에 급제하지 않았다. 형님을 앞지를 수가 없어서였다.

명종 1년(1546년), 지번이 나이 39세에 비로소 진사가 되자 토정은 말할 수 없이 기뻤다. 다음 식년시에 과거를 보기로 작정했다. 그러나 하필(32세가 되던) 바로 그해에 죽마고우인 사관(史官) 안명세가 처형되고 만다.

"을사사화는 윤원형, 이기 등이 억지로 죄 없는 사람들을 잡아다가 매질하여 만든 옥사"라고 적어 놓은 사초가 발각되었기 때문이다. 뿐만 아니라 그의 친구 윤결도 억울한 죽임을 당하자 토정은 한동안 실의에 빠졌었다. 실록에는 "이지함이 안명세의 처형을 보고 해도(海道)를 돌아다니며 미치광이로 세상을 피했다"고 기록하고 있다. 설상가상 처가에 불어닥친 또 한 차례의 광풍은 그의 인생을 송두리째 흔들어 놓고 말았다.

토정의 처는 종실(宗室)인 모산수(毛山守) 이정랑(李呈琅)의 딸이었는데 그때 토정은 처가인 충주에 머물고 있었다.

"내가 처가를 관찰했더니 강한 기운이 없습니다. 이에 내가 피하지 않으면 화가 장차 나에게 미칠 것입니다." 그는 미리 예견하여 처자를 데리고 서쪽으로 갔는데 다음 해에 화가 일어났다고 『연려실기술』은 전한다.

이지함이 예언한 '처가의 화'란 이홍남의 고변 사건이다. 양재역 벽서 사건에 연루되어 영월에 유배 중이던 이홍남이 아우 이홍윤을 역모 혐의로 고발한 것이다. 이홍윤은 을사사화 때 소윤(小尹) 윤원형(문정왕후의 오빠)에 의해 희생당한 대윤(大尹)의 영수 윤임의 사위였다. 그는 벽서 사건 때, 사사된 아버지(이약빙)와 장인이 억울하게 죽은 것을 원통히 여긴 터였다. 홍윤이 거주지인 충주를 중심으로 군사를 모아 역모를 꾀한다는 보고를 받은 문정왕후는 대의를 위해 형제 인연도 무시한 홍남을 극찬하며 친히 술까지 하사했다. 결국 이 사건으로 이홍윤은 능지처참되고 모산수 정랑 등 33명이 연루되어 떼죽음을 당했다. 토정의 장인 이정랑은 장형(杖刑)을 받다가 목숨을 잃고 후에 능지처사되었으며 왕실 족보인 『선원록』에서도 이름이 삭제되었다. 토정의 처갓집은 가산을 몰수당하고 식구들은 풍비박산된다. 토정은 처가와 연루되어 과거에 응시할 자격을 잃게 되고 만 것이다. 그 동안 그가 등용되지 않았던 것은 실력이 모자라서가 아니었는데⋯ 별안간 굳게 닫힌 문. 시운(時運)도 그의 편이 아니었나 보다.

무엇보다 10년 동안 처가살이를 한 그로서는 처가 식구들의 생계를 돌보아야만 했다. 과욕(寡慾)과 청빈을 주장하던 그가, 사대부 출신이던 그가 양초도와 초도에 들어가 박을 심고, 바가지를 만들어 제주도 행상 길을 네 번씩이나 다녀왔다. 광풍이 몰아치는 악천후에 닻을 단 큰 배들도 다니지 못하는데 그는 조각배를 이용해 제주도를 왕래했다. 닭 네 마리를 배의 귀퉁이에 매달아 균형을 유지하여 침몰의 위기를 면했다고 한다. 무인도에서 고기잡이를 하고 소금을 구우며 그는 몇 년 만에 수만 석을 끌어 모았다. 처가는 물론 생활이 어려웠던 친구들의 가족에게도 나누어 주고 나환자촌에도 쌀과 건어물을 갖다 주었다. 개발한 약의 처방도 일러주었다. 마음만 먹으면 재물 모으기는 여반장이었다. 그럼에도 그는 몹시 가난해서 밥솥이나 갓[冠], 신발 등을 제대로 살 수 없었다. 쇠붙이로 두들겨 만든 쇠갓을 쓰고 다니다가 밥 때가 되면 뒤집어 놓고 솥으로 썼다. 신발은 나무를 파서 만든 나막신을 신고 다녔다. 어려서부터 남 돕기를 좋아했던 그는 자신보다는 남을 위하는 데 온 힘을 쏟았다.

'사람이 진정으로 사람에게 줄 수 있는 것은 무엇일까? 또 무엇을 사람으로부터 과연 받을 수 있단 말인가?'를 생각하다가 나는 이내 토정 선생을 떠올렸다. 그는 빈 손안에 바람 같은 돈을 일부러 가득 거머쥐 었다가 이내 손바닥을 펼쳐서 그것을 다시 놓아 보였다. 공수래공수거 (空手來空手去)의 시현이다. 아무리 현실이 어렵고, 또 가솔이 배를 곯아 도 거머쥐지 않고 탁 놓아 버린 그 선사(禪師)적 무애행(無碍行)에는 경 의를 표하지 않을 수 없다.

부인과 자녀들은 남다른 고생을 함에도 불구하고 불만을 토로하거 나 그것으로 인해서 싸우는 법이 없었다고 전한다.

세간에는 그를 따르고 존경하는 사람들이 날로 늘어났다. 그들은 어 려운 일이 생기면 토정 선생의 조언을 따랐다. 의학이 발달되지 않았 던 시기였으므로 몸이 아파도 장사가 잘 안 되어도 그의 말대로만 하 면 모두 이루어졌기에 날이 갈수록 마포의 움막집인 토정(土亭)을 찾는 사람들이 늘어났던 것이다.


## 토정의 예지 능력과 그의 스승들

"알기는 소강절(邵康節)이요, 토정(土亭) 선생"이라는 말이 있듯이 그 들은 앞을 내다보는 식견이 있었다.

보령 주교면 그의 묘소 앞에서 만난 표지판에는 이렇게 적혀 있었다.


문화재 자료 제319호

조선 중종 때의 학자이며, 기인으로 이름 난 이지함(1517~1578).

선생은 목은 이색의 후손으로 어려서 아버지를 여의고 형 지번에게 글을 배우다가 서경덕의 문하에서 공부하였다. 그의 영향을 받아 수리·의학·복식·천문지리·음양·술서를 통달하여 앞을 내다보는 지혜가 있었다. 1573년 포천 현감으로 있을 때 임진강의 범람을 구제한 일이 있고, 아산 현감으로 등용된 후에는 걸인청을 만들어 걸인을 구제하고 노약자와 굶주린 사람을 구호하였다. 그 후 대부분의 생애를 마포의 토담 움막집에서 청빈하게 지냈는데 이로 해서 토정이라는 호를 얻게 되었다.

당대 성리학의 대가인 조식이 마포에 찾아와 그를 도연명에 비유했다는 유명한 이야기가 전해 온다.

그가 서경덕의 영향을 받아 앞을 내다보는 지혜가 있었다면 서경덕의 학문은 과연 어떤 것이었나 궁금하지 않을 수 없다.

서경덕(徐敬德, 1489~1546)은 개성 문 밖 화담(花潭)에 물러나 살면서 학문과 우주의 원리를 궁리하는 데 몰두하였다. 그의 사상에 바탕을 이루고 있는 '유기론(唯氣論)'은 장재(張載, 1020~1077)의 '기(氣)' 철학과 관련되지만 전체적으로 볼 때는 소옹(邵雍, 호는 강절, 1011~1077)의 '도서선천상수의학(圖書先天象數之學)'과 소옹의 도학적(道學的)인 생활 방식이 서경덕의 학문과 인간 전체에 절대적인 영향을 미친 것 같다.

"화담은 소옹의 역학(易學)에 더욱 깊어서 '황극경세'의 수를 산출한 것이 하나도 틀림이 없으니 기특하다"고 서경덕의 역학을 찬탄한 이는 신흠이었다.

화담은 이와 같이 소옹의 학문을 모태로 『홍연진결』을 썼고 토정은 『홍연진결』을 새롭게 연구·개조하여 『월영도』를 지었다. 그러니까 소강절의 『황극경세서』와 서경덕의 『홍연진결』과 이토정의 『월영도』가 그 맥을 같이 한다. 이들의 정신적인 계보를 이해하기 이전에 내가 따로 따로 세 분을 좋아했는데 나중에 보니 모두가 상수학(象數學)에 밝은 분들이었다.

북송 때 태어난 소옹(소강절)은 미래에 일어날 사건을 잘 아는 사람으로 이름이 나있었다. 소강절은 낙양의 천진교 근처에 살았는데 '두견새의 울음을 듣고 왕안석의 출현을 예견했다'는 유명한 이야기가 전한다.

토정은 조카 이산해가 태어났을 때 아이의 울음소리를 듣고 '이 아이가 장차 우리 가문을 일으킬 것'이라며 특히 그를 아꼈고 손수 글을 가르쳤다. 그러나 영의정 이산해의 부인은 시삼촌인 토정을 제대로 대접하지 않았던 듯싶다.

어느 날 토정은 그의 집에서 태어난 강아지 사주를 짚어보다가 "그놈이 단명격이어서 나 줄 강아지는 없을 것"이라고 질부에게 말했는데 과연 며칠 후에 들렀더니 대접이 달라지더라는 얘기가 전한다. 토정은 '처가의 화'를 예견했고 남명 조식의 죽음을 예언했다.

『동락패송』에는 토정과 조헌이 석굴 선생을 찾아간 일화를 적고 있다.

헤어질 때 석굴 선생이 토정에게 "산을 삼가시지요" 했을 때 토정은 "운수지요"라고만 응수했다. 그는 벌써 알고 있었다. 옆에서 조헌이 까닭을 물으니 토정이 말했다.

"나는 아산에서 죽을 것이고, 자네는 금산에서 죽을 것이니 모름지기 산(山)을 피하라는 말이지."

실제로 토정은 아산 현감으로 있다가 풍토병에 걸려 그곳에서 사망했고 조헌은 임진왜란 때 의병을 모아 전투를 하다가 금산에서 전사했다. 『토정가장결(土亭家藏訣)』에서 그는 국운에 대해서도 이렇게 예견했다.

신자진(申子辰)년에는 병란(兵亂)이 일어나고
인사해(寅巳亥)년에는 옥사(獄事)가 일어난다.

과연 임진(壬辰)년에는 왜란이 일어났고, 병자(丙子)년에는 호란이 일어났다. 모두 병란(兵亂)이었다. 을사(乙巳)년에는 피비린내 나는 을사사화(乙巳士禍)가 있었고, 구한말에는 을사오적신(乙巳五賊臣)의 매국노 사건과 1926년 항일학생 시위운동이 있었다. 모두 그가 예언한 대로였다. 임진왜란을 예견한 토정은 해전(海戰)의 중요성을 인식하고 놋쇠로 된 세숫대야에서 병선(兵船)의 도면을 고안해 이순신에게 건네주었는데 이것이 훗날 거북선의 모태가 된 것이다.

토정은 율곡과 친분이 있으면서도 이념이 달라 다툰 적이 있어도 "율곡마저 귀향을 하게 되면 당파싸움은 누가 막고 백성은 누가 다스리느냐?"면서 그의 귀향길을 단연코 막아섰다. 그리고 장차 이홍남의 고변 사건, 즉 '청홍도 사건'의 억울함을 풀어 줄 인재들을 돕고 있었다. 허엽, 정지연, 박순 등이 그들이다. 명종이 후사 없이 죽고 선조가 16세의 나이로 등극했다. 청홍도 사건에 연루된 죄인을 모두 사면하라는 어명이 내려졌다. 이로써 장인과 처남들의 죄는 벗겨지고 처가 식구들은 노비 신세에서 풀려났다. 뿐만 아니라 토정과 그의 자식들도 과거에 나아갈 수 있게 되었지만 토정의 나이 54세, 큰아들 산두는 이미 죽은 뒤였다. 20년의 모진 세월이 흐른 뒤였다.

토정은 어느 날 거울에 비친 자신의 얼굴에서 사기(死氣)를 알아채고, 정신을 집중해 『월영도』로 괘를 뽑았다. 7월 중순에 죽는다는 괘가 나왔다. 산휘에게 뒷일을 부탁한다.

"너와는 이복이지만 산겸이와 산옥이를 잘 보살펴 주어라. 그리고 앞으로 난리(임진왜란)가 날 터이니 식솔들에게 걷는 연습을 많이 시켜 두어라."

이렇게 적중률이 높은 『월영도(月影圖)』와 『매화역수(梅花易數)』는 어떤 것인가?


### 『월영도(月影圖)』와 『매화역수(梅花易數)』


『월영도(月影圖)』는 토정 선생이, 『매화역수(易數)』는 소강절 선생이 발전시킨 점법(占法)이다. 소옹은 이지재(李之才)에게서 도서선천상수학(圖書先天象數學)을 전수받고 「선천괘위도(先天卦位圖)」를 작성했다.

문왕(文王)이 지은 역을 '후천역'이라 하고 복희씨가 지은 역을 '선천역'이라고 한다.

『주역』은 상과 수로 귀결되며, 상수학(象數學)으로서 우주가 발생하고 자연이 이루어진다고 하며 우주만물의 발생 순서를 상수에 의해 연역(演繹)하는 원리를 '선천학'이라고 한다. 하도(河圖)는 선천(先天)이요, 낙서(洛書)는 후천(後天)이다. 하도의 수가 10이며, 낙서의 수가 9이기 때문이다. 하도는 상생(相生)이요, 낙서는 상극(相剋)이다. 하도가 수(數)의 상체(象体)를 정립시키고 오행(五行)의 상생 관계를 나타내는 반면, 낙서는 수의 변화 작용을 상징하며 상극 관계를 표상한다.

하도의 수 '10'은 시방(상하와 8방)을 상징한다. 우주 삼라만상이 이 10수 안에 있으며, 10에서 1로 왕순(往順)하므로 종즉유시(終則有始)라 한다.

10무극(無極)에서 생하여 1태극(太極)하므로 성(成)한다. 9에서는 1로 갈 수 없고 다만 1에서 9로 거슬러 올라가므로 하도는 순(順)이요 체

(体)며, 낙서는 역(逆)이요 용(用)인 것이다.

하도는 생수(生水 1-5)로 성수(成水 6-10)를 통솔하고, 낙서는 기수(奇數)로써 우수(偶數)를 통솔하니 하도는 음양생성의 상합(相合)이요 낙서는 음양기우(奇偶)의 상분(相分)이다. 천지는 음양 2기의 실체로 천(天)은 양기이니 기수요, 지(地)는 음기이니 우수인 바 1에서 10까지는 천지(天地)의 전수(全數)인 것이다.

천지를 주재하는 것은 리(理)요, 음양이 유행(流行)하는 것은 기(氣)이며, 생성(生成)하는 것은 수(數)이다.

수(數)를 극해서 앞으로 오는 일을 아는 것, 이것을 점(占)이라고 한다.

이(理)는 기(氣)에 내재해 있지만 의(義)는 수(數)에서 나타나기 때문에, 수(數)를 극해서 앞으로 다가올 일을 가늠한다.

수리(數理)에는 ① 천지의 이수(理數)가 있고, ② 음양의 기수(氣數)가 있으며, ③ 만물에는 운수(運數)가 있다. 그래서 숫자가 운에 붙으면 운수요 사람 몸에 붙으면 신수(身數)가 되고 돈에 붙으면 재수(財數)가 된다.

음양의 이기오행(二氣五行)이 합쳐서 음양의 작용이 일어나고 만물이 변화 생성한다. 신묘한 현상 세계가 전개되는 것이다. 이른바 이것이 하도의 수리(數理)이다.


역술의 종류는 대체로 열두 가지로 나뉜다. 그 중 '하락이수(河洛理數)'는 송나라의 진희이(陳希夷)가 짓고 소강절의 찬술로 전해졌다. 주역의 상수학(象數學)을 체계화한 분들이다.

「하락이수」는 사주를 적어 놓고 천간과 지지(地支)별로 선천수와 후천수를 추출해 작괘(作卦)한다. 필자가 태어날 때 받은 본괘는 하락이수로 '산천대축'괘였다. 그리고 시지(時支)의 귀문관살(鬼門關殺) 때문인지 영계(靈界)를 기웃거리며 산천대축괘를 본받아 『주역』의 언저리를 떠나지 못하고 있는 것일지도 모르겠다.

「기문둔갑(奇門遁甲)」은 병법(兵法)에서 시작하였는데 축지법, 귀신 부리는 법 등의 도술(道術)과 국운(國運)이나 기상 변천 등을 알아볼 수 있다.

제갈량, 이순신, 남사고, 정북창, 서화담, 이토정 등은 기문에 능했으며 화담은 기문법을 조금 더 발전시켜 『홍연진결(洪烟眞訣)』을 지었다. 화담의 『홍연진결』을 변형 발전시킨 것이 토정의 『월영도(月影圖)』이다. 주역의 64괘, 384효를 바탕에 깔고 생년월일시의 사주를 혼합한 기본 방정식을 취한다.

『월영도』는 다음의 4장으로 구성되어 있다.

① 「지거지장(知居地章)」에서는 현재 살고 있는 곳을 찾아낸다. 예를 들면 '당신은 목포에서 왔군요' 등.

② 「지성장(知姓章)」은 본인의 성씨뿐 아니라 외가나 처가의 성씨까지도 척척 알아맞힌다. '첫째 부인은 백씨인데 사별을 했고 강씨를 데려왔지만 후사를 잇지 못 했군' 하는 식이다.

③ 「질액장(疾厄章)」은 '큰 아들은 꼽추인데 쓸 만한 셋째는 작년에 물귀신이 업어 갔구나' 등등.

④ 「가령장(假令章)」

한국일보 문화센터에서 만난 『주역』 강사인 강주형(姜周馨) 선생께서 『월영도』로 상담하는 장면을 지켜본 일이 있었다. 벌써 30여 년 전의 일이다. 강 선생은 내방한 아주머니의 생년월일을 듣고, 눈을 감은 채 머릿속에서 계산기를 돌리는 듯 연신 입으로 중얼거리며 한참을 계산하더니 눈을 딱 뜨는 순간부터 속사포같이 말을 토해냈다. 하도 신기

해서 우리는 입을 다물 수가 없었다.


소강절의『매화역수』는 어떤 것인가?

어느 날 강절 선생이 매화꽃을 관람하던 중, 새가 싸우다가 떨어지는 것을 보게 되었다. 선생은 수(數)를 계산하여 그 다음날 저녁에 이웃집 여자가 꽃을 꺾다가 떨어져 다리 다칠 것을 알았다. 그 점치는 법이 여기에서 비롯되어『관매수(觀梅數)』혹은『매화역수(梅花易數)』라고 한다.

선생은 어떻게 그것을 아셨을까?

매화를 관람하던 시간은 진(辰)년, 12월 17일, 신(申) 시였다.

연월일시의 수를 합산하여 택화혁 괘의 초효가 동해 택산함 괘가 되었다. '혁지함(革之咸)'이었다.

즉 ① 연월일(5+12+17=34)의 수를 합해서 8로 나눈 다음 나머지 수, 2로 '2태택(兌澤)' 상괘를 짓는다.

② 상괘의 수에 시간 수를 합해 8로 나눈 다음 나머지 3으로 '3리화(離火)' 하괘를 짓는다.

③ 모두를 합한 총수를 6으로 나누어 나머지 수로 동효를 얻으니 택산함이다. 그렇다면 강절 선생은 어떻게 그와 같은 판단을 유추해내었을까?

『매화역수』에 있어 중요한 것은 체괘(体卦)와 용괘(用卦)의 생극(生剋)관계이다. 이 괘는 소녀인 兌를 체로 삼았다. 태금(兌金)은 소녀. 시간으로는 해질 무렵에 해당한다. 본괘인 택화혁(澤火革) 괘에서 용괘(用卦)가 되는 리화(離火)가 체괘인 태금을 극하므로(火剋金) 일단 흉하다고 판단했다. 다음으로는 일의 과정을 뜻하는 호괘(互卦)를 살핀다. 내호괘인 손목(巽木)이 외호괘인 건금(乾金)과 외괘 태금(兌金)에게 극을 당하는데 손목은 인체 부위에서 다리에 해당된다. 다행히 큰 사고를 면할 수 있었던 것은 변괘(變卦)인 간토(艮土)가 체괘인 태금(兌金)을 토생금(土生金)으로 생해 주었기 때문이다.

패를 얻기 전에 먼저 수(數)를 얻는 것이니, 숫자로써 괘를 일으킨 것이므로 '선천(先天)'이라 하고, 노인의 근심스러운 안색을 보고는 물고기를 먹고 화를 당할 것을 안 것은 다 후천의 수(後天數)이니, 수를 얻기 전에 괘로써 수를 일으킨 것이므로 후천(後天)이라고 했다.

## 역(易)은 내 마음속에 있다

"소강절은 지려가 남보다 뛰어나서 어떤 사건을 만날지 먼저 알았다"고 『송사(宋史)』「도학전」은 말하며 『황극경세서』의 점험은 이미 이름이 나 있었다.

정이천(程伊川)은 그의 미리 아는 능력에 대해 다음과 같이 말했다.

"소강절의 마음은 허령해서 앞일을 잘 알았다(其心虛明自能知之)."

그의 '기심허명(其心虛明)'을 짚었던 것이다.

소강절은 말했다.

"천하의 수(數)는 이치[理]에서 나온다. 이치에서 멀어질수록 술수(術數)로 들어간다. 세상 사람들은 수(數)로 술수에 들어가기 때문에 이치에 들어가지 못한다."(『황극경세서』 외편)

이치는 직(直)과 성(誠)을 통해서 도달할 수 있지만 사욕(私慾)은 직과 성을 왜곡시킨다. 은밀한 사욕에서 출발한 술수학은 참된 학문이라고 할 수 없다. 그는 지극히 성실한 도는 미리 알 수 있으며 지극한 성실은 신명(神明)과 통한다(至誠如神)고 말했다.

"모든 사람의 착하고 악함은 말로 형용되고 행실로 발현되어야만 사람들이 비로소 아나, 단지 마음에 싹트고 생각에 발할 뿐인 것을 귀신은 이미 아나, 이것이 군자가 혼자일 때를 삼가는 이유다." 그의 「외편」에 있는 말이다. 착한 것에 복을 주고 지나친 것에 화를 내리는 것은 누가 주관하는가?

소강절에 따르면 귀신이 그렇게 한다는 것이다. 그러나 귀신이 아는 것은 말과 행실이다. 그러면 선하고 악한 삶의 길흉화복은 누가 주관하는가? 그 역시도 귀신이 한다. 그러나 그 귀신은 말과 행실을 한 사람으로부터 소외되지 않는다. 귀신이 한 일이지만 그 귀신을 그렇게 만든 것은 자신의 말과 행실이다. 그렇다면 길흉화복은 어디에서 비롯되는가? 그것은 자신의 말과 행실이다. 자신의 말과 행실을 아는 사람은 시초를 빌어 길흉화복을 귀신에게 물어보는가?

그렇지 않다면 자신의 말과 행실을 돌아보겠는가? 그는 그렇게 묻고 있다.

그러므로 역(易)에 능한 사람은 점을 치지 않는다. 역(易)이 내 마음속에 있기 때문이다.

한 생각이 움직이지 않으면 귀신도 알지 못하나니 나로 말미암지 않고 다시 누구를 말미암겠는가? 만약 일이 마음에서 싹트면 귀신이 그것을 먼저 알 것이다. 길흉(吉凶)과 회린(悔吝)에 각기 해당하는 수(數)가 있으나 내가 예단해서 아는 것은 어떤 도인가? 내 마음의 역(易)에서 구할 뿐이라고 말할 수 있다.

이렇기 때문에 적연하게 움직이지 않다가(寂然不動), 생각을 고요히 해서 정성을 보존하고 변화를 관찰하여 점을 살피면서 삼요(三要: 귀와 눈, 마음)를 운용한다. 그러면 반드시 보지 못하는 것을 나는 볼 수 있으며, 듣지 못하는 것을 들을 수 있다. 때로는 형체가 나타나 보여 주는 것 같으며, 소리가 나타나 알려주는 것 같아서 '나의 밝음'이 거울 같으면, 역(易)이 '복서(卜筮)의 도'가 되며 역(易)이 내 마음속에 있다 할 것이다. 소강절의 말이다.

'나의 밝음'은 어디서 오는가? 소옹은 앞에서도 직(直)과 성(誠)을 강조한 바 있다. 지극한 성실만이 신명(神明)과 통한다는 것이다.

"성(誠)하면 명(明)하고 명(明)한즉 성(誠)하다"는 『중용』이 왜 '소주역(小周易)'이라고 일컬어지는지 가늠이 된다.

'지성(至誠) 여신(如神)', 지극한 성실은 신명(神明)과 같고, 허령(虛靈)은 무사(無私)하다. 하늘의 도[乾道]는 공정(公正) 무사(無私)하다. 사사로움이 없었으므로 토정 선생은 천지의 덕성에 부합될 수 있었던 것이다.

토정은 『과욕설(寡欲說)』에서 말한다.

마음을 기르는 데에는 적은 욕심을 적게 하는 것보다 더 나은 것이 없다. 적어지고 또 적어져서 적어질 것이 없는 데까지 이르면 마음이 비고 신령스러워진다.

'기심허명(其心虛明)'이다.

그는 도학자답게 물욕을 경계하며 덜어내고 또 덜어내어 텅 빈 마음의 신령스러운 경지를 점유했다. 허심자명(虛心自明)으로써 그는 일월과 더불어 그 밝음을 합할 수 있었던 것이다.

"무릇 대인(大人)이란 천지와 더불어 그 덕을 합하며/일월(日月)과 더불어 그 밝음을 합하며/사시(四時)와 더불어 그 차례를 합하며,/귀신과 더불어 그 길흉(吉凶)을 합한다(夫大人者 與天地合其德, 與日月合其明, 與四時

合其序 與鬼神合其吉凶)"는 『주역』 건(乾)괘대로 사신 분이다.

토정은 『대인설』에서 말한다. "신령스러움은 알지 못하는 것보다 더 신령스러움이 없다. 알지 못하면서 능히 신령스럽고, 다투지 않으면서 능히 강하며, 욕심을 내지 않으면서 능히 부(富)하고, 벼슬하지 않으면서 능히 귀한 것은 오직 대인(大人)이 할 수 있는 것이다."(「토정유고」)

알려고 하지도 않으면서 능히 신령스러운 경지. 그것은 허령(虛靈)이 아니고서는 가능하지 않다. 무심(無心)이 아니고서는 도달할 수 없는 경지이다.

거울이 형체에 응하고, 종(鍾)이 소리에 응하는 것은 모두 무심(無心)

이 그냥 지나가는 흔적일 뿐. 배워서 도달하는 앎[有心]이란 무심만 못하다는 것을 토정은 말하고 싶었던 것이 아닐까.

그는 정말 대인이었다. 과거장에 나가지 않았으나 탁행이 조정에 알려지면서 원로대신들의 추천으로 포천 현감을 지낸 바 있다. 자신이 건의한 사회경제 정책이 조정에서 받아들여지지 않자 곧 사직하고 물러났다. 진나라 시인 도연명처럼 일찍이 가고 오는 데에는 미련을 두지 않았다. 1578년 다시 천거를 받아 아산 현감에 제수되었다. 먼저 굶주리는 이들을 위해 걸인청을 만들고 노약자와 고통받는 백성들을 구휼하는 데 온 힘을 쏟았다. 그러나 재임 기간 중 곧 사망했기에 뜻을 다 펼치지 못했다. 국가로서는 큰 손실이요, 개인으로서는 비운이 아닐 수 없었다.

조선 중기의 학자로서, 명문 가문의 후손으로서, 사대부라는 특권을 벗어던지고 가난한 민중과 고락을 함께한 진정한 휴머니스트요, 충절스러운 애국자였다. 백성의 이익을 위해서라면 농업이 중시된 상황에서도 상업이나 수공업 같은 말업의 임시변통책을 주장하던 그의 소신은 '때를 따라 바뀌고 변화할 줄 아는 『주역』의 도'를 그대로 실천한 것이라 할 수 있다.

"건은 아름다운 이익으로써, 천하를 이롭게 하지만 자신의 은덕은 내세우지 않으니 참으로 위대하도다(乾, 始能以美利 利天下 不言所利, 大矣哉)."

「계사전」의 이 말씀을 나는 그에게 헌정하고 싶다. 선생은 건괘[元亨利貞]의 덕을 온몸으로 실천한 이 땅의 진정한 대인이셨다.

# 사람이 능히 복(復)의 이치를 알면 도에서 멀지 않다

— 서화담과 지뢰복

　　황진이와 함께 송도 삼절(三絶)로 손꼽히는 화담 선생의 본명은 서경
덕(徐敬德), 호는 복재(復齋)이다. 조선조 성종 20년 송도의 화정리에서
태어났으며 개성 동문 밖 화담 위에 서사정(逝斯亭)이라는 초막을 짓고
홀로 단좌묵상(端坐黙想)하면서 오직 진리탐구에만 전념하니 사람들은
그를 화담 선생이라 불렀다. 복재라는 호는 스스로 주역 64괘 중에서
'지뢰복(地雷復)'괘를 따다 자호(自號)한 것이다.

　　'복(復)'괘란 지(地)와 뢰(雷)가 만나서 지뢰복(䷗)괘가 된 것인데, 복괘
의 기호를 보면 오음(五陰) 밑에 일양(一陽)이 일어나고 있는 형상이다.
　　지뢰복괘는 음(陰)이 극성한 동짓달 11월의 괘로서 한창 추운 때다.
얼어붙은 땅 속에 초목의 종자가 발아하는 모습으로, 이를 본받아 군
자(君子)는 어려운 과정을 이겨내고 참고 노력하여 사람으로서의 본성

을 회복하자는 극기복례(克己復禮)의 뜻을 담고 있다.

복(復)괘 초구(初九)의 효사는 말한다.

"불원복(不遠復)이라. 무지회(无祗悔)니 원길(元吉)이라.

상왈(象曰) 불원지복(不遠之復)은 이수신야(以修身也)라."

복괘의 유일한 양효(陽爻)인 초구는 '머지않아 회복함이니, 뉘우치는 데까지 이르지 아니하여 크게 길하도다.' 돌이킬 수 없는 데까지 가지 않는 허물, 그 '불원지복(不遠之復)'은 "몸을 닦음으로써이니"라는 말씀을 선생께서 취하신 것 같다.


『화담집』을 보면 선생은 잘못을 얼른 고쳤으며, 스무 살이 되면서부터는 같은 잘못을 두 번 다시 거듭하지 않았다고 한다. 또 어릴 때, 어머니가 들에 나가 나물을 뜯어오게 하였는데 매일 늦게 돌아오면서도 바구니에는 나물이 조금밖에 들어 있지 않았다. 어머니가 그 이유를 물은즉 "나물을 뜯다가 새 새끼가 나는 것을 보았습니다. 첫날은 땅에서 한 치를 날고, 다음날은 두 치, 다시 그 다음날은 세 치를 날다가 차차 하늘을 날게 되었습니다. 저는 새 새끼가 나는 것을 보고 속으로 그이치를 곰곰이 생각해 보았으나 터득하지 못하여 나물도 못 뜯고, 귀가가 늦어지게 된 것입니다." 어린 경덕의 대답이었다.

벌거숭이 종달새 새끼가 털이 나고 날개가 생기더니 공중에 날아오른다. 김을 매다 보니 땅 속에서는 씨앗이 돋는다.

"무엇이 그렇게 하는 것인가?"

끝없는 궁리를 거듭하다가 소년 경덕은 어느 날 육안(肉眼)으로는 볼 수 없는 '무형(無形)의 지기(地氣)'를 깨닫게 된다.

"지기(地氣)."

이것은 화담 철학[氣論]의 모태이자, 출발점이다.

땅[地]에서 움직이고[雷] 일어나는 기운.

그것을 화두(話頭)로 삼아 평생을 연구하게 되니 그가 지뢰복(地雷復)괘에다 눈을 주게 된 것이 어찌 우연한 일이라 하겠는가.

그는 또 "복(復)괘에서 천지의 마음을 본다(復其見天地之心乎)"는 유명한 글을 남겼다.

동짓날[至日]은 바로 하늘과 땅이 처음으로 회선(回旋)을 시작하고 음과 양이 처음으로 변화하는 날이다. 그러므로 "복(復)괘는 천지의 마음을 보여 주는 것"이라고 언급했다.

일음(一陰)이 생기기 시작한 5월괘인 '구(姤)'괘[夏至]로부터 일곱 달 만에 일양(一陽)이 시생(始生)하여 '복(復)'괘[冬至]에 이르르게 되는 바, 소강절(邵康節) 선생은 복(復)괘와 구(姤)괘를(즉 동지와 하지) 64괘 원도의 추기(樞機)로써 이를 다음과 같은 시로 표현했다.


건(乾)[天] 우손(遇巽)[風] 시(時)에 관월굴(觀月窟)이요
지봉뢰처(地逢雷處)에 견천근(見天根)이라
천근(天根), 월굴(月窟)이 한래왕(閑來往)하니
삼십육궁(三十六宮)이 도시춘(都是春)이라.


천(天)과 풍(風)이 만나니(天風姤) 달의 굴이요,
땅과 우레가 만나는 곳에서[地雷復] 천근(天根)을 봄이라.
천근(天根)[復괘]과 월굴[姤괘]이 한가로이 오가니 36궁이 모두가 봄이로구나.

24절기를 주역의 괘에다 배대(配對)하였으니, 즉 동지(冬至)[復괘]에

서 일양(一陽)이 시생(始生)하여 소만[乾괘]에서 양기가 가득 차게 되고, 하지(夏至)[夏괘]에서 음(陰)이 자라기 시작하여 소설(小雪)[坤괘]에서 음이 극성(極盛)하게 된다.

그러므로 지뢰복(復)괘와 천풍구(姤)괘는 천지의 마음을 보여 준다는 것이다.

이렇게 복(復)의 자연 현상을 통하여 천지(天地)의 마음을 보게 되는 것은 천지(天地)의 틀[機] 자체가 '이미 스스로 그러하다(機自爾)'는 자율적 조절 기능을 지닌 것으로 보았다.

복(復)의 현상이 자연(自然)의 덕이었듯이, 사람이 사람다움을 회복하고 실현함에 있어서도 '복(復)의 덕'을 자기 안에서 실현시킬 것을 화담은 주장하였다.

즉 사람에게 있어서 인(仁)과 지(智)의 본성(本性)이나 충(忠)과 서(恕)의 도리는 자연 지일(至日)의 이치에 부합된다고 보고, "사람이 능히 복(復)의 이치를 알면 도(道)에서 멀지 않다"고 말했던 것이다.

"일양일음(一陽一陰)은 도(道)라 하고, 그것을 계속하는 것은 선(善)하다고 하였는데 이 말은 '지일(至日)'의 이치를 다 표현한 것이다."

"내 몸에 반성해 보면 인지(仁智)의 성(性)과, 충서(忠恕)의 도가 '지일(至日)'의 이치가 아닌 것이 없으니 일동일정(一動一靜)에서 잠깐 나타났다가 일순식에 숨어 버린다(返於吾身 仁智之性 忠恕之道 無非至日之理 暫於動靜 微於瞬息)"라고 적고 있다.

이 글의 본문은 여기에서 끝을 맺고 있는데, 인지(仁智)의 성과 충서의 도를 화담은 '지일'에서 밝히고자 한 것에 우리는 주목해야 할 것 같다. 왜냐하면 그는 학문의 뜻을 입신(立身)의 목적이 아닌 도학(道學)의 완성에 두고 있었기 때문이다.

중종 때 조광조가 현량과(賢良科)를 설치하고 화담 선생(31세 때)을 제1호로 천거하였으나 그분은 응하지 않았고, 마흔세 살 때 어머니의 권유를 물리치지 못해 생원시에 합격한 일은 있으나 이내 그만두어 버렸다. 쉰두 살에 대제학 김안국이 추천했으나 역시 나아가지 않았다.

"중종 말년에 후릉참봉을 제수하였으나 부임하지 아니하고 마침내 베옷으로 평생을 마치었으니 애석하다"고 『패관잡기』에 적혀 있다.

58세로 생을 마감할 때까지 그는 오로지 화담에 앉아 베옷을 입은 화담 선생으로 거기 계셨다. 선생은 하늘의 이치를 알고 싶으면 하늘 천(天)자를 벽에 붙여 놓고 문을 잠그고 한없이 글자를 바라보며 그 이치를 생각하였다. 14살 때 서당선생은 『서경』의 '일년은 365일여'란 대목의 원리를 설명하지 못했다. 화담은 보름 동안 골똘히 생각한 끝에 그 이치를 스스로 깨쳤다.

『대학』을 읽다가 '격물치지(格物致知: 앎을 이루는 것은 사물의 이치를 구명함에 있다)' 장에 이르자 기쁨의 눈물을 철철 흘리며 운 것은 18살 때의 일이다.

"아! 사람이 되어서 우주의 진리, 그를 깨닫지 못하고서야 어찌 사람이며, 선비가 되어서 그를 격구(格究)치 못하고야 글을 읽어 무엇하랴?"

분발하면서 며칠씩 잠을 자지 않기도 하고 조금 눈을 붙이면 꿈속에서 풀지 못한 이치를 알아냈다고 한다. 나중에는 문지방을 넘지 못할 정도로 쇠약해졌으며 나이 마흔에 벌써 이순 노인처럼 보였다.

"당년에 그를 만나 보았다면 10년 동안 읽은 글보다 나을 것을!" 하고 퇴계는 그를 만나 보지 못한 것을 한탄하였다.

"서화담은 자질이 상지(上知)에 가까워서 시골에서 일어나 스스로 공부할 줄 알았고, 소옹(소강절)의 역학에 더욱 깊어서 황극경세의 수를 산출한 것이 하나도 틀림이 없으니 기특하도다… 복희의 역학 방법을 아는 이는 아조(我朝)에 이 한 사람뿐이었다"라고 한 사람은 상촌 신흠이었다. 서화담은 공자가 주공을 사무치게 그리듯, 소강절을 몹시도 사모하였다.

강절(康節)은 그의 호, 본명은 소옹(邵雍)이다. 소강절은 이정지에게 도가의 도서선천상수(圖書先天象數)의 학을 배워 신비적인 수이학설을 세우고, 이에 의해 우주관과 자연철학을 설파하였다. 그는 『황극경세서』에서 우주의 생성 과정을 숫자로 파악해 놓았다. 이에 화담은 소옹의 도서나 상수에 관한 이론들을 해설했으며 이러한 서화담의 기수학은 토정에게로 이어졌다. 소강절과 서화담. 두 사람의 생애는 물론 죽는 모습까지도 서로 비슷했다. 도학자답게 안심입명의 태도를 취하면서 마지막 남긴 말까지도 비슷했다.

향년 66세인 소강절은 죽음에 임하여 "삶과 죽음이란 모두 보통 있는 일이다"라는 말을 남겼다. 임종을 앞둔 화담은 제자에게 이런 말을 남겼다. "삶과 죽음의 이치를 안 지 이미 오래이니 심경은 편안하기만 하다." 이들은 집안의 처지 또한 비슷했다. 그들의 선대는 비록 덕망은 높았으나 모두 벼슬 없이 가난한 살림을 살았으므로 둘은 어려서부터 집안 일을 도와야만 했다. 비바람이나 겨우 가리는 초당에서 근근이 끼니를 이어가면서도 두 사람 모두 진리 탐구에 몰두했으며, 세상의 명리나 벼슬 따위에는 둘 다 초연했다.

조정에서 높은 벼슬을 내리려 해도 받아들이지 않았다. 자신의 견문을 넓히기 위해 그들은 여행을 하였는데 소강절은 황하 유역, 한수 유역에 이르는 넓은 지역을 둘러보았고, 화담은 속리산, 지리산, 금강산 등 명산을 두루 찾아다녔다. 특히 그들의 학문은 궁리를 통해 통하지 않은 것이 없었으며, 자득해 들어가는 공부 방법까지도 서로 비슷하였던 것이다. 우주의 원리를 궁리하는 것에 두 사람은 다 같이 일생을 바쳤다.

화담은 이(理)와 기(氣)의 근원을 추구한다는 「원리기(原理氣)」, 「이기설(理氣說)」, 「태허설(太虛說)」, 「귀신생사론(鬼神生死論)」 등의 글을 내놓았다. 그는 현상 사물의 생성 변화가 이루어지는 까닭은 기(氣)의 취산때문이라고 생각하였다. 기가 모이면 일정한 사물이 이루어지고, 흩어지면 소멸하게 된다는 것이다. 이런 뜻에서 화담은 이 세상에는 "기의취산이 있을 뿐, 사물의 유무가 있는 것이 아니다"라고 밝혔다.

또한 화담은 「귀신생사론」에서 생사에 대한 자신의 견해를 다음과같이 언급한다.

"정이천은 죽음[死]과 삶[生], 사람[生]과 귀신[死]은 하나면서 둘이요, 둘이면서 하나라 했으니 이것으로써 다 말한 것이다. 나도 사(死)와 생(生), 인(人)과 귀(鬼)란 다만 기(氣)의 뭉침과 흩어짐일 뿐이라고 생각한다.

사람이 죽어 흩어짐은 형체만 흩어질 뿐이요, 담일 청허한 기운의뭉침은 끝까지 흩어지지 아니 하느니 흩어진다 해도 태허(太虛) 담일한안에 있어 그와 동일한 기이다. (생략) 눈앞에 사라져 버림을 보지만 그나머지 기운이야 마침내 흩어지지 아니하는 것이니 어찌 이것을 다 없어진다고 하겠는가?"

화담은 계속 생사를 촛불에 비유하면서 촛불이 타서 없어지는 것 같지만 그 기는 우주 안에 그대로 있는 것과 같이 사람도 죽으면 보이지않는 우주 속에 그대로 있다고 하였다.

삶과 죽음의 이치를 아신다던 화담 선생의 시 「만인(挽人, 사람의 죽음을 슬퍼함)」을 책상 앞에 붙여 두고 읽었던 때가 생각난다.

"만물은 어디로부터 왔다가 또 어디로 가는가?
음과 양이 모였다 흩어졌다 하는 이치와 빌미는 오묘하도다.
구름이 생겼다 없어졌다 함을 깨우쳤는가 못 깨우쳤는가?
만물의 이치를 보면 달이 차고 기욺과 같다.
시작을 밝히면 끝으로 돌아가는 것이니
항아리 치며 노래한 뜻 알겠고
몸이 풀리어 혼백이 떠남은 본시 목표로 돌아감과 같다.
아아. 인생이 약상(弱喪) 같다는 이 그 얼마나 되는가?
제 집으로 돌아가는 걸로 생각함이 정해진 하늘의 뜻 깨친 걸세."

특히 나는 '음양합산이기현(陰陽合散理機玄)'의 구절을 얼마나 되뇌었던가?

공자께서 『주역』을 알면 삶과 죽음의 이치를 알고 귀신의 정상까지도 안다고 하신 대목이 여기에 겹쳐 왔다. 음양합산의 이치는 참으로 오묘하다. 여기에서 원시반종(原始反終)의 뜻을 되새길 수 있었다.

『화담선생문집』에 발문을 쓴 윤효선(尹孝先)은

"… 아아! 선생의 학문은 성(誠)에 한결같고, 경(敬)을 위주로 하였으며 또한 격치(格致)를 우선으로 삼았다. (…) 가난과 굶주림 때문에 그의 마음이 움직이지 않았으며, 위세와 이익 때문에 그의 뜻이 흔들리지 않았다. 일생을 숲속에 묻혀 지내면서 고금의 일을 공부하였다. 세상에서 어렵고 뜻이 깊은 책이라 하더라도 한 번 읽고는 모두 깨우쳤으니, 그 뛰어난 식견은 거의 견줄 곳이 없었다. 특히 복희의 글인 『대역(大易)』과 『황극경세서』 등의 책에 조예가 깊어, 일을 미리 아는 오묘함은 천 년을 두고도 들어 보기 어려운 일이다. 아아! 선생께서는 자부하여 말하기를 "여러 성인들이 다 전해 주지도 않은 경지를 발견하였다"고 적고 있다.

성인들이 전해 주지 않은 경지를 무사자통(無師自通)으로 터득한 사람, 하긴 진정한 도란 언어 이전의 것이 아닐까 한다.

화담 선생이 떠나던 날은 늦더위가 한창인 7월이었다. 그는 제자들에게 화담 못가로 옮겨 달라고 하여, 그 물로 몸을 깨끗하게 씻고 돌아온 후 임종에 들었다. 그날은 마침 천계에서 견우성과 직녀성이 만나는 칠석날이었다. 7은 변화의 수. 선생은 변화의 도를 따라 천화(遷化)한 것이었다.

# 막다른 길에도 또 다시 길이 있나니

—남명 조식과 산천재(山天齋)

 

 

나무에 새잎이 돋아나는 2001년 봄이었다. 문우들과 남쪽 마을의 매화를 찾아보고 풍광이 빼어난 지리산 아래의 덕천천(德川遷)으로 향했다. 천왕봉이 바라다보이는 이 덕천 강변에 남명 조식(南冥 曺植) 선생이 산천재(山天齋)를 짓고 생애를 마감할 때까지 강학하던 곳. 그곳을 찾아가는 중이었다.

차는 20번 국도를 따라 달리다가 덕산의 덕천천으로 접어들었다. 아름다운 계곡이 주위의 산세와 어우러져 절경을 이룬다. 선생이 이름 붙였다는 입덕문(入德門)을 통과하여 산모퉁이를 굽어드니 서쪽 하늘에 우람하게 솟은 천왕봉이 눈앞에 다가선다. 지리산과 천왕봉, 덕산과 입덕문, 덕천과 산천재를 연관지어 본다. 과연 선생이 사실 만한 곳이었다.

지리산은 예로부터 삼신산(三神山)의 하나로 고통 받는 민중들에게는 피안의 장소로 여겨져 왔다. 『해동이적(海東異蹟)』에서는 많은 인물들이 지리산을 배경으로 도가적 사유를 펼치고 있는 것을 볼 수 있었다.

남명 선생이 천왕봉 아래 산천재를 짓고 살게 된 것은 그의 나이 61세 때였다. 생애의 마지막 닻을 내린 곳. 고통스러운 60년의 세월이 지난 뒤였다.

## 남명의 생애

남명은 1501년(연산군 7년) 음력 6월 26일 경남 삼가현(현 합천군 三嘉面) 토동(兎洞) 외가에서 3남 5녀 중 둘째아들로 태어났다. 본관은 창녕, 이름은 식(植), 자(字)는 건중(楗仲)이며 남명(南冥)은 그의 호이다. 부계는 몰락한 사대부(士大夫)의 집안이었고 모계 인천 이씨는 부유한 공신(功臣)의 집안이었다.

유년기를 시골에서 보내다가 아버지가 벼슬길에 오르자 서울로 옮겨 7세가 되면서 부(父)로부터 수학(受學)한 이래 아버지의 임지를 따라 의흥과 단천 또는 서울에서 수학하였다. 19세 때 산사에서 독서하다가 조광조의 부음을 들었고, 숙부 언경도 기묘사화에 연루되어 처형되자 현인들의 환로(宦路)가 기구함을 깨달았다. 22세에 남평조씨(南平曹氏)의 집에 장가들었다. 그는 좌유문(左柳文)과 노장학(老莊學)에 심취되어 고문(古文)에 능하고 일찍이 경세오물(經世傲物)하는 초월의 경지를 이루었으며, 25세에 『성리대전(性理大典)』을 읽고 오로지 유학(儒學)에만 정진하여 거경집의 반궁천실(居敬執義 反躬踐實)의 진미를 터득하였다. 26세에 부친상을 당하여 삼년상을 입고 29세 때 의령 도굴산에

::남명 조식의 초상

서 독서하고 30세에 삼가 토동에서 처향(妻鄕)인 김해 탄동에 이주하여 신어산(神魚山) 아래 산해정(山海亭)을 짓고 호연지기를 기르며 한편으로 후학들을 가르치기 시작하였다.

37세 때, 세상 도리가 날로 흐려짐을 보고 어머니를 설득하여 과업(科業)을 비로소 포기하고 학문에만 전념하였다. 38세 때 이언적의 천거로 헌릉참봉에 제수되었으나 나아가지 않았으며, 44세 때 하나뿐인 아들 차산(次山)을 잃고 45세 때 모상을 당해 삼년상을 입었다. 45세 때 을사사화를 만나 친분이 두텁던 이림, 성우, 곽순, 송린수 등이 차례로 화를 입자 더욱 사환(士宦)의 뜻을 버리고 은거하였다. 48세 때 전성주부(典牲主簿)에 봉해졌으나 역시 사임하고 김해의 산해정에서 삼가 토동으로 돌아가 계복당(鷄伏堂)·뇌룡정(雷龍亭)을 짓고 강학(講學)하는 장소로 삼았다.

51세 때 종부사주부에 제해졌으나 역시 사임하고 55세 대 단성현감에 제수되었으나 끝내 부임하지 아니하고 처음으로 소(疏)를 올려 조정에 큰 파문을 일으켰다. 61세 때 삼가 토동에서 진주 덕산의 사륜동(絲綸洞, 현 산청군 덕산면)으로 이주하여 산천재를 짓고 서거할 때까지 만년을 보냈다.

남명의 삶은 불우했던 것으로 보인다.

::뇌룡정

  첫째 그의 경제적 고통은 심각한 것이었다. 일정한 생업이나 봉록 없이 일생 동안 처사의 신분으로 살았으나 외가와 처가의 집안이 자못 부유하였으므로 처음에는 경제적 지원이 있었다. 그러나 그는 만년으로 갈수록 심한 경제적 곤궁을 당했다.

  가난뿐 아니라 가족의 질병과 죽음은 그에게 커다란 고통으로 육박해 왔다. 신계성(申季誠, 1499~1562)에게 전한 글을 보면 "집안이 망해 가는 것을 앉아서 지켜보고만 있는 처지인지라, 항상 죽는 것만 못하다고 생각한 지 오래입니다. 어머니의 병환은 끊이질 않고, 처의 병세도 더욱 심해 피눈물을 밤새 흘립니다. 훌쩍 먼 곳으로 달려가고 싶지만 그렇게 할 수도 없고, 그대를 만나고 싶은 마음 항상 간절하지만 늘 그러질 못하고 있습니다. 일마다 참으로 고통스럽습니다"라고 적고 있다.

설상가상으로 아들 차산(次山)의 병마저 날로 심하더니 결국 남명이 44세 되던 6월에 차산은 아홉 살의 나이로 요절하게 된다. 그 후 노흠(盧欽)에게 편지하여 "나는 죄가 쌓인 것이 더욱 커져서 몇 달 사이에 기년복(朞年服) 공복(功服)을 입을 사람이 네 명이나 세상을 등졌습니다. 나 자신도 이 세상에 살날이 얼마나 되겠습니까?"라며 자신의 비통한 심정을 토로하기도 했다.

그는 개인적 불우 또한 극복해야만 했다. 남명의 개인적 불우는 과거에의 실패, 신병, 비난 등을 들 수 있다. 그는 사마시의 초시와 문과의 초시에 합격(20세)하지만 사마시의 회시는 포기하고 문과의 회시에는 나아갔으나 실패(21세)한다. 그 후 향시에 합격(33세)하였으나 명경시에 다시 실패(34세)하고 만다. 사정의 이러함을 생각하며 남명은 스스로 "지난 오십 년의 세월을 벼슬길에 나가는 데 모두 허비했다"고 하기도 했다. 한편 그는 9세에 큰 병을 앓았으며, 장년에는 두통으로 괴로워하였는데 이 두통으로 만년에 현기증으로 이어져 방안에 편안히 앉아 있다가도 자신도 모르게 쓰러지기도 하고 갑자기 눈앞이 깜깜하여 땅에 주저앉기도 하고 그리하여 결국 선조의 제사에 가서 절을 할 수 없는 지경에까지 이르렀다고 한다.

그러나 남명의 불우는 오히려 그의 정신을 단련시키는 촉진제가 되었다. 그가 경험한 세 번의 사화는 오히려 그를 철저한 비판적 지식인으로 만들었으며 가족과 친구가 연루되어 참살당하는 상황을 목도하면서 남명은 그의 현실주의적 세계관을 더욱 철저하게 가다듬게 되었다. 아버지의 전근과 경제적 곤궁으로 자주 옮겨 다닌 것은 오히려 그를 중앙과 지방, 내륙과 해안 등 곳곳을 살필 수 있는 계기가 되었으며 민중의 삶을 이해하는 데 큰 도움이 되었다.

그는 『학기류편』에서 "주공(周公)의 부로도 교만하지 않았으며 안자(顔子)의 가난함으로도 그 즐거움을 변치 않았다"고 적고 있다. 공자가 안연을 평가하여 "한 그릇의 밥과 한 표주박의 물로 누추한 마을에 있는 것을 다른 사람은 그 근심을 견뎌내지 못하는데 안연은 그 즐거움(樂)을 변치 않았다"고 말한 바 있다. '누추한 마을'에 은거하면서도 불개기락(不改其樂)하였다는 것이다. 남명 역시 안연과 같은 은거의 형식으로 도를 즐기려 하였다. 이윤(李尹)과 안연은 원시유가(原始儒家) 이래 출사형 인물과 처사형 인물로 대표된다. 그는 출사하여 그 임금이 요순과 같지 못한 것을 부끄러워 한 이윤이나, 퇴처하여 누항에 있으면서도 3개월 동안 인(仁)을 어기지 않았던 안연에게서 자신의 행동원리를 본받고자 했던 것이다. 남명은 안연을 생각하며 『누항기』를 지었다.

　안씨(顔氏)의 도는 사물의 시초에까지 극진하였고 조화의 시작까지 아득히 닿아 있다. 천지 같은 크기로도 그 도를 측량할 수 없으며, 일월 같은 광명도 그의 도(道)보다는 밝을 수 없다. 또한 하늘로써 즐기고, 하늘로써 근심하였다. 그러나 외지고 누추한 마을에서 한미하게 지냈으니 쑥대와 억새가 그 집에서 자라고 방에는 거미가 있으며 사마귀가 그 속에서 자리잡고 있었다… 몸은 비록 마소 말굽 정도의 좁은 공간을 벗어나지 않았지만 이름은 우주 밖에 이르기까지 가득 차고, 덕은 우(禹)·직(稷)보다 못하지 않았지만 그의 교화는 제나라와 노나라 사이를 벗어나지 못했다. 이는 하늘이 그에게 상응하는 봉토를 주지 않았고, 지위를 주지 않았기 때문에 그런 것일까? 결코 그렇지 않다… 천자는 천하로써 그의 영토를 삼는 사람이지만 안자는 만고(萬古)로써 자신의 영토를 삼는 사람이므로 누항이 그의 봉토는 아니었던 것이며, 천자는 만승으로써 자신의 지위를 삼는 사람이지만 안자는 도덕으로써 자신의 지위를 삼는 사람이므로 곡굉이 그의 지위는 아니었던 것이다. 그러니 그의 봉토는 얼마나 넓은가! 그의 지위는 얼마나 큰가!

만고(萬古)로써 자신의 영토를 삼으니 누항은 그의 봉토가 아니었으며 도덕으로써 자신의 지위를 삼으니 그의 봉토는 얼마나 넓고 또한 얼마나 큰가? 그러나 그는 여전히 누추한 마을에서 살았다. 남명은 자신의 심정을 그를 통해 대변한 것이리라. 안연처럼 영원한 세월로써 자신의 영토를 삼고, 도덕으로써 그의 지위를 삼고자 한 것이었다.

남명은 스스로 『주역』에 의거하여 곤궁과 통달의 논리를 사색하며 『누항기』를 지었다. 곤궁과 통달이란 '궁한즉 통한다(窮則通)'는 그것인데 이는 『주역』'계사전'의 '궁즉변, 변즉통, 통즉구(窮則變, 變則通, 通則久)'에서 비롯된다. 곤궁함은 오히려 변화를 가져오고 그 변화에 의거하여 통달할 수 있다고 믿었다. 『주역』의 지혜로 그는 비로소 다양한 곤궁을 통달할 수 있었다.


## 돈이형(豚而亨)

남명은 말한다.

"사람들은 때때로 곤궁함을 걱정하지만, 나에게 있어서는 곤궁함이 바로 통달함이다… 때로는 굶주리다가 때로는 먹고 때로는 근심하다가 때로는 즐거워하였으니, 나의 곤궁함을 세상 사람들의 통달함과 바꿀 수 있겠는가? 나는 바꾸지 않으리라. 다만 다리 힘이 없어서 용감히 가서 힘껏 행하지 못할까 두려울 뿐이다."

남명의 이 같은 태도를 보고 정온(鄭蘊)은 다음과 같이 말했다.

"아아! 선생(남명)에게 당시에 도를 행하도록 했더라면 그 넓은 강령과 큰 작용이 말세의 풍속을 돌이키고 요순의 다스림과 덕화를 만들기에 어찌 부족했겠는가. 그런데 선생의 도는 은둔에서 형통한 것이었다. 그 세상 도리에는 한 가닥 실로써 나라의 운명을 보호한 공이 있었고, 그 자신을 지키는 데는 안자가 누추한 마을에서도 변치 않는 즐거움(不改其樂)이 있었다."

위의 글에서 우리는 두 가지 사실을 알 수 있다.

하나는 남명의 도는 '은거를 통해 형통(遯而亨)할 수 있었다는 것이고, 다른 하나는 안연의 도를 추구하였다는 점이다.

정온의 남명의 낙도(樂道) 방법을 '돈이형'이라고 말했다.

이것은 『주역』 천산돈(天山遯)괘에 의거한 것으로 소인이 득세할 때, 군자는 자신의 도를 감추고 세상을 피해 은둔하여 하늘이 부여한 명(命)을 굳건히 지킬 뿐이다. 천산돈은 하늘(☰) 아래 산(☶)이 있는 상으로 아래의 두 음이 점차 자라나 득세함에 따라, 위의 네 양(陽)이 피하여 사라지는 때이다. 군자가 피하여 물러나는 것은 때가 그러한 것이지, 군자의 도를 굽히는 것은 아니니 도(道)는 형통한 것이다.

"돈이형(遯而亨)하니 바르게 하면 조금 이로우니라(小利貞)."

돈괘에 붙인 문왕의 말씀이다.

그의 불우는 오히려 그의 정신을 단련시키는 기폭제가 되었고 여러 번 과거에 낙방하여 불우를 체험하게 되나 자기반성을 통해 가야할 길을 제대로 찾게 되었고, 그 길을 가다가 본지풍광을 볼 수 있었다고 한다. 여러 차례 왕의 부름을 받았지만 끝까지 은둔하여 학문 연구와 오로지 후진 교육에만 전념하였다.

## 산천대축과 산천재

천산돈(☶)괘를 착종하면 산천대축(☶)괘가 된다. 착종이란 천산(天山)과 산천(山天), 상하 두 괘의 자리바꿈을 말한다. 산천대축이란 물러나 은둔하는 가운데 수양과 학문을 크게 쌓을 수 있다는 괘이다. 괘체(卦体)로 볼 때 천산돈(☶)은 아래의 두 음(陰)을 피하는 것이요, 산천대축은 상 9가 강건한 도로써 위의 두 음을 크게 길러 나가는 것이다.

천산(天山)은 하늘 아래 산이요, 산천(山天)은 하늘 위의 산이다. 하늘 위에 우뚝 솟은 천왕봉을 보고 당호를 '산천재(山天齋)'라고 지었을까? 하긴 학문을 닦고 제자를 기르는 강학(講學) 장소에 이보다 더 적합한 괘는 없을 것 같다.

단(彖)에서 일컫는 대축괘를 보자.

"대축은 강건하고 독실하고 빛나서 날로 그 덕을 새롭게 함이니, 강이 올라가서 어진 이를 숭상하고, 능히 그 굳건함을 그치게 하니 크게 바름이라. '불가식길(不家食吉)'은 어진 이를 기름이요, '이섭대천(利涉大川)'은 하늘에 응(應)함이라 즉 하괘의 건(乾)으로 강건하고, 상괘의 간(艮)으로 독실하게 자신의 덕을 닦으니, 쌓는 덕이 커서 광채가 나는 것이다. 이렇게 하는 것이 나날이 그 덕을 새롭게 닦음이니(大畜 剛健 篤實 光輝 日新其德) 강이 올라가서 상 9가 되어 아래의 건삼련(☰) 어진 이를 숭상하고 그 건삼련의 굳세게 올라옴을 간상련(☶)의 그치는 덕으로

:: 산천재

아래의 현인을 숭상하여 머물게 하니, 그 도를 크게 바르게 할 것이다
(剛上而尙賢能止健大正也)."『주역』의 말씀이다.

또한 상(象)에 이르기를 "하늘이 산 가운데 있음이 대축이니, 군자가
이로써 옛 성현의 말씀과 행실을 본받아 그 마음을 읽음으로써(多識前
言往行 以畜其德) 덕을 쌓는다"고 하였다.

대축(大畜)에 있어 바람직한 인간은 강건독실(剛健篤實)한 사람이다.
강건 독실하면 빛나고 날로 그 덕이 새로워지는데 덕(德)을 기르는 방
법은 선인들의 언행(言行)을 본받아서 자신의 덕을 확충할 것을 말하
며, 덕은 외부로부터 와서 쌓이는 것이 아니고 내부로부터 싹트는데
언(言)을 듣고 행동을 보며 깊이 묻고 신중히 생각하고 바른 판단으로
독실히 행함으로써 덕이 길러진다는 가르침이다.

마침 하락이수(河洛二數)로 뽑아 본 내 본괘도 산천대축괘여서 선생께 어떤 친근감과 동류의식을 갖게 된 것인지도 모른다. 대축이라, 산천에 크게 쌓는 것은 재물이 아니고 학식인 것이며, 집에 때 거리가 없어도 출사하지 않고 오로지 독학으로 매진하여 무사자통(無師自通)한 서화담 선생의 경우를 떠올리게 한다.

남명 선생은 어진 이를 숭상하여 공자와 주렴계, 정이천과 주자의 모습을 손수 그려 경모의 뜻을 표하고 그것을 병풍으로 만들어 놓고 자신을 독려하였다고 한다.

16세기가 동트는 1501년 남명은 퇴계와 같은 해에 태어났다. 남명은 경상우도에서, 퇴계는 경상좌도에서 일어나 양대 산맥의 쌍벽을 이루었다. 두 사람은 직접 만날 기회는 없었으나 서신으로 안부를 물어 우의를 돈독히 하였지만 학문적으로는 약간의 마찰을 빚기도 하였다. 경상우도 사림파로는 김종직, 정여창, 김굉필, 조광조 등을 꼽는데 남명은 길재와 정여창, 김굉필을 특별히 흠모했다고 한다. 그는 김종직, 김굉필, 조광조로 이어지는 조선 성리학의 실천적 기반 위에서 성장하여, 조광조 단계에서 사회현실과의 관련 속에서 적극적 의미를 띤 '경(敬)'의 이념을 체득하고 이것의 실천적 의미를 더욱 부여하기 위해 '의(義)'의 문제를 동시적으로 해석하였다. 남명이 '경의(敬義)'를 강조한 것은 당시 학문의 주류가 궁리(窮理)의 측면을 중시하여 사단칠정(四端七情)으로 대표되는 이기론(理氣論)으로 형성된 데에 대한 비판의식에서였다.

남명은 '학문을 알기만 하면 족한 것이 아니라 반궁체험(反窮體驗) 과 지경실행(持敬實行)이 더욱 중요한 것'이라고 주창하면서 특히 경의 (敬義)를 높였다. 마음이 밝은 것을 '경(敬)'이라 하고 외적으로 과단성 이 있는 것을 '의(義)'라고 하였다. 경의(敬義)의 이론적 근거는 『주역』 곤(坤)괘 「문언전」에 나와 있다. '경이직내 의이방외 경의립이 덕불고 (敬以直內 義以方外 敬義立以 德不孤)'에 바탕을 둔 것으로서 직(直)이라 함 은 바른 것, 방(方)이라 함은 의(義)에 맞는 것이다. 군자는 경(敬)함으 로 그 마음을 바르게 하고 의(義)에 의해서 행동을 방정(方正)하게 한 다. 경과 의가 확립되면 덕은 외롭지 않고 반드시 이웃이 있다고 한 것 처럼 덕(德)은 크게 퍼져 나간다는 것이다.

정이천과 주자도 '경(敬)'을 수양의 주된 개념으로 삼았다. 남명은 임 종시 제자들의 마지막 가르침에도 이것을 언급했다.

"경·의(敬·義) 두 글자는 지극히 긴요하고 절실하니, 배우는 사람들 의 공부가 익고 익으면 가슴 속에 일물(一物)의 가리움이 없게 되는 것 인데 내가 이 경지에 이르지 못하고 죽는다"고 하며 죽음에 이르러서 도 경의(敬義)를 강조했던 것이다. 한마디로 그의 학문은 경의지학(敬義 之學)이라고 할 수 있다.

남명은 경(敬)과 의(義)를 한 몸에 집약(集約)하여 그것으로 평생의 학문과 수양, 그리고 처세와 교육의 기본 철학으로 삼았다.

우리나라 성리학이 대체적으로 '성·경(誠·敬)'에 그치고 있는 데 반 해 남명은 성경(誠敬)에 더 나아가 의(義)를 강조하였다. 그는 산천재 방벽에 '敬·義' 두 글자를 크게 써 붙여 가로되 "경과 의를 아울러 가지면 아무리 써도 다하지 않는다. 내 집에 이 두 글자 있음이 마치 하늘에 해와 달이 있는 것과 같다. 만고에 걸쳐 바뀌지 않을 것이며 성현의 천 가지 만 가지 말씀도 그 귀착(歸着)하는 요점은 여기에서 벗어나지 않는다"고 하였다.

그는 옷섶에 쇠방울을 차고 성성자(惺惺子)라 일컬었는데 이것은 정신을 가다듬는 환성(喚性) 공부였다. 쇠방울을 차고 성성자(惺惺子)라 일컫는 것은 '경의상성성(敬義常惺惺)'이라 하여 경(敬)을 마음에 보존하려는 뜻에서였다.

김우옹이 남명을 찾아뵈었을 때, 남명은 차고 있던 쇠방울에 '뇌천(雷天)'이라는 글자를 새겨 그에게 주면서 "이것을 허리띠에 차고 있으면 모든 동작에 깨우침이 있을 것이다. 책망이 심할 것이니 두려워하라. 네가 경계하고 삼가면 이 놈에게 죄를 짓는 일이 없을 것이다"라고 하였다. 뇌천은 주역의 뇌천대장(雷天大壯)괘를 말하는데 이 괘의 상사(象辭)는 '군자는 이 괘상을 보고 예(禮)가 아니면 행하지 않는다'는 것이다.

남명은 성성자뿐만 아니라 항상 보도(寶刀)를 차고 다녔는데 이 검에는 '내명자경 외단자의(內明者敬 外斷者義)'라는 명(銘)을 새겼다. 남명은 그의 수문(首門) 격인 김우옹에게는 성성자를 주고, 정인홍에겐 검을 주었다. 그것은 경의(敬義)를 신념화한 그의 행동이기도 하였다.

그는 또한 『심경(心經)』을 차용하여 경의에 대해 다음과 같이 언급한다.

정이천 선생에 의하면 경(敬)이 수립되어야 심내(心內)가 직(直)하고 의(義)가 외화(外化)되어야 외모가 방정(方正)하고, 의(義)가 외형에 나타나지만 의(義) 자체가 본래 외(外)에 있는 것이 아니다. 또한 주일(主一)의 기능이 경(敬)이며 안으로 직(直)한 것은 주일(主一)의 의(義)이며, 이는 감히 자기를 기만하지 못하게 하며, 또한 옥루(屋漏)에 부끄러움이 없도록 하는 기능이라 할 수 있다. 이것이 주일(主一)이라는 경(敬)의 기능이다. 이 경(敬)을 가지고 함양을 오래하면 자연 천리(天理)가 밝게 드러나게 되며 동시에 심(心)이 경(敬)하면 심중(心中)이 자연 곧게 된다고 하였다. 한편『신명사도(神明舍圖)』에서 그는 마음이 발동할 때 선악의 기미를 살피는 임무를 '뇌천대장(雷川大壯)'에 부여하고 제자 김우옹이 찾아와 가르침을 청할 때도 '뇌천대장'괘를 그려 주며 '깊이 침잠해야만 강극(剛克)으로 일을 할 수 있으니, 천지의 강기(剛氣)라야 무슨 일이든 꿰뚫을 수 있다'고 하였다.『학기류편(學記類編)』의 22도도(道圖)에서도 뇌천대장괘와 천뢰무망괘를 강조한 바 있다.

천뢰무망이란 하늘 아래 우레가 울리는 상으로 뇌성벽력이 일어날 때, 누구나 하늘을 두려워하는 마음으로 스스로를 반성하듯이 천명에 따라 정도(正道)로써 바르게 행해 나가니 '무망(无妄)'인 것이다.

뇌천대장은 하늘 위에 우레가 울리는 상으로 안으로는 강건하고 밖으로는 크게 움직여 씩씩하니 '대장(大壯)'이다.

단(彖)에 가로되 '대장이정(大壯利貞)은 대자정야(大者正也)니 정대이 천지지정(正大而 天地之情)을 가견의(可見矣)니라'고 하였다. '대장이정은 큰 것이 바름이니, 바르고 크게 해서 천지의 참 뜻을 볼 수 있으리라'는 것이다. 천지의 참뜻(天地之情)을 그는 대자정야(大者正也)에서 보고자 한 것이다. 큰 것, 그리고 바른 것에서. 무망 괘 역시 강건중정(剛健中正)을 나타내는 괘이며, 대장괘는 강건장대(剛健壯大)함을 특징으로 한다. 당호인 '산천재'의 산천대축괘는 강건독실(剛健篤實)함을 특징으로 하는 괘이다. 남명의 '의(義)'란 이러한 강건한 기상을 바탕으로 형성된 것이다. 남명은 임금(선조)께 올린 '무진봉사(戊辰封事)'의 소에서도 경(敬)을 강조하고 있다. "경(敬)이라 말하는 것은 정제(整齊) 엄숙하여 항상 마음을 깨우쳐서 어둡지 않게 하는 것입니다. 경(敬)이 한 마음의 주인이 되어 만사에 응하면서 안은 밝게, 밖은 방정하게 하는 것입니다. 공자께서 몸을 닦는 데 경(敬)으로 한다는 것이 이것입니다. 그러므로 경을 주장하지 않으면 이 마음을 둘 수 없고 마음이 있지 않으면 천하 이치를 궁구할 수 없으며 이치를 궁구하지 못하면 모든 일의 복잡함을 처리하지 못합니다"라고 하여 경(敬)은 일신(一身)의 주체(主體)요, 의는 만행(萬行)의 준칙(準則)임을 주장했다.

정인홍은 「남명행장(行狀)」에서 선생은 "경의(敬義) 두 글자를 극절요(極切要)하였다"고 기술하고 있으며 송린수는 "남명이 성인의 학을 하고자 하여 과거를 버리고 용력경의(用力敬義)하였다"고 말했다. 한마디로 남명의 학문은 '경의'로 요약할 수 있다.

남명은 사림파 학자들에게서 흔히 볼 수 있는 유가서적 일색의 편협한 서적 수용태도에서 벗어나 소위 이단잡류지설(異端雜流之說)이라 할 수 있는 노장이나 패설 등도 관심대상에서 제외시키지 않았다. 유가 서적류에서는『대학』,『주역』,『심경』을 가장 열심히 읽었다. 이것은 각각 하학을 닦고, 시의를 파악하며, 마음을 밝히는 데 도움이 된다고 믿었기 때문이다. 도가 서적류로는『장자』를 단연 으뜸으로 수용하였다. 이로써 자신의 내적 초월의지를 다질 수 있었기 때문이다.『학기류편(學記類編)』에서 장자의 말을 인용하며 "바람이 두텁게 쌓이지 않으면 큰 날개를 싣지 못하듯이 천하의 일을 두루 알고 있어야 발을 자리에서 견고히 붙여 일어날 수 있다"고 하며 관심의 폭을 넓혀 나갔던 것이다.

김우옹은 「행장(行狀)」에서 선생은 사뭇『참동계(參同契)』를 즐겨 보았는데 좋은 부분은 학문을 하는 데 도움이 된다고 여겼기 때문이었으며 "음양, 지리, 의약, 도류, 항진의 법과 관방, 진수의 자리에도 뜻을 두어 연구하지 않음이 없었다"고 전한다.


## 남명의 노장(老莊) 사상


남명이 노장사상에 심취했다는 것은 그 스스로의 표현에서도 찾을 수 있다. 그의 호 '남명(南冥)'은 『장자』「소요유」편에 기인된다.

"… 북쪽 바다(北冥)에 물고기가 있어 그 이름을 곤(鯤)이라 하는데, 그 크기가 몇 천리나 되는지 알지 못한다. 그것이 변화해서 새가 되니 그 이름을 붕(鵬)이라 하며, 이 붕의 등 넓이도 몇 천리나 되는지 알지 못한다. 이 새가 한 번 기운을 내서 날면 그 날개는 마치 하늘에 드리운 구름과 같다. 이 새는 바다 기운이 움직일 때 남쪽 바다(南冥)로 옮겨가려고 하는데 남쪽 바다란 천지(天池)를 말한다."

남명은 자신의 호를 위의 글에서 인용하였다. 장자는 동물의 세계를 이끌어 인간의 세계를 풍자하자는 의도에서 이 글을 썼다. 상식적인 가치와 규범의 세계에서 안주하며 스스로를 즐기는 인간세계를 초월하여 절대적인 자유의 세계에서 소요하자는 것이었다. 이 같은 장자의 생각을 남명은 적극적으로 받아들여 자신의 호로 삼아 남쪽 바다, 즉 '남명'을 지향했던 것이다. 이 때문에 남명은 그의 작품 곳곳에서 남쪽을 선망하는 태도를 보인다. "산 자고새인 나는 남쪽에 산다"(「贈鄭判書惟吉」), "남쪽 시냇가에서 마름을 캔다"(「贈吳學錄」), "지리산은 남쪽 바다와 멀다"(「送寅叔」), "지리산으로 돌아와 다시 남쪽으로 갈 일을 도모한다"(「江樓」)라고 한 것이 그것이다.

그의 고향인 삼가(三嘉)에서 강학의 장소로 삼은 '뇌룡정(雷龍亭)'과 '계복당(鷄伏堂)'의 명칭도 노장에서 비롯한다.

뇌룡정(雷龍亭)은 『노자』의 '시거용현 연묵뇌성(尸居龍見 淵默雷聲)'(송 장처럼 거(居)하다가 용처럼 나타나고, 연못처럼 침묵하다가 우레처럼 소리난다)에서 비롯된 용어이고 계복당(鷄伏堂)은 노자가 이상적인 사회로서 '계 복지성상문 민지노사 불상왕래(鷄伏之聲相聞 民至老死 不相往來)'를 실정한 것에서 비롯된 것이다.

즉 마음(太一眞君)이 마음의 집(神明舍)에서 안으로 밝게 하는 '경'을 두어 일을 주장하게 하고, 밖으로 단행하는 '의'를 두어 살피게 하여, 인욕을 완전히 버리고 천리로 돌아가 깨달음의 세계에 노닌다는 것이다. 그 깨달음이란 다름 아닌 역설적 세계를 말하는 것으로 마지막 구의 '시이연(尸而淵)'으로 제시되고 있다.

'시이연'은 『장자』 「재유」의 '시거이용현, 연묵이뇌성(尸居而龍見, 淵墨而雷聲)'을 줄인 표현이다. 시동처럼 가만히 있으면서도 용처럼 나타나고, 연못처럼 고요하면서도 우레의 소리를 낸다는 것으로 해석된다. 남명은 이 구절을 정자(程子)가 중시한 것이라며 『학기류편』에 인용해 두기도 하고, 「신언명」에서는 '시룡연뇌(尸龍淵雷)'라는 축약적 표현을 쓰기도 하였다. 그리고 "우레(雷) 같은 소리를 내려면 몸을 깊이 감추고 있어야 하며, 용(龍) 같은 모습을 드러내려면 바다처럼 침잠해야 한다"면서 장자의 말을 변용한 명을 짓기도 하였다. 이를 다시 '뇌룡'으로 축약하여 자신의 당호로 삼기도 했다. 이로써 우리는 남명이 무엇보다 이 말을 중시한 것에 대해 알 수 있는데 그것은 바로 자신의 역설적 세계관과 합치되기 때문이었다. 남명은 「신명사명」에서는 '시이연'이라 했고, 당호에서는 '뇌룡'이라 했다. 전자는 시동이나 연못처럼 고요하다는 것이며, 후자는 우레나 용처럼 드러난다는 것이다. 즉 '시'가 고요함은 '용'의 드러남이고, '연'의 침묵은 '뇌'의 소리라는 것이니 이 둘은 드러남과 숨음이 동시에 작용하는 역설의 구도를 성립시킨다. 그의 출사관을 암시하며 그것은 또한 남명(南冥)이라는 호를 통해 구체화되기도 하였다.

퇴계는 남명의 인물됨을 평하기를 "남명은 비록 이학(理學)으로 자부하고 있지만, 그는 다만 하나의 기이한 선비로 그의 이론이나 식견은 항상 신기한 것을 숭상해서 세상을 놀라게 하는 주장에 힘쓰니 어찌 참으로 도리를 아는 사람이라 하겠는가"라고 하였다. 남명의 학문이 노장을 숭상했다는 이황의 말은 그의 문인(門人) 정인홍에 의해 비판되면서 퇴계와 남명, 양 문인(門人) 간의 관계에도 큰 영향을 미쳤다.

남명과 퇴계의 사상은 성리학(性理學)의 기반 위에서 이루어져, 리(理)를 본체로서의 태극(太極)으로 파악하는 가운데 경(敬)을 기본으로 하는 명선(明善), 성신(誠身)을 학문과 수양의 요체(要諦)로 제시한다.

그러나 남명은 주자학(朱子學)만을 고집하는 편협성에서 벗어나서 노장사상에 대한 관심을 보이는 등 이단(異端)에 대해서 보다 유연한 태도를 취하는 한편, 당시 주자 성리학의 정착 과정으로 진행되어 가던 이기심성(理氣心性) 등의 이론 논쟁에 대해서는 비판적인 입장을 보였다. 이는 결국 상달천리(上達天理)의 근거로서의 하학인사(下學人事)를 요구하는 가운데 실천을 강조하게 되고, 내면적 경(敬)과 함께 외향적 의(義)를 드러내는 경의래지(敬義來持)의 결과로 나타나게 된다.

한편 퇴계는 남명과 비슷한 학문 과정을 거치며 동일한 위학체계(爲學體系)를 기본으로 하고 있지만 여기서 더 나아가 『주자대전』을 비롯한 주자서에 대한 천착을 계기로 그의 성리학에 대한 이해는 심화되어

이기사칠(理氣四七) 등의 이론 논쟁을 통해 주자 성리학(朱子 性理學)의 정착을 주도했다.

남명은 오건(吳健)에게 "나는 평생 다른 재주를 배우지 않고, 혼자 책만 읽었을 따름입니다. 성리에 대하여 말한다면 어찌 다른 사람보다 못하겠습니까만 오히려 그 점에 대해서는 즐겨 말하지 않을 뿐입니다"라고 했다. 이것은 그 스스로가 당시 많은 사람들이 탐구하였던 이기론에 입각한 형이상학적 존재론적 세계관을 이미 구축하고 있었다는 자부이기도 하다. 『학기류편』 등에서 그가 성리에 관한 인식을 독자적으로 체계화하고 있다는 데서 이 같음이 확인된다. 특히 이 가운데 『이기도(理氣圖)』는 주자의 말을 인용하며 자신의 이기(理氣)에 대한 입장을 분명히 해두었다. "이(理)는 따로 하나의 사물이 되지 아니하며, 기(氣) 속에 이(理)가 있을 뿐이다"라 하여 이(理)의 '무정의(無情意)', '무계탁(無計度)', '무조작(無造作)'을 강조하였다. 이는 이(理)와 기(氣) 중 기가 우선하며 기가 없이 이가 붙어 있을 곳이 없다는 주기론적(主氣論的) 입장을 보인 것이라 하겠다.

그러나 남명은 이 같은 소모적이고 사변적인 학문풍조에 반기를 들고, 수양론에 대한 문제를 심각하게 제기하였다. '경의(敬義)'가 바로 그것이다. '경'은 송대의 학자들이나 다른 성리학자들 역시 중시한 것이긴 하나 남명은 이와 함께 행동 실천적인 효과를 담당하는 '의'를 강조한 것이 그 특징으로 받아들여진다.

남명은 천문(天文), 지지(地志), 의방(醫方), 수학(數學), 궁마(弓馬), 행진(行陣), 관방(關防), 진술(鎭戍)에 이르기까지 뜻을 두어 깊이 알지 않는 것이 없었다. 그리하여 제자들을 기르는 데 병법(兵法)을 가르쳤고 왜적의 침입을 예견하며 그 대책을 강구토록 하였다. 남명 사후 20년 임진왜란이 일어나자 영남에서 일어난 의병장은 거의 남명의 제자들이었다. 남명의 손서인 곽재우(의령), 정인홍(합천), 김면(고령) 등은 대표적인 의병장이자 그의 문인이며 이들 외에도 이로, 조종도, 하락, 정경운, 전치원, 이대기 등은 국가의 위기 앞에 투철한 선비 정신을 보여준 애국자들이다.

특히 경상우도는 왜적의 주요 침입로로서 적의 연락망과 보급로를 차단하고 회복의 근거지로 삼을 수 있는 전략적 요충지였다. 남명 문인의 의병활동은 곡창지대인 호남 지방을 보호하고 일본군의 보급로를 차단함으로써 이순신의 해전에서의 활약과 함께 임진왜란을 승리로 이끄는 원동력이 되기도 하였다.

남명은 퇴처(退處)로 그의 생애를 일관하였는데 이것은 그가 살고 있는 당대의 현실을 '불의'하다고 파악했기 때문이다. 그는 현실에 대해 적극적인 의지를 지니고 있으면서도 그 스스로가 출사(出仕)를 거부하였다. 기묘사화, 을사사화 등의 정치적 충격과 함께 문정왕후의 죽음, 선조의 즉위 등 정치상황이 바뀌어도 척신정치의 잔존이라든가 민생(民生)의 고통 등 현실의 모순이 제거되지 않았다고 생각했기 때문이다. 그는 모순된 현실에서 출사하여 허명(虛名)으로 어용화되기보다는 자유스럽고 비판적인 위치에서 현실의 모순을 적극 개진하는 처사(處士)의 입장을 택했다. 그는 처사상(處士像)을 견지하면서도 현실의 폐단을 지적하는 상소를 끊임없이 올렸다. 그것은 불능만세(不能忘世)하였던 그의 심정을 대변해 준다.

70세에 이르러 임금의 소명을 두 번씩이나 받았으나 사퇴하고 끝까지 벼슬길에 나아가지 않았다. 일생 동안 처사(處士)로만 지냈으되 "정치의 잘잘못은 비판하고 매양 국사(國事)를 걱정하며 대의(大義) 바르고 곧은 말을 바람처럼 쏟으니 위풍(威風)은 종사(宗社)에 진동했고 충성(忠誠)은 조정(朝廷)을 격려했다"고 『문집』에 기록되어 있다. 그는 말한다.

"내가 평생에 단 하나, 장점이 있는 것은 죽어도 구차하게 남을 따르지 않은 것이다. 사군자(四君子)의 큰 절개는 오로지 출처(出處) 한 가지 일에 있을 뿐이다." 그는 임종에 이르러서도 제자들에게 사후의 칭호를 '처사(處士)'로 부를 것을 당부하였다. 16세기에 들어서자 발생한 사화(士禍)의 여파는 많은 학자들을 지방에 은둔하게 하였다. 이들은 은사(隱士), 징사(徵士), 처사(處士) 등으로 지칭되었다. 이 중 '처사형(處士型)'은 인간적 양심을 지켜 정치권력에 타협하지 않고 향리에 묻혀 지내는 산림(山林) 학자의 부류로서 의리를 존중하고 행실을 돈독히 하여 규범적이며 성리학의 세계에 침잠하는 경향을 보였다. 그리하여 처사라는 칭호는 자부심을 표현하는 호칭이기도 하였다.

처사 남명 선생의 집에 들어섰다. 넓지 않은 마당 한가운데 '산천재'의 편액이 걸린 고졸한 건물이 눈에 들어왔다. 450여 년 전, 선생이 이곳에서 11년 동안 숨쉬고 학문을 닦으며 강학하였던 곳. 그분의 모습을 그려본다. 敬·義 두 글자가 붙어 있는 벽 앞에 정좌하신 선생의 모습은 신채(神彩)가 고결하고 용모가 준수하였으며 기우(氣宇)가 고상하고 엄격 정대하였다고 한다. 장중한 마음을 항상 심중에 지니고 태만한 기색을 외모에 나타내지 아니하였으며 극기에는 한칼로 양단하듯 하였고, 그 처사에는 물이 만길 높이에서 떨어지듯 하여 절대로 어긋나거나 구차한 뜻이 없었다. 평소 집안사람들도 감히 시끄러운 말과 지나친 웃음을 짓지 아니하여 안팎이 엄숙하였다고 한다.

::덕천서원 앞의 세심정

　당시의 정황을 상상하며 주변을 돌아다본다. 발소리를 낮추며 들고 나던 제자들의 공손한 모습들도 보이는 듯하다. 제자들의 젊은 패기가 충천했던 곳, 그 중에는 정인홍, 곽재우, 최영경, 김우옹, 정구 등의 모습도 보인다. 그들의 대부분도 선생의 학풍을 이어받아 출사하지 않았다. 산천재 건물 기둥에는 네 개의 주련이 걸려 있었다. 종이를 꺼내 주련의 글귀를 옮겨 적었다.

| | |
|---|---|
| 봄 산 어디엔들 향기로운 풀이 없으리오 | 春山低處 無芳草 |
| 다만 천왕봉이 상제와 가까움을 사랑해서라네. | 只愛天王 近帝居 |
| 빈손으로 왔으니 무얼 먹고 살거나 | 白手歸來 何物食 |
| 은하가 10리이니 먹고도 남으리. | 銀河十里 喫有餘 |

:: 덕천서원

선생이 이곳에 들어와, 감회를 시로 읊은 것이다. 현실은 맨주먹 빈
손이지만 옥황상제와 가까운 천왕봉과 은하 10리, 그의 정신은 천상세
계를 꿈꾼다.

산천대축과 천산돈괘의 '산과 하늘', 천뢰무망과 뇌천대장괘의 '하늘
과 우레'. 이것으로 선생의 심중을 헤아릴 수 있었다. '산, 하늘, 우레.'
이것은 선생을 이해하는 키워드라고 하겠다.

나는 이런 생각들을 하며 지리산 천왕봉을 바라보았다. 그곳엔 산과
하늘이 있었다. 잠시 뜰을 서성였다. 천왕봉의 북쪽 기슭에서 발원한
물이 대원사 계곡을 거쳐 여기에 이르고, 또한 동쪽에서 흘러 들어온
물이 중산리 계곡을 거쳐 이곳에서 만난 양단수가 마을 앞을 흐른다.

두류산(頭流山) 양단수(兩端手)를 예듣고 이제 보니
도화(桃花)뜬 맑은 물에 산영(山影)조차 잠겨서라.
아희야 무릉(武陵)이 어디뇨. 나는 옌가 하노라.


　가난한 선비의 시취를 더듬자니 왠지 선생이 가깝게 느껴진다. 대문 밖으로 나와서 중산리 쪽으로 다리를 건넜다. 바로 덕천서원(德川書院)이 나타나고 그 앞에 세심정(洗心亭)이 있었다. 동행하신 국어학자 이응백 선생님은 『주역전의』(성백효 역주) 두 권을 내게 선물하신 적이 있었는데 이번에도 굳이 정자에 앉으라고 권하시더니 사진을 한 장 찍어 주셨다. 얼마 뒤 크게 뺀 '세심정' 사진과 '수심정좌 난향복욱(水心静坐 蘭香馥郁)'의 달필 휘호가 집으로 우송되었다. 선생님의 호 '난대(蘭臺)'는 한나라 때 『주역』을 보관하던 곳이고, 내 이름에도 난(蘭)자가 들어 있어 그리 쓰신 것 같았다. 나는 마음을 씻는다는 정자에 앉아 세심경(洗心経)인 '주역'을 또 생각했다. 남명 선생도 이곳에 앉아 흐르는 물을 바라보며 세심(洗心)을 하셨을까? 450여 년 뒤의 후인(後人)이 세심정(洗心亭)에 앉아 전인(前人)을 그려 본다.
　선생은 선조 때 대사간에 추증되고, 1615년(광해군 7년) 영의정이 더하여졌다. 진주의 덕천서원, 김해의 신산서원(新山書院), 삼가의 용암서원(龍巖書院) 등에 제향되었다. 저서로는 『남명집』, 『남명학기류편(南冥學記類編)』, 『파한잡기(破閑雜記)』 등이 있으며, 작품으로는 「남명가」, 「권선지로가(勸善指路歌)」가 있다. 시호는 문정(文貞)이라는 기록을 읽었다. 그러나 나는 선생의 진면목을 다음의 시구에서 만난다.


　이전의 육십 년은 일찍이 하늘이 빌려준 게고,　　　從前六十天曾假

| | |
|---|---|
| 앞으로 구름 낀 산에서 사는 건 땅이 빌려준 거라네. | 此後雲山地借之 |
| 막다른 길에도 또다시 길 있나니, | 猶是窮塗還有路 |
| 그윽한 오솔길을 찾아 고사리 캐어 돌아온다네. | 却尋幽逕採薇歸 |

 하늘이 그에게 빌려준 60년은 곤궁의 세월이었다. 앞으로 예순한 살부터는 구름 낀 천왕봉 바라보며 땅이 빌려준 산에서 살 것이라 하네. 선생은 막다른 길에도 또다시 길 있다 하시니, 이것은 곤궁 뒤의 스스로 통달한 길일러라. 그윽한 산 중에 들어 고사리 캐어 돌아오는 은자의 삶, 거기에 불쑥 도연명의 시구가 겹쳐 왔다.
 "… 가을 산 기운 저녁나절에 더욱 좋고, 날새들 짝지어 집으로 돌아오네. 이 가운데 참뜻이 있으려니, 이를 말하고자 해도 이미 말을 잊었노라"던 도연명의 '욕변이망언(欲辯而忘言)'의 경지와 다르지 않으리. 마음이 세속을 벗어나니 "… 무릉도원이 옌가 하노라"던 신선 한 분의 모습이 저 지리산 천왕봉 자락에 그려지는 것이었다.

# 언행은 군자의 추기樞機다

— 허미수와 척주동해비

녹음 속에서 폭포처럼 쏟아내는 매미의 울음소리는 여름을 실감나게 한다. 포도의 불볕 속을 걷노라면 자연히 그늘을 골라 딛게 되고 마음은 어느새 하얀 포말로 부서지는 푸른 바닷가에 가 있게 마련이다.

그럴 즈음 국제펜클럽에서 '아름다운 어촌 찾아가기' 행사에 초대장을 보내왔다. 장소는 강원도 삼척시 장호항이었다. 내 귀는 어느새 동해 바다의 물결 소리를 그리워하는 고동이 되어 있었다.

당일 아침, 불안한 폭우 속에서 버스는 양재역을 출발하였다. 빗길을 마다않고 동승한 내 의중에는 한 가지 계획이 더 있었다. 삼척에서 '척주동해비'를 찾아보는 일이었다. 일명 '퇴조비(退潮碑)'라고도 하는데 이에 관해 알게 된 것은 역문관(易門關)에서 공부하던 1980년 무렵이었다.

퇴조비의 주인공 미수 허목(眉叟 許穆, 1599~1682) 선생은 앞일을 내다

::미수 허목

보는 식견을 갖고 있었다. 이인(異人)이라는 그의 별호에 관심이 더 끌렸지만 그 후『미수기언』을 통해 알게 된 그분의 학문과 인간됨에 머리가 더욱 깊이 숙여졌다.

과거라는 등용문을 거치지 않고 '글 잘하고 박식하며 이상이 높다'는 추천으로 정릉참봉을 받은 것은 쉰여섯 살 때였고 남인의 주요 인물이 된 그는 효종이 죽었을 때 조대비(인조의 계비)의 상복 복제를 3년으로 하느냐, 1년으로 하느냐 하는 예송(禮訟) 문제에서 3년설을 주장한 바 있었다. 새로 등극한 현종은 효종(봉림대군)의 정통성을 주장하는 남인의 의견을 따르고 싶었지만 예송은 서인들의 승리로 돌아가 남인인 윤선도 등은 함경도 삼수로 귀양 갔고 미수 허목 선생은 삼척부사로 좌천되어 이곳에 왔던 것이다. 선생께서 삼척부사로 재임할 당시, 심한 폭풍이 일어 바닷물이 고을까지 들어오는 큰 해일이 있었다. 전서체의 일인자인 선생은 오석에 독창적인 고전자체(古篆字體)로 동해를 기리는 시를 지어 비를 세웠다. 과연 해일이 가라앉고 바닷물이 비석을 넘지 않았다고 한다. 주최측에 양해를 구하고 나는 삼척에서 혼자 내렸다. 어디부터 갈까? '동해비'와 '죽서루'를 놓고 기사와 의논하였더니 차가 먼저 도착한 곳은 죽서루(竹西樓)였다. 푸른 절벽 위에 위치한 죽서루는 관동 8경 중의 으뜸으로 송강 정철이 『관동별곡』에서도 노래한 바와 같이 절경이었다. 그 때문인지 '죽서루' 오른편에 '송강 정철 가사의 터'라는 8각정 대표석이 자리잡고 있었다. 우산을 접고 천천히 누각으로 올라갔다.

"큰 하천이 동쪽으로 흐르면서 굽이쳐 50개의 여울을 이루었는데 그 사이사이에는 무성한 숲과 마을이 자리잡고 있으며 죽서루 아래에 이르면 푸른 층암절벽이 매우 높이 솟아 있는데…"라는 미수 선생의 「죽서루기」가 반가웠다. 선생은 생사(生死) 음양에 통달한 때문인지 귀신을 잘 다루었다. 나는 안내인에게 책에서 읽은 '응벽헌(凝碧軒)'의 소재부터 물었다. 그는 손으로 죽서루 오른쪽의 풀숲을 가리킬 뿐, 건물은 이미 소실되고 없었다. 선생이 편액을 써서 매달았더니 귀신이 나타나지 않았다는 건물이 있던 터다. 나는 그 빈터를 한동안 응시했다.

대체 선생은 어디까지 알고 계신 것일까?

조수를 물리쳤다는 퇴조비는 선생이 떠나고 40년 뒤 서인(西人) 부사 박 모씨가 부임하여 이 비석을 깨버릴 것을 알고 일부러 하나 더 장만하여 죽서루 밑에 묻어 둔 지금의 그 비석이 그것이라고 한다. 과연 새로 부임한 박 부사는 퇴조비의 신비로운 전설을 듣고 미신이라며 관노들을 시켜 쇠망치로 부수어 바다에 쓸어 넣었다. 그 장면을 떠올리며 정라진에 도착해 가파른 언덕길을 따라 올랐다. 사진에서 보았던 낯익은 동해비각이 거기 있었다. 강원도 지방 유형문화재 제38호였다. 탁본의 피해를 우려한 때문인지 비석은 붉은 빗살무늬 목책 안에 단단히 잠겨져 있었다. 나는 우산을 쓴 채 비각 앞에 서서 넘실대는 푸른 바다를 굽어보았다. 이곳까지 휩쓸었을 당시의 해일을 상상하면서. 인명과

:: 척주동해비

재산의 막대한 피해를 이 비석 한 장이 막아냈다니…. 신비한 이 비문의 내용이 궁금했다. 대략 이런 것이었다.

먼저 바다의 장대함과 상서로운 덕을 칭송하고 머리 아홉인 천오(天吳)와 외발 달린 기(夒)는 태풍을 일으키고 비를 내리지만 아침에 솟아오른 햇살은 넓고 크게 빛나는도다. 부상, 사화, 흑치, 마라, 상투 튼 보가며 연만의 굴조개, 그리고 조와의 원숭이, 불제의 소들은 바다 밖 잡종으로 종류도 다르고 풍속도 판이한데 우리를 같이하여 함께 자라는도다. 옛 성왕의 덕화가 멀리 미쳐 온갖 오랑캐 등 복종하지 않은 곳 없었네. 크고도 빛나도다. 그 다스림 넓고 커서 유풍(遺風)이 오래가리로다. 그러니 너희들 바다 귀신들도 앞으로 우리와 함께 하며, 해치지 말고 복종하라는 권유가 질책보다는 은근한 어조로 담겨 있다.

또한 웅연(熊淵)에서 귀수(鬼祟)를 꾸짖었다는 「요얼」에서도 선생은 먼저 귀신의 정상과 변칙적인 것에 대해 언급하고 만일 귀신이 정상(正常)을 지키지 않고 요얼(귀신의 재앙)을 일으킨다면 무당을 불러 초미나 불제를 하여 가차없이 너희를 물리칠 것이니 그렇게 한다면 너희들에게도 수치가 될 것이 아니겠느냐며 음식을 갖추고 풍성한 대우로써 권유하나니 요악(妖惡)으로 너의 덕을 어지럽히지 말고 재해(災害)

로 사람을 괴롭히지 말 것이며 너희들 스스로 귀신의 수치가 되는 일을 저지르지 말라고 타이르고 있는 것이다.

평생 동안의 공부로 선생은 예학(禮學)과 이학(理學)의 당대 일인자라 칭해졌고 외조부 임백호와 서화담 선생에게서 도학(道學)을 전수받았다. 기행(奇行)에 대한 일화는 수 없이 많이 전해진다. 그 후 장성한 현종이 경자년에 예송 문제를 재론하자 송시열 등 서인은 일망타진되고 여든 살에 다시 정계로 돌아온 미수 선생은 1년 뒤 우의정에 오른다. 나는 서가에서 선생의 『미수기언』을 꺼내 서문을 펼쳐든다.

"…언행(言行)은 군자의 추기(樞機)로써 (…) 천지를 움직이는 것이니 삼가지 않을 수 있겠는가"며 『주역』의 「계사전」 말씀으로 날마다 반성하고 힘쓰며 '나의 글을 기언(記言)이라 한다.'

소리내어 일독하고 영예와 치욕이 언행에 달려 있음을 마음에 깊이 새겨둔다. 천지를 움직이고 귀신도 움직이는 군자의 언행, 미수 선생의 언행을 다시 짚어 본다.

# 삿된 것을 막고 그 성실함을 지키다

—퇴계와 도산서원

나는 13년을 전후하여 도산서원을 두 번 찾았다. 첫 번째는 안동 하회 마을과 도산서원을 찾아보는 '전통민속고을여행단' 어린이들과 함께한 방문길이었고, 두 번째는 매화철에 문우들과 함께한 탐방길이었다.

아는 것만큼 보인다고 했던가. 눈에 닿는 글자들마다 가슴을 뛰게 했다. 제일 먼저 눈에 들어온 것은 작은 돌에 주서(朱書)로 씌어진 '몽천(蒙泉)'이란 글자였다. 주역의 '산수몽(山水蒙)'괘를 떠올리며 다가가 보니 과연 표지판 안내에 이렇게 씌어져 있었다.

산골에서 솟아나는 바가지 샘[역경]을 몽괘(蒙卦)의 의미를 취하여 몽천이라 하고 몽매한 제자를 바른 길로 이끌어 가는 스승의 도리와 한 방울 샘물이 솟아나와 수많은 어려움을 거쳐 바다에 이르듯이 제자들은 어리석고 몽매한 심성을 밝게 깨우쳐서 한 방울의 샘물이 모여

:: 도산서원의 편액들. 전교당 전면에는 선조가 하사하고 당대의 명필이었던 석봉 한호가 쓴 '도산서원' 사액 편액이 걸려 있고, 그 뒤 대청마루 위에는 '전교당' 편액이 걸려 있다.

바다가 되듯이 끊임없이 노력하여 자신의 뜻을 이룩하라는 교훈을 주고 있다.

주역의 64괘 중 학문과 교육에 관련된 대표적인 괘로는 산수몽괘를 꼽을 수 있다. 헤세의 『유리알 유희』에서도 산수몽괘가 등장한다. 몽괘에는 각 효(爻)마다 구체적인 교육 방법론이 제시되어 있는데, 처음에는 엄격히 하다가 차츰 부드럽게 가르칠 것을 권유한다. 발몽(發蒙) · 포몽(包蒙) · 곤몽(困蒙) · 동몽(童蒙) · 격몽(擊蒙)으로 율곡은 여기서 몽매함을 격파한다는 '격몽'을 취해 『격몽요결(擊蒙要訣)』이라 책이름을 붙였다. 조선 중종 때 박세무가 지은 『동몽선습(童蒙先習)』도 이 몽괘에서 연유된다.

"몽으로써 바름을 기르는 것이 성인의 공"이라고 몽괘의 단사는 말한다. '몽이양정 성공야(蒙以養正 聖功也).' 바름을 기르는 곳, '양정(養正)'은 양정고등학교 이름을 탄생시켰다. 이렇듯 주역과 관련된 서원의 현판, 편액 글씨들을 보고 있자니 가슴이 벅차올라 왔다.

서당 사립문의 이름은 '유정문(幽貞門)'이었다. 이 또한 주역 '천택리(天澤履)'괘에서 취한 것이다. "도(道)를 실천하는 길이 탄탄하니, 숨은 선비가 마음을 곧고 바르게 가지면 길하리라(履道坦坦 幽人貞吉)"라는 구절에서 취한 것이었다.

'역락서재(亦樂書齋)'는 정지헌의 부친이 퇴계 선생에게 아들을 맡기면서 지어 드린 집으로 일명 '동몽재(童蒙齋)'라고도 하는데 학생들이 독서하며 거처하던 장소다.

서당은 모두 세 칸이었다. 서쪽 한 칸은 부엌이 딸린 골방이고 중앙의 방 한 칸은 선생이 기거하던 '완락재', 그리고 동쪽의 대청 한 칸은 암서헌이었다. '완락재(玩樂齋)'란 주자(朱子)의 「명당실기」에 "완상하여 즐기니, 족히 여기서 평생토록 지내도 싫지 않겠다(樂而玩之 足而終吾身而不厭)"에서 취한 것이고, 암서헌(巖棲軒)은 주자의 시에서 따왔다.

"학문에 자신을 가지지 못했다가 이제 바위에 깃들여 조그만 효험이라도 있기를 바란다"는 내용이었다.

퇴계는 이곳에서 오로지 학문 연구와 제자 가르치기에 전념하였으니 문하의 제자가 368명, 김성일·이산해·정구·허엽 등이 배출되었다. 또 유성룡 형제가 이곳에 와서 『근사록』을 읽었고, 율곡이 찾아와서 사흘을 묵고 갔다는 풍취를 떠올리며 나는 부러운 마음으로 마당을 맴돌았다.

한석봉이 썼다는 도산서원의 편액을 보면서 완락재의 빈 방을 카메라 좇듯이 눈으로 따라가 본다.

　방 가운데 서북쪽 벽에 서가를 만들고 서면은 격장을 두어서 반은 침실로 하였으며, 고서(古書) 천여 권을 좌우로 서가에 나누어 꽂았다. 매화분 한 개, 책상 한 개, 연갑 하나, 지팡이 한 개, 침구, 돗자리, 향로, 혼천의를 두었다. 남벽 상면에는 가로로 시렁을 걸어 옷상자와 서류 넣는 부담상자를 두고 이 밖에 다른 물건은 없었다고 전한다.

　두 사람이 누우면 꼭 맞을 그 작은 방에 나는 퇴계 선생을 다시 앉혀 본다. 남달리 명조(命造)가 불우했던 선생. 그는 태어난 이듬해에 부친을 잃고, 스물일곱 젊은 나이에 상처했으며 46세에 두 번째 부인과도 사별했다. 37세 때는 모친상을 당했고, 주자(朱子)처럼 어린 아들마저 앞세우고 말았다. 칠십 나이로 생을 마칠 때까지 24년간을 이 작은 방에서 어떻게 그 비통한 심정을 어루어 나가셨을까. 한 칸 방 앞에서 나는 그만 가슴이 먹먹해 왔다. 그럼에도 완상하며 즐긴다는 '완락재(玩樂齋)'라니. 나는 뜬금없이 선생께서 임종 전 미리 써 두셨다는 묘비명의 끝구절이 떠올랐다.

　… 근심 속에도 낙이 있고 즐거움 속에도 근심이 있는 법이다. 조화(造化)를 따라 사라짐이여. 다시 무엇을 구하리오.

　『주역』의 소장지리(消長之理)를 알고 계셨던 때문일까. 선생은 시종일관 흔들림 없는 태도였다.

　점차 선생의 용태가 나빠지자 문도 중 이덕홍 등이 선생의 병환이 장차 어찌될 것인가? 대죽으로 서(筮)를 했다.

::한존재 편액

"군자가 마치는 때가 되었다"는 지산겸(地山謙)괘가 나왔고 동효(動
爻)는 없었다. 이에 문인(門人)들은 서(筮)한 사실을 숨기고 모두 숙연해
하였는데 과연 선생은 다음날 하세하셨다.

지산겸(☷)은 곤토와 간토로 흙으로만 이루어진 괘다. 만물이 태어
나서 묻히는 간토(艮土)로 돌아간 것이다.

"겸괘는 형통하니 군자가 마침이 있으리라."
(謙은 亨하니 君子有終이라.)

선생은 군자시니 '겸'괘의 괘사대로 제자들은 '군자유종(君子有終)'이
될 것임을 알았다고 한다.

경오년 섣달 신축일 아침, 옆에 사람에게 "매화분에 물을 주라" 이르
고 유(酉)시 초(初)가 되자 드러누운 자리를 정돈케 하고는 고요히 앉
아서 입적에 드셨다. 나는 이날의 정황을 유추해 보며 도(道)로 나아가
는 문, '진도문(進道門)'을 향해 계단을 올랐다. 스승과 제자가 함께 모
여 학문을 강론하던 전교당(典敎堂). 편액 '한존재(閑存齋)'가 눈길을 붙

잡는다. 사진을 한 장 담아 왔다.

건(乾)괘의 말씀대로 "한사존기성(閑邪存其誠), 삿된 것을 막고 그 성실함을 지켜서…." '閑存齋'의 출처를 다시 생각해 본다.

선생이야말로 그것으로 생애를 일관하신 분이 아닌가 한다.

# 주역과 라이프니츠의 2진법은 동서 두 문명이 마주잡은 두 손을 상징한다

—라이프니츠와 주역

모든 것을 수로 계산하자던 독일의 수학자이며 철학자인 곳프리트 빌헬름 라이프니츠(Gottfried Wilhelm Leibniz, 1646~1716). 그의 방대한 철학 사상은 수학·자연과학·사회과학 등 각 분야에 기초가 되고 있다

그가 발명한 가승감제(加乘減除)의 4칙 계산기는 오늘날 전자계산기의 모태가 되었으며『주역』의 64괘 배열 방법에서 그는 2진법의 구상에 확신을 얻었다고 하는데 그 2진법적 발상이 위너(Wiener)의 사이버네틱스 이론(cybernetics, 동물 또는 기계의 자기제어시스템)을 거쳐 현재의 컴퓨터 이론에 기여한 것이라 하니 나는 그가『주역』과 어떻게 관련되었는지 궁금하지 않을 수 없었다.

라이프니츠는 20세 때부터 중국 문명에 대해 관심이 많았다. 특히『주역』의 자연현상에 대한 우주 발생 구조에 깊은 매력을 느껴 찬사를 아끼지 않았다고 한다.

"중국인은 머지않아 과학기술에 있어서 우리들을 추월할 것이다. 그러므로 우리들은 그들에게 참다운 신학을 가르치기 위하여 선교사를 파견하고 있는 것처럼, 그들의 정치 지배의 방법이나 저토록 완벽한 경지에 이른 자연신학(自然神學)을 우리들에게 가르쳐 주도록 현인의 파견을 중국에 요청해야만 할 것"이라고 라이프니츠는 말했다.

그가 『주역』에 남다른 관심을 갖게 된 것은 1698년 중국에 파송되었던 부베, 그라말디 등의 선교사를 통하여 그에게 송부된 서신 속에 실려 있었던 '역(易)'의 64괘를 발견하면서부터였다.

『주역』이 서양에 전해진 것은 17세기 말(강희 연간), 중국에서 선교하던 예수회를 통해서였다. 쿠프레, 부베, 앙리, 르기 등이었는데 프랑스 신부 부베(1656~1730)가 라이프니츠에게 르기의 라틴어 번역본 『역경』과 『역경』에 관한 자신의 의견을 적어 보낸 것이 그에게 커다란 영향을 미쳤다.

1687년 교황의 명으로 중국에 체재하면서 『주역』을 배우기 시작한 부베는 이미 만주어와 한문에도 능통했다. 두 사람의 서신은 계속되었고 라이프니츠는 부베에게 수 혹은 대수(代數)를 이용하여 추상적·필연적 진리를 증명하려 한다고 했다. 그는 중국 문자 속에서 철학 부호를 찾아냈으면 했는데 이것이 부베로 하여금 『주역』의 상수학 방면을 연구하게 한 동기가 되었다고 한다.

부베는 서신에서 "『주역』이 순수하고도 건전한 철학일 뿐만 아니라 당시 유럽 철학의 상황과 비교할 때 훨씬 더 견고하고 훨씬 더 완전한 철학"임을 발견하였다면서(1700년 11월 8일자 편지) 그에게 『역경』의 2진법의 원리를 발견하도록 유도했다.

부베는 역괘(易卦)의 배열이 라이프니츠가 자신에게 준 64괘를 32로

::곳프리트 빌헬름 라이프니츠

약(約)한 수표(數表)와 부합한다고 여겨『주역』의 원리를 수 혹은 대수의 증명에 응용하라고 제안했다. 그는 라이프니츠에게『주역』의 64괘 원도(圓圖)와 방도(方圖)를 보내 주었다. 부베는 도식 속에서 음효와 양효, 음양이 중첩된 6효, 그리고 6효에서 이루어지는 64괘가 우주 만유의 현상을 표시한다고 하였을 뿐인데, 라이프니츠는 도식 속의 괘의 배열 순서를 자세히 연구하여, 자신이 1679년에 발견한 2진법 산술표와 일치함에 무척 놀란다. 그러나『주역』은 그보다 4,000년 전에 이루어졌다고 하는 사실에 그는 더더욱 놀라지 않을 수 없었다.


하도와 낙서


   태고의 수렵시대에 복희라는 제왕이 어진 정치를 할 때, 황하에서 용마가 나왔다. '밝은 태양'이라는 뜻을 가진 인문 시조(人文始祖) 복희(伏羲)씨는 5,500년 전 "구지산에서 태어나 성기에서 자랐다"고『태평어람』에 씌어 있으며, 중국측은 그가 구지산에서 태어나 감숙성 천수시에서 자라고 하남성 회양현에서 사망했다고 주장하지만, 복희의 뿌리

:: 8괘를 가슴에 안은 복희씨

를 찾아서 중국을 직접 탐사한 윤창렬 교수에 의하면 동이족의 수령인 복희씨는 백두산(발해와 동해에 동이족이 살았음)에서 출생하여 풍산을 거쳐 회양현에 도읍을 정하고 산동성 미산현에서 115년의 재위(在位)를 마치고 사망했다고 주장한다.

『역대 제왕록』(상해출판사)에도 "복희는 동이족(배날국)"이라고 적혀 있으며, 『환단고기』에도 "산동성 미산현에 복희 묘가 있다"고 명기되어 있다. 그의 성은 풍씨(風氏)로 지금도 산동성에 그의 후손들이 남아 있다. 그가 그린 8괘는 한자의 기본이 되었고, 따라서 갑골문에 사용된 한자는 자랑스러운 동이의 문화다. 동이(東夷)란 '큰 활(弓+大)을 쓰는 사람'이란 뜻이며, '군자가 죽지 않는 나라'라는 뜻을 담고 있다.

우임금께 국위를 선양한 순임금도, 공자도 모두 동이족임이 확인된

바 있다. 곡부에 가려고 박약회의 회원들과 인천에서 함께 탄 배는 새벽녘 칭다오에 닿았다. 이른 조반을 마치고 잘 가꾸어진 노산(嶗山)에 들르니 그곳에 삼청전(三淸殿)과 삼황전(三皇殿)이 있었고 태청궁(太淸宮)에서는 8괘를 가슴에 안은 복희씨의 모습을 볼 수 있었다. 그의 배우자인 여와상(女媧像)은 곤도원(坤道院)에서 만났다. 복희씨는 더 이상 전설 속 신화가 아닌 위대한 문명의 창시자인 실존 인물이고, 동이족임을 기억해 주기 바란다. 용마의 등에 있는 점박이 무늬를 관찰하고 그는 이 그림이[河圖] 10진법의 수리임을 착안하고(5와 10은 중앙에, 3과 8은 좌측에, 4와 9는 우측에, 2와 7은 앞쪽에, 1과 6은 뒤쪽에 배열되어 있음) 이 수리 체계를 바탕으로 만물의 크기와 길이와 굵기와 무게와 맛과 색깔을 비교하여 수로 셈하기 시작했다. 복희는 이 도표로 몇 가지 만물 존재의 원칙을 발견했는데 첫째, 우주 만물은 하나에서 나와서 하나로 돌아가는 유기적 변화의 구조라는 것. 둘째, 현상세계의 만물은 모두 상대적 음과 양의 관계로 존재한다는 것이다.

복희는 이러한 자연법칙의 수치를 기초로 하여 하나를 극점으로 해서 양을 횡선(―)으로 표시하고 음을 파선(--)으로 표시하여 사물 존재의 본질을 기호화해서 양지의 밝은 세계와 음지의 그늘진 세계로 일단 분류했다.

양(―)은 밝고, 움직이고, 굳세고, 따뜻하고, 무겁고, 길고, 큰 것을 상징하고, 음(--)은 어둡고, 고요하고, 부드럽고, 나약하고, 가볍고, 짧고, 작은 것을 상징하는 부호이다. 여기에서 복희는 사물 변화의 기본적 3대 조건을 확인한바, 그것은 만물이 처한 공간적 입지조건과 시간적 기회조건과 자체적 능력조건이었다. 이 3대 조건을 그는 만물이 존재하고 생성하고 변화하는 3대 재료라 하여 3재(三才)라고 하였으니 이는 곧 하늘, 땅, 사람으로 대별된다.

복희는 만물이 처한 양지(—)와 음지(--)를 아래에 그려 놓고 그 위에 능력이 있는 사람과 없는 사람을 각각 두 가지로 나누어 표시하였다. 양지에 능력 있는 것은 ⚌으로 표시하여 '태양(太陽)'이라 하고, 양지에 능력 없는 것은 ⚎으로 표시하여 '소음(少陰)'이라고 했다. 또 음지에 능력 있는 것은 ⚍으로 표시하여 '소양(少陽)'이라 하고, 음지에 능력 없는 것은 ⚏으로 표시하여 '태음(太陰)'이라 이름 하였다.

처지가 서로 다르고 능력이 각기 다른 태양, 소음, 소양, 태음의 네 가지 모양새[四象]의 생성변화는 자신의 처지와 능력 이외의 또 하나의 조건에 의하여 그 운명이 달라진다. 그것은 바로 시간적인 기회를 얻고 잃음에 따라서 운명이 달라진다는 사실이다.

동일한 처지, 같은 능력이라도 때를 얻으면 번영 발전하지만, 때를 잃으면 쇠퇴 몰락하는 것이 만유의 정해진 법칙이다. 그래서 복희는 4상(四象)의 네 가지 모양새 위에 각각 때를 얻은 것은 —을 더 긋고, 때를 잃은 것은 --을 더 그어서 여덟 가지 도형을 그렸다. 이것이 8괘다.

☰ ☱ ☲ ☳ ☴ ☵ ☶ ☷
1건(乾)  2태(兌)  3이(離)  4진(震)  5손(巽)  6감(坎)  /산(艮)  8곤(坤)

복희시대에는 글자가 없었던 까닭에 이 도면만으로 사물의 현실적 조건을 분석하고 문제점을 발견하여 사건을 해결하려 했다. 그러므로 『주역』은 최초의 기호논리학이며 부호과학인 것이다. 인체뿐 아니라 모든 사물을 다 표현할 수 있다. 인체에 적용해 본다면 머리는 건괘, 배는 곤괘, 눈은 리괘, 귀는 감괘 등이다. 8괘는 하나의 유기체적 부호 논리로서 어디에든 다 적용할 수가 있다.

하도가 그려진 1,000년 뒤, 우 임금은 천하의 홍수를 다스려 인간의 삶터를 찾았다. 그때, 낙수(洛水)에서 신비로운 거북이 나타났다. 등 뒤에 아름다운 무늬가 있었는데 자세히 관찰하니 1에서 9까지의 숫자가 조리정연하게 배열되어 있었다. 가로 세로 각각 3줄씩 배열된 숫자는 맨 앞줄에 가로로 4 · 9 · 2가 있고 가운데 줄에는 3 · 5 · 7이 있고 맨 뒷줄에는 8 · 1 · 6이 있었다. 이 그림을 낙서(洛書)라고 하는데 특징은 1에서 9까지만 있고 10이 없다는 것과 5를 중심으로 양(陽) 수는 동서남북의 정방(正方)에 위치하고 음(陰) 수는 모두 간방(間方)에 처해 있다는 사실이다. 그리고 가로, 세로, 대각의 수를 합하면 모두 15가 되었다. 수량적으로 균형이 잡혀 있었다. 이는 현실적으로 하나의 구조가 완벽하게 존재하기 위해서는 수량적으로 균형을 일정하게 유지하고 처음과 끝이 맞물리며 위와 아래가 얽혀서 전후좌우가 서로 균형 있게 조화되어야만 조직체가 제대로 유지되는 것임을 상징한 것이다. 하도는 원(圓)이며 양(陽)이고, 낙서는 각(角)이며 음(陰)이다. 하도의 선천 8괘는 체성(體性)이며, 좌선(左旋)의 상생관계이다. 낙서의 후천 8괘는 용성(用性)이며, 우전(右轉)의 생극관계이다. 하도의 수는 10이며 낙서의 수는 9다. 9궁수(九宮數) 1, 2, 3, 4, 5, 6, 7, 8, 9의 합은 45이다. 9궁수의 합은 어느 쪽도 15이다. 낙서의 9궁수를 무한대로 확대 발전시킨 것이 오늘날 과학에서 로켓의 발사로 지구 궤도를 떠나 다시 지구로 돌아오게 하는 원리를 제공하였다. 과거 토지제도의 정전법(井田法)도 낙서의 원리에서 나왔으며, 홍범구주도 낙서의 원리에서 나왔다.

낙서의 운행 방향은 卍과 卐로 나타낼 수 있다. 卍의 방진(方陣) 순서에 의해 2, 7, 5, 3, 8의 합계가 25가 되고, 4, 9, 5, 1, 6의 합계도 25가 된다. 한편 ◇의 방진 순서에 의하면 2, 9, 5, 1, 8의 합계가 25가 되고, 4, 3, 5, 7, 6의 합계도 25가 된다. 즉, 모든 방향의 합계가 25로서 미학적인 균형을 갖추고 있는 것이다. 이러한 원리는 물리, 화학, 공업 등 여러 분야에서 널리 응용되고 있으며 비행기, 기차 등 엔진의 프로펠러나 선풍기의 날개 제조에서도 이 원리가 적용되고 있다.

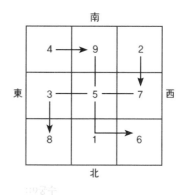

하도는 5,000년 전, 단조로운 시대에 적용된 것이고 낙서는 4,000년 전, 인지가 발달한 문명시대의 표상이므로 변화무쌍한 그 뜻이 그 안에 담겨 있었다.

이러한 낙서의 논리는 주나라 문왕(文王)에 의하여 체계화되었으며 문명이 크게 발달한 복합사회에 있어 문왕은 복희의 8괘로는 만족한 해답을 구하기가 어려워 8괘를 중첩시켜 64괘를 펼쳤다.

『주역』은 변화의 법칙이므로 주공은 자연히 수의 개념에 주목했다. 만물은 모든 수로 셈할 수 있고 수(數)는 연속적 단계로 발전하면서 종극에는 0으로 전환하여 무(無)의 세계로 돌아가는 철저하고도 완전하게 변화하는 의미를 담을 수 있었다. 라이프니츠는 특히 이 점을 주목했다. 특히 낙서(洛書)에서 양수는 1에서 시작하여 9에서 변화하고 음수는 2에서 생장하여 8에서 종결한다. 그러나 1, 2, 3, 4, 5는 생수(生數)로서 천연적인 질서만을 나타내는 것이요, 실질적으로 운동량을 나타내는 수는 6, 7, 8, 9의 성수(成數)이다. 여기에서 7과 9는 양수의 운동력을 나타내고, 6과 8은 음수의 운동력을 표시한다. 주공은 효(爻)의 이름을 정함에 있어 양효는 9로 표시하고, 음효는 6으로 표시하였다. 왜냐하면 양은 클수록 힘이 강성하여 변화능력이 많고, 음효는 적을수록 강고하여 변화능력이 많기 때문이다.

주공은 효의 이름을 지음에 있어서 6효의 시간적, 공간적 위치를 밝혀서 각각의 효의 이름을 명확하게 구별하고자 하였다. 6효의 시간적 위치는 맨 아래에 있는 효가 초창기이고, 점점 위로 발전하여 맨 위에 있는 효가 종말기에 해당한다. 공간적 위치는 초효가 최하위급이고 상효가 최상위급이 된다. 그는 6효마다 효사를 썼는데 초효에는 시작의 의미를 담고, 2효에는 주변부터 자체 역량 성숙기를 나타내고, 3효에는 지역 지도자의 위치를 표시하고, 4효에는 중앙 책임자의 위치를 표시하고, 5효에는 최고 중심이 되어 지도력을 발휘하는 절호의 기회를 얻었음을 상징하고 상효에는 종결의 의미를 담았다.

여기에 공자가 10익이라는 열 가지의 해설을 덧붙였다. 공자는『계사전』에서 신비로운 우주론을 전개하고, 물질과 정신이 모였다가 흩어지는 현실적인 생사론을 전개했다. 한편 만물은 수(數)로 변하고 그 변수는 무한하다는 발전적 역사관을 제시했으며, 도덕정치에 의한 태평시대 건설론, 과학문명에 의한 개척론, 공동선에 의한 복지사회 완성론 등을 핵심적으로 변증했다.『주역』이 철학서로서의 자리매김을 하게 된 것은 공자의「계사전」에 의해서였다. 그 후 한(漢)나라에 이르러『주역』에 대한 다양한 해석이 시도되고 위진(魏晉)시대에는 왕필(王弼) 등 노장사상의 허무 자연주의적인 의리로 해설한 역이 대두되었다. 북송 때 주렴계(1017~1073)는『역통서』를 지어 무극과 태극을 배합하고 음양 5행의 관계구조를 밝혀 만물 생성의 실체를 규명하며『주역』체계의 본체적 논리를 정립하고 유교의 과학적 우주론을 정립하였다. 소옹 (1011~1077)은『황극경세서』를 지어 음양과 4상(四象)으로 천지만물의 존재 구조를 설명하였던 것이다.

　태극이 양의(음양)를 낳으니 1생(生) 2법(法)이요, 음양에서 4상이 나오니 이는 2생 4법이요, 4상에서 8괘가 나오니 4생 8법이다. 8괘 속에도 태극과 음양사상(四象)의 기운이 다 들어 있고 자체 내에서 1생 2법의 원칙을 거쳐 4생 8법으로 나아간 것이다. 우주 만유의 법칙이 2진법으로 되어 있음을 나타낸다. 소옹은 이러한 이분법을 제기하여 우주 진화의 도식을 구축하였다.

　라이프니츠는 역의 음양을 각각 기호화하여, 구체적인 현실계를 기호로 환원하여 기호로써 세계를 내다보려고 했던 것이다. 세계가 단지 음과 양의 2원소로 구성되어 있다는 것이 아니라, 세계를 구성하고 있는 통일적인 원리, 즉 무수한 구체적 현상계를 형성하고 있는 보편적인 논리적 근원이 음과 양이라는 이원적 전개에 연유되어 있다는 것과 이것을 상징적인 기호로 환원해서 이 기호를 논리연산자(論理演算子)로 하여 구체적 사물의 세계를 파악하려 했던 것이다.

　역의 8괘는 다시 8의 제곱 64괘가 되는데 이것은 당연히 이진법적으로 8괘를 중첩 교환하면 64괘가 나온다. 이것은 우주 만유가 복잡다기한 만큼 논리적 전개가 누진적으로 반복 확장된 것을 의미한다. 말하자면 8괘를 각각 둘씩 중괘(重卦)로 조합하여 순열 교환해서 8×8=64, 64괘가 되는 것이다.

복희 64괘도는 주자의 『역학계몽』에 의한 것인데 실제로는 북송의 소옹(邵雍)이 제작에 관계된 것이다. 주자는 태극의 ━에서 음양의 양의(兩儀) 2효의 사상(四象), 3효의 8괘, 4효의 16괘, 5효의 32괘와 거듭하여 6효의 64괘를 얻는다고 하는 소옹의 설에 따라, 양이 일양(一陽)인 복(䷗)에서 일어나 이양(二陽)인 이(䷒), 둔(䷋)을 거쳐, 전양(全陽)인 건(☰)에 이르고, 음이 일음(一陰)인 구(䷫)에서 시작하여 이음(二陰)인 대과(䷛), 정(䷏)을 거쳐 전음(全陰)인 곤(䷁)에 이른다고 하는 64괘의 배열을 설정하여 그것을 원형과 방형으로 도시(圖示)한 것이다.

라이프니츠가 본 복희 64괘도는 원래 소옹(邵雍)이 그의 선천(先天)의 학(學)을 기초로 하여 64괘를 동서남북의 방위에 배열한 것이었다. 원형의 위쪽에 있는 건(乾)인 양은 위쪽인 남에 있고, 곤(坤)인 음은 아래쪽인 북에 있다. 부베가 아노[上]와 카토[下]로 기록한 의미는, 라이프니츠가 "당신이 원형 안에 있는 사각형의 그림에 대해서 아노와 카토로 써 놓은 것은 타당하다"고 기술한 것처럼, 사각형의 그림에 대하여 좌상의 곤(坤)에서부터 우하의 건(乾)에 이르는 것을 의미하는 것으로 인정하여, 그것에 따라 곤(坤)의 0에서부터 건(乾)의 63까지 배열되는 것이라고 생각했던 것이다.

우주의 만상을 망라한다는 이 그림은 무엇을 나타내는 것인가. 부베는 그리스도교의 신학적 해석에 입각하여 그 타당성을 라이프니츠에게 물었고, 라이프니츠는 거기에서 이원산술(二元算術)이라고 일컫는 자신의 보편문자의 원(圓)을 찾아내었다. 그림 속의 번호는 라이프니츠가 붙인 것이고 그리스 문자는 부베가 기입한 것이다. 아노($\alpha\gamma\omega$)는 위,

카토(Kαʃω)는 아래라는 뜻으로, 그림 속의 여덟 줄의 방형(方形)의 상하를 부베가 라이프니츠에게 가르쳐준 것이다. 2진법에서는 0과 1에서 시작하여, 2는 10, 3은 11, 4는 100, 5는 101, 6은 110, 7은 111…로 표기된다. 라이프니츠는 음효 ▬▬를 0, 양효 ▬를 1로 하고, 따라서 곤(☷)을 000000=0, 박(☶)을 000001=1, 비(☵)를 000010=2, 관(☴)을 000011=3, 예(☳)를 000100=4, 진(☲)을 000101=5, 췌(☱)를 000110=6, 비(☰)를 000111=7…로 읽어 간 것이다.

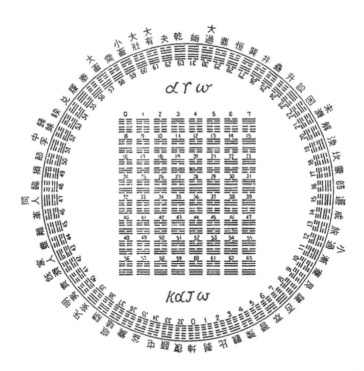

:: 복희 64괘도. 이 목판도(木板圖)는 부베가 1703년 4월 1일 라이프니츠에게 송부한 것으로, 여기에 수를 기입해 넣은 것은 라이프니츠다. 그리스 문자는 부베가 써 넣은 것이며 이 목판도는 현재 독일 하노버 도서관에 보존되어 있다.

라이프니츠는 이 도표를 보고 음양 2종의 기호를 6개씩 조합한 64종의 배열순서가 너무도 수학적이고 논리적인 데 놀랐다. 이것은 그가 1679년에 발표한 이진법 산술과 거의 동일했기 때문이었다.

즉 라이프니츠의 기호는 0과 1로써 표시되었고, 역(易)의 기호는 음(--)과 양(—)으로 표현된 것이 다를 뿐이었다. 라이프니츠는 그가 이미 전술과 같이 이진법 산술을 발견하고 있었기 때문에 이 역의 논리를 쉽게 해득할 수 있었다고 한다.

우주 가운데의 만물은 언제나 음양추이(陰陽推移)의 변역 과정에 있음을 설명하기 위하여 소옹은 또한 8괘와 64괘의 '방위도(方位圖)'를 제작하였다.

소옹의 설명에 따르면 복희의 '8괘 방위도' 가운데 건은 천(天)으로, 좌측 반원(半圓)의 아래로부터 위로는 양기(陽氣)의 생장을 표시하며, 문을 열고 만물이 비로소 생하게 된다는 것.

곤은 지(地)로, 우측 반원의 위로부터 아래로는 음기의 증장(增長)을 표시하며, 문을 닫아 만물을 수장(收藏)하게 된다는 것. 그리고 리는 태양[日]으로서 동쪽에서 뜨고, 감은 달[月]로서 서쪽에서 생겨난다. 천지가 닫히고 열림에 따라 춘·하·추·동이 형성되고, 해와 달이 출몰함에 따라 낮과 밤의 길고 짧음과 그믐과 초하루 그리고 반달과 보름달이 형성된다. 바꾸어 말하면 1년 사계절과 천지 만물의 생성 변화는 바로 음양이기(二氣) 상호간의 소멸과 생장 과정이다. 이 도식을 그대로 확대 적용하여 곧바로 복희의 '64괘 원도(圓圖)'를 도출하게 된 것이었다.

소옹은 복희의 '64괘 방위도'를 논하면서 '원도(圓圖)' 외에 또한 '방도(方圖)'도 제시하였다. '대원도(大圓圖)' 가운데의 64괘를 건괘로부터 시작하여 여덟 개 단락으로 분할하여, 여덟 개의 단계에 따라 아래로부터 위로 배열하는데, 이것이 곧 방도의 구조이다.

　'원도'는 천을 상징하고 '방도'는 지를 상징한다. 또 천은 둥글고 지는 네모진 것이나, 천지는 본래 서로를 포함하고 있다. 여기에서 '64괘 방도'는 '64괘 원도' 가운데에 자리잡게 되어, 밖은 둥글고 안은 네모진 하나의 '방원합일도(方圓合一圖)'를 형성하였다.

　라이프니츠가 부베에게서 받은 복희 선천괘의 방원도에 대해 다시 알아보자. 방원도에서 둥근 그림은 우주의 시간을 관장한다. 우주의 운행 법칙 또는 태양계의 시간 운행의 원리를 나타낸 것이다. 그리고 네모진 그림은 공간을 관장한다.

## 방도

　방도는 오른쪽 맨 아래에 건괘(☰)가 있는데, 그것은 팔괘의 괘 모두가 아래에서부터 위로 효를 그려 올라가기 때문이다. 건괘 위에 있는 두 번째 괘는 천택리(天澤履, ䷉), 세 번째는 천화동인(天火同人, ䷌), 네 번째는 천뢰무망(天雷无妄, ䷘), 다섯 번째는 천풍구(天風姤, ䷫), 여섯 번째는 천수송(天水訟, ䷅), 일곱 번째는 천산둔(天山遯, ䷠), 여덟 번째는 천지비(天地否, ䷋)이다. 선천괘 순서

| 8 8 | 7 8 | 6 8 | 5 8 | 4 8 | 3 8 | 2 8 | 1 8 |
|---|---|---|---|---|---|---|---|
| 8 7 | 7 7 | 6 7 | 5 7 | 4 7 | 3 7 | 2 7 | 1 7 |
| 8 6 | 7 6 | 6 6 | 5 6 | 4 6 | 3 6 | 2 6 | 1 6 |
| 8 5 | 7 5 | 6 5 | 5 5 | 4 5 | 3 5 | 2 5 | 1 5 |
| 8 4 | 7 4 | 6 4 | 5 4 | 4 4 | 3 4 | 2 4 | 1 4 |
| 8 3 | 7 3 | 6 3 | 5 3 | 4 3 | 3 3 | 2 3 | 1 3 |
| 8 2 | 7 2 | 6 2 | 5 2 | 4 2 | 3 2 | 2 2 | 1 2 |
| 8 1 | 7 1 | 6 1 | 5 1 | 4 1 | 3 1 | 2 1 | 1 1 |
| 坤 8 | 艮 7 | 坎 6 | 巽 5 | 震 4 | 離 3 | 兌 2 | 乾 1 |

∷64괘 방도수자도(方圖數字圖)

로 되어 있다는 것을 알 수 있다.

이것을 선천괘의 수로 표시해 본다면 건은 '1, 1', 이는 '1, 2', 동인은 '1, 3', 무망은 '1, 4', 구는 '1, 5', 송은 '1, 6', 둔은 '1, 7', 비는 '1, 8'이 된다. 그리고 횡으로는 건(1, 1), 쾌(2, 1), 대유(3, 1), 대장(4, 1), 소축(5, 1), 수(6, 1), 대축(7, 1), 태(8, 1)이 될 것이다. 이를 도시해 보면 앞의 그림과 같다.

이 64괘 방도(方圖)는 변화가 무궁하다. 옛 사람들은 곤란한 상황에 부닥칠 때, 예를 들면 사방이 포위되어 다른 방법이 없을 때 이 방도(方圖)로써 괘를 뽑아 유리한 방위를 찾아 안전하게 탈출하곤 했다.

어떤 숫자나 현상에다 시간과 공간적 요소를 부가시킴으로써 결과를 예측할 수 있다는 것이다. 이것을 보면 고대의 예측은 아주 정밀한 계산 방법에 의지했다는 것을 알 수 있다.

방도의 숫자는 이처럼 종횡으로 배치되어 위로 올라가면서 착종복잡한 관계가 구성된 것이다.

## 원도

원도(圓圖)는 시간을 나타내며 공간을 나타내는 방도와 한 짝이 된다. 하나의 공간은 하나의 시간과 결합됨으로써 작용이 일어난다. 방도를 에워싸고 있는 원도 역시 64괘이다.

원도의 64괘 배열은 제일 윗부분에서 왼쪽으로 약간 비켜 있는 건괘를 볼 수 있고, 다시 제일 아래쪽에서 오른쪽으로 약간 비켜 있는 곤괘를 볼 수 있다. 이 건괘와 곤괘 사이를 선으로 잇는다면, 이 선은 밤하늘의 은하수를 나타내는 것일 수도 있고, 또 남북극을 이은 선이라고 할 수도 있다. 이렇게 선으로 잇고서 다시 그 배열을 관찰해 보자. 먼저 방도에서 제일 아랫줄에 횡으로 배열되어 있는 건, 쾌, 대유, 대장, 소축, 수, 대축, 태의 여덟 개의 괘가 원도의 맨 위로부터 왼쪽으로 나아가면서 차례로 배열되어 있다는 것을 알 수 있다. 그 다음은 방도의 아래 두 번째 줄에 있는 이, 태, 규, 귀매, 중부, 절, 손, 임의 여덟 개의 괘가 태괘를 이어 차례대로 배열되어 있으며, 그 다음은 마찬가지로 세 번째, 네 번째 줄의 여덟 개의 괘가 각각 순서대로 배열되어 있다. 이것이 원도 왼쪽 반원의 배열 방법이다.

역은 '음(--)' '양(—)' 두 개의 기호를 세 개씩 조합해서 소위 '8괘'의 순열을 나타내고, 다시 이것을 여섯 개씩 조합해서 중괘(重卦)라고 하여 8의 제곱 '64괘'의 순열로 증가시키고 이것을 계속 이런 방식으로 변화시키면 우주의 물리, 천문 기상, 도덕 등등 만유 전체를 표현할 수 있다고 생각한 것이다.

역(易)은 음양적 세계관을 통하여 우주 삼라만상의 비밀을 발견해 내는 실제적인 철학으로서 라이프니츠의 보편기호법 사상과 마찬가지로 합리적인, 동양 최대의 발견의 논리학이라고 할 만하다.

역(易)과 라이프니츠의 보편기호법의 하나인 이진법 산술은 양자가 다 함께 음과 양, 0과 1이 등가적 상응관계에 놓여 있다는 사실에 주목하지 않으면 안 된다. 역(易)의 음양이 구체적으로는 천지(天地), 괘의 성격으로는 건순(健順), 인간에 대비하면 부모(父母)를 구현하는 것으로 고유한 성질을 내포하고 있는 듯하지만, 이러한 구체물의 계열을 뚝 떠나 버리면 음(--) 양(—)의 상징적 기호만 남게 되며 이 두 기호는 등가적으로 상응적 관계에 놓여 있으므로 서로 환치(換置)가 가능하다.

태극-양의-사상-8괘로 전개되는 이진적(二進的) 진행과는 별도로 횡적인 전환 관계를 보면 태양(☰)과 태음(☷)은 얼른 보기엔 정반대이지만, 중간에 있는 소양(☳)과 소음(☶)을 대조시켜 보면 상호 환치를 하더라도 모순이 없다. 물론 여기에 일정한 질서를 어겨서는 안 된다. 그러므로 양(—)과 음(--)은 환치가 가능하며 8괘도 마찬가지로 환치할 수 있다.

그리고 각 괘마다 세 개씩 조합되어 있는 각 효(爻)의 자리를, 즉 상위(上位), 중위(中位), 하위(下位)의 각 기호들을 상호 교환 환치할 수 있으므로 음양의 상호전환, 즉 그 두 개의 왕래는 시계추와 같이 영원히 종말이 없는 운동을 전개할 수 있는 것이며, 여기에 음양의 논리가 순환적 역사성을 띠고 있는 것이다.

라이프니츠는 사용하는 부호의 교묘한 용법에 따라 진리의 비밀을 정확하게 발견할 수 있다고 생각했다.

라이프니츠는 위치 해석과 논리 계산에 있어서 "동일자란 진리성의 변화 없이 서로 환치될 수 있는 것"을 말한다. 이것은 보편기호법이 등가적(等價的)인 '동일자(同一者)의 환치(換置)'에 중심을 두고 있음을 말함이다. 이와 같이 질적 동일성의 원리를 포함하고 있는 상사(相似) 혹은 상등(相等) 개념은 보편 기호법의 세계에 있어서의 과정적 무한, 연속, 상응, 관계 등 여러 개념에 동일 차원적으로 밀착되어 있다는 것이다. 여기서 라이프니츠의 환치(換置)가 가능한 질적 동일자의 원리를 역에 적용한다면 음과 양은 전술과 같이 기호로 환원하여 상호 환치가 가능하며, 한갓 하나의 도식이 될 때 그것들은 사실상 논리적 계산이 가능하게 된다는 것이다. 그러기 때문에 라이프니츠는 역의 64괘가 고도의 기호에 의하여 수학적 논리성을 포함하고 있는 점에 찬탄을 보냈던 것이다.

라이프니츠의 보편 수학과 역의 논리는 공히 공간적이고 수학적인 처리에 그치는 것이 아니었다. 역(易)에 있어서 음과 양의 교호 작용에서 일어나는 과정적 무한, 연속, 상응, 관계 등은 순환성을 내포하고 있다. 이 순환성은 바로 시간성이다. 순환이 없이는 음양의 상호 전환과 연속은 불가능하다. 즉 다시 말해서 곤을 중괘로 한 순음의 곤(☷)에 있어서 땅 속에 묻혀 있던 씨앗은 일양래복(一陽來復)의 복(☳)에 이르러 움이 터 나온다. 이것은 음이 양으로 전환하기 시작하는 것을 뜻한다. 음이 극에 이르러 양이 되고 양이 극하여 음으로 되돌아온다. 이것은 순환, 경과, 즉 시간이다.

순환은 시간이며 동시에 시간은 순환이다. 그러나 순환이 구체적 음양의 현실적 순환이라고 한다면, 시간도 구체적 존재의 현실적 변화 외에 다른 것이 아니다.

우주 만물은 천변만화함에 있어 모두 각자의 공간 위치[옷]를 잡고, 그 시간성을 영위하고 있어서 건전한 질서, 화해한 연계, 승화하는 과정이다. 이는 '주역' 우주관의 근본이라고 하겠다. 우주를 시간·공간적으로 해석한 이는 송대의 철학자 장횡거였다. 그는 "상하사방위지우 고왕금래위지주(上下四方謂之宇 古往今來謂之宙)"라 하였다. 공간이 있어 만물은 전전동정(轉輾動靜)하며 주객(主客)이 대대(對待)할 수 있고 시간이 있어 인과(因果) 연속, 소식기복(消息起伏)할 수 있다는 것이다. 역(易)은 상대적 추상(推想)에 근거해서 현상의 변화 추이를 설명한다. 그러므로 역(易)의 자연 철학은 일종의 동적 우주관이라고 할 수 있다.

20세기의 대표적인 과학자 하이젠베르크는 "자연의 본질적인 질서를 파악하는 것이 학문의 목적이며, 그 질서는 수학적인 것"이라고 말한 바 있다. 이것은 '세계가 수학적인 질서를 지닌다'는 피타고라스의 주장과도 상통하며 라이프니츠 역시 수학을 연구한 것은 인간의 사고를 합리적으로 표현하는 원리의 보편 수학, 즉 보편적인 기호법을 탐구하기 위해서였다고 했다. 라이프니츠는 해석의 비밀은 그 기호 표시 방법에 달려 있다고 하며, 그 방법이란 개념이라든지 연상의 본질을 보다 완전하게 나타낼 수 있는 기호를 만드는 것이라고 했다. "기호로 간단히 표현하는 것은 사물의 본질을 가장 잘 찌를 때이고 그럴수록 생각하는 수고는 놀랄 만큼 감축된다"고 하였다.

라이프니츠는 '사상(思想)의 알파벳'이라고 불렀던 결합법(結合法)과 보편기호법(普遍記號法)을 통해서 자연과학은 물론 철학, 형이상학, 종교에 이르기까지 일체의 문제들을 통일적으로 해결해 보려고 시도하였던 사람이다. 이런 의미에서 그를 현대 기호주의의 선구자로 손꼽는다.

그는 '중국의 역(易)과 이진법'에 관해 부베에게 다음과 같이 써 보낸 적이 있다.

… 나는 귀하에게 고백하건대 만일 내가 이 이진법 산술을 발명하지 않았다면 이 64괘의 체계, 즉 복희의 선도(線圖)의 목적을 통찰하지 못하고 막연하게 장시간 바라보았을 것입니다.

내가 이 산술을 창안한 것은 지금부터 20년 전입니다. 즉 0과 1을 가지고 표시한 이 산술은 수의 과학을 종래 있었던 것보다도 더욱 완전한 영역에로 진전시키는 데 불가사의한 효과가 있다고 나는 인정합니다.

역의 괘와 거기에 부기(附記)된 문자와의 관계를 그는 다음과 같이 말한다.

복희는 64의 수(이것은 단순한 수로서 다시 128로 배가하고 또다시 이것을 배가했을 것이라고 생각하지만)를 가장 근본적인 것이라고 생각한 명사로 써 넣고, 다시 이 각 명사에 대하여 문자를 써 넣었습니다. 이 문자는 그 괘의 수와 단계를 표시한 것이었을 것입니다. 이 단순하고 중요한 명사와 문자에다 다시 자획(字劃)을 더하여 다른 문자를 만들었습니다.

여기서 라이프니츠는 기호[爻]로 된 역(易)의 64괘의 비의가 보편 문자를 발견하는 데에 중대한 역할을 할 것이라 보고, 기호 언어를 발견하여 사상을 분석 혹은 계산하고, 더 나아가 철학과 자연, 신학의 진리를 이끌어 내서 통일적인 도덕과 종교의 꿈을 실현하려고 하였다. 그는 복희의 역(易)과 그의 이진법 산술을 비교 연구하면 앞으로 발견되어야 할 나머지 보편학을 건설하는 데 큰 도움이 되리라고 생각했다.

라이프니츠는 누구보다도 철학의 문제로서 기호적 인식을 중요시하고 그것에 대하여 열광적인 꿈을 안고 필생의 과제로서 관심을 기울였던 사람이다. 어느 시대 어느 철학자도 라이프니츠만큼 '기호(symbol)'의 의미와 가치를 잘 인식한 사람은 없었다.

라이프니츠는 1666년 그의 나이 20세에 벌써 결합법론을 발표하였고, 그 당시에 이미 보편기호법을 예상하고 있었다. '인간 사상의 알파벳' 혹은 '발견의 논리학'이라고 불렸던 결합법(結合法)은 인간 사상을 분석하고 그것을 논증하는 데 그치는 것이 아니라 새로운 인식의 발견을 기도하는 '발견의 법[結合法論]'이었다.

원래 결합법론은 수론(數論)에 기초를 두고 있는 것으로 대수학의 확장이라고도 할 수 있다. 즉 수가 그것의 인자로 분석되고, 또 그 인자의 적(積)에 의해서 성립하는 것처럼 개념은 단순 개념과 복합 개념의 상관적 관계에 의해서 성립하므로 수의 관계를 모범으로 하여 개념을 단순 개념으로 분석하고, 역으로 모든 개념을 이 단순 개념의 적(積)으로서 점차적으로 결합함으로써 보편적 언어를 찾아내려고 했던 것이다.

라이프니츠의 보편적 기호법은 기호와 사상 혹은 기호와 존재간의 보다 더 중요한 관계에 중심을 두고 있다. 다시 말해서 기호법은 단순한 사유의 외적인 도구 혹은 기술에 그치지 않고 사유 혹은 인식 그 자체의 내면적·본질적 관계에까지 깊이 파고 들어가 개념 그 자체의 기호적 성격을 통찰하지 않으면 안 되었다. 기호와 사상, 기호와 대상간의 '유비성(類比性)' 및 '대응성'의 필연적 '질서' 또는 '관계'가 모든 진리성의 객관적 근거가 된다. 따라서 '물체'와 '정신'과의 '대응성' 혹은 신과 피조물과의 대응성의 관계에 있어서 기호는 '자발적'인 '표출성'을 가지고 이질적인 양자를 통일하는 보편성을 발현하는 것이다.

라이프니츠의 기호적 인식은 단지 실용적 기술이나 방법론적 의미를 갖는 데 그치는 것이 아니라 형이상학적 세계에 근거를 두고 보편학을 건설하려는 데 목적을 둔 것이었다. 기호법 사상은 단지 수학에서 유래한 것만이 아니고 오히려 인간을 소우주라고 보고 대상적 우주 전체인 대우주의 영상이라고 본 것이다. 그가 말하는 수(數)는 말하자면 형이상학적 도형으로서의 철학적 수(數)의 이념을 내표하는 것이었다.

우리들의 사상은 말[言語] 없이 성립하지만 그러나 어떤 기호 없이는 불가능하다.

우리들은 우리들의 사상을 타인에게 표시하는 정도에서가 아니라 우리들의 사상 그 자체를 돕기 위하여 기호가 필요하다.

이와 같이 기호는 사상을 간이화(簡易化)하고 직관화하며, 또 형상화하고, 추상적 또는 관념적 사유는 기호를 매개로 하여 감성적 직관을 통해서 기호적 인식을 가능케 하는 것이다.

라이프니츠는 1677년 「대화(對話)」에서 사물과 기호와의 결합을 다음과 같이 논하고 있다.

진리나 허위는 단지 사물 속에 존재하는 것이 아니고 사물에 관한 사상 혹은 진술 속에 존재한다. 그러나 진리는 우리들이 이것을 사유하든지 안 하든지에 관계없이 항상 참이다. 예를 들면, 삼각형의 내각의 합이 이직각과 같다고 하는 것은 기하학자가 이것을 아직 증명하지 않았다 하더라도 참이다. 그러므로 진리는 또 단지 사상 속에만 있는 것이 아니고 가능적인 사상에 있어서 존재한다.

그러므로 어떤 사상을 진(眞) 혹은 위(僞)라고 부르는 근거는 우리들의 정신 속에만이 아니라 사물속에도 있지 않으면 안 된다. 따라서 우리들의 사상은 말 없이는 성립할 수 있어도 그러나 어떤 기호 없이는 불가능하다. 우리들은 수(數)의 기호를 사용하지 않고는 산술의 계산을 할 수 없다. 수뿐만 아니라, 예를 들면 기하학자가 사용하는 삼각형의 도형도 단순한 도형이 아니고 기호(character)다. 종이 위에 그린 원은 실제의 원은 아니다. 단지 원을 표출할 뿐이다. 그러면서 양자 간에는 상사성(相似性)이 존재한다. 그러므로 그것은 단지 임의적인 것은 아니다. 그러나 10의 수와 +의 기호(記號), 무(無)와 0과의 사이에는 아무런 상사성(相似性)이 없다. 이 경우 기호는 전혀 임의적인 것이 된다. 그러나 양자 간에는 관계, 즉 질서가 있으며 서로 대응하고 있다. 기호가 사물의 기호일 수 있는 것은 이 관계 혹은 질서의 대응에 의한 것이다. … 그러므로 기호법 혹은 기호 그 자체는 인간의 임의적인 것이라 하더라도 그것의 결합이나 적용에는 임의적일 수 없는 일정한 관계가 존재한다. 이 관계가 진리의 기초다.

그는 결합법론과 보편적 기호법이라고 하는 방대한 철학을 계획하여 소위 '사상(思想)의 대수학(代數學)', 보편적 언어, 논리 계산 등의 이념 하에 철학적·형이상학적 문제까지도 계산할 수 있는 보편학의 꿈을 실현시켜 보려고 했던 것이다.

### 라이프니츠와 단자론(單子論)

타계하기 2년 전 『단자론(Monad)』을 발표한 라이프니츠는 프랑스의 레몽에게 이런 글을 써 보냈다.

… 내가 좀 더 한가한 시간이 있거나, 나이가 젊거나 아니면 우수한 청년의 도움이 있기라도 한다면 보편 형이상학을 수립하여 모든 이성적 진리를 일종의 계산으로 귀착시킬 수 있다고 생각하고 있습니다.

이것은 동시에 일종의 보편의 언어 내지 기호법도 될 수 있습니다. (중략) 그러나 역학(易學)의 궁극 이유, 운동법칙 그 자체의 궁극 이유를 추구하였을 때 그것을 수학 속에서는 발견할 수 없으며 형이상학으로 되돌아가지 않으면 안 된다는 것을 깨닫고 나 자신도 크게 놀랐습니다. 거기서 나는 엔텔레케이아(Entelekheia)로 되돌아가서, 곧 질료적인 것에서 형상적인 것으로 되돌아가 거기서 자신이 가지고 있는 여러 가지 개념을 개조하거나 추진시킨 다음에 단자(Monad), 곧 단순한 실체만이 참된 실체라는 것, 따라서 질료적인 것은 현상에 불과하다는 것을 알았습니다.

라이프니츠는 "많은 동양의 철학자가, 신을 세계의 심령 혹은 사물에 내재하는 보편적인 자연이라고 생각하고 있었던 플라톤학파나 스토아학파의 사람들과 조금도 다르지 않다는 것을 기꺼이 믿고 있었다"고 말한다. 이것은 라이프니츠의 단자론(單子論)이나 신의 개념과 어느 정도 유사성을 갖고 있는 것을 말하며, 그렇기 때문에 라이프니츠는 그의 '신(神)'과 중국의 '리(理)'와의 거리가 그리 멀지 않다는 것을 믿으려고 했던 것이다. 그는 다음과 같이 말하고 있다.

8괘(八卦), 즉 중국인이 근본적으로 생각하고 있는 8개의 선도(線圖)는 복희 스스로가 창조의 눈을 갖고 있었다는 것을 믿게 합니다. 즉 모든 것이 1과 0에서 오는 것으로서 이 관계는 창세기의 설화와 결부됩니다. 왜냐하면 0은 하늘[天]과 땅[地]의 창조에 앞서는 것으로서 공허를 의미하고 있습니다. 다음에 7일 동안 그 각일(各日)에 있어서 이미 존재한 것, 창조된 것을 표시하고 있습니다. 처음 제1일에는 1, 즉 신이 존재하고 있습니다. 제2일의 처음에는 2, 즉 제1일 중에 창조된 하늘[天]과 땅[地]이 존재하고 있습니다(000010 중 1은 天, 0은 地라고 하는 의미). 최후에 제7일 초에 있어서는 모든 것이 존재하고 있습니다. 따라서 끝의 날은 가장 완전한, 즉 안식일입니다. 왜냐하면 모든 것이 그날에 완성되고, 또 충만되었기 때문입니다. 그러므로 7은 0을 포함하지 않는 111로 적습니다.

여기에서 라이프니츠는 역(易)과 그의 이진법 산술을 『구약』의 창세기에 나오는 신의 우주 창조설과 결부시켜 1을 천(天)으로 보고 0을 지(地)로 보려고 하였는데, 이것은 역(易)에 있어서도 순양(純陽)으로 된 건괘(乾卦)를 천(天)으로 보고 순음(純陰)으로 된 곤괘(坤卦)를 지(地)로 보는 면과 똑같다. 또 우주를 완성한 제7일의 7이라는 수는 음양 오행[水火木金土]의 오수이보(五殊二寶)의 7이라는 수와 일치한다는 것이다.

또한 라이프니츠는 리(理)와 태극(太極)에 관하여 센트 마리 선교사에게 다음과 같이 말한 바 있다.

만일 리(理)와 태극(太極)이나 상제(上帝)가 무엇보다도 앞서서 통일이며 순수선(純粹善)이며 하늘[天]과 땅[地]을 형성하는 원리로서… 만물을 창조하였다고 한다면, 창조는 그 자신의 지식이며 모든 것의 완전성이 그의 본질이며 또한 그의 성질이라고 하지 않으면 안 됩니다. 신은 만물에 있다고 하고 만물도 신에 있다고 합니다. 신은 동시에 원(圓)이며 또 원심(圓心)입니다. 왜냐하면 신은 어느 곳에나 원심이 있는 원이기 때문입니다. 모든 것은 1이다라고 하는 공리의 의미는 롱고바르디 선교사에 의하면, 중국인이 리(理)에 완전한 통일성을 부여하고

200

불가분의 것으로 여긴다는 것은 의심할 여지가 없습니다. 분할이 불가능한 것이라고 여기는 것은 부분을 갖지 않는다는 것입니다.

리(理)는 영원하고 가능적인 모든 것의 완전성을 구유하고 있습니다. 한마디로 말해 그것은 위에서 입증한 바와 같이 리(理)는 우리의 신의 의미에 해당합니다.

이와 같이 라이프니츠는 송대의 성리학에 관해서 리와 태극을 동의로 해석하고, 기(氣)는 제1물질로서 태극에 의하여 생성된 것이라고 주장하고 있다.

라이프니츠는 사실상 우주는 신에게서 방사된 피조물이며 '신은 모든 실재와 존재의 원리며 원인'이라고 보았다. 그는 "신은 절대적으로 완전한 존재다", "신은 모든 실체간에 대응을 성립시키는 원인이다"라고 하는 한편 "신은 이성적 정신 중의 최대의 것으로 보다 현명한 것이다", "신 자신도 하나의 이성적 정신이다"라고 했다.

라이프니츠가 이성적 정신이나 신을 단자론에 의하여 설명하려는 것은 다시 말해서 단자들의 위계적 차이와 최고의 단자인 이성적 정신의 예정조화에 의하여 세계와 인간, 신체와 정신을 설명하려는 것은 라이프니츠의 형이상학의 특이성을 반영하는 것이라 하겠다.

한편 그는 보편기호법의 하나인 미분법을 1673년경부터 창안하기 시작하였는데, 미분법의 초기 논문에서 곡선을 무한다변형(無限多邊形)의 무한히 작은 변의 연속이라 보고 이 변의 하나와 이 양단(兩端)의 횡좌표와 종좌표에서 형성되는 삼각형이 접선과 접선영(接線影) 및 접점의 종좌표로 이루어지는 삼각형과 상사(相似)한 것을 주목하고, 이 관계를 이용하여 '극대극소의 신방법(新方法)', 즉 미분법을 발견해내기도 했다.

결국 통일의 철학 곧 '보편학'을 꿈꾸었던 라이프니츠는 미분법의 발견에 의하여 근대 과학의 창시자가 되었고, '이원산술'과 '결합법' 내지 '4칙계산기'의 발견에 의하여 오늘의 컴퓨터 시대를 도래케 하였다. 그는 보편기호법 사상에 의하여 기호학의 길을 열어 놓았던 근세의 대 철학자이기도 하다.

라이프니츠는 그가 보편적 문자라고 일컫는 2진법, 즉 모든 수를 0과 1에 따라서 표기할 수 있다고 생각하고 32까지의 수를 2진법으로 표기하고 그 보편문자 구상에 『주역』의 원리를 응용했을 때 이것을 다음과 같이 논평한 사람이 있다. 일본의 고라이 긴조[五來欣造] 박사의 말이 오래 기억에 남는다.

0과 1의 단순한 두 수를 가지고 일체의 수를 표시한다는 사상은 그의 천재적 재능이 번쩍인 것이다. 『주역』으로 말하면 음양 두 기호를 가지고 천지 만유를 현시하였으니 역시 천재가 빛을 발한 것이다. 동양과 서양의 이 두 천재는 수학적·보편적·직각적 방법을 빌려 서로 만나서 서로 인식하고 서로 이해하여, 서로 손을 마주잡기에 이르렀다. 이 한 가지 점에서 라이프니츠는 동양과 서양의 문명을 서로 몇 발자국 더 가까이 다가서게 하였다. 『주역』과 라이프니츠의 2진법은 동서 두 문명이 서로 마주잡은 두 손을 상징한다.

라이프니츠뿐만 아니라 주역의 체계를 연구해 현대과학의 원리를 발견해 낸 과학자들도 많이 있다.

아인슈타인은 음, 양의 상대적 관점을 받아들여 상대성이론을 완성했다. 물질(음)이 에너지(양)로 변하고 다시 에너지가 물질이 될 수 있다는 음양법칙을 $E=mc^2$라는 수식으로 표현했다.

양자역학의 아버지 닐스 보어는 주역을 참고해 원자 모델을 발표했다. 이밖에 주역에는 첨단과학의 진리인 불확정성의 원리, 카오스 이론, 프랙탈 구조 등의 내용이 담겨 있다. 양자론(量子論)의 해석을 완성한 닐스 보어는 역(易)의 대립 개념이 서로 대극적(對極的) 또는 상보적(相補的)인 관계에 있다는 음양론에 깊은 감동을 받고 10년 후 과학에서의 그의 공적이 인정되어 덴마크에서 기사작위를 받았는데 그때 닐스 보어는 문장(紋章)에 음양의 상보적 관계를 나타낸 태극의 도상(圖象)을 선택하고 거기에 'CONTRARIA SUNT COMPLEMENTA', 즉 '대립적인 것은 상보적인 것이다'라는 문자를 새겨 넣었다.

프랑스의 사회학자이며 중국학자인 마르셀 그라네(Marcel Granet, 1884~1940)는 '--음 —양'의 —과 --의 의미는 대립이 아니라 교체하는 리듬과 질서를 가지는 것, 그것이 동시에 도(道)라고 하는 총체=전일성(全一性)과 같은 것이라며 도와 음양의 전일성에 있어서의 등가(等價)를 지적했다. 그는 서구적 사상과의 괴리를 날카롭게 자각하며 서구 문명에 대한 이질감을 표시한 바 있다.

소립자라든가 중성자라는 미크로[極微]의 세계에서 우주라고 하는 마크로[極大]의 세계의 구조를 밝히려고 한 이론 물리학자인 카프라는 음 가운데 양이 있고, 양 가운데 음이 있다는 상보성(相補性)이 있기 때문에 음양의 감응에 의하여 유기체(有機體)의 운동이 전개된다는 것이다.

또한 프리초프 카프라는 역의 음양이 상대적으로 독립하여 움직이는 것처럼 보이나 사실은 일체성(一體性) 속에서의 우연한 형태에 지나지 않는다는 것이다. 즉 니담이 말하는 유기체적 전체의 질서 조화라는 생각에 가깝다. 그는 거기에서 '우주적인 직물(cosmic web)'이라는 표현을 통해 모든 실이 교착되고 거듭되어 그 상호작용에 의하여 직물이 결정된다고 하는 구조를 밝힌다. 무기물의 구조이기도 한 물질의 구성 요소간의 상호작용은 모두 가상입자(假想粒子)의 방출과 흡수를 통하여 이루어진다. 이렇게 하여 소립자(素粒子)는 각각이 에네르기의 춤(dance)을 추고 있는 것만이 아니라 그 자체가 이미 에네르기 댄스라는 것이다. 따라서 '관계의 네트워크'인 이 소립자의 세계는 그 입자와 파동, 즉 동일한 리얼리티를 상보적으로 묘사하는 개념에 지나지 않는다고 말한다. 개개의 사물의 특질을 인정하면서 모든 것을 포함하는 통합체 속에서의 차이는 모두 상대적임을 자각하는 정신이다. 음과 양의 배후에 있는 통합을 타오[道]라고 하며 그것[도]은 음과 양 사이에서 상호작용을 불러일으키는 하나의 과정이라고 간주했다. 즉 '일음일양은 도'라는 카프라의 설명이다.

역이라고 하는 것은 "내 속에 내재하는 건곤(乾坤)이라고 하는 음양의 작용을 자각함과 동시에 그것을 나의 것으로서 자기 동일화하는 행위, 즉 '이것[도]을 성실되게 하는' 사람으로서의 행위가 요구된다"고 한다. 그러므로 그는 "역(易)은 단순히 미래를 알기 위해 사용하는 것이 아니라 현상을 파악하여 그것에 어울리는 행동을 취할 것을 가르치는 것"이라고 말했다. 기본적으로 주역은 '인류의 학문'인 것이다.

스티븐 호킹은 "양자역학이 지금까지 해 놓은 것은 동양철학의 기본 개념인 음양, 태극, 색즉시공(色卽是空)을 과학적으로 증명한 것에 지나지 않는다"라고 언급했다. 눈부신 이론 물리학과 『주역』의 상관관계나 그 현대적 해석을 보며 17세기의 선두주자인 라이프니츠가 떠오른 것은 어쩌면 당연한 귀결이라고 할 수 있다. 그는 '사상의 알파벳'이라고 불렸던 결합법과 보편기호법을 통해 자연과학은 물론 철학, 형이상학 등 일체의 문제들을 해결하고자 한 최초의 사상가였기 때문이다.

# 주역의 말은 하나의 암시이다

―카를 융과 화풍정(火風鼎)

　　카를 구스타프 융(1875~1961)은 스위스의 보덴 호숫가 작은 마을에서
태어났다. 문헌학(文獻學) 박사인 어머니와 바젤 대학의 언어학 교수인
외할아버지, 그리고 친할아버지는 바젤 대학 교수이자 의사였던 카를
구스타프 융(Carl Gustav Jung)이었다. 할아버지와 이름이 같은 손자는 존
경하던 할아버지의 뒤를 이어 정신과 의사로서 바젤 대학의 교수를 지
냈다. 그의 아버지는 신학자였으며 집안에는 목사가 여섯 명이나 되는
정신적 토양이 비옥한 환경이었다.

　　심층심리학자, 위대한 정신과 의사, 무의식의 언어를 해독하고 인류
의 원초적 상징을 해석한 사람, 집단 무의식을 발견하여 우리의 인식
과 정신세계를 두 배로 확대한 사람, 문화비평가, 그 어떤 것으로도 그
를 다 요약할 수는 없을 것 같다. 자신은 정신과 의사로 불리는 것을
좋아했다지만 나는 그를 '영혼의 안내자'로 부르고 싶다.

융의 수제자인 폰 프란츠는 자기의 스승을 가리켜 '큰 샤먼'이라고 명명했다. 큰 샤먼이란 망아(忘我)의 상태에서 천상과 지하의 세계를 넘나들며 수호신인 정령(精靈)들과 만나 병자의 잃어버린 넋을 찾아와 그 몸에 다시 넣어 주거나 악운을 쫓아내어 병을 치료하며, 죽은 사람의 넋이 방황하여 산 사람을 괴롭히지 않도록 그 넋을 저승으로 인도해 주는 능력자임을 말한다. 샤먼은 중앙아시아의 유목 민족 사이에

::카를 융

서 중요한 역할을 한 특수한 종류의 주의(呪醫)이기도 했다.

원시 종족의 의사이며 동시에 영혼의 인도자(引導者)였다. 샤먼이나 무당은 환자의 병의 원인을 잘 알 수 없다고 생각할 때는 망아경에 빠져 저승에 가거나 저승의 신들을 불러 그 까닭을 알아본다. 이러한 입무(入巫)의 과정은 융의 '개성화 과정(個性化 過程)'의 원초적인 유형이며 현대의 분석적 정신 치료의 목표와 궁극적으로 일치한다고 언급한 사람은 우리나라의 이부영(李符永) 교수였다.

그는 자신의 저서 『분석 심리학』에서 샤먼은 무병(巫病)의 고통을 겪어낸 자로서 이미 알려진 이 세계 너머의 또 하나의 세계와 교통할 수 있는 가능성을 얻게 되는데, "융이 위대한 샤먼이라면 그 근거는 그의 인간 본성에의 자각이 오랜 고행의 산물이라는 점에 있으며, 그의 인간 정신을 살펴 가는 자세가 샤먼과 같이 이승, 다시 말하면 현재의 가

시적(可視的)인 구체적 현실에서 미지의 무한한 저승으로 향하고 있다는 데 있다. (…) 의식, 즉 알고 있는 세계가 끝나는 곳에서 시작되는 무의식이 저승이다. 무의식은 궁극적으로 미지의 마음의 심연이므로 저승을 우리가 끝내 남김없이 밝힐 수 없는 것처럼 결국은 모르는 세계이기도 하다. 다만 우리는 가능한 방법을 써서 그 나타나는 상(像)을 통해 그것이 상징하는 의미를 생각해 볼 따름"이라고 했다.

영혼의 인도자, 융의 '저승에의 여행'은 38세부터였다고 폰 프란츠는 말한다. "중년기의 숙명적인 시간에 융은 언제나 사자(死者)가 과거의 역사 속에서 생기를 되찾기 시작하는 주제의 꿈을 꾸었다고 한다. 예를 들면 비둘기가 죽음의 왕국의 사자(使者)로서 한 작은 소녀로 바뀌어 그에게 오는 꿈이었다"고 한다.

이것은 샤먼으로서의 입무(入巫)의 꿈과 같다는 것이다. 프란츠는 "융이 프로이드와 헤어진 뒤 체험한 것들을 보면 그것은 귀령(鬼靈)의 세계, 다시 말해서 무의식의 세계에 대한 태초의 체험 양식과 놀랄 만큼 일치한다"고 언급했다. 융이 그의 무의식에 대한 가설(假設)들을 세상에 내놓기 전에 스스로 자기 무의식(無意識)의 내용을 살펴 나갔다는 사실은 그의 전기(傳記)에도 잘 나타나 있거니와 볼링겐의 별장이 있는 호숫가에서 돌을 다루며 자기 안에서 우러나오는 무의식의 여러 환상들에 구체적인 표현을 주려고 하였다는 그의 고백은 아주 주목할 만한 사실이다.

융은 그가 더 이상 알 수 없는 것에 부딪혔을 때, 그림을 그리거나 그가 어떤 상(像)을 발견하였다고 느끼면 그 돌을 가져다 그것을 쪼아 그가 본 상(像)을 새기곤 했는데 어느 날인가는 폰 프란츠에게 이런 속내를 털어놓았다고 한다.

나는 무의식이 무엇을 하고자 하는가를 알 수 없는 때가 많아서 그런 때는 그저 내 손을 놀려 무엇을 만들게 하고 나서, 뒤에 비로소 내가 무엇을 형상화(形象化)하였는지를 잘 생각해 본다.

::융이 조각한 목각상. 퀴스나흐트의 정원에 있는 1.1미터의 석상「생명의 숨결」의 모델.

훗날 그는 자서전『회상 · 꿈 · 사상』에서 "나의 인생은 무의식이 자기를 실현해 가는 과정이다" 따라서 자신의 생애를 '무의식의 자기실현의 역사'라고 말했다.

융의 이러한 행위를 프란츠는 이것 역시 메디신 맨(medicine man)으로 예를 들자면 북아메리카 나바호 족(族)의 주의(呪醫)들이 하는 방식이라고 지적했다. 나바호 족의 주의(呪醫)가 어떻게 귀신들의 의도, 미지의 병의 원인, 그리고 미래에 일어날 수 있는 일을 찾아낼 수 있는가를 설명한다. 첫째는 별을 관찰하는 것이며, 둘째는 귀를 기울여 안에서 울려오는 소리를 듣는 것이며, 셋째는 귀신이 그 사람의 의지에 반해서 손을 움직이게 할 때 그 손동작을 관찰한다는 것이다. 융은 하늘의 별을 관찰하기에 앞서 무의식계의 콤플렉스들을 관찰하였고, 무의식을(능동적으로) 의식으로 불러내어 그것이 어떻게 작용해 가는가를 관찰하였다. 그가 개발한 '적극적 명상'의 원초적 형(型)은 이렇게 샤먼들이 미지의 세계를 탐색해 가는 방법에서 찾아볼 수 있었다.

1919년 런던에서 행한 '귀령신앙(鬼靈信仰)의 심리학적 토대'라는 강연에서 융은 영(靈)이나 혼(魂)을 무의식의 '자율적인 콤플렉스'의 표현이라 지적하고 원시인들의 정령(精靈)이란 개인적 무의식의 자율적 콤플렉스들에 해당하며 귀령(鬼靈)은 집단적 무의식의 콤플렉스에 해당된다고 말한다. 융은 어떤 생각을 증명할 수 없다고 해서 그것을 거부해야 한다고는 생각지 않았다. 증거가 있든 없든 존재하는 것은 존재하는 것이다. 우리가 설명할 수 있느냐 없느냐와는 무관하게 경험은 지속된다고 말한다.

그의 강한 직관을 경험한 사람들은(그는 이 직관으로 심리치료가 및 연구자로서 인간의 지식의 한계까지 나아간다) 우선 그가 지극히 다양한 분야에 대해 해박한 지식의 소유자라는 것, 그리고 어떤 마술적인 영매적 힘을 가지고 있다는 사실에 곤혹을 느끼기도 했다. 이것과 관련해 노인이 된 융은 훗날 이렇게 술회했다.

"나는 지금 고독하다. 왜냐하면 나는 다른 사람이 알지 못하고, 대부분 알려고도 하지 않는 사물을 알고 있고 이를 암시해야 하기 때문이다."

영혼의 안내자, 주의(呪醫)로서의 고독한 모습을 그에게서 만나게 된다. 헤르만 헤세의 말처럼 우리는 그에게 얼마나 많은 빚을 지고 있는가. 그는 무의식의 탐구를 위해 태어난 사람이었다. 이미 그의 직관력과 타고난 영매 능력도 이런 일에 적합했다.

융이 분류한 인간의 여덟 가지 유형 중에서 '내향적 직관형(直觀型)'은 구체적 현실에서의 가능성보다 정신세계에서의 가능성을 더 잘 파악하는 형으로 귀신 이야기나 이상심리학에 경도되기 쉽고 신비주의자나 몽환가로 비친다고 한다. 예언가, 시인, 무당, 심리학자 등이 여기에 해당된다. 뿐만 아니라 시인 라이너 마리아 릴케, W. B. 예이츠 등은 혼백을 부르는 영매 모임의 회원이었으며 중국의 시인 소동파나, 우리나라의 허미수 등도 초(超)자연적인 심령현상에 능통했던 사람들이다. 헤르만 헤세나 에즈라 파운드도 이 유형에 속했다. 융도 다르지 않았다. 그는 어딘가 생래적으로 신비한 기질을 타고난 사람이었다.

일찍이 형제들이 다 죽고 혼자서 자라난 융은 어려서부터 이상한 꿈을 잘 꾸곤 했다. 네 살 때의 꿈으로 지하실 제단 위에 의자가 있고 그 의자 위에는 왕관이 있고 그 왕관 위에는 하늘을 찌를 듯한 굵은 기둥이 서 있었다. 그는 그 후에도 가끔 이 꿈을 꾸었는데 그리스도에 대하여 깊은 관심을 가질 때마다 이런 꿈을 꾸었으며, 이것이 그에게 어떤 상징적인 의미를 발견해 나가도록 했다는 것이다.

그가 한창 의학을 공부하고 있을 때의 일이다. 그의 집에서 이상한 일이 일어났다. 어머니가 방에서 뜨개질을 하고 있는데 누가 권총이라도 쏜 듯한 요란한 소리에 어머니는 뜨개질하던 것을 땅바닥에 떨어뜨리고 뒤를 돌아보니 방에는 아무도 없었고, 다만 70년도 더 된 굵은 박달나무의 식탁이 절반 짝 갈라진 것이 아닌가. 그 후 두 주일 뒤 또다시 이상한 일이 생겼다. 부엌의 칼이 산산조각이 나고 만 것이다. 동네 대장장이는 도저히 일어날 수 없는 일이라고 판단했다. 융은 이것이 초자연적인 일임을 지각하고 그 당시 사람들을 놀라게 한 영매현상에 관심을 가지게 된다. 영매(靈媒)란 인간이 황홀경 비슷한 상태에 빠짐으로써 멀리 떨어진 곳에서 일어난 일도 알아낼 수 있거나, 자신이 의식적으로는 전혀 모르는 일에 대해서도 알 수 있는 것을 말한다.

그는 이성의 세계보다도 상징의 세계에 더 깊은 의미를 두게 되며 에크하르트의 신비주의에 경도되고, 심령현상을 다루는 '소위 신비현상이라는 초(超)심리학 분야'에 관심을 갖게 된다. 친척 아이들 손에 이끌려 테이블 터닝(탁자에 손을 얹으면 탁자가 움직이는 심령현상) 게임에 참가했다. 열다섯 살 난 소녀가 갑자기 무아지경에 빠져, 품위 있는 교양녀로 변신하더니 평상시 그가 쓰던 스위스식 독일어가 아닌 정통 독일어를 자유자재로 구사하는 것이 아닌가. 모임이 끝난 뒤, 그는 이 사실을 상세히 기록하고 그 소녀가 깨어 있을 때의 행동을 세심히 관찰했다. 「소위 신비현상의 심리학과 병리학」이라는 제목으로 취리히 의과대학에 박사논문으로 제출했다. 이것이 통과되어 취리히에 있는 부르크횔츨리 병원에서 의사로서의 첫발을 내딛게 된다.

정신병 환자의 마음속에서는 대체 무슨 일이 일어나고 있는가? 그는 시간이 지나면서 정신병 환자의 행동은 우리 자신의 본질의 밑바닥 베일에 가려져 있는 인간 무의식의 밑바닥이 표출된 것일 뿐이라는 사실을 깨닫게 된다. 그는 무의식의 심연 속으로 성큼성큼 걸어들어 갔다.


## 지그문트 프로이트와 카를 융

꿈의 무의식을 분석한 지그문트 프로이트(Sigmund Freud, 1856~1939)에게 융은 매우 경도되어 있었다. 50세의 프로이트를 만나러 융이 비엔나로 찾아간 것은 그의 나이 32세 때였다. 두 사람은 만나자마자 의기가 투합되었고 꿈같은 두 주일을 함께 보냈다.

그러나 융은 프로이트의 위대성은 인정하지만 무의식의 세계관 등 여러 면에서 견해를 달리했다. 무의식을 처음으로 치료에 도입한 사람은 프로이트였다. 환자들의 마음속에 억압된 기억(상처)을 떠올려 이를 표현하고 해소시키는 과정에서 발견된 것이었다. 프로이트는 무의식을 주로 기억하고 싶지 않은 일이 저장된 창고라고 했다. 그것은 성적(性的)인 욕망과 관계되는 것으로 자신의 독특한 리비도 이론으로 지킬 수 있다고 확신했다.

그러나 융은 무의식이 단지 과거의 창고에 불과한 것만이 아니고 미래의 정신적 상황과 생각들의 가능성으로 꽉 차 있다는 것을 알았다. 실제로 예술가, 철학자, 과학자들조차도 갑자기 무의식으로부터 떠오른 영감 덕분에 업적을 이룬 이들이 있다. 예를 들면 프랑스의 수학자 푸앵카레나 화학자 케쿨레는 여러 중요한 과학적 발견이 무의식으로부터 갑자기 그림으로 나타난 계시 덕분이라고 했다. 영국의 작가 스티븐슨은 인간의 이중성에 관한 그의 강한 느낌에 걸맞은 소재 「지킬 박사와 하이드 씨」의 줄거리가 꿈에 나타나 작품을 완성할 수 있었다고 밝혔다.

융은 일찍이 인간의 이성으로는 이해할 수 없는 심령현상을 다루는 신비학에 깊은 관심을 가지고 있었던 반면에, 프로이트는 '신비학이라는 검은 진흙의 홍수(프로이트는 이렇게 불렀다)'를 단호하게 부정했다.

융이 프로이트 집을 방문했을 때의 일이다. 융은 『회상·꿈·사상』에서 다음과 같이 적고 있다.

프로이트가 초심리학의 진지성을 반박하는 말을 하자 나는 묘한 느낌이 들었다. 마치 내 횡격막이 쇠로 되어 있고 그것이 빨갛게 달아오르는 느낌이었다. 그 순간 우리 바로 옆에 있던 책상에서 깜짝 놀랄 만큼 큰 소리가 났다. 우리는 책상이 우리 쪽으로 넘어진다고 생각했다. 나는 프로이트에게 "이것이 바로 촉매적 외면화 현상이지요"라고 말했다. 그는 "허튼 소리 하지 말게!"라고 했다. 나는 이렇게 대답했다. "아뇨, 교수님. 잘못 생각하시는 겁니다. 제가 옳다는 걸 증명하기 위해 예고하지요. 다시 한 번 그런 소리가 날겁니다!" 내 말이 끝나자마자 책장에서 그런 소리가 나기 시작했다.

융은 이때 마치 "두 사람의 신뢰관계에 금이 간 것 같았다"고 적고 있다. 그는 한때 스승이었던 프로이트를 "사로잡힌 자"라고 불렀다. 인간 무의식의 심연에 은폐되어 있는 억압을 모두 들추어낼 수 있다는 신념에 사로잡힌 프로이트 심리학은 19세기 유물론의 한계를 벗어나지 못하고 무의식의 창조성을 주목하지 않음으로써 그 자체가 도그마가 되었으며 이성만이 인간 영혼의 전부가 아니고, 비이성이 창조의 근원임을 프로이트는 외면했다고 지적했다.

프로이트가 개인의 정신만을 문제 삼는 것에 비해, 융은 인류의 정신을 문제 삼고 있는 것이 다르다고 할 수 있다. 융은 의식 밑에 개인적 무의식, 그리고 그 밑에 다시 집단적 무의식이라는 삼층 구조를 가진다고 했다. 의식은 우리가 보통 말하는 마음이고, 개인적 무의식이란 그 사람만이 가지고 있는 어떤 버릇을 말하며, 집단적 무의식이란 그 민족 혹은 인류 전체가 가지고 있는 하나의 버릇을 의미한다. 의식의 내용은 자기 자신의 통솔이고, 개인적 무의식의 내용은 갈등(콤플렉스)이고, 집단적 무의식의 내용은 원형(原型)이라고 했다. 원형은 민족이나 인류가 가지고 있는 신화나 동화에 나타나는 꿈과 환상을 말한다.

가끔 사람들이 비몽사몽간에 신비한 경험을 하는 일이 있다. 이런 경험은 집단무의식 속의 원형의 폭발인 것이다. 이런 경험은 자기도 전혀 모르는 초(超)의식의 현상이라는 것이다.

융은 의식과 무의식의 불합치에서 일어나는 정신분열을 통합하자는 데 그 목적을 두었다. 융이 말하는 정신병이란 집단 무의식의 문제가 아니라 의식과 개인의식의 분열에 있다. 건강한 상태에 있어서는 의식이 무의식을 지배하고 있는데 병이 들면 그것이 불가능해지고 만다. 융은 이것의 통일을 위하여 무의식 안의 모든 내용을 완전히 의식화 시킬 것, 즉 무의식의 내용을 알려줌으로써 의식에 통합시킬 것을 강조했다.


## 융과 리하르트 빌헬름


융은 무의식 안의 내용을 의식화 시키는 방법으로서의 『주역』을 주목했고, 주역 점(占)도 능숙하게 다룰 줄 알았다. 융의 심리학 전반에는 주역 사상이 농축되어 있는데 그것은 자신의 말대로 빌헬름에게서 힘 입은 바가 컸다.

리하르트 빌헬름(1873~1930)은 독일에서 문학과 수학을 공부한 뒤 철학, 신학을 전공하고 선교사로 중국에 건너가 중국학 연구에 몰두하며 반평생을 보냈다. 그는 주역의 대가인 공자의 후손으로부터 주역을 사사 받았고 10년이란 긴 세월 동안 스승의 도움을 얻어 독일어판 『역경』을 펴냈다.

융과의 만남은 1920년 제1차 세계대전에서 독일이 패배하자 고국에 돌아갔을 즈음인데 1922년 융에게 초대되었을 때 빌헬름은 취리히의 심리학 클럽에서 『주역』 강의를 맡고 있었다. 융은 빌헬름이 번역한 『주역』 책을 자주 이용했다. 1929년 빌헬름이 번역한 『황금꽃의 비밀』은 역(易)이라기보다는 도교의 내단(內丹)에 관한 책인데 그의 권유로 융은 그 책에 '제2판을 위한 서문'을 쓰게 된다. 융은 이 책이 자신의 심층심리학의 구상에 깊은 영향을 주었다고 고백했다. 그리고 그는 2년 동안 영국인 포로수용소의 책임자로 있으면서 매일 아침 만다라를 그렸다. 그 그림으로 융은 자신의 정신의 변화를 관찰할 수 있었다고 한다.

그것을 자서전에 이렇게 적고 있다.

나는 만다라가 무슨 의미인지 차츰 깨달아 갔다. 그것은 '형성, 변환, 영원한 마음의 영원한 재창조'였다. 그리고 그것은 '자기', 즉 인격의 전체성이었다. (…) 나의 만다라 그림들은 날마다 새롭게 나타나는 '자기' 상태와 연관되는 암호와 같은 것이었다. 그 속에서 나는 '자기', 즉 나의 전체성이 활동하는 것을 보았다. (…) 만다라를 그리기 시작하면서 나는 그 모든 것, 내가 걸어온 모든 길, 나의 모든 발걸음이 하나의 점, 즉 중심점으로 돌아간다는 것을 알게 되었다. 만다라가 중심이라는 사실이 더욱 분명해졌다. 그것은 모든 길의 표현이다. 그것은 중심을 향한 길, 즉 개성화의 길이다. (…) 이와 같은 인식은 내게 확신을 주었고 차츰 내적 평안이 회복되었다. 자기의 표현인 만다라로 인하여 나로서는 궁극적인 것에 이르렀음을 알았다.

그 후 융이 '중심'과 자기에 대한 생각을 확증하게 된 것은 1927년 어느 꿈을 통해서였다고 한다. 그 핵심을 그는 하나의 만다라로 표현하고 제목을 「영원에 이르는 창」이라고 붙였다. 그리고 1년 뒤 이 만다라와 똑같은 두 번째 그림을 그렸는데 한가운데 황금의 성이 있는 그림이었다. 융은 이 그림을 마무리하면서 '왜 이것이 이리도 중국풍인가?' 하고 자문하며 이런 말을 덧붙였다.

"나는 중국풍으로 보이는 형태와 색깔 선택에 깊은 인상을 받았다. 사실 겉으로 볼 때 그 만다라에는 중국적인 것이 없었는데도 나에게는 그렇게 보였다."

그러자 얼마 지나지 않아 리하르트 빌헬름으로부터 편지를 받게 되었는데 그는 이것을 '이상한 우연의 일치'라고 적고 있다.

두 개의 현상이 거의 동시에 발생하는 경우를 융은 '의미 있는 일치'라고 했다. 내적으로 지각된 사건(꿈·예감·암시)이 외적인 실재와 상호 조응(照應)하고 먼 곳에 떨어져 있지만 동시에 일어나는 사건을 그는 '동시성(同時性)의 원리'로 풀이했다. 이 동시성의 원리는 원형의 주변에서 일어나며, 심혼의 깊이에는 시간과 인과율을 초월하여 상황을 재구성하고 상황의 통합을 재결성하는 초인과적 요소인 원형(原型)이 있음을 지적했다. 그리고 주역의 괘를 통하여 무의식의 메시지를 읽을 수 있다는 것이 주역에 대한 그의 해석이기도 하다.

빌헬름은 융에게 『황금꽃의 비밀』이라는 제목이 붙은 도교적인 연금술의 원고를 보내면서 논평을 써 달라고 부탁했던 것이다. 융은 즉시 원고를 탐독했으며 "그 책은 뜻밖에도 만다라와 '중심으로의 순회(巡廻)'에 대한 나의 생각을 확증해 주었다"고 했다. 이러한 우연의 일치, 즉 동시성을 기념하기 위해 그는 그 만다라 밑에 다음과 같은 문구를 적어 넣었다.

1928년 내가 난공불락의 황금성이 있는 이 그림을 그렸을 때, 프랑크푸르트에서 리하르트 빌헬름이 황금빛 성, 죽지 않는 몸의 맹아(萌芽)에 관한 천 년 묵은 오래된 중국 경전을 보내오다.

융은 빌헬름이 보내 준 『황금꽃의 비밀』을 접하고 나서 비로소 연금술의 전통을 집중적으로 연구할 수 있었다. 그는 연금술의 인식 과정이 심층심리학적 인식과 많은 점에서 일치하는 풍부한 상징을 가지고 있음을 발견했다. 물론 연금술의 중요한 테마가 소재의 변용(變容)과 '현자의 돌'의 제조라는 것은 사실이다. 연금술은 금이나 금과 비슷한 '고결한' 소재에서 '씨앗'을 추출하여 그것을 고결하지 않은 다른 소재에 옮겨서 자라게 함으로써 고결하지 않은 소재를 고결한 소재로 만드는 것, 바로 '소재의 변용'을 목표로 한다. '현자의 돌'은 이런 변용의 과정을 돕는 효모 역할을 하는 중요한 수단이다. 그러나 그 변용은 금속의 변용이 아니라 내적인 신비스러운 변용의 과정을 의미한다.

융은 대작 『심리학과 연금술』, 『결합의 신비』를 발표하고 그 외 많은 저서에서도 연금술과 심리학의 유사성을 언급하고 연금술의 관념과 현대의 무의식의 산물을 비교했다.

그는 소재와 물질적인 변용에 대해 말하고 있는 연금술의 옛 문헌들이 '무의식적인 사고가 투영된 위대한 그림'임을 깨달았다. 그 그림들을 개념으로 설명할 수 없으나 그것을 적어도 암시하고, 독자의 상상력을 자극하기 위해서 수록된 것들이었다. 융은 현대인의 무의식의 산물과 연금술사들이 도달한 결론 사이에는 놀라운 유사성이 존재하며 그 유사성은 이미 형식과 내용에서 일치하는데, 예를 들자면 현대인의 꿈의 이미지와 연금술의 옛 동판화는 비슷한 점이 많았다는 사실이다.

그는 현대인의 꿈에 등장하는 이미지를 소개하고 연금술을 통해서 그것의 풍성한 의미를 도출해 내고자 했다. '연금술과 심리학적 유사성'을 밝힐 수 있었던 것은 리하르트 빌헬름 때문이었다고 융은 그에게 공을 돌렸다. 빌헬름과『황금꽃의 비밀』,『황금꽃의 비밀』과 연금술, 연금술과 만다라, 만다라와『주역』으로 이어지는 심리학적 근저에는 '무의식의 의식화' 과정이라는 테마가 언제나 대두되고 있었다.

## 만다라와 주역

　융이 만다라를 그리면서 원(圓)의 구조에 매료되었던 것은 그것이 인류의 상징으로서 원형의 표현인 때문이다. 만다라는 산스크리트어로 '원륜(圓輪)'을 뜻하며 통합된 우주를 상징한다. 중세 연금술에서도 신(神), 즉 통합 상징을 원이나 구(球)로 나타냈다. 만다라 그림의 원은 바퀴가 발명되지 않았던 수천 년 전의 옛날로 거슬러 올라간다. 2만 년도 더 전의 옛날에 이런 원모양의 그림이 바위에 새겨졌다고 한다. 그 후 원의 상징은 인간의 의식을 지배하

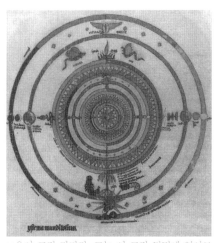

:: 융이 그린 만다라. 그는 이 그림 뒷면에 영어로 이렇게 썼다. "이것은 내가 1916년에 무슨 의미인지도 모르고 그렸던 최초의 만다라이다."

게 된다. 라마교와 탄트라의 요가 등 동양의 종교와 정신 속에서 등장하는 만다라는 외적인 우주의 묘사인 동시에 내적인 우주의 묘사이기도 하다. 만다라가 명상을 위해서 동원되는 이유이다. 만다라는 서양에서도 등장한다. 그리스 정교회에 있는 예수상들, 중세 대성당의 정교한 장미꽃 모양 장식 등에서 이러한 사실을 확인할 수 있었다. 그런데 이러한 사실은 질병을 유발하는 '부조화와 분열의 경향'을 질서와 균형의 틀 속에 편입시키고자 했던 심층심리학자 융에게 어떤 의미가 있었을까?

이에 융은 대답한다.

"만다라와 같이 인류의 먼 과거사로 거슬러 올라가는 사물들은 무의식의 가장 깊은 층과 닿아 있으며, 의식의 언어가 파악하지 못하는 무의식의 층을 감지하는 능력을 가지고 있다. 이런 사물은 새로 고안될 수 없으며, 망각의 어두운 골짜기에서 다시 끌어 올려져 보강되어야 한다. 의식의 어렴풋한 예감과 정신의 최고의 직관을 표현하고 현재 의식의 일회성과 삶의 먼 원초적 과거를 결합시키기 위해서 그렇게 해야 하는 것이다."

그가 만다라를 그렸던 것도 당시의 마음 상태를 따른 것이기도 했지만 동시에 무의식의 산물을 다루는 그의 독특한 방식이기도 했다. 융이 만다라를 그린 본래의 목적은 자기 자신이 되는 것, 바로 개체화(Individuation)의 추구였다. 더는 분할이 불가능한 개별체 혹은 전체가 되는 과정을 뜻하며 자기의식에 대해 완벽하게 아는 일이었다. 융은 개인의 인생은 마치 씨앗이 식물로 성장하는 것처럼 미분화된 전체성의 상태로부터 시작해서 복잡한 분화 과정을 거쳐 더 이상 나눌 수 없는 통일된 인격으로 발전한다고 보았다. 모든 인간은 개체화를 추구한다. 그러나 완전한 개체화를 실현한 사람은 석가모니나 예수를 제외하고는 없다고 해도 과언이 아니라고 그는 말한다. 우리 의식의 중심인 '나(자아)'를 훨씬 넘어서는 엄청난 크기의 전체정신(그 전체정신의 중심핵을 그는 자기원형이라고 했다). 의식과 무의식의 조화로운 통합을 위해 스스로 조정하고 질서지우는 우리 정신의 내적인 균형감각, 혹은 형이상학적인 최고의 진리. 자연의 운행을 조정하는 알 수 없는 궁극의 원리 같은 것에서 융은 인간들이 신(神)이라 부르는 대상에 해당되는 것들을 발견해낸다. 그가 확인한 것은 무의식에서 발견된 신(神)의 상(像)이었다. 이러한 융의 발견은 이미 동양사상에서도 오랫동안 계승되어 왔다. 예를 들자면 '모든 사람이 부처'라고 말하는 소위 대승불교의 여래장(如來藏) 사상이나 진여(眞如)의 관념은 분석심리학의 자기원형과 일치된다는 것이었다. 또한 음양이 합쳐 도(道)를 이룬다는 『주역』의 음양이론은 밝고 어두운 심리적 대극의 합일로써 전체정신에 도달한다는 융의 자기실현의 상징과도 일치했다.

융은 전체로서의 인격을 정신이라고 불렀다. 정신은 의식과 무의식 전체를 포함한다. 그러므로 인간은 본래부터 '하나의 전체'라는 것이 그의 기본 사상이었다. 의식세계에서는 '나(에고)'를 볼 수 있고, 무의식계에서는 '그림자' '아니마' 또는 '아니무스' '자기'라고 부르는 요소들을 만날 수 있다고 했다. '그림자'란 무의식의 열등한 인격이다. 그것을 싫어하는 자아의식이 한쪽 면을 지나치게 강조하면 그림자는 그만큼 반대편의 극단으로 치닫게 된다.

일반적으로 그림자가 의식화되면 그 다음 단계인 아니마, 아니무스를 인식하게 되고, 이것이 인식되면 자기, 즉 '마음의 전체'를 실현하는 마무리 단계에 이르게 된다는 것이다.

우리 마음속의 심령, 영혼을 뜻하는 아니마, 아니무스는 모두 자아의식을 초월하는 특성을 지닌다. 그것은 '나'의 통제를 받기보다는 고도의 자율성을 지닌 독립된 인격체와 같은 것으로 융은 인간의 무의식 속에 그와 같은 독자적 인격이라 할 만한 것이 존재한다고 믿었다. 그는 이를 내적 인격, 무의식적 인격이라고 불렀다.

아니마 즉 남성의 무의식의 내적 인격은 여성적 속성을 띠고, 아니무스 즉 여성의 무의식의 내적 인격은 남성적 속성을 띠게 된다는 것이다. 여기에서 음(여성) 가운데 양(남성)이 있고, 양 가운데 음이 있는 『주역』의 '부음이포양(負陰而抱陽)'한 태극적 요소를 만나게 된다. 융은 인간 정신의 이 두 가지 성향이 전혀 별개의 것이 아니라 서로 하나로 통일되려는 경향을 가진다고 보았다. 음과 양이라는 두 대칭적 대립에서 그는 동시에 그것을 상보적(相補的)이게 하는 전일성(全一性)을 주목했던 것이다.

아니마, 아니무스는 무의식의 원형 중에 특수한 원형이어서 자아의식을 무의식의 심층, '자기'에게로 인도하는 인도자(引導者), 또는 매개자의 역할을 한다는 것이다. 그러므로 아니마, 아니무스의 인식을 통한 인격의 통합과 분화는 자기실현의 매우 중요한 과제가 된다고 하였다.

우리의 정신은 대립적 음양의 태극(太極)으로 구성되고, 태극의 그 합일로써 자기실현이 가능하다고 그는 역설했다. 그리고 주역의 사상은 대립과 협력이 시간에 의해 함께 생겨나며 집착은 환경의 변화에 관계없이 끊임없는 투쟁을 야기시킨다는 것이다. 그러나 변화의 법칙, 주역에 따르면 승리하는 그 순간이 또한 패배로 향하는 전환점이 되므로 어느 쪽도 최종적으로 궁극적인 승리를 할 수 없다는 것이다. 오히려 인간은 자기가 살고 있는 주변 환경과 조화를 이루어야 하며, 내적 자아와 주변세계 사이에서도 조화를 이룸으로써 인생의 모든 입장들이 균형을 이룰 수 있다고 그는 지적했다.

그리고 무의식 속에는 어두운 그림자(파괴적, 부정적, 열등성)만 있는 것이 아니고 창조적 능력, 즉 빛의 원천이 들어 있다는 사실을 그는 주목했다. 모든 재앙의 근원이 인간에게 있다고 한 융은 사실 인간의 마음속에서 그 재앙의 근원뿐 아니라 이른바 '구원'의 근원도 함께 발견해 낸다. 구원의 열쇠란 내 안에 있기 때문이다. 그러므로 '그림자'의 인식은 인간이 전체정신을 실현케 되는 자기실현의 첫걸음이라고 말한다. 정신의 전체성이란 빛과 그림자의 융합으로 이루어졌으며 우리의 무의식 속에는 어두운 그림자만 있는 게 아니라 빛의 원천이 내재해 있다는 것을 강조했다.

그는 "그림자는 바다 표면 가까이에 있는 해초와 같으나, 일단 끄집어내기 시작하면 정신의 가장 밑바닥에 놓인 보배 또는 비밀을 건드리게 된다"고 말한다. 여기서의 보배란 참나, 성령(聖靈), 불성(佛性)의 다른 이름에 지나지 않을 것이다. 그러므로 그림자의 인식이나 그것의 의식화는 아니마, 아니무스를 바르게 인식하는 데도 중요한 역할을 한다. 왜냐하면 그림자는 아니마, 아니무스를 감싸고 있는 커다란 어둠(칠통 같은 無明業識)이므로 아니마, 아니무스를 명확하게 볼 수 없도록 하기 때문이다. 불교에서도 화두[看話禪] 참구로 그 어두운 그림자인 무명업식의 칠통을 타파하기만 하면 즉시 마음 밑바닥에 놓인 보배, 즉 눈부신 천광(天光), 진면목(眞面目)인 자기 부처와 만나게 된다고 한다. 불교 구원의 의미는 신에 의한 것이 아니라 자기 스스로 증득해야 한다는 자내증적(自內證的) 성격을 갖고 있다.

융은 무의식 속에 인간들이 신(神)이라 부르는 대상에 해당되는 것들을 발견하며 집단 무의식 내의 원형이란 다신교(多神敎)적인 신들이라고 언급했다. 융은 노자의 『도덕경』을 즐겨 읽었다. 도(道)는 항상 아무것도 작위하지 않고 자연의 이법에 의해 모든 것을 성취한다. 함이 없으면서도 하지 못하는 게 없는 무불위(無不爲)의 작용, 그것을 일러 도(道)이며, 자연이며, 주역이며, 신(神)이라고 했다. 그렇다면 주역의 신이란 무엇인가?

"주역은 생각함도 없으며(無思也), 함도 없어서(無爲也), 고요히 움직이지 않다가(寂然不動) 느껴서 드디어 천하의 연고(緣故)에 통하나니 천하의 지극한 신(주역의 태극신)이 아니면 그 누가 여기에 참여할 수 있겠는가."(「계사상전」 제10장)

텅 비어서 일체의 활동도 그치고 고요히 멈춰 있다가 별안간 안으로 와 닿는 파장의 울림, '외감(外感)의 내응(內應)' 같은 것이다. 그것으로 드디어 천하의 연고에 통하게 되나니 지극한 신(至神)이 아니면 누가 『주역』에 참여할 수 있겠는가고 공자는 묻고 있다. 이러한 『주역』에서의 지신(至神)은 초월적인 신(god)을 의미하는 것이 아니라, 융 심리학에서 말하는 '인간의 원형', 즉 내재적인 신을 뜻한다.

서양의 창조주 개념과는 달리 동양에서는 설계자의 개념이 없다. 노자와 장자도 주재자의 개념을 철저히 내재화하였듯, 동양에서의 자연은 창조자의 피조물이 아니라 '스스로 그러함'의 자연일 뿐이다. 자연 운행(運行)의 추동력은 자체적인 조직성에서 나온다. 이처럼 외부의 에너지를 필요로 하지 않고 자체적으로 운동할 수 있는 그 근거가 바로 음양이며, 도(道)이며, 주역인 것이다. 알 수 없는 음양의 움직임, 그것을 일러 신(神)이라고 했다. 음양불측지위신(陰陽不測之謂神)이다.

주역이란 한마디로 바뀌는[變] 것이다. 음양 소장(消長)에 따른 변화이다. 모든 사상(事象)은 궁극에 다다르면 변화한다. 음의 기운이 극성(極盛)하면 양으로 '변(變)'하고, 양의 기운이 극성하면 음으로 '화(化)'한다. 이것이 변화다. 주역의 이러한 음극양변(陰極陽變)과 양극음화(陽極陰化)의 이치를 알면 생사의 문제를 알 수 있고, 귀신의 정상(情狀)까지도 안다고 하며, 그 신(神)의 하시고자 하는 바를 안다고 하는 데 이르게 되는 것이다. 그러나 그 신(神)에는 방소(方所)가 없고 역(易)에는 체(体)가 없다. 그러므로 신은 어디에나 있으며 어디에도 없다. 또한 역은 무체(無體)이기 때문에 담는 대로 담겨지는 물처럼 형체가 없으면서 또한 어떠한 형체도 수용한다. 신(神)은 부르면 오고, 부르지 않으면 이르지 않는다는 것도 모두 이 때문이다.

## 누미노제와 내재적인 신(神)

Vocatus atque non vocatus deus aderit.
부르든 부르지 않든 신(神)은 항상 존재할 것이다.

이것은 융이 잠든 퀴스나흐트에 있는 묘지의 묘비명이며, 그의 집 현관문에서도 만날 수 있는 글귀이다.

심층심리학자인 그의 대명사처럼 되어 버린 이 글귀는 그대로 융을 이해하는 키워드라고 할 수 있다. 집안에 목사가 여섯 명이나 되고 융도 신앙을 가지고 있었지만 그는 어떤 종파에도 속하지 않았다. 교회가 제정한 신자들의 용어와 의식을 거부했으며, 신자들이 종교의 정신과 의미를 인식하는 것을 제도화된 종교가 가로막고 있다고 비판했다.

융은 누미노제(numinose)의 초월성에 대한, 인식을 표현하는 일관된 입장을 추구했다.

그는 자기 연구의 주요 관심사는 노이로제를 다루는 것이 아니라 누미노제, 즉 신뢰와 함께 두려움을 자아내는 '신(神)적인 것'에의 접근이라고 말했다. "누미노제에 대한 접근이 본래의 치료법입니다. 누미노제를 체험하는 사람은 질병의 저주에서 풀려납니다. 병 자체가 누미노제적 성격을 가지게 되는 것이지요"라고 했다. 융은 신(神)과 영혼의 관계를 설명하기 위해서 '내적(內的)인 신(神)'이라는 개념을 사용했다. 영혼의 원형을 언급하는 것은 심리학적 개념으로서 신학적, 종교적 개념으로는 이해될 수 없다고 했다. 그는 "내가 신의 존재를 증명하고 있다고 생각한다면 그것은 유감스럽게도 착각이다. 나는 신성(神性)의 원형의 존재를 증명할 뿐이다. 우리가 심리학적으로 신에 대해서 말할 수 있는 것은 이것이 전부"라고 했다. 이런 원형의 체험은 누미노제의 성질을 가지고 있다는 것이다. 그가 신과 영혼의 관계를 설명하기 위해 심리학적 개념으로서 가져온 '내재적(內在的)인 신(神)'은 개인의 신앙을 뛰어넘는 높은 차원에서의 열린 정신임을 알게 한다. 만년에 "신을 믿느냐?"는 기자의 질문에 그는 웃으며 "신을 안다"고만 답했다. 안다는 것은 무엇을 의미하는가? 공교롭게도 그때, 나는 인과(因果)의 질문에 대해 있다고도 없다고도 하지 않고 "어둡지 않다(不昧)"고 한 어느 선사의 말씀이 떠올랐다. 유무(有無)에 떨어지지 않는 불매(不昧)와 그가 신을 안다고 한 것이 무엇이 다르겠는가 싶었다.

무엇보다도 융의 무의식관(無意識觀)은 무의식이 자율성을 가진 창조적 조정 능력을 가진 것으로 보았다. 주역의 점(占)도 무의식이 그 자체의 자율적인 의지에 의해서 의식을 자극하여 무의식을 깨닫도록 하는 능력을 발휘한다. 그러므로 무의식은 의식의 훌륭한 안내자이며 충고자라고 할 수 있다.

존재하는 모든 물질은 동전처럼 앞면과 뒷면으로 되어 있다. 앞면은 사람의 눈이 지각하기 때문에[불교에서는 이를 무위법(無爲法)이라 하며 '초의식(超意識)'과 같은 성질을 지닌다] 스스로 창조하고 조직할 수 있는 능력을 갖는다. 따라서 무기질도 스스로 합목적인 세포를 만들 수 있으며, 일단 세포가 형성되면 세포 자체도 '초의식'을 갖게 되고 세포가 수없이 모인 식물이나 동물도 '초의식'을 갖게 된다. 생물은 초의식이 있기 때문에 필요에 따라 목적의식을 갖고 스스로 환경에 적응해 나간다. 자연 재해를 감지(感知)한 개구리나 쥐, 개미 등의 이동행렬을 지켜보면서 초의식에 의한 그들의 생존본능을 읽을 수 있었다. 이것은 동물들이 심한 압력이나 긴박한 욕구가 있을 때, 외부 물질구조에 '의미 있는(그러나 非因果論的)' 변화를 일으킬 수 있는 까닭을 설명해 주는 대목이기도 하다.

얼마 전 우리는 중국 쓰촨성에 출현한 어마어마한 두꺼비 떼를 기억한다. 그것은 대재앙의 지진을 예고한 것이었다. 무엇이 그렇게 하도록 했는가? 그것은 다윈이 말한 세포 자체의 자율성, 즉 초의식에 의한 생존 본능이며 융이 말한 무의식의 창조적인 조정능력과 다르지 않을 것이다.

무의식은 깊은 생각들을 본능적으로 만들어내고 주로 본능적인 경향에 의하여 인도되는 것 같다는 그의 말을 다시 한 번 상기하게 된다.

융은 『주역』이 "무의식을 의식화 시키는 도구요, 수천 년 동안 사용되어진 유일무이(唯一無二)한 지혜의 서"라고 평가했다. 그의 말대로 융은 무의식 안의 내용을 의식화시키는 방법으로써의 『주역』을 주목했고 주역 점을 능숙하게 다룰 줄도 알았다. 그는 친구인 빌헬름이 『역경』을 번역했을 때, 그의 부탁으로 「유럽 독자를 위한 주해(注解)」라는 장문의 서문을 썼으며 1950년 베인즈 부인에 의해 그것이 영역되었을 때 「역과 현대」라는 제목의 서문을 썼다. 서문을 쓰기 전에 융은 동전 척전법을 사용하여 두 번의 점을 쳤다.

"점괘(占卦)의 기법에 대해 자신은 20년 이상 몰두해 왔으며 1920년 초에 빌헬름을 만났을 때에는 이미 역경에 대하여 꽤 이해하고 있었다"고 서문에서 밝히고 있다. 융에게 많은 영향을 받았던 후크도 융에 관해 「역경과 인류」의 서두에서 이렇게 쓰고 있다.

『역경』은 단지 이해할 수 없는 상징과 신비한 주문으로 가득 찬 옛날 책으로 무시될 수는 없다. 왜냐하면 만일 역경이 그렇게 여겨진다면 공자(孔子) 같은 수많은 사상가들이 『역경』을 연구하기 위해 전 생애를 바칠 리가 없었을 것이며, 융 또한 그 주제에 관한 많은 것을 기술하지 않았을 것이기 때문이다. 사실 『역경』에 관한 어떠한 진지한 연구도 이들 위대한 두 학자의 자취를 따르지 않고는 시도될 수 있다고 생각하지 않는다.(『역경』은 『주역』의 다른 이름이다.)

후크의 지적대로 『주역』에 있어서는 카를 융과 중국의 공자를 빼 놓을 수 없다.『주역』책을 맨 가죽 끈이 세 번이나 끊어지도록 그것을 읽었다는 공자의 이른바 '위편삼절'과 30년간 『주역』을 연구해 왔다는 카를 융의 고백이 그것을 증거한다.

그는 정신분석학에서 말하는 '잠재의식 개발에 있어『주역』은 중요한 고전'이라고 밝혔다. 왜냐하면 정신분석학적인 과정에서 볼 때 주역의 64괘는 자아의 행동과 내성(內性)을 깊이 성찰하도록 구성되어 있는바, 이는 "현대 정신분석학에서 말하는 잠재의식의 개발 방법과 일치한다"는 것이다. 융은『주역』을 연구함에 있어 빌헬름을 만나고『황금꽃의 비밀』을 만났다는 것에 큰 의미를 부여했다. 그리고 그를 추모하는 기념강연에서는 이렇게 말한 바 있다.

빌헬름은 동과 서를 잇는 구름다리가 되어 가지고 멸망의 위기에 있는 옛 중국의 귀중한 문화유산을 여기 서양에 있는 우리들에게 보내주었다. 그는 유럽인이라는 좁은 시야, 그리고 선교사로서의 좁은 세계에서 완전히 해방되어, 모든 기독교적 억압 감정을 넘고, 모든 유럽적 우월감을 버리고 중국문화에 대한 전적인 이해에까지 이르렀다. (…) 그리고 동양을 이해하기 위해서는 서양의 합리적 오성이 동양의 영적, 직관적 인식방법보다 우월하다고 생각하는 오만함을 버려야 한다.

빌헬름의『역경』번역을 평가하면서 융은 어느새 그를 넘어 자신의 학문세계를 말하기 시작했다.

"역의 세계는 우리들 서양의 과학적(=인과율적) 세계관과 완전히 다른 것을 갖고 있다. 그것을 비과학적이고 비합리적이라고 터부시할 것이 아니라, 우리들의 과학적 원리와는 전혀 다른 역(易)의 '과학성'을 인식해야 된다"고 하며 융은 여기에 인과적인 것과는 다른 비인과율(非因果律)적인 공시성(共時性)의 개념을 제기한다. 『역경』은 의식이 막다른 한계에 부딪혔을 때, 즉 무엇을 결정할 수 없는 절망의 상황에서 소용된다. 이때 던지는 엽전, 또는 산가지(시초 줄기)가 괘를 이루고 그 상(象)에 따라 답이 나온다. 괘가 나오기까지의 물리적인 동작은 순전한 우연이며, 그 답 또한 현실을 잘 묘사하는 적절한 충고일 때, 그것은 우연의 일치이다. 융은 이것을 '동시성의 원리'로 설명될 수 있는 '의미상의 일치'라고 하였다. 의식이 한계에 도달할 때, 거기 무의식의 내용이 활성화된다. 따라서 의식의 물음에 대응하는 무의식의 내용에 배열이 생긴다. 이것은 시공(時空)의 한계를 넘는다. 마음 안에 배열되는 것이 마음 밖에 배열되는 것과 일치하게 된다. 즉 미래의 일이 궁금하여 점을 칠 때, 나오는 괘는 바로 인간의 마음속의 이미지가 나타난 것으로 이 이미지의 해석을 통해 미래의 일을 알 수 있다는 것이다. 그러므로 『주역』의 핵심은 괘이며, 괘는 바로 무의식의 세계에서 나타나는 이미지가 상징화된 것이다.

즉 점을 치는 사람과 점을 치러 온 사람과의 타이밍이 맞아 떨어지면 '점기(占機)'라고 해서 곧 시간과 공간과 영적(靈的) 능력이 한순간에 결합하게 되는데 그 신성한 의식이 괘(卦)로 나타나는 것이다. 이때 괘의 상을 보고 상징적 의미를 유추해내는 자기만의 해석이 필요하다.

예를 들자면, 일본의 이토 히로부미는 중국 대륙의 시찰 길에 오르기 전에 다카시마[高島呑象]를 찾아가 출행점을 쳤다.

간위산(艮爲山)의 3효가 움직여 중산간(重山艮)괘가 나왔다. 그는 "산 넘어 산이니 위험하다. 멈추라"고 충고했다. '간(艮)'은 산으로 멈추라[止]는 뜻을 내포하고 있기 때문이다. 이토 히로부미를 사살한 대한민국의 애국자는 다름 아닌 안중근(安重根)이었다. 공교롭게도 그의 이름에는 거듭중[重]자와 나무목[木]변을 떼어낸 간(艮)이 들어 있었다. 융도 아프리카 오지로 떠나기 전 출행점을 쳤다. 이때 풍산점(風山漸)괘가 나왔다. 풍산점의 9₃ 효는 이렇게 충고한다.

"기러기는 차차 고원으로 날아간다. 남자가 출정하면 돌아오지 못한다. 여자는 잉태하여도 기르지 못한다. 흉하다. 도적을 막는 것이 이롭다."

융은 이런 위협적인 예언에도 불구하고 모험을 감행했다가 점괘대로 곤욕을 치렀다.(점(占)은 사실대로 판명났다고 적고 있다.) 그는 몸바사에 도착해서 엘곤 산 지역으로 들어갔다. 흑인들이 5,000년 전부터 자신과의 만남을 기다려 온 것 같은 묘한 느낌을 받았다고 했다. 유럽인의 경건함과는 거리가 먼 듯한 그들의 신에 대한 체험(태양과 달에 대한 숭배), 신령스러움의 강력함에 깊은 감동과 충격을 느꼈다. 그날 늦은 밤에 그들의 환영식이 돌연 이상한 소동으로 돌변했다.

칼, 창, 몽둥이를 들고 춤을 추던 전사들의 행동이 갑자기 난폭해지기 시작했다. 불안했다. 융은 이때 '도적을 막음이 이롭다'는 『주역』의 충고를 떠올렸을 것이다. 태연한 척 그 상황에 몸을 맡기면서 즉시 가져온 선물을 나눠 주고 재치있게 추장을 설득해 잠자리에 들도록 권하면서 겨우 그 자리를 피했다고 한다. 융은 결국 자신의 정체성을 다시 의식했고, '되돌아가는 길'에서 만날 수 있는 위험과 그들의 원형적인 집단 영혼에 자아를 잃어버릴 수도 있다는 것을 깨달았다고 적고 있다.

점(占)이 왜 맞는가? 융은 일찍이 '주역이 점'이라는 사실을 알고 이것에 주목했다. 그는 빌헬름의 『역경』이 영역되었을 때, 「역과 현대」라는 제목의 서문을 쓰면서 『역경』이 과연 영어권 독자에게 어떻게 받아들여질 것인가?에 대해 직접 점을 쳐서 그 길흉을 묻기로 했다. 동전척전법으로 그가 얻어낸 답은 50번째, 화풍정(火風鼎)괘였다.

## 화풍정(火風鼎)과 융

화풍정괘를 먼저 살펴보자.

화풍정의 '정(鼎)'은 '솥'이다. 괘의 상을 보면,

火 ☲ 외괘 → 이(離)는 불(火)이요

風 ☴ 내괘 → 손(巽)은 나무, 또는 바람이니 불을 지펴 음식물을 삶는 '솥'의 형상인 것이다. 역경의 단(彖)은 말한다.

'정은 솥의 형상(鼎象也)'이니 나무로써 불을 들여 밥을 삶으니, 성인이 삶아서 상제께 제사를 올리고 크게 삶아서 성현을 기르느니라. 겸손하고 귀와 눈이 총명하며, 유(柔)가 나아가 위로 행하고 중(中)을 얻어 강(剛)에 응함이라. 이로써 크게 형통하니라.

역경의 단사를 보고 융은 이렇게 판단했다.

"나의 물음의 성격과 상응하면서, 우리는 본문을 마치 『역경』 스스로가 말하고 있는 사람인 것처럼 이해해야만 한다." 그러면서 그는 화풍정괘가 삶은 음식물을 담고 있는 솥, 즉 제기(祭器)로서 스스로를 표현하며, 여기에서의 음식물은 '정신적인 음식물'로 해석하는 한편 그는 빌헬름의 견해를 차용해 이렇게 풀이한다.

① 정제(精製)된 문화의 도구로서의 '솥'은 그들의 양육이 치국(治國)

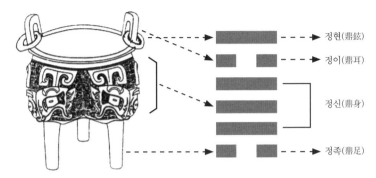

정현(鼎鉉)
정이(鼎耳)
정신(鼎身)
정족(鼎足)

솥과 정괘(鼎卦)

에 도움이 되는 유능한 인재의 양육과 교육을 암시한다는 것.

② 그리하여 여기에서 문화는 그것이 마치 종교에서 절정을 이루는 것처럼 제시된다.

③ 솥은 신(神)에 대한 제물로 쓰여진다.

④ 신의 최상의 계시는 예언자나 성자 속에 있다. 그들을 숭경(崇敬)함은 진정으로 신을 숭경함이다.

⑤ 그들을 통하여 계시된 신의 뜻은 겸손하게 환영받아져야 한다(필자가 내용을 간추려 편의상 번호를 붙였음)는 데 동의하고 융은 『역경』의 서문을 쓰기로 결정했던 것이다.

어떤 정해진 순간에 점친 괘의 형태는 그 시간만이 아니라 성질에 있어서도, 점친 순간에 들어맞게[暗合] 된다고 하는 것은, 그 괘가 나온 순간을 지배하고 있는 '본질적 상황'을 제시하기 때문이라는 것. 여기에서 융은 인과율과는 다른 동시성(同時性)을 제기한다. 동시성이란 공간과 시간에 있어서의 복수의 사건 사이의 암합(暗合), 그 특이한 상호의존 관계를 단수 또는 복수의 관찰자의 주관적 · 심리적 상태까지를 포함시켜 드러낸다는 것이다.

그는 심리적 사실과 물리적 사실의 대응이라고 하는 측면에서, 이러한 사실을 설명했다. 묻고 싶은 문제를 50개의 시초의 조작에 맡기는 시간의 흐름 속에서 하나의 심리상태가 나타나고, 그와 함께 하나의 전체성(全體性) 속에 있는 의미연관(意味連關)을 보게 되는 것이다. 융은 그것을 서양의 별점(占星)과 유사하다고 했다. 신탁(神託)을 바라는 사람은 자기의 내부에서 경험되는 사실과 외부에서 일어나는 사실, 즉 심리적 사실과 물리적 사실의 사이에 일종의 필연성을 동반한 평행현상이 있음을 인정하기 때문이라는 것이다. 거기에 얼마간의 신비주의적 경향을 볼 수도 있지만, 융은 질문자가 자리 잡은 특수한 심리적 사실의 관여를 지적한다.

그의 말대로 '역경의 말은 하나의 암시이다.' 그 암시에서 자유로운 연상을 일으켜서 자기가 지닌 문제를 생각하고 해결해 나가야 한다고 그는 '서문'에 적고 있다. 그가 판단하고 유추해내는 화풍정괘의 효사를 따라가 보자. 융의 심리적 관여가 어떻게 개입되어 있는지 살펴볼 수 있는 좋은 기회다. 왜냐하면 주역의 괘사나 효사를 읽어내는, 암시에 따른 해석은 묻는[占친 자] 사람에게 온전히 맡겨져 있기 때문이다.

화풍정괘의 9₂ 효사는 말한다.
'솥에 음식물이 있다.
나의 동료들이 시기하는데,
그러나 그들이 나에게 아무것도 해를 입힐 수는 없다'(九二 鼎有實, 我仇有疾, 不我能卽 吉).

『역경』은 또한 자신에 대하여 스스로 말한다. "나는(정신적인) 음식물을 지녔다." 위대한 것을 소유함은 언제나 시기를 불러일으키기 때문에, 시기하는 무리를 두는 것은 위대한 자의 모습에 속한다. 시기하는 사람은 그에게서 그것을 빼앗으려 하는데, 즉 그의 의미를 강탈하려 하거나 파괴하려 한다. 그러나 그에 대한 적대행위는 무익하다. 즉 그는 아무도 그에게서 빼앗을 수 없는 그의 긍정적인 일의 성과에 의해서 확신하게 된다. "융은 그들(유럽의 독자들)에게 받아들여지지 않는 나를 『역경』으로 보았던 것이다."

9₃ 효사는 말한다.
'솥의 손잡이가 바뀌어진다.
사람이 그의 변화 속에서 방해받는다.
송아지의 기름은 먹혀지지 않는다.
문득 비가 오면, 그때 후회가 없다.
마침내 길(吉)함이 올 것이다'(九三 鼎耳革 其行塞 雉膏不食 方雨 虧悔 終吉).

손잡이는 우리가 그것으로 솥을 들어 올릴 수 있는 자루이다. 그는 역시 우리가 『역경(=鼎)』에 대하여 갖고 있는 개념을 의미한다. 시간이 흐름에 따라 분명 그 개념이 바뀌었고, 그리하여 우리는 오늘날 『역경』을 더 이상 이해할 수가 없다. 따라서 우리는 그의 변화 속에서 방해받으며, 즉 우리는 더 이상 신탁(神託)의 현명한 방법이나 깊은 통찰에 의해서 보호받지 못한다. 이리하여 우리는 운명의 혼합 속에서, 그리고 자신의 본성의 어둠 속에서 더 이상 올바르게 정신을 차리지 못한다. 우리는 더 이상 송아지의 기름을, 즉 좋은 음식 중에서 가장 좋고 풍부한 것을 먹지 못한다. 그러나 메마른 대지가 다시 비를 맞아들인다면, 즉 이러한 빈궁의 상태에서 벗어나진다면, 그때 지혜의 상실에 대한 연민은 끝나게 되는데, 왜냐하면 마침내 열망하는 기회가 오기 때문이다. (빌헬름의 설명이 따른다.)

빌헬름은 그것에 대하여 말한다. 그것은 더 높은 문명의 시대에 『역경』이 아무로부터도 고려되거나 승인되지 않는 곳에서 살고 있는 어떤 사람에게 제시된다. 그것은 『역경』의 효능(效能)을 위해서는 하나의 어려운 제동(制動)이다. 『역경』은 말하자면 그의 훌륭한 특성이 오인받고 있으며 그리하여 활용되지 않고 있음에 대하여 한탄한다. 그러나 그가 다시 인정받게 될 것이라는 희망을 가지고서 스스로 위로하고 있다.

융은 화풍정괘가 의미하는 '솥'을 신에의 제물(祭物) 혹은 신의 식량이 되는 희생의 음식이 바쳐지는 그릇으로 느낀다. 『역경』이 신으로 투시된 저 무의식의적인 요소나 세력들(정신적인 중재자들)에다가 정신적인 영양분, 즉 적당한 주의를 기울이고 있는데 기여하는 의식(儀式)의 기구로서 역시 스스로를 이해하고 있기 때문에 『역경』은 개인의 생활에 관여할 수 있다. 그것은 진정 종교적인 언어의 의미가 있으며 신성력(神聖力)에 대한(종교에 대한) 일종의 주의 깊은 관찰이나 고려가 되는 것이라고 말한다.

융은 9₂와 9₃ 효(爻)의 중요함을 강조하면서도 나머지 효에 대해 모두 언급했다.


첫 번째 효사는 말한다.
'뒤집혀진 발을 가진 솥.
정지로부터 벗어나기를 요청하면서.

그의 아들을 위하여 첩을 얻는다.

허물이 없다'(初六 鼎顚趾 利出否 得妾 以基子无咎).

뒤집혀진 솥은 그가 사용되지 않고 있음을 가리킨다. 이리하여 『역경』은 어떤 솥처럼 사용되고 있지 않다. 그는 위에서 말한 바와 같이 방해의 제거를 위해 노력한다. 우리는 마치 정실(正室)이 아들을 갖지 못했을 때, 얻게 되는 첩과 같이 그를 사용하는데, 즉 우리는 『역경』을 우리가 스스로 어떤 것도 해나갈 줄을 알지 못할 때 이용한다. 중국에 있어서는 첩 제도가 준 합법적인 것임에도 불구하고 그것은 역시 언제나 분명 하나의 위험한 응급수단이며, 점괘(占卦)의 그러한 주술적인 방법도 어떤 더 높은 목적을 위해 이용할 필요가 있는 임시변통인 것이다. 때문에 이것이 비록 예외적인 행동과 관계를 가진다 할지라도 허물이 결코 남지 않는다는 것이다.(두 번째와 세 번째의 효(爻)는 이미 앞에서 언급했다.)

네 번째 효사는 말한다.
'솥은 발을 부러뜨린다.
군주의 식사가 흘려지고,
그래서 모습이 더럽혀진다.'
흉(凶)하다!(九四 鼎折足 覆公餗 基形渥 凶)

여기에서 솥은 사용되기 시작했는데, 그러나 아주 명백한 매우 서투른 방식으로 사용되기 시작했으며, 즉 신탁은 오용되거나 옳지 못하게 해석된다. 이러한 방식으로는 신찬(神饌)이 분실된다. 이와 함께 우리는 스스로에게 창피를 준다. 『주역』을 번역한 레게 신부는 이 부분에서 말한다. "그것의 주체가 창피로 부끄러워하게 될 것이다." 만일 이러한 오용(誤用)이 솥(『역경』과 관계하면서)과 같은 의식기구(儀式器具)와 관련된다면, 우리는 조잡한 신성 모독에 관하여 말하고 있는 것이 된다. 『역경』은 여기에서 명백히 제기(祭器)로서의 그의 품위에 대하여 주장하며 그것의 세속적인 사용에 대하여 경고한 것이다.

다섯 번째 효사는 말한다.
'솥은 노란 손잡이, 즉 금색 운반 고리를 가졌다.
흔들리지 않음이 이롭다'(六五 鼎黃耳金鉉 利貞).

『역경』은 보이는 바와 같이, 어떤 새롭고 바른(노란) 이해, 즉 우리가 그것에 의해 이해할 수 있는 어떤 개념을 발견한다. 이러한 개념은 귀중한(금색의) 것이다. 그것은 『역경』이 서양세계에 더욱 다가가게 하고 있는 새로운 영어판과 관련될 수 있으며, 그리고 『역경』에 대한 나의 수년 동안의 끈기 있는 연구와도 관련될 수 있다고 융은 말한다.

여섯 번째 효사는 말한다.
'솥은 연옥(軟玉)의 고리를 갖는다.
대길이다!
이(利)되지 않음이 없다'(上九 鼎玉鉉 大吉 无不利).

연옥(軟玉)은 자신의 아름다움과 부드러운 광휘(光輝)로 말미암아 빼어난다. 만일 운반 고리가 연옥으로 된다면 그릇 전체가 그와 함께 아름다워지고, 영광스러운 자리에 앉혀지며 그 가치가 증가될 것이다. 『역경』은 여기에서 더욱 평화스러우며 낙관적으로 자기의 심중을 표현하고 있다. 우리는 다만 그 이상의 사건이 올 것을 기대할 수 있으며, 그러는 사이에 즐거운 확신을 가지고『역경』이 그 자신의 새로운 출판에 아마도 동의했다는 사실에 우리는 만족할 수 있을 것이다.

융이 얻어낸 '화풍정괘'는 정신적인 중재자로서 혹은 정제된 문화의 도구로서의 솥이다. 솥[주역]은 신에 대한 제물로 쓰인다. 그들[주역]을 공경하고 존중함은 신(神)을 숭경(崇敬)함이다. 그들을 통하여 계시된 신의 뜻은 겸손하게 환영받아져야 마땅하다는 결론을 융은 도출하기에 이른다. 그러나 아직 낙관은 이르다. 왜냐하면 화풍정괘의 $9_2$와 $9_3$의 효동(爻動)을 고려해야 하기 때문이다. 효동이란 음과 양의 자리가 서로 바뀌는 것으로 일의 진전 상태를 암시한다.

화풍정이 화지진괘로 변한다.

화지진(火地晉)이란 태양이 지평선 위로 떠올라 나아가는 모습[象]이다. 일출의 상이니 본래의 성품을 밝혀 밖으로 나아가는 것이다. 그러나 나아가는 과정에는 여러 어려움이 따르게 된다. 호괘(互卦)가 수산건(水山蹇)이요, 건(蹇)은 발을 절뚝거리는 것이니 어려운 괘이며, 도전괘와 착종괘는 '밝음을 안으로 감추라'는 지화명이(地火明夷)괘다. 밖으로 나아가기만 하면 반드시 상처 입는 어려움이 있게 되나니 밝음을 감추고 숨을 것을『주역』은 권한다.

그러므로 융은 이에 화지진괘를 다음과 같이 판단한다.

"이 괘의 주체는 그의 솟아오름에 의해서 행복의 여러 가지 변덕스러움을 견뎌야만 하는 사람이며, 그리고 본문은 마치 우리가 이러한 경우에 어떠한 태도를 취해야 하는가를 묘사하고 있다. 『역경』은 이러한 상태에 있는 것이다. 그는 사실 태양처럼 솟아오르거나 그 존재가 명백해지는데도 거절될 것이며, 어떠한 신임도 얻지 못할 것이다. 그리고 그가 발전하고 있음에도 '비애' 속에 있다. 그렇지만 그는(주역) 그의 조모(祖母)로부터 큰 행운을 얻게 된다. 이러한 어두운 상태에서 심리학은 우리를 돕는다. 태모(太母)나 조모(祖母)는 꿈이나 동화 속에서 드물지 않게 무의식을 의미하는데, 왜냐하면 그것은 남자에 있어서는 여성적인 징후를 갖기 때문이다. 또한 『역경』이 이미 의식에서는 어떠한 해석도 찾지 못했다면, 그러면 무의식이 『역경』을 마중 나가게 되는데, 왜냐하면 『역경』은 그의 본성에 따라 의식의 이성주의보다는 역시 무의식과 더욱 밀접하게 결합되어 있기 때문이다. 무의식이 꿈속에서 자주 여성적인 모습으로 표현되기 때문에 여기에서의 이것도 그러한 경우가 될 수 있다. 이리하여 여성적인 모습은 『역경』에 그녀의 어머니다운 배려를 주는 '여자 번역자'가 된다. 이것은 『역경』에게는 큰 행운으로서 쉽게 생각될 수 있는 것이다."

이미 베인즈 여사가 고려된 귀납적 유추인 셈이다.

빌헬름의 독일어판 『주역』을 영역한 베인즈 여사는 융이 아끼는 그의 여 제자이기 때문이었다. 융은 화지진괘의 호괘를 염두에 두고 다음과 같은 우려를 다시 나타낸다. 그의 「서문」 중에서 한 부분씩을 옮겨 본다.

나 역시 독자에게 이 서문의 작성이 썩 기분 좋게 여겨지는 것은 아니다. 왜냐하면 나는 학문적으로 책임을 져야 하는 사람으로서 내가 증명할 수 없는 것이나 혹은 적어도 용인할 수 있는 오성으로 내세울 수 없는 것은 주장하지 않는 데 익숙해져 있기 때문이다. 그러나 나처럼, 누구나 그러한 상태에서 확신을 통해 스스로(고대 주문의 축적을) 소개하기 시작하고, 그리하여 그것을 현대적이며 비판적인 대중에게 다소 수락할 수 있게 만들어 왔다면, 우리 스스로는 그것이 가진 외면적 모습보다는 그것 배후에 더욱 많은 어떤 것이 있다는 주관적인 견해를 가지고 있으며, 그때 우리가 곧바로 받아들일 수 없는 과제에 직면함을 느꼈기 때문이다.

그리하여 내가 정확한 증명이나 탄탄하고 학문적으로 충분하게 근거를 지닌 진술을 제공할 수 있는 것 대신에, 부득이 대중의 선의(善意)나 환상에 호소해야만 하는 일은 나에게 약간 고통스러운 것이 된다. 이러한 태고(太古)의 점괘 기법에 반대하기 위해서는 어떠한 논증을 펼쳐야 하는지는 유감스럽지만 매우 명백하다. 우리는, 알려지지 않은 바다 위에서 어떤 것을 운반해야만 하는 배가, 어딘가에 회복할 수 없는 구멍을 갖지는 않았는지 어떤지에 관해 결코 안심할 수가 없다. 고본(古本)은 부패되지 않았을까? 빌헬름의 번역은 모든 부분에서 적합할까? 우리는 그 해석에서 자기기만을 두지 않았는지? 사실 나는 자기통찰(自己洞察)의 가치에 대하여 철저하게 확신하고 있다. 그리고 자기통찰을 권장하는 것은 어느 정도 유익한데, 왜냐하면 진정 모든 인간 가운데에서, 그리고 모든 시대에서 가장 현명한 이들조차도 성과가 없을지언정 자기통찰을 설교해 왔다.

『역경』속에 나에게 이러한 「서문」을 쓰도록 시킬 수 있는 그러한 어떤 것이 있다는 것은 단지 주관적인 논증일 뿐이다. 이전에 꼭 한번, 리하르트 빌헬름에 대한 기념사에서, 『역경』의 문제에 관하여 말한 적이 있으며, 그리고 다른 때에는 요령껏 그에 대하여 침묵하여 왔다. 나는 이제 이런 신중한 주의를 깨뜨리게 됐는데, 즉 나는 내가 인간의 변덕스러운 생각이 결코 감동을 줄 수 없으며, 고대의 대가의 '사상'이 학문적인 화제보다도 더욱 나에게 흥미 있게 된 생애의 80세에 이제 들어섰기 때문에, 감히 그것을 말할 수 있게 되었다. 나는 내가 이전에는, 오늘날 그것을 하는 것처럼, 그러한 보이지 않는 어떤 일에 대하여 감히 그토록 명백하게 진술해 오지 않았음을 안다.

이와 같이 융은 과학도로서 상당히 조심스럽게 자신의 입장을 피력하고 있다. 『주역』을 학문적 근거로 진술할 수 없는 대신, 대중의 선의나 환상에 호소해야만 하는 자신의 입장을 변명하면서 나이 80이 되어서야 그는 불가시적인 일에 대해 언급할 수 있게 되었다고 말한다. "보이지 않는 것도 보이는 것과 똑같이 인정해야 한다"는 그의 어록이 귀에 남는다. 그는 자신의 행위를 고려하기 위해 또 한 번의 점을 쳐서 괘를 얻었다.

해답은 29번째 감(坎)괘, 즉 심연(深淵)이었다.

6₃ 효의 위치가 더욱 두드러진다. 효사는 말한다.

나아가고 물러섬에 감감(坎坎)하다.

그러한 위험 속에서 우선 중지하라,

그렇지 않으면 네가 심연 속에서 구멍으로 빠진다.

그와 같이 행동하지 말라.(卦 坎 : 六三 來之 坎坎 險且枕 入于 坎窞 勿用)

'그와 같이 행동하지 말라'는 좋은 충고를, 이전에 나는 무조건적으로 채택해 왔고, 내가 아무것도 가지고 있지 않다는 유일한 이유 때문에 『역경』에 대한 어떠한 생각도 포기해 왔다. 그러나 이제 그[주역]는 나에게 그의 기능에 대한 하나의 귀감으로써 소용되고 있다. 사실 나는 앞으로 나아갈 수도 없는데, 즉 내가 점괘(占卦)에 대하여 물어왔던 것을 넘어서서 나아갈 수도 없고, 또한 물러설 수도 없어서, 말하자면 견해를 전적으로 포기할 수밖에 없었다. 실로 『역경』의 문제점은 우리가 감감(坎坎)으로부터 그것에 대하여 심사숙고하기 시작하고, 그래서 필연적으로 우리가 모든 끝없는 어둠과 비판력을 잃은 사색 속에서 중지하고 정지해야만 하거나, 그렇지 않으면 사실 진퇴양난 속에 길을 잃게 될 때 존재한다. 사실 나는 이 효가, 이전의 발생을 내가 기술했던, 그 감정의 상태를 아주 적절히 재현한다는 것을 인정하는 이상 아무것도 할 수 없었다. 마침 이러한 상징에 위로를 주는 단서가 내게 나타났던 것이다.

"네가 성실하다면, 그러면 너는 내심에서 성공을 갖는다." 그리하여 이 말은 이러한 형세에 있어서 결정적인 것이 외부적인 위험이 아니라, 주관적인 상태, 즉 우리가 스스로 '성실하게'에 대하여 명심하고 있는지 혹은 그렇지 않은지 하는 상태라는 것에 대하여 언급하고 있는 것이다.

이 괘는 이러한 형세의 생동적인 현상을, 어떠한 위험스러운 자리도 두려워하지 않고, 절벽 위에 떨어지기도 하며 구멍들은 채워진 물의 흐름에 비유되고 있다.(坎은 물을 의미한다.) 그리하여 귀인(貴人)은 그와 같이 행동하며 "그리고 가르치는 일을 연습한다." 이제 진정 나는, 일어날 수 있는 자기기만이나 불신, 의심스러움, 그리고 오해 등을 두려워하지 않으며, 우리가 떨어질 수 있는 모든 그러한 구멍들이 얼마나 될까를 두려워하지 않고, 나는 독자들에게 『역경』에 대한 가르침을 제공하기 위하여 노력하려 한다.

융은 감(坎) 괘 6₃의 지괘(之卦), 정(井)괘를 주목했다.

좌측의 기호대로 감괘의 6₃효가 변하여 수풍정(水風井) 괘가 되었다. 샘물로 변한 것이다. 구멍[坎]은 더 이상 위험을 의미하지 않고, 하나의 유용한 샘을 의미하게 된 것이다.

그리하여 귀인(貴人)은 백성을 격려하여 일하게 하며,
서로서로 돕도록 타이른다(君子 以 勞民勸相).

지괘의 후자는 유용한 샘으로 회복되었다. 즉 그것은 옛날의 진흙으로 가득 찬 버려진 샘이었다. 동물들은 단 한 번도 그(샘)로부터 마셔보지 못했다. 사실은 그 안에 낚을 수 있는 물고기가 있으나 사람들은 아직 마시기 위해, 즉 그것의 사용을 이용한 적이 없다. 이러한 설명은 새로운 손잡이를 얻어야 하는, 뒤집혀서 쓸모가 없는 제기(祭器)를 연상하게 된다. 이 샘도 그렇게 청결하게 될 것이다. 그러나 지금은 아무도 그로부터 마시지 않는다.

그것은 내 마음의 근심이다.

그럼에도 우리는 그로부터 물을 길어낼 수 있을 것이다(九三 井渫不食 爲我心惻 可用汲).

마치 위험스러운 물구덩이가 『역경』을 가리킨 것처럼, 그렇게 샘도 『역경』을 가리키고 있다. 그러나 후자는 적극적인 의미를 갖는다. 그는 생수(生水)를 지니고 있는 구덩이다. 그는 무의식이다. 한편에서는 위험 이 되며, 다른 한편에서는 도움이 된다. 그의 사용은 다시 회복될 것이 다, 그러나 우리는 그것에 대한 어떠한 이해, 즉 물을 담을 수 있는 어떠 한 도구도 갖지 않았는데, 왜냐하면 '그릇이 깨져 새고 있었기 때문이 다'. 마치 제기(祭器)가 우리에게 잡혀질 수 있기 위해, 새로운 손잡이나 운반고리를 얻은 것처럼 샘도 역시 새롭게 안쪽이 벽으로 둘러싸여야만 한다. 그는 즉 "우리가 마실 수 있는 시원한 수원(水源)을 지니고 있다." 우리는 그로부터 물을 길어낼 수 있으며, "그는 믿을 만하다."

이러한 '징후'를 진술하고 있는 주체가 '생수의 샘'으로서 그 자신을 묘사하는 『역경』이라는 사실은 두말할 것 없이 명백하며, 그에 따라 전 술한 괘는 우리가 새로이 사용하도록 정비할 수 있는, 낡고 붕괴되었 으며, 진흙으로 파묻힌 샘이 있음을 드러내기 위해서, 우연히 이러한 구덩이에 빠지게 되거나, 또는 우선 그러한 구덩이로부터 끌어내져야 만 할 것이라는 구덩이의 위험에 대하여 상세하게 묘사하고 있다.

융은 말한다.

나는 동전점괘(銅錢占卦)의 우연한 기법에 대해 두 가지를 문의했는 데, 하나는 첫 번째 괘와 두 번째 괘의 진술에 관한 것이었고, 둘째는 그 이후에 관한 것이었다. 말하자면 첫 번째 문의는 마치 『역경』이 『역 경』에 관한 어떤 안내를 기술하려는 나의 계획에 대하여 어떤 태도를 취하고 있는 것처럼, 『역경』에 대하여 물어 본 것이다. 둘째 문의는 나 자신의 행위, 즉 나의 형세와 관계되는데 그 속에서는 내가 행동하는 인격이 된다. 첫 번째 문의에 대하여 『역경』은 그 자신을 대중에게 오직 어떤 애매한 만족만을 주고 있는, 그러나 새로워지고 있는 제기(祭器)에 비유하여 대답하였다. 둘째 문의에 대하여 내가 일종의 깊고 위험한 물, 즉 그 속에 정체(停滯)될 수도 있는 물구덩이로 『역경』 자신을 묘사하고 있는 그러한 어려움 속에 빠져들어 왔다는 대답이 나왔다. 그러나 그것은 우리가 오직 그것을 다시 아주 유용하게 사용할 수 있도록 갱신(更新)시켜야만 하는 하나의 오래된 샘이기도 하였다.

이 네 개의 패는 정확히 주제(그릇/나아감, 구멍/샘)와 일치하며 정신적인 내용에 있어서도 ―나의 주관적 견해에서 볼 때는― 합리적이고 의미 있다. 어떤 사람이 나에게 대답하기를 요청한다면, 정신과 의사로서의 나는 자료가 미치는 한도 내에서만 책임 있게 설명하지 않을 수 없었다.

나에게는 편견 없는 독자들이 이 예들을 통하여 『역경』의 작용방식에 대한 최소한의 가설적(假說的) 판단이라도 형성한 것으로 여겨진다. 간단한 소개서가 더 이상을 기대할 수도 없을 것이다.

이러한 견해를 알림으로써 『역경』의 심리학적 현상을 설명하는 일에 내가 성공했다면, 나는 나의 목적을 성취한 것이다. 내가 이 특수한 책이 소용돌이쳐 일으키는, 수천 가지의 문제나, 의심이나, 비평 등에 대해 모두 답변할 수는 없다. 『역경』의 정신은 어떤 사람에게는 밝게, 또 다른 사람에게는 흐릿하게 그리고 제3의 사람에게는 캄캄한 밤과 같이 나타난다. 『역경』에 좋은 느낌이 들지 않는 사람은 진정 『역경』을 사용하지 않아야만 하며, 그것에 반대하는 사람도 『역경』을 진실로 생각해서는 안 된다. 『역경』은 『역경』을 가지고 어떤 일을 시작할 줄 아는 사회의 사람들에게 잘 어울리는 것이다.

그의 육성을 그대로 옮겨 온 것이다. 그는 『주역』의 서문을 쓸까 말까를 고심하다가 두 번 점을 쳤다고 했다.

첫 번째의 답은 화풍정(鼎)의 화지진(晋)괘였다. 두 번째의 답은 중수감(重水坎)의 수풍정(水風井)괘였다. 이 네 개의 괘는 정확히 주제(그릇/나아감, 구멍/샘)와 일치한다고 그는 서문에서 적고 있다. 그러나 동일한 괘가 나왔다고 해도, 답을 구하는 사람의 입장에 따라 그 괘는 다르게 해석될 수도 있다. 왜냐하면 『역경』의 말은 하나의 암시이기 때문이다. 그 암시에서 자유로운 연상을 일으켜 자기가 지닌 문제를 생각하고 해결해 나가야 된다고 융은 암시에 따른 자기 해석을 앞에서도 강조한 바 있다. 그러므로 위의 네 괘에서 자기 입장이 충분히 고려된 융의 해석을 살펴볼 수 있었다. 일반적 견해로 '정(鼎)'은 국가를 상징한다. 중국을 맨 처음 만든 복희씨는 국가의 상징으로 커다란 가마솥[鼎] 하나를 만들었다. 황제 훤원 씨는 세 개의 솥을 만들었고 우임금은 아홉 개의 솥을 만들었다. 큰 가마솥은 '국가'를 상징한다. 그래서 경복궁이나 중국의 자금성에 가 보면 '정(鼎)'이라는 커다란 가마솥이 놓여 있다. 어떤 사람은 '정(鼎)'을 왕비나 천자의 상징으로 보기도 한다. 그러므로 화풍정괘의 '정'을 '국가의 상징'으로 보는 사람은 괘의 초점이 나라의 안위에 모두 맞춰진다. 그러나 여기에서는 『주역』에 관한 점이기 때문에 융은 화풍정 괘의 '솥'을 신찬을 담고 있는 『주역』으로 보았다. 점치는 사람의 심리(의도)가 무의식적으로 개입된 것이다.

주역 점을 친다고 하는 행위를 통하여 설문자(說問者)가 역에 관여함과 더불어 괘사 내지 효사에 관한 해석도 질문자에게 온전히 맡겨져 있기 때문이다.

융은『주역』에 대해 다시 말한다.

미숙하고 유치하며 장난기 있는 사람에게는 적합하지 않다. 주지주의적이며 합리주의적인 성격의 사람에게도 어울리지 않는다. 반면에 무엇을 그들이 하고 있으며, 무엇이 그들에게 일어나고 있는가를 돌이켜 생각하기 좋아하는 명상적이며 반성적인 사람에게 진정 알맞은 방법이다. 물론 이런 태도는 자신의 일을 병적으로 걱정하기만 하는 태도와는 거리가 먼 것이다.『주역』은 증명이나 결과까지 덧붙여서 보여주지는 않는다. 역(易)은 자신을 자랑하지도 않지만, 결코 접근하기 쉬운 것도 아니다. 그것은 자연의 일부이듯이 자신이 발견될 때까지 조용히 기다리고 있다. 그것은 자기를 깨달아 아는 것을 사랑하고, 지혜를 얻는 것을 사랑하는 사람들에게 있어서는, 참으로 적절한 책이다. 그것을 좋아하지 않는 사람은 그것을 인용할 필요도 없다. 그것에 반대하는 사람은 그것을 진리로 인정해야 할 의무도 없는 것이라고 한다. 이것이 그가 쓴「서문」의 쟁점 부분이다.

실제로 그는 빌헬름이『주역』의 괘를 어떻게 운용하는가를 옆에서 관찰하면서 대단히 만족스럽게도 무의식의 심리학에 대한 자신의 지식(괘의 해석)이 매우 유용하게 쓰인다는 사실을 확인할 수 있었다고 밝혔다.

무의식이 '암호로 뒤덮인 전보'를 작성하여 의식에 보내고 의식은 이를 해독한다고 말한 사람은 철학자 테오뒬 리보(Theodule Ribot, 1839~1916)였는데 융이야말로 암호로 뒤덮인 무의식의 전보를 해독하고 그 상징을 이해하기 위해 평생을 바쳤던 사람이다. 자신의 말대로 그의 인생은 '무의식의 자기실현을 위한 역사'였다.

그는 1913년부터 1919년까지 6년 동안 사회적 모든 활동을 중단하고 오로지 자기 자신의 세계를 관조하는 데 몰두한 시기가 있었다. 주요 관심사는 자기 자신의 '무의식의 현상(現象)'이었다. 그 뒤 원시 종족을 방문하여 무의식에 있어서 근원적 심성이 어떻게 원시인들 속에 현존하며 반영되고 있는가를 찾아보았고, 볼링겐에 집을 손수 지으면서 이 작업을 그의 심리학적 명상과 결부시켜 이를테면 무의식의 내용을 형상화(形象化)하는 심리적 실습으로까지 삼았다. 연금술의 연구 또한 무의식과 무의식의 내부에서 진행되는 작용을 연구하는 데에 중요한 의미가 있었다. 융은 소재와 물질적 변용에 대해서 말하는 연금술의 옛 문헌들이 '무의식적 사고가 투영된 위대한 그림'임을 깨달았다. 분야도 다르고 사용하는 용어도 달랐지만 연금술사의 경험은 바로 그의 경험이 되었으며 놀라운 유사성의 모습을 발견해낸다. 만다라는 정신병 환자의 해체된 정신을 통합하고자 하는 무의식적 욕구를 담고 있다는 것과 『주역』에서는 '무의식의 의식화'를 위해 작괘(作卦)를 실시하는 과정에서 동시성의 원리를 발견해냈던 것이다.

42세에 『무의식의 심리학』을 발표하고, 86세에 쓴 『무의식의 접근』이 그의 마지막 저서였다. 이 책의 끝 페이지를 쓰면서 과연 그의 심경은 어떠했을까? 홀가분했을까? 미진했을까? 온 힘을 다해 그는 이 책을 탈고한 뒤, 그해 여름 퀴스나흐트에 있는 그의 자택에서(1961년 6월 6일) 벅차고 힘든 생애의 대단원의 막을 내렸다.

어떨 때 그는 밀려드는 무의식이 의식의 둑을 넘어 버릴 것 같은 때가 자주 있었는데 만약 신중한 자기분석, 창조적인 놀이, 요가 등을 통해서 영혼의 균형을 찾고 이를 유지하지 못했다면 미쳐 버리고 말았으리라고 했다.

"무의식의 내용은 가끔 나를 어쩔 줄 몰라 하는 상태에 빠지게 했다"고 고백하기도 하고, 스위스의 작가 퀸츨리에게는 이렇게 써 보냈다.

"저는 의사이지만, 그 이상이기도 합니다. 제게 중요한 것은 인간의 치유입니다. 왜냐하면 저는 영혼을 치유하는 의사이기도 하기 때문입니다."

그는 영혼의 역사를 거슬러 올라가 우리가 알지 못하는 의식 저 너머의 미지의 세계에 대해 지대한 관심을 가졌고, 인디언의 원시심리를 연구하기 위해 푸에블로의 추장 오히비에 비아노를 만나 그들의 삶의 방식에 대해 큰 감명을 받았다.

그 후 융의 강연 주제는 '영혼의 땅', '태고의 인간', '현대인의 영혼의 문제' 등이었다. 그는 프라하의 강연에서도 "인간이 보다 높은 단계의 의식으로 나아가면 나아갈수록 그만큼씩 자신의 원초적인 동물적 뿌리로부터 멀어진다"는 점을 강조했다.

"영혼은 오늘의 것이 아니다. 그것의 나이는 수백만 년을 헤아린다. 개인의 의식은 땅 속에 있는 다년생 뿌리로부터 자라나 계절에 따라 개화하고 결실을 맺는 꽃과 열매에 불과하다. 뿌리의 존재를 함께 고려하는 사람은 진리와 보다 일치할 수 있다. 왜냐하면 뿌리는 모든 것의 모체이기 때문"이라는 것이다.

이제 86세가 된 융은 "모든 사람이 명석한데 나만이 흐리멍덩하구나"라는 노자의 말을 꺼내면서 이것이 바로 자신이 늙은 나이에 느끼게 되는 바라고 말했다.

남이 알지 못하는 것을 너무 많이 알기 때문에 고독했던 사람. 무의식의 밑바닥에서 보배[見性]를 훔쳐 본 사람(그의 말대로 뿌리의 존재를 함께 고려하는 사람은 진리와 보다 일치할 수 있기 때문이다) 어느새 그는 수척한 동양의 현자가 되어 있었다.

도(道)라는 존재는 어렴풋하니 분명치가 않다. 다만 그 가운데 무형의 존재의 모습을 느껴 알 수가 있다. 앎의 작용을 끊고, 멍한 상태에서 느끼는 생의 충만감. 경지가 깊어지면 깊어질수록 속은 깊고 어두워진다. 이러한 상태를 '요명(窈冥)'이라 한다. 어두컴컴한 속에 혼자 멍하니 앉아 있는 또 하나의 노인, 노자에 이어, 이번에는 융을 바라보게 된다.

분석심리학의 창시자요, 인류의 원초적 상징의 해석자이며, 무의식의 언어를 해독하고 개체화 과정을 통해 자신을 찾아가는 과정 중에 있는 사람들을 안내하고 지도한 영혼의 의사. 인간 심리의 전체성, 심리의 양극성과 그것의 통일의 경향을 재발견한 사람, 그의 심리학은 심리학을 넘어서 의학, 교육, 문화철학, 물리학, 신학 등 많은 학문에 영향을 미쳤다. 그리고 눈부신 과학과 기술의 시대에서 인간이 겪는 위기 현상을 진단한 사람. 한마디로 그의 업적은 궁극적으로 인간에 대한 봉사로 집약될 수 있을 것 같다.

인류의 영혼에 등불을 밝힌 사람!

이 글을 쓰기 위해 그의 책을 읽고 그와 함께한 많은 시간에 다시 한 번 감사드린다. 그런데 내게로 전이된 그의 고독이 왠지 가시질 않고 있다. 어두컴컴한 속에 나도 멍하니 앉아 그의 잔영이 사라질 때까지 기다릴 참이다.

# 청년의 어리석음이 성공을 한다

— 헤세의 『유리알 유희』와 산수몽

 

 

헤르만 헤세(Hermann Hesse, 1877~1962) 문학의 결정판이며, 노벨문학상 수상 작품인 『유리알 유희』에 대해 나는 여러 차례 욕심을 냈으나 한동안 독파에 성공하지 못했었다. 방대한 분량과 책의 편집 방식[유리알 유희의 명인 요제프 크네히트의 전기(傳記), 시작(試作), 크네히트의 유고 포함, 헤르만 헤세가 편집자가 되어 위의 내용을 상·하권으로 묶는 형식을 취하고 있음], 그리고 쉽게 들어오지 않는 딱딱한 번역 문장 탓도 있었겠지만 그보다도 그 속에 담긴 동서양의 철학사상과 골격을 이루고 있는 『주역』에 대한 기본 이해를 필요로 하기 때문이었다. 그가 1931년부터 쓰기 시작한 『유리알 유희』는 그의 나이 65세인 1942년에 완성되었고, 1942년에 태어난 나는 그의 나이에 가깝게 되고서야 비로소 이해되기 시작했다. '20세기의 문명비판서'라고 할 미래소설로 평가되면서 1946년 노벨문학상을 수상한 작품이다.

『유리알 유희』라는 책 제목은 처음부터 나를 많은 망상에 빠뜨렸고 그럴수록 나는 화두처럼 이 책에 매달리게 되곤 했다. 내게 유리구슬은 먼저 보배로운 마니주나 여의주(如意珠)의 이미지로 다가왔다. 두 번째로는 장자(莊子)의 '탐주정랑(探珠靜浪)'을 떠올리게 했다. 왜냐하면 헤세는 외할아버지인 언어학자 헤르만 군데르트를 비롯해 인도에서 선교 생활을 한 부모님 탓에 일찍부터 동양 문화권의 다양한 서적

::노벨문학상을 수상하던 1946년경의 헤르만 헤세.

들을 접할 수 있었으며, 노자의 『도덕경』을 애독하고 『주역』에 심취하였으며 장자(莊子)를 즐겨 읽었기 때문이다. 일본학 학자이기도 한 그의 사촌 빌헬름 군데르트에 자극받아 그는 일찍이 선(禪)불교에 빠졌고 『벽암록』과 중국 시를 즐겨 읽은 동양통이어서인지도 모른다. 어쨌든 그의 작품에는 동양정신이 결정적인 요소를 이룬다.

'탐주정랑'이란 "물속에 빠뜨린 구슬을 찾으려면 물결이 고요해져야 한다"는 것이다. 여기서 물결은 사람의 탐욕과 번뇌를 지칭하고, 구슬은 내 안에 들어 있는 지혜를 일컫는다. 나는 헤세가 추구하는 정신을 지혜로 그리고 혼탁한 물결은 그가 지적한 대로 '천박한 잡문(雜文)의 시대'로 대입해 보니 틀리지 않을 것도 같았다. 그것은 장자의 '천지편'에서 이렇게 소개되고 있었다.

황제가 북쪽 곤륜산에 올라갔다 돌아오는 길에 적수(赤水)라는 호숫가에서 현주(玄珠)라고 하는 보배 구슬을 물에 빠뜨렸다. 이에 황제는 지식이 제일 뛰어난 지(知)라고 하는 신하를 시켜 구슬을 찾아오도록 했으나 찾아오지 못했다. 다음에는 이주(離朱)라고 하는 신하에게(백 리 밖에서 개미가 싸우는 것을 볼 수 있을 정도로 눈이 밝았기 때문) 구슬을 찾아오도록 했으나 역시 찾아오지 못했다. 그래서 끽구(喫詬)라고 하는 말을 잘하는 신하를 보냈으나 그 역시 끝내 구슬을 찾지 못했다. 이에 황제가 형상도 잘 알아볼 수 없고 백치에 가까운 상망(象罔)이라고 하는 신하에게 시켰더니 물속에 들어가자마자 구슬을 찾아서 나오는지라 황제가 기이하게 여겼다고 한다.

이 이야기는 물속에 빠진 구슬을 찾는 것은 지식으로도 안 되고, 눈이 밝은 것만으로도 안 되며, 말을 잘하는 것으로도 안 된다는 것을 도닦는 것에 비유한 일화이다. 이로부터 수행자의 마음 다스리는 것을 물속에 빠진 구슬 찾는 것에 비유하게 되었다. "사람의 마음이 멈춘 물과 같으면 바르게 되고, 바르면 고요하고, 고요하면 밝게 되는 것"이라고 소강절은 언급했다.

이와 같이 헤세의 작품에 등장하는 주인공들은 물속에 빠진 구슬을, 즉 자아를 찾아 헤매는 구도자들의 모습을 취하고 있었기 때문이다. 마치 『화엄경』 입법계품의 선재동자처럼 해탈을 구하여 여러 곳을 편력한다. 『싯다르타』나, 진리나 미를 찾아서 빛의 고향으로 순례하는 『동방순례자』나 『유리알 유희』의 주인공 요제프 크네히트 역시도 다섯 번이나 윤회를 거듭하며 마지막에는 각성을 성취했다. 이 책의 편집자의 입장을 취하고 있는 헤세는 요제프 크네히트의 이름 머리글자(J. K)로 표시된 '공개 서한'에서 그는 자신이 체험한 '각성'에 대해 이런 설명을 덧붙이고 있다. "각성에 도달하는 것은 골똘히 생각해내서 된 것이 아니라 영혼과 몸에 있어서 실제로 전체와 하나가 되는 체험, 단일을 깨닫게 되는 것이 선(禪) 수행자들이 도달하고자 하는 목표"라는 것이다.

나는 『유리알 유희』를 크네히트가 선수행자들처럼 각성에 이르는 단계로 불교의 마음 공부에 비유해 보기도 하며 세 번째로는 주역(周易)적인 접근을 시도해 보았다.

"선천도(先天圖)는 가운데를 순환하는 것이다(環中也)." 즉 음은 양을 낳고 양은 다시 음을 낳고 순환해서 끝이 없다는 소강절 선생의 '여환무단(如環無端)'이라는 말씀이 떠올라서였다. 그것은 구슬 놀이다. 이때 '구슬은 태극(丸太極也)'이라고 다시 말한 소강절 선생의 말씀이 전광석화처럼 머리를 스쳤었다.

또한 우주의 중심은 어디일까? 평생 이 문제를 안고 탐구하던 주자(朱子)가 찾아낸 답은 '무극이태극(無極而太極)'이었다. 그렇다면 구슬[丸]은 우주의 중심을 가리키는 태극이 아닐까? 내 생각이 여기에 이른 것은 헤세가 추구하던 테마의 궁극도 여기에서 벗어나지 않았기 때문이다. 뿐만 아니라 「설괘전」에서 건(乾)은 하늘이요, 원(圓)이다. 상징적으로 구슬도 건이다. 『유리알 유희』는 이 모두를 포함한 것으로 생각되었다.

주역에 통달한 크네히트가 마지막으로 수행한 유리알 유희는 '중국인 집의 유희'였다. 이 유희는 중국인들의 자연 철학적이며 우주론적인 건축 이념을 근본으로 한 것인데 『주역』의 조직을 '중국인 집의 유희'에 도입함으로써 전체적 유희가 대우주의 총체적인 본질을 담고 있도록 하고자 했다. 이것은 모든 대립을 조화롭게 포괄하는 『주역』의 양극적(兩極的) 단일사상이며, 음양의 양극적 전일(專一)사상에 대한 일축이라고 보아졌기 때문이다.

헤세는 루돌프 판비츠에게 보내는 편지(1955)에서 『유리알 유희』를 쓰게 된 동기를 다음과 같이 밝힌 바 있다.

"… 흐르는 것 가운데에 있는 확고부동한 것을 표현하는, 이어져 내려오는 것과 정신적인 삶 자체의 지속적인 일관성을 표현하는 형식으로서 다시 구체화시키자는 것이었다"고 했다. 그는 이 작품을 쓰기 시작하기 몇 년 전에 이미 "나는 여러 번에 걸쳐 다시 태어나면서 인류 역사의 커다란 시대들을 체험하는 그런 사람을 생각했다"고 적고 있다.

흐르고 변화하는 것[變易] 가운데, 변화하지 않는[不易=道] 확고부동한 것을, 즉 『주역』의 '변역'과 '불역'의 이치를 내포한 정신적인 삶 자체의 지속적인 일관성을 헤세는 크네히트의 환생으로써 설명하려고 했던 것은 아닐까. 다생의 윤회를 거쳐 변화하되 변화하지 않는 정신과 신체가 죽음을 거쳐 변화하되 죽지 않는 것들을 톺아낸다. 그는 세월이 흐름에 따라 카스탈리엔이라는 교단조차도 과거의 지배하에 있는 역사적 존재에 지나지 않는다는 것을 인식하면서 그러나 앞으로 보존과 유지를 위해서 변화와 전진을 계속하지 않으면 안 된다는 것과 도달하고 성취한 것마저도 '더욱 생성과 변화를 계속할 능력을 잃게 되면 사멸을 선고받은 것과 마찬가지'라는 것을 통고한다. 변화와 전진, 생성과 변화, 이와 같이 때를 따라 바뀌고 변화하여 도(道)를 따르는 것이 『주역』의 원리임을 그는 알고 있었다. 음이 양을 낳고 양은 다시 음을 낳고 순환해서 끝이 없다. 여환무단(如環無端)이다. 이와 같이 삶과 죽음을 반복하며 여러 번에 걸쳐 다시 태어난 크네히트의 영혼. 영혼의 불멸성과 지속적인 변화에 대한 헤세의 믿음은 작품 『유리알 유희』에 서술된 '이력서들'에서 볼 수 있었다. 크네히트의 윤회 환생을 요약해 본다.

## 1. '기우사'로서의 첫 번째 현현

크네히트의 영혼은 수천 년 전 선사시대의 모계사회에서 어느 한 마을에 사는 원시적 종족의 '기우사(祈雨師)'로 처음으로 이 세상에 현현한다. 그는 자신의 내면에 깃든 자연의 원초적 힘들과 더불어 자라나며 자연과 완전히 하나가 되어 살아간다. 기우사가 된 크네히트는 자연과 그 법칙과 변화에 진정으로 결부되어 있고, 그는 "결코 자연에 반대하거나 대적하지 않으며, 언제나 자연의 일부분으로서 경외심을 가지고 자연에 헌신한다." 이로 인해 그는 일기를 예언할 수 있고, 자연의 법칙들과 유희하고 날씨에 대해 명령할 수 있게 된다.

## 2. '고해 신부'로서의 두 번째 현현

기우사로서 한세상을 살다 간 크네히트의 영혼은 기원후 4세기에 요세푸스 파물루스라는 '고해 신부'로 다시 태어난다. 파물루스, 즉 크네히트의 영혼은 오랫동안 속세의 평범한 생활을 영위한다. 서른여섯 살이 되어서야 그는 아름다운 도시 생활을 던져 버리고 황량한 사막에서 초라한 참회자의 생활을 영위한다. 백발이 성성해지기 시작할 때 그의 내면에는 '청문(聽聞)의 재능'이 꽃피어난다. 그는 유명한 고해 신부가 되었으며, 여러 해 동안 도처로부터 많은 사람들이 몰려와 그에게 고해와 참회를 시작했다. 그러나 파물루스는 어느 날 갑자기 자기 자신과 자신의 행위와 자신의 죄에 대해 회의하고 절망하며, 이제까지의 직책과 임무로부터 도망쳐 나온다. 디온 푸길이라는 영혼의 심판자에게로 달려가서, 자신을 고백하고 참회하며 자기 죄에 대한 심판과 벌을 받고자 한다.

이와 동일한 순간에 디온 푸길 역시 파물루스와 같은 내면적 고통을 체험하며, 다른 신부에게 충언을 구하기 위해 자신의 임무와 활동, 그리고 자기 자신으로부터 도망친다. 그 두사람은 도중에서 서로 만난다. 자신의 내면적 절망을 우선 숨기고 있던 디온이 파물루스의 고해를 청문하고는, 그를 제자로 삼아 자기 암자로 데리고 간다. 여기에서 파물루스는 새로이 신과 정신과 세상에 대한 경건한 봉사를 배운다. 그리고 백발의 노인 디온이 세상을 떠나자 파물루스는 그의 후계자로서 고해 신부로서의 임무를 수행한다.

## 3. '신학자'로서의 세 번째 현현

크네히트 영혼의 세 번째 존재는 18세기, 슈바벤 지방에서 현현한 신학자다. 그는 남부 독일의 소도시에서 우물 파는 사람과 그의 경건한 부인 사이에서 태어난다. 어린 소년 크네히트는 양친으로부터 음악의 재능을 부여받는다. 동시에 그는 "정신과 충동, 의무와 태만 사이에서 비틀거리는 태도"를 아버지로부터 물려받고, "성직(聖職)에 대한 겸손, 그리고 신학과 사색에 대한 성향"을 어머니로부터 물려받는다.

크네히트는 음악에 대한 관심과 소질을 지니고 있지만 신학적 인생길을 준비한다. 오로지 신에 대한 봉사로의 목표만을 향하여 그는 "더 이상 자기 자신이 되지 아니하고 자신의 삶을 영위하지 않으며, 오히려 그저 하느님의 도구가 되기만을 위해" 노력한다. 그럼에도 그는 조화와 마음의 평화를 가져다주는 음악을 게을리 하지 않는다. 마울브론 신학교에서 학생 시절을 보낸 다음 크네히트는 튀빙겐 대학에서 신학을 전공할 수 있는 장학금을 받는다. 그러나 신의 말씀을 공부하는 동안에도 항상 불확실성과 내면적 낙담과 자기 자신에 대한 회의를 느낀다. 반면에 음악에서만은 언제나 내면적 안정을 찾는다. 크네히트가 비록 음악에 대한 열정과 기독교적 경건성에 대한 사랑 사이에서 비틀거리기는 하지만, 그는 결국 성공적으로 학업을 끝마치고 신학 석사학위를 취득한다. 어머니의 소망을 따르기 위해서는 목사가 되어야 하겠지만, 이 목회자직에 대한 두려움을 느낀다.

현현한 크네히트 영혼의 이력서는 여기서 끝나며, 그 이후의 삶에 관하여는 이렇게 적고 있다. "목사가 되지만, 거기에서 어떤 만족도 얻지 못한다. 오르간을 연주하고, 전주곡들을 창작해낸다. (…) 아주 늦게서야 바흐의 한 음조가 그에게까지 들려오는데, 즉 어느 한 사람이 바흐의 영가(靈歌) 전주곡을 연주해 준 것이다. 이제 그는 일생 동안 찾았던 바를 '깨닫게' 된다. (…) 그는 목회직을 벗어 버리고 성가대 지휘자가 되며 바흐의 악보를 구하려 한다. 바흐는 방금 세상을 떠났던 것이다. 크네히트는 '여기 한 사람이 살았었다. 그는 내가 찾았던 모든 것을 가지고 있었다. 그런데 나는 그것을 전혀 알지 못했다. 그렇지만 나는 만족하고 있다. 내 인생도 헛된 것은 아니었다'라고 말한다. 그는 조용한 오르간 연주자로 체념한 채 살아간다."

### 4. '인도의 왕자 다사'로서의 네 번째 현현

크네히트의 영혼은 인도의 왕 라바나의 아들로 갠지스 강가에서 다시 태어난다. 이름은 다사였는데, 다사(Dasa)란 인도어로 '하인'(독일어로는 크네히트)이란 의미로서, 다사 역시 크네히트 영혼의 새로운 현현이라는 점을 말해 주고 있다. 그의 어머니는 일찍 세상을 떠났고, 새로 들어온 계모가 자기 아들 날라를 왕의 후계자로 만들기 위해 맏아들 다사를 제거하려 한다. 그 때문에 바라문 중의 한 사람이 어린 왕자를 은밀히 시골로 내보내 목동으로 성장하게 한다. 유랑 생활을 하던 중 다사는 어느 숲 속 은거지에서 요가 수도자를 만나 그의 시중을 들게 된다. 얼마 후 그는 다시 길을 떠난다. 청년이 된 다사는 예쁜 프라바티와 사랑에 빠져 그녀에게 헌신한다. 그러나 바로 그녀는 이제 왕위에 오른 이복 동생 날라의 애인이 된다. 복수심에 불탄 그는 증오스런 연적(戀敵)을 살해한다. 도피하던 다사는 성스러운 은둔자의 초라한 오두막집에 당도하게 되는데 그곳의 수도자는 다사와 다른 모든 인간들의 전체적 생을 단지 하나의 '마야[환영(幻影)]로, 즉 가상세계(假象世界)'로 간주한다.

그 후 다사가 세상으로 다시 방랑하고자 할 때, 요가 수도자는 다사로 하여금 마술적 꿈속에서 그를 기다리고 있는 세상에서의 삶을 동화적으로 체험하게 한다. 즉 성실치 못한 프라바티가 숲속 가장자리에서 다사를 발견하고 새로운 삶으로 인도한다. 그는 결국 정통 후계자로서 왕이 된다. 브라만들의 가르침을 받으며 학문을 익히고 정치를 수행한다. 허영심 많은 아내의 성화에 못 이겨 그는 계모에 대한 전쟁을 일으키고 결국은 패배한다. 이로 인해 그는 모든 것을 다시 잃고, 감옥에 갇힌 죄수로서 고통으로 가득 찬 삶을 체험한다. 다사는 깜짝 놀라 미몽에서 깨어나며 모든 삶을 이제 '마야'로서, 모든 현상들의 유희로서 인식하게 된다. "모든 것은 무(無)이니라. 아니, 무가 아니라 마야이니라." 마야로 파악된 현상세계를 단념하고, 다시는 명상적인 관조 속에서 그는 우주만유를 저항 없이 긍정하는 초 세상적 관점에 도달한다.

### 5. '유희의 명인, 요제프 크네히트'로서의 다섯 번째 현현

크네히트 영혼의 다섯 번째 윤회는 25세기에 이상향적인 교육주 카스탈리엔에서 유리알 유희의 명인으로 현현한다. 크네히트의 탄생이나 출신에 관해서는 아무것도 알려진 것이 없다. 그는 음악에 천부적인 재능이 있었기 때문에 노(老) 음악의 명인으로부터 시험을 받고 인정을 받아 카스탈리엔의 세계로 들어오게 된 것이다. 초급 영재학교에서 공부를 하고 난 후에는 정신세계와 명상 그리고 비밀에 가득 찬 유리알 유희를 시작하는 가르침을 받는다.

크네히트는 이제 자유로운 연구 기간을 맞게 되는데, 이때 단 하나의 의무란 카스탈리엔 교육청에 매년 자신의 전생(前生)에 관한 이력서를 한 편씩 제출하는 것이다. 왜냐하면 "이곳에는 동양적인 옛 영혼의 재탄생과 윤회에 관한 믿음이 자유롭고도 유희적인 형식으로 계속 살아 있기 때문이다. 교사들과 학생들 모두가 지금의 그들 존재 이전에 다른 육체로, 다른 시대에, 다른 조건 하에 살았던 옛 존재가 있을 수 있다는 생각에 젖어 있었다"는 것이다.

크네히트는 음악과 그 역사에 몰두하고 여러 가지 언어 연구와 중국의 문화와 정신세계에 헌신한다. '죽림(竹林)'에서 중국의 지혜를 연구하면서 크네히트는 그의 인생과 정신에 '결정적인 것'을 배우고 체험하고 각성한다.

크네히트는 최고 엘리트로 승진하고 새로운 유희의 명인으로 선출되며, 이 엄격한 계급 조직 세계의 최고위직에 오른다. 그는 정신적 인생을 지향하는 젊은 제자들의 가장 뛰어난 스승이 되고 가장 모범적인 충성으로 자기 관직을 수행하며, 그의 첫 번째인 동시에 마지막인 연례행사로서의 유리알 유희인 '중국인 집의 유희'를 장엄하게 상연해낸다.

노 음악의 명인에게서 크네히트는 영원한 정신의 고향을 체험한다. 그러나 깊은 내면에서는 카스탈리엔의 정신에 대한 회의가 서서히 자라남과 동시에 세속적인 삶에 대한 외침이 다시 깨어나 그 소리를 높여 가고 있다. 그는 "세상으로의, 인간에 대한, 소박한 삶을 향한 불타는 듯한 욕구"를 느낀다. 그 때문에 자기 관직과 위엄을 벗어 놓고 정신국을 떠나 자연국인 세상으로 나가며, 세속적인 옛 친구 데시뇨리의 아들 티토의 가정교사가 된다. 카스탈리엔 교육주의 시민이 세상의 시민이 된 것이다. 그러나 그는 세상에서의 삶에 대한 새로운 봉사를 하기 시작한 첫날, 밝은 태양이 떠오를 때에 얼음처럼 차가운 산 속 호수에서 자기의 학생 티토와 내기 수영을 하다가 운명적 죽음을 맞이한다. 제멋대로 자라나던 티토는 크네히트의 죽음에 죄책감을 느끼고 그로 인해 자신의 삶을 개선코자 한다. 이로써 크네히트는 죽음을 통해 삶에 대한 마지막 봉사를 하고 현생(現生)에서의 임무를 완수하며, 그의 영혼은 다시금 본질적 존재, 즉 우주적 전자연(全自然)으로 되돌아간다.

작가의 분신인 크네히트의 환생자들은 모두 구도자적 궤적을 보인다. 첫 번째, 그는 자연과 완전하게 합일된 기우사(祈雨師)의 영혼으로 현현하고 두 번째, 회의와 절망으로 자기 자신으로부터 도망친 고해신부는 새로이 신(神)과 정신과 세상에 대한 경건한 봉사를 배운다. 세 번째, 헤세의 고향, 슈바벤에서 태어나 마울브론 신학교를 다닌 크네히트의 영혼은 목사가 되었지만 어떤 만족도 얻지 못하다가 어느 날 바흐의 음악을 듣고는 '그는 내가 찾았던 모든 것을 가지고 있었다'고 고백하며 오르간 연주자로 살아간다. '음악은 천지간의 조화와 음양의 일치에 근거를 둔다'는 그의 사상을 뒷받침하고 있다. 네 번째는 인도의 왕자 다사로 환생하여 영욕을 되풀이하면서 모든 것은 마야[幻影]라고 깨닫는다. 그저 우주만유를 저항 없이 긍정하는 초세상적 관점에 도달한다. 다섯 번째가 『유리알 유희』의 명인 요제프 크네히트다. 학자국(學者國)인 카스탈리엔의 교육주 크네히트와 그의 천방지축인 제자 티토. 그는 숭고한 스승의 죽음 앞에서 자신의 삶을 개과천선한다. 이는 위로는 지혜를 구해 깨달음을 완성하고, 아래로는 중생을 구제한다는 '상구보리 하화중생(上求菩提 下化衆生)'의 보살도 정신과 다름없어 보인다. 헤세는 세계대전을 몸소 겪으며 반인류적이고 가치관이 전도된 혼미한 시대의 대안으로 이 보살도 정신을 제시하고자 한 것이 아니었나 생각해 본다.

『유리알 유희』가 완성된 것은 제1차 세계대전이 한창이던 1942년 4월이었다. 그는 이 작품에서 인간이 "죽음, 불안, 고통, 기아에 거의 아무런 보호 없이 내맡겨져 있고 교회에서는 더 이상 위안 받을 수 없으며, 정신으로부터 아무런 조언도 기대할 수 없다"는 점을 더욱 더 강조한다. 단지 "홍수처럼 쏟아진, 파편화되고 무의미한 교양물과 지식의 단편들"만을 이용할 수 있고, 그럼으로써 "언어가 소름끼치도록 무가치해질" 위험이 닥쳐오고, "정신의 자기 불신"만 높아지고, "삶이 삭막하게 기계화되고 도덕이 땅에 떨어지고 대중이 믿음을 버리고 예술이 진실을 외면하는" 결과를 초래하는 이 '잡문의 시대'를 어떻게 벗어날 수 있는가라는 문제 제기를 하며 그는 히틀러의 지배로 무정부 상태

::몬타뇰라의 새로 지은 집 앞에서 헤세와 부인
니논. 『유리알 유희』의 산실이다.

로 붕괴해 버린 세계를, 절도(節度)와 정신적 질서와 규율과 외경(畏敬)의 염을 지닌 하나의 이상국가로서의 학자국 카스탈리엔을 설정해 놓고 문화적 가치를 존중하고 인간의 영성(靈性)과 진리, 명상 등을 강조한다. 헤세 자신이 밝히고 있듯이 카스탈리엔은 인문주의적 정신을 표방하는 '유토피아의 구성'이다. 헤세의 이상적 꿈이 담긴 이 소설에는 중국 정신의 기본이 되는 인생 교훈으로서의 유교사상과 도교철학이 보충적 역할을 하며 이 두 가지 정신의 바탕이 되는 『주역= 易經』의 체계에 따라 전체의 작품을 구성하고 있다.

그가 이 책을 쓰고 있는 11년 동안은 대내외적으로 평온하지 못했다. 세계대전이 일어나자 헤세는 반전운동으로 국가의 배반자라는 낙인이 찍혔고, 부인과 결별, 정신과 치료 등으로 심적 고통이 깊을 때였다. 테신의 산간 마을 몬타뇰라의 정원에서 낙엽을 태우고 거름 흙을 만들며 헤세는 전쟁의 혼돈 속에서 "이 무너지는 정신은 어떻게 하면 좋은가?"라는 깊은 사유를 통해 만년의 대표작인 『유리알 유희』를 빚어냈던 것이다. 그러나 제2차 세계대전이 끝나기까지 그의 작품은 독일에서 출판 금지가 되었다. 이 암울하던 시절(1921)을 그는 다음과 같이 회고한다.

"나는 중국인들이 있는, 나의 서가 구석으로 간다. 아름답고, 평화스럽고, 행복한 구석으로! 이 태고의 책들 속에 그토록 좋은, 그리고 그토록 자주 묘하게 생동하는 것들이 있는 것이다. 얼마나 자주 나는 끔찍한 전쟁이 벌어진 몇 해 동안 이곳에서 나를 위로하고 일으켜 세워 주는 사상들을 발견했던가."

그가 도가사상 및 유교와 최초로 진지하게 마주친 것은 1909년에서 1912년 사이가 된다. 1919년 7월 13일 『새 취리히 신문』에서 헤세는, "우리가 긴급히 필요로 하는 지혜는 노자에게 있다. 그리고 노자의 지혜를 유럽의 언어로 번역하는 것이 우리가 현재 가지고 있는 유일한 정신적 과제"라고 쓰고 있으며, 그는 「좋아하는 책들」(1945)이란 글에서 중국인들의 도가적 이상세계와 자신의 만남에 대해서 이렇게 적고 있다.

… 내가 사랑하고 소중하게 생각하게 될 뿐만 아니라 그것을 훨씬 넘어서서 정신적인 도피처와 제2의 고향이 될 수 있었던, 놀라운 중국 문학과 인간과 인간정신에 대한 중국적 특성이 있다는 것, 이에 대해 나는 서른 살이 넘을 때까지 아무것도 예감하지 못했었다. 그러나 그 후 예상치 못했던 일이 일어났다. 그러니까 현자와 선한 사람에 대한 중국 도가적 이상, 이것이 없었더라면 내가 더 이상 어떻게 살아갈 수 있을까 하고 난감했을 텐데, 나는 그것을 알게 되었던 것이다.

뿐만 아니라 헤세는 로망 롤랑에게 노자에 대해서 이렇게 써 보냈다.

"그(노자)는 여러 해 전부터 나에게, 내가 알고 있는 것 중에서 가장 지혜롭고 가장 많이 위로를 주는 것입니다. 도(道)라는 말은 나에게 있어서 모든 지혜의 총체 개념입니다."

도가사상의 목표는 도와 하나가 되는 합일에 있다. "자기 자신을 버리고 종교적으로 승화하여 '성자'가 되는 것이 목표"라고 고백한 헤세처럼 그의 작중인물들도 신과의 합일, 그리고 대립을 넘어선 단일사상에 도달한 사람들이다. 에밀 싱클레어, 싯다르타, 하리 힐러, 데미안, 바수데바 등인데 싯다르타에게 바수데바는 '완전한 사람, 성자'로 비친다.

『유리알 유희』의 주인공 요제프 크네히트도 다르지 않다. 헤세 자신의 소망처럼 크네히트도 중국어를 배우고 동양의 정신세계를 연구하는 데 깊이 몰두한다. 크네히트의 중국어 및 중국 정신에 대한 연구는 주로 '동아학관(東亞學館)'과 '죽림(竹林)'에서 이루어진다. '동아학관'은 고대 문헌학자들이 카스탈리엔에 교육기관을 설치하던 세대로부터 거기에 부설되어 중국어를 연구하는 곳이고, 중국적 은거지인 '죽림'은 한때 카스탈리엔인(人)이었던 '노형(老兄)'이 『역경』에 통달한 지혜로운 은거자로서 자연의 도(道)와 하나가 되어 고요히 명상적인 삶을 살고 있던 곳이었다.

크네히트가 노형을 만나러 중국식 암자에 도착한 것은 오후 늦게였다. 노형이 그에게 방문한 까닭을 독일어로 물으니 크네히트도 독일어로 답했다.

"노형께서 허락한다면 여기에 머무르면서 제자가 되고 싶다"고 말했다. "자, 그럼 괘(卦)를 보기로 합시다"라고 하면서 그는 필통처럼 보이는 목제 원통에서 가느다란 막대를 한 움큼 꺼냈다. 그것은 쑥대였다. 헤세는 서죽(筮竹)으로 점치는 과정을 상세히 관찰하여 그것을 마치 하나의 유리알 유희(遊戱)처럼 서술해 보였다.

"막대기들은 춤추듯이 움직이며 매우 낮고 메마른 소리를 내며 서로 부딪치고 자리를 바꾸어 묶음을 만들었다가 나눠지고 다시 헤아려지고 하면서 마침내는 음양의 표시가 여섯 줄이 되었다." 산수몽(山水蒙) 괘였다.

☶ 간(艮)은 山(정지와 고요를 상징함)

☵ 감(坎)은 水(심연과 위험을 상징함)

산수몽괘에 대하여 노형은 말한다.

"이 괘에는 젊은이의 어리석음이라는 뜻이 있지요. 위에는 산[艮], 밑에는 물[坎]. 산 밑에서 샘물이 솟아나는데, 이는 청년의 비유상입니다."

산 밑에서 솟아오르는 샘물은 미숙한 젊은이의 상이다. 간괘의 특성은 정지와 고요이며, 감괘의 특성은 심연과 위험이다. 위험스런 심연 앞에 선 정지와 고요함이란 마찬가지로 어찌할 바를 모르는 젊은이의 어리석음에 대한 상징이다. 그러나 이 두 괘상에는 어리석은 젊은이가 극복해 낼 수 있는 길도 깃들어 있다. 즉 물이란 필연적으로 계속해 흐른다는 것이다. 샘물이 솟아날 때에 우선은 그것이 어디로 흐르게 될는지를 알지 못한다. 그러나 샘물은 끊임없이 솟아나와 물이 흘러가는 것을 가로막는 깊은 웅덩이를 가득 채운다. 그리고 나서 물은 자기 갈 길을 찾아 계속 흘러가는 것이다. 이것이 몽괘의 상징적 의미이며 괘상에 쓰여진 판단은 이러했다.

"청년의 어리석음이 성공을 한다.          (蒙은 亨하니)
  내가 어리석은 젊은이를 찾는 것이 아니고,   (匪我가 求童蒙이라)
  그 어리석은 젊은이가 나를 찾는다.       (童蒙이 求我니)
  첫 번째 점에서 나는 정보를 제공한다.     (初筮어든 告하고)

그가 여러 번 물어오면 짐이 되며,　　　　　(再三이면 瀆이라)

귀찮게 굴면 나는 가르치지 않는다.　　　　(瀆則不告니)

끈질기게 견디는 것이 길하리라."　　　　　(利貞하니라)


이 소설에서 노형은 몽괘에 대한 판단을 이렇게 말한다. 이 괘사는 은거자인 노형과 교훈을 구하고자 하는 카스탈리엔인 요제프 크네히트의 만남을 훌륭히 예언해 주고 있다. 노형은 $9_2$로 스승 자신이요 크네히트는 $6_5$의 동몽에 해당한다. 이를 읽는 독자들은 거의 누구나가 이 예언의 시구를 헤세가 괘사를 모방하여 지은 것이라고 생각하기 쉽지만 이는 R. 빌헬름이 독일어로 번역해 놓은 몽괘에 대한 괘사를 그저 약간만 고쳐 그대로 인용한 것에 지나지 않는다. 즉 빌헬름은 다섯 번째 줄의 시구를 "그가 두세 번 물어오면, 그것은 짐이 되며"라고 번역했는데, 헤세는 이를 "그가 여러 번 물어오면 짐이 되며"라고 고쳤을 뿐이다.

헤세가 참조했던 빌헬름의 해설을 살펴보자

"젊은 시절의 어리석음이란 하등 나쁜 것이 아니다. 젊음이란 성공을 거둘 수 있는 것이다. 다만 노련한 스승을 찾아내어 그의 올바른 가르침을 따라야 한다. 여기에는 우선 자기 자신의 미숙함을 느끼고 스승을 찾는 것이 중요하다. 이러한 겸손과 이러한 관심만이 없어서는 안 될 수용자세를 보장해 주는 바, 이는 경외심으로 가득 찬 스승을 인정(認定)하는 마음에 나타난다.

그렇기 때문에 스승은 제자가 찾아올 때까지 조용히 기다려야만 한다. 스승 스스로가 제안을 해서는 안 된다. 이렇게 해야만 적절한 시기에 올바른 방법으로 성공적인 가르침이 이루어질 수 있다.

이 예언은 적중한다. 점괘에 나타난 대로 배움을 얻으려는 젊은이 요제프 크네히트는 가르침을 주는 노형을 고집스레 찾는다. 제자는 스승에게 짐이 되지 않으므로 크네히트는 여러 달 동안 '죽림'에 머물게 되며, 마침내는 스승과 마찬가지로 신비에 가득찬 '변화의 책'『주역』과 중국식 생활방식의 대가가 될 수 있었다.

주역의 64괘 가운데 교육에 관한 괘는 단 두 가지, 산천대축과 산수몽이 있다. 산천대축은 성인의 언행과 학덕을 본받아 자신이 혼자 노력하여 쌓는 것이라면 산수몽은 제자와 선생의 대면이 전제된다. 대부분 헤세의 작중인물은 내면 탐구자로서 도를 구하는 제자와 깨우침을 일러주는 스승의 관계로 구성되어 있다. 크네히트와 노형처럼, 그리고 싯달타와 바수데바의 관계처럼 말이다.

헤세는 왜 산수몽괘에 의미를 두는가?

몽괘의 괘명(卦名)은 만물이 어렵게 나와서 아직 어리고 무지(無知)한 상태이므로 잘 가르치고 길러야 한다는 뜻에서 '몽(蒙)'이라고 한 것이다.

몽괘의 괘상(卦象)을 보면, 외괘는 간(艮), 내괘는 감(坎)으로 내괘의 감중남(坎中男, ☵)이 선생으로서 외괘의 간소남(艮少男, ☶)인 동몽(童蒙)을 가르치고 있는 상이다.

또한 이를 호괘(互卦)로 보면 지뢰복(地雷復, ䷗)괘로서 천명(天命)에 의한 참 성품을 받았으나 아직 어린 상태이므로 잘 가르치고 길러서 본성을 잃지 않고 회복시키는 것[克己復禮]을 의미한다.

『주역』의 단사는 말한다.

"어려서 바르게 길러 줌이 성인의 공덕이다(蒙以養正이 聖功也라)."

그는 어릴 때의 교육이 얼마나 중요한가를 뼈저리게 경험했기 때문일까? 교육에 관한 중요성은 헤세의 작품 곳곳에서 나타난다.

헤세는 어려서 겪은 고충 때문에도 잘못된 교육의 폐단을 누구보다 잘 알고 있었다. 그는 신학자나 목사가 되기를 바라던 부모의 기대를 저버리고 마울브론 신학교를 도망쳐 나왔다. 규범과 형식의 틀에서 자유롭고자 했던 헤세는 부적응과 신경쇠약으로 1년 만에 중퇴한다. 그 무렵 짝사랑으로 인해 자살을 기도하자 목사는 그를 정신요양원으로 보낸다. 칸슈타트 김나지움에 편입한 지 일 년도 채 안 돼 학업을 중단, 탑시계 부품공장 견습공, 서점의 조수, 점원 등을 전전하면서 16살짜리 소년은 노동과 독학 속에서 독자적인 길을 개척해 나갔다. 제도권 안의 정규 교육을 거친 어느 누구도 필적할 수 없으리만큼 혹독한 노력으로 자신의 정신세계를 쌓아 올렸고, 모든 관심은 오로지 자신의 내면 탐구로 이어졌다.

헤세는 자신의 학창 시절 경험을 집요하게 되새기면서, 편협한 학교 제도야말로 재능 있고 부지런하지만 불안에 시달리는 위축된 젊은이를 좌절케 하는 장본인이라는 것을 작품『수레바퀴 아래서』의 한스 기벤라트를 통해 지적한다. 여기서 한 인간은 자신이 생명력과 합일될 수 없고, 오히려 자신의 생명력을 억압하고 위축시킴으로써 그릇된 길로 빠지게 하며 자아의 붕괴를 가져온다는 쓰라린 경험담을 작품에 담고 있다.

『페터 카멘친트』에서는 격정과 절망 사이에서 방황하는 젊은이의 불안을 그려내고 있다. 그의 초기 작품의 대부분은 젊은이의 우울과 회의로 가득 차 있다. 심연과 위험 앞에 어찌할 바를 모르는 젊은이의 어리석음에 대한 상징인 이 몽(蒙)괘가 그의 마음을 사로잡은 것도 자연스런 귀결일지도 모른다. 샘물이 솟아날 땐 그것이 어디로 흐르게 될는지 알지 못한다. 그러나 샘물은 끊임없이 솟아나와 깊은 웅덩이를 채운 다음 자기 갈 길을 찾아 가고야 만다. 혜세 또한 자신의 앞길을 가로막는 웅덩이를 극복하고 다시 흐르는 물처럼 자신이 도달해야 할 곳으로 이르렀던 것이다.

주역의 한 괘는 두 개의 소성괘로 그리고 여섯 효로 구성되어 있다. 6효는 상하사방의 우주 공간을 상징하며 그 자체가 하나의 완전한 질서체계를 지닌다. 따라서 그것들은 특정 현상을 완전한 하나의 상황으로 제시한다. 즉 몽괘의 초6효 발몽(發蒙)에서는 처음엔 엄격하게 가르치다가 점차 부드럽게 가르쳐야 한다는 것과 $9_2$효 포몽(包蒙)에서는 가정에서의 예의와 도리를 강조하고 $6_3$효에서는 여색과 물질만능에 대한 것을 경계하며, $6_4$효 곤몽(困蒙)에서는 불가피한 여건으로 스승을 만나지 못해 독학하는 자의 고충을 드러낸다. 그는 이 대목에서 자신의 어린 시절을 떠올렸을지도 모르겠다. $6_5$효 동몽(童蒙)에서는 스승을 잘 만나 열심히 공부하는 모습을 크네히트로 설정하고 대리만족을 맛보는 듯하다. 상9효 격몽(擊蒙)에서는 몽매함을 깨우치기 위해서는 교육에 방해되는 나쁜 환경을 일찌감치 제거해야 한다는 효사의 말씀도 그는 놓치지 않았으리. 율곡 선생의 『격몽요결』이나 박세무의 『동몽선습』도 이 몽괘와 연계하여 조기교육을 강조하는 책들이다.

율곡은 『격몽요결』「입지장(立志章)」에서 이렇게 밝혔다.

"어찌 성인만이 혼자서 성인이 되고, 나는 혼자서 성인이 되지 못하겠는가? 그것은 다름 아니다. 뜻이 제대로 서지 못하고 아는 것이 분명하지 못하고, 또 행실이 착실하지 못한 때문일 것이다."

이와 같이 율곡은 학문의 뜻을 성인이 되는데 두었으며 혜세 자신도 수행의 목표를 성자가 되는 데 둔다고 밝혔다.

몽괘는 만물이 태어나서 어리석음을 깨우치는 도를 상징한다.

도는 몽매함으로부터 시작된다. '몽은 형(蒙은 亨)'하나니 '청년의 어리석음이 성공을 한다'는 몽괘는 『유리알 유희』의 주제에 적합할 뿐만 아니라 자기 탐구의 도정(道程)으로 이어진 헤세의 일생 또한 몽(蒙)괘의 실천에 다름 아니었다고 보아진다.

크네히트는 수개월 동안 죽림에 머물면서 거의 선생과 같은 수준으로 쑥대를 다룰 수 있게 되었다. 선생은 매일 한 시간씩 막대 세는 연습을 하고 괘에서 사용되는 언어의 문법과 상징을 가르치고 64괘를 써 주어 암기하는 연습을 시켰다. 낡은 『주역』 책을 설명해 주기도 하고 장자(莊子)에 대한 이야기도 해주었다. 붓을 씻고 먹을 가는 법도 배웠으며 차를 끓이고 중국 달력을 읽는 법도 배웠다. 어느 날 크네히트는 선생에게 『주역』의 체계를 유리알 유희에 집어넣었으면 좋겠다고 말한다.

노형은 웃으면서 큰소리로 답했다.

"마음대로 하게!"

크네히트는 죽림에서 지냈던 생활이 '깨달음의 시작'이었음을 자주 언급한다. 그의 중국 연구는 죽림을 떠나서도 계속되었다.

크네히트는 유리알 유희의 입문과 별로 익숙지 못한 유희자들을 고무시키기 위한 교사로 마리아펠스에 있는 가장 오래된 베네딕트파 수도원에 가서 근무를 해야 된다는 임무를 부여받는다. 이때에 그는 노형에게서 배워 익힌 쑥대를 가지고 점을 쳐 해답을 얻는다. 나그네를 의미하는 화산려(火山旅)괘가 나왔다.

≡≡ 불(火) 빛을 발함. 리(離)괘는 붙음의 특성을 지닌다.
≡≡ 산(山) 고요함. 간(艮)괘는 멈추라는 정지를 뜻한다.

화산여(火山旅)괘의 구조는 간하리상(艮下離上)이니, 산은 아래에 멈추어 옮기지 않고 불은 위로 타올라가서 멈추지 않으므로 본거지를 두고 멀리 떠나는 나그네의 상이다. 그 성질은 내지외명(內止外明)하여 허심공손하게 사물의 이치를 밝게 살피니, 또한 나그네의 덕이다. 여(旅)괘는 모든 명리와 욕심을 해탈하여 일체의 미련을 끊음으로써 밝은 지혜를 돌이키는 것으로 문왕(文王)은 괘사를 지어 말하되 "旅는 小亨하고 旅貞하여 吉하다"고 판단한다. 즉 나그네는 조금 형통하고 나그네가 바르게 지켜 길하다는 것이다.

왜 조금 형통하다고 하는가?

여(☲ 6⁵)괘의 6₅가 리명(離明)의 주체로서 유순하게 외괘에 득중하였고 9₄와 상 9의 강건한 것에 화순하며 그 성질이 멈추어서 밝음에 걸려 있는 덕이므로 조금 행동하며, 능히 여객(旅客)의 도를 바르게 지켜서 길하다는 것이다.

헤세는 '화산려'괘의 빌헬름 번역을 작품 속에서 이렇게 풀어쓰고 있다.

"산[艮]은 고요히 서 있는데, 위에는 불[離]이 타오르며 가만히 있질 않는다. 그러므로 그들은 함께 머물지 못한다. 낯선 곳, 그리고 작별이 나그네의 운명이다. (…) 나그네로서, 이방인으로서는 무뚝뚝해서도 안 되고 오만하려 해서도 안 된다. 아는 사람들도 별로 없으니 잘난 체해서도 안 된다. 조심스럽고 겸손해야 할 것이며, 그렇게 함으로써 악으로부터 자신을 보호할 수 있다. 다른 사람들보다 앞서 가야 성공을 거두게 된다. 나그네는 일정한 집도 없으니, 거리가 곧 그의 고향이다. 그렇기 때문에 그는 내면적으로 옳고 확고해야 하며, 온당한 곳에만 머물고 선한 사람들만 교제하도록 조심해야 한다. 그러면 그는 복을 얻게 되고, 무리 없이 자기 길을 갈 수 있다."

그러나 화산려괘의 6효 중 2효와 5효만이 길하다. 헤세는 『유리알 유희』의 작품 줄거리 구조에 맞추어 2효를 택해 빌헬름의 번역을 고스란히 옮겨 적었다.

"나그네는 숙소에 이르른다. 여비는 그대로 가지고 있으며, 그는 젊은 사동의 시중을 받게 된다."

『주역』의 원문은 다음과 같다

"6₂는 나그네가 머무를 집으로 나아가서, 그 자본을 간직하고 심부름꾼과 일꾼의 바르게 지킴을 얻으리로다(六二는 旅卽次하여 懷其資하고 得童僕貞이로다)."

즉(卽)은 취(就)요, 차(次)는 사관(舍館)이니, 머물 곳이 있는 것이요 기자(其資)는 노자요, 동(童)은 동자이며 복(僕)은 일꾼이다. 6₂가 유순중정(中正)하므로 비록 나그네의 신세가 되었으면서도 도덕을 받들고 예의를 지키는 까닭에 그 앞길이 어렵거나 괴롭지 않고 사람들로부터 존경을 받는 것이다.

이 두 번째 예언도 『유리알 유희』에서 그대로 성취되고 있다. 즉 요제프 크네히트는 마리아펠스로 가게 되며, 이 예언서와 다른 중국의 비밀들에 관한 활발한 대화와 강의를 함으로써 세상 물정에 밝고 현명한 야코부스 신부를 자기 편으로 얻게 된다. 그런데 야코부스 신부는 중국어를 이해하지는 못하지만, 역시 『역경』을 좋아하고 고대 중국의 정치철학이나 삶의 지혜에 대해 깊은 관심을 갖고 있었다. 헤세는 괘사의 판단에 따른 여괘의 실현을 다음과 같이 서술하고 있다.

"주인인 수도원장에 대한 그(크네히트)의 관계가 보다 생생하고 활발하게 상승하면서 (…) 그가 카스탈리엔을 떠나기 전에 점을 쳤던 괘의 약속도 차츰 실현되기 시작했다. 충분한 여비를 지닌 나그네인 그에게 약속되었던 것은 어떤 숙소에 이르게 된다는 것뿐만이 아니라 '젊은 사동의 시중도 받는다'는 것이다. 약속이 실현되고 있는 것을 나그네는 좋은 징조로 받아들여도 좋았다. 사실 그가 '여비를 그대로 가지고 있다'는 것은 학교와 선생, 동료와 보호자와 조수를 멀리하고 고향인 카스탈리엔의 기름지고 아늑한 분위기를 떠나더라도, 정신과 힘을 자기 마음속에 지니고 활동적이며 가치 있는 생활을 향해 전진한다는 표시였다. 예언되었던 '젊은 사동'은 안톤이라는 학생이었다. 이 젊은이는 (…) 새로운 것과 좀 더 위대한 것에 대한 사도가 되고, 다가오는 사건들을 알려주는 사람이 되었다."


## 중국인 집의 유희


헤세는 자신의 화신이라고 할 수 있는 크네히트를 통해서 중국정신에 대한 이상을 마음껏 펼쳐낸다. 그가 처음이자 마지막인 『유리알 유희』를 거행한 것은 '중국인 집의 유희'라는 것이었다. 크네히트는 『역경』의 체계와 괘사를 연구할 때, 함께 공부했었던 중국 가옥 건축술의 평면도를 『유리알 유희』의 근본으로 삼았다. 즉 중국인 집의 이념을 『유리알 유희』로 건축하고자 했던 것이다. 집을 우주의 축소판으로 이해해도 좋다. 이 축제의 유희를 돕기 위해 그의 동료이며 조수인 테굴라리우스는 크네히트의 추천을 받아 우선 '동아학관'으로 간다. 여기에서 여러 가지 문헌을 통해 중국인들 집의 건축술과 마적(魔的)인 집의 상징성에 대해 중국어 지식이 없는 사람으로서 가능할 만큼 완전한 교육을 받는다. 테굴라리우스 역시 이제는 "중국인의 집이 어떠한 것이며, 그 집을 건축하기 위해 정해 놓은 규칙들이 무슨 의미를 지니는가"를 이해하게 된다. 아드리안 시아는 중국에서 집을 지을 때 고려하는 건축 이념을 다음과 같이 설명한다.

"중국인들은 미학적이고 건축학적인 관점에 따라서만 집을 건축하지는 않는다. 그들은 별들의 운행질서, 하늘의 향방, 음력을 규정하는 행성으로서의 달의 변화에 따라 방위를 정한다. 그뿐만 아니라 영혼의 세계를 고려하고, 가족 생활까지도 이 총체적 도식 속에 편입시킨다. 이렇게 하여 결론적인 체계가 구성되는 것이지, 우연에 내맡겨지는 것은 하나도 없다. 그렇기 때문에 기초적인 터는 당시의 우주관에 따라 4각형의 벽으로 둘러싸이게 되는데, 이 벽이란 완성된 체계의 외면을 이룸으로써 외부로부터 들어오는 온갖 적대적 작용을 차단하여 거주자들을 보호하는 것이다. 이와 같은 이유에서 지붕들 역시 뾰족한 끝을 이루며 독특하게 구부러진 모양으로 만들어졌는데, 이는 위로부터 들어오는 모든 적대적인 요소를 방어하는 것이다. 집 자체도 당시의 생각에 따른 우주적 질서에 상응하도록 배치되고, 방들은 별들의 위치에 따라 배분된다. 가장(家長)의 침실은 다른 가족들의 방으로 에워싸여서 측면 호위를 받는다. 집 한중간에는 가족들이 모두 함께 모일 수 있는 홀이 있다. 사람들이 이렇게 우주질서에 따라 배치됨으로써 그 질서와 조화롭게 살아가게 되는 것이다."

이러한 중국인들의 가옥 건축에 대한 의식적인 이념을 깨우치게 된 테굴라리우스는 크네히트가 신비에 가득 찬 중국인 집의 상징성을 연례적 축제인 유리알 유희의 계획에 도입하겠다는 착상에 대해 무한한 기쁨을 느낀다. 이렇게 해서 크네히트는 테굴라리우스와 공동으로 '중국인 집의 유희'를 초안하고 구성하는데, 이는 그 하나하나의 척도가 수학적으로 엄격한 크기의 비율에 따라 조화롭게 정해지는 고대 중국인들의 자연철학적이고 우주론적인 건축물을 근본으로 한 것이다. 이 유희의 구성과 각 차원에는 중국 집의 옛 형식인 공자의 의식적 형식이 그 기초가 되었는데, 이는 참으로 훌륭한 착상이었다. 동서남북의 방위, 문들, 귀신을 막는 건물벽, 건축물들과 안마당들 간의 여러 관계나 측정, 별들이나 캘린더나 가정생활에 대한 건물들의 정돈, 게다가 정원의 상징성과 규칙적 양식이 그러했다.

유희의 명인 크네히트가 『역경』의 괘사와 그 조직을 연구하고 있을 때, 그는 '이러한 법칙의 신비로운 질서와 의미를 우주와 세상에 대한 인간의 배열을 나타내는 아주 적절하고도 정다운 비유'라고 생각하였다. 그리고 그는 가옥 건축의 이러한 전통에서 아주 오래된 신비로운 국민정신이 사색적이고 학구적인 중국의 고관(高官)정신과 유희의 명인 정신과도 놀랄 만큼 밀접하게 연관되어 있다는 것을 발견했다. 이런 중국적 도식을 기본으로 하면서 유희는 명인의 기질과 '지나치게 총명한 환상'을 통해 변화되고 풍부해져서, 마침내는 완벽하게 조화로운 『유리알 유희』로 완성되었던 것이다.

이렇게 완전하게 아름다운 『유리알 유희』란 크네히트가 『역경』을 집중적으로 연구하고 그에 통달한 다음에야 가능해진 것이다. 유희의 하나 하나가 그 어떤 주제나 원칙에 따라 수행된다고 할지라도, 전체적 『유리알 유희』는 조화로운 대우주의 질서에 따라 구성되어 있다. 즉 이 『유리알 유희』는 바로 대우주의 총체적 본질이 되고 있는 것이다.

요제프 크네히트가 남긴 한 편의 시로써 유리알 유희의 본질을 짚어본다.

우주의 음악을, 명인의 음악을
공경하고 경청하며
행복한 시대의 존경하는 정신을
청결한 축제에 불러올 용의가 있네.

마법의 상형문자의 비밀에 의해
우리들은 높여지네.
그 속에 끝없는, 거칠게 몸부림치는
생명이 흘러들어 티 없는 비유가 되어 있기에.

성좌처럼 투명하게 그것은 울리네.
그것에 봉사함으로써 우리의 생명에 의미가 있네.
그 원의 중심에서 멀어지는 것은
신성한 중심에서 멀어지는 것이네.

　마법의 상형문자는 주역의 기호요, 그 원의 중심은 그가 추구하던
도(道)이며 태극이다. 음악은 신비에 가득 찬 상징으로 『유리알 유희』
의 법칙과 의도에 깊이 관계된다. "무릇 음악의 기원은 도량(度量)에서
나왔으며 태일(太一, 우주의 본원)에 그 뿌리를 두고 있다. 태일에서 양의
(兩儀, 天地)가 나오고 양의에서 음양이 나왔다." 천지간의 조화와 음양
의 일치에 근거를 둔 중국 음악을 그는 이해하게 되고 완전한 음악이
란 마음의 균형에서 비롯되며 그것은 공평함에서 생기고, 공평함이란

'천하의도'에서 얻어진다는 사실을 터득해 나간다.

헤세는 그의 조국에서 세계가 전체를 통해 가장 비인간적이고 참혹한 일들이 벌어지고 있을 때, 가장 지혜롭고 가장 많이 위로를 준 것은 '노자(老子)'라면서 '도(道)라는 말은 나에게 있어 모든 지혜의 총제 개념'이라던 그의 말을 자꾸만 주목하게 된다.

그의 작품 주인공들이 걷는 길은 항상 구도적 성격을 띠고 있다. 그들이 현실과 작품 속에서 찾아 헤매었던 것은 결국 자아와 신이 만나는 자리, 모든 인간의 내부에 있다고 믿는 그 완벽한 조화의 핵심이었다.

이 '핵심'이 확인되는 자리에서 서구 기독교문화의 '경건주의적 신비주의'와 동양의 불교적, 도교적, 유교적 색채가 한테 어우러진 헤세의 '양극적 단일사상'을 만나게 된다. 삶과 사물에 내재하는 이치를 깨닫고 각성하는 저 '마술적 체험'의 순간, 그의 주인공들은 그들을 괴롭혀 온 생의 모든 대립이 화해불능의 적대적인 것으로 보이긴 해도 그것들이 어쩔 수 없이 하나의 본질에 속한 불가분의 상대적 양면임을 깨닫게 된다. 그리고 헤세 자신이 스스로 체험한 이 내면의 '핵심'에서 저 에크하르트나 야콥 뵈메의 신비주의적 언급들, 불가에서 말하는 불이(不二)의 깨달음, 유가에서 가르치는 중용의 덕, 도가에서 말하는 도 등이야말로 형용할 수 없는 어떤 하나의 중심을 돌고 있음을 직감하게 된다.

가운데를 순환하는 여환무단(如環無端)이다. 우주의 중심, 이 핵심을 향해 내면으로의 순례에 들어선 주인공은 획일화된 일반 상식으로부터 벗어나게 된다. 철저하게 자기 자신이 되는 저 '개성화 과정'의 끝에 이르게 되면, 그 다음에는 더 이상 이기적인 자기 보존을 추구하는 것이 아니라 오히려 주체화된 자신을 의미 있게 실현시키기 위한 '헌신'과 '탈개인화'로 방향을 바꾸고 크네히트처럼 그가 이탈해 나온 사회로 복귀한다. 이렇게 돌아온 개인은 자신과 타인을 움직일 수 있는 힘을 가지고 그 사회의 중심에 서게 된다.

　수천 년 전, 선사시대의 기우사 크네히트. 기원후 4세기의 고해신부 파물루스, 18세기의 목회자이며 오르간 연주자, 인도적 시간의 초월 속에 환생한 요가 수도자 다사 그리고 25세기의 중국적 유희의 명인이 된 크네히트. 'Knecht'는 독일어로 하인, 봉사자를 뜻하며, 라틴어의 '파물루스'나 인도어의 '다사' 또한 같은 뜻을 지닌 크네히트의 전생자들이다. 이들의 영혼은 다섯 번의 윤회를 통해 지속적으로 발전하며, 방황 끝에 각성자로서의 삶의 새로운 단계로 전진한다. 청년의 암울하던 절망과 어리석음이 성공을 거둔 것이다.

　"초시간적인 가치와 형식들에의 빠른 회상, 정신의 여러 영역들을 꿰뚫어내는 노련한 짧은 비행"이라고 일컬어지는 『유리알 유희』는 몬타뇰라의 정원에서 낙엽을 태우고 화단에 쓸 재 섞인 거름흙을 만드는 동안 그의 머리에서 떠나지 않았던 온갖 개인적·시대적 문제들과 함께 인류 문화가 일구어 놓은 정신세계 전체를 대상으로 하는 사유의 유희였다. 그러고 보면 헤세는 '통합된 우주를 상징하는' 만다라를 떠올렸을지도 모른다. 만다라는 산스크리트어로 '원륜(圓輪)'을 뜻하며 힌두교와 탄트라불교에서 종교의례를 거행하거나, 명상할 때 사용하는 상징적인 그림이다. 중세 연금술에서도 신(神), 즉 통합 상징을 원[丸]이나 구(球)로 나타냈다.

　『주역』의 부음이포양(負陰而抱陽)처럼 이것은 정신 내부의 대극(對極)의 합을 나타내고 있다. 무엇보다 만다라는 원형상이며 해체된 정신을 통합하고자 하는 무의식적 욕구를 담고 있다. 그가 혹시 여기에서 『유리알 유희』를 착안한 게 아닌가 하는 네 번째 망상을 나는 거듭해 보았다. 전쟁으로 인한 파괴와 혼돈 속에서 '이 무너지는 정신은 어떻게 하면 좋은가?'라는 물음에 그는 봉사와 희생정신을 실천하는 크네히트라는 인물을 대안으로서 제시한 게 아닌가 한다.

크네히트의 분신인 헤세가 『유리알 유희』의 집필 과정 중에 썼다는 「정원에서의 시간들」이란 시에서 그의 진면목을 다시 만난다.

땅바닥에 무릎을 고이고 앉아
두 손으로 살며시 둥굴림이 아름다운 체를
먼젓번 낙엽불들에서 나온 재로 채우고
거기에 흙더미 밑에서 끌어낸
오래되고 온기 있게 촉촉한,
발효하고 썩어 무르게 된 흙을 섞어
그 성긴 혼합물을
체반 밑에 아주 고운 재 같은 흙의 작은 원추가 생겨나도록
천천히 흔든다. 그리곤 뜻하지 않게
그렇게 흔드는 가운데 확실하고 고른 박자 속으로
빠져들어 간다.
그 박자 속에서 되살아 나오는
지치지 않는 기억
하나의 음악, 나는 그것을 함께 흥얼거린다.
그 곡과 작곡자의 이름을 아직 모르는 채,
그리고 갑자기 알게 된다. 모차르트의 곡임을
오보에가 있는 사중주인가….
그리고 이제 심정 속에선

벌써 몇 년째 마음을 기울여 온
사유의 유희가 시작된다.
유리알 유희라고 불리는,
구조는 음악이고
근본은 명상인
훌륭한 착안이.
요제프 크네히트는
내가 이 멋진 상상으로 인해
덕을 입고 있는 명인.
즐거운 세월에
그것은 내게 유희이고 행복이며
고난과 혼란의 시기에
그것은 내게 위안이고 사색이니,
여기 불[火]가에서 체를 치며
나는 자주 연주한다 유리알 유희를,
비록 이제까지는 크네히트처럼은 아니었지만.
(…)


혜세는 다섯 번의 정신적 환생을 통해 각성에 도달한 여섯 번째의
크네히트가 아닌가 한다. 동시대를 지혜의 등불로 다녀간 그분에게 나
는 감사와 경의를 표한다.

# 까만 하늘, 노란 땅 수탉이 밤을 찢는다

—옥타비오 파스의 『활과 칠현금』과 천지현황(天地玄黃)

나는 옥타비오 파스의 『활과 칠현금(El arco y la lira)』이라는 책 제목에 붙잡혀 있다. 그는 중남미를 대표하는 시인이요 노벨문학상 수상 작가다. 대시인이 쓴 이 책은 시와 시 이론에 관한 그의 총체적인 결론인 만큼 책의 비중과 거기에 걸맞게 붙였을 책 제목의 상징성 때문이다. 제목이란 그 글의 전 내용을 몇 개의 단어 속에 농축시킨 것으로 롤랑 바르트의 말대로 '작가의 의도와 기호가 만난 것'이라고 할 때 우리는 더욱 더 궁금해지지 않을 수 없다.

『활과 칠현금』. 활이나 칠현금은 아름다운 음률로 우리를 지락(至樂)의 세계로 이끄는 악기다. 그러나 활은 첼로나 바이올린, 비올라 등의 현악기(弦樂器)에 쓰이는 도구요, 중국의 칠현금(七絃琴)은 비파나 공후 또는 우리나라의 거문고나 가야금 같은 현악기(絃樂器)를 지칭한다. 발음은 같지만 전자의 현악기는 활궁변의 '현(弦)'이요 후자의 것은 실사변의 '현(絃)'이다. 따라서 서양의 현악기는 활로 켜는 것이요, 동양의 현악기는 탄금(彈琴), 즉 오동나무 판에 걸어놓은 줄을 손가락으로 튕겨서 그 소리를 얻어낸다. 하나는 몸판으로, 하나는 작용으로 그 동태(動態)를 달리한다.

오동나무의 긴 널로 속이 텅 비게 짜여진 가야금이나 칠현금이 탄금의 손길을 기다리는 조용한 여인네라면, 활은 능동적인 남성처럼 다가가 거침없이 작용한다.

그러나 둘은 무엇인가 조금 어긋나 있다. 활은 칠현금에게 소용되지 않는다. 활은 첼로나 바이올린에게 해당된다. 그렇다면 여기서 옥타비오 파스가 의도한 것은 무엇이었을까?

동양과 서양의 악기가 이루어내는 콘체르 타토, 동서양의 대 화음(和音)을 꿈꾸었던가.

멕시코의 이 시인에게 있어 동양사상은 그의 창작의 모태였으며 영감의 원천이기도 하였다.

## 마쓰오 바쇼[松尾芭蕉]와 옥타비오 파스(Octavio Paz)

1990년 노벨문학상을 수상한 멕시코의 시인, 옥타비오 파스(1914~1998)가 도쿄의 스미다 강가에 있는 마쓰오 바쇼(1644~1697)의 오두막을 찾아간 것은 1954년의 일이다. 300여 년의 시공을 뛰어넘은 만남이었다.

일본의 시성(詩聖) 마쓰오 바쇼와 중남미의 시인 옥타비오 파스. 그들은 노장(老莊)을 좋아하였고 선불교(禪佛敎)를 지향하였으며 무엇보다 그들은 시인이었다. 파스가 바쇼에게 이끌린 것도 독특한 시 형식인 그의 하이카이[俳諧] 때문이었다. 하이카이란 단어는 익살스러움이나 해학을 뜻하며 렌가[連歌]의 고상함과는 반대로 해학적이며 새로움을 추구하는 서민의 문예였다. 두 사람 이상의 시인이 모여 앞 구(句)에 이어 읊어 나가는 렌가(5·7·5의 長句와 7·7의 短句) 중 정통이 아닌 것을 하이카이의 렌가, 즉 '하이카이'라고 했다. 이 '하이카이 렌가'의 첫구, 즉 '홋쿠[發句]'가 5·7·5의 '하이쿠'라는 문학으로 정착되고 이것을 예술로 끌어올린 사람은 바로 마쓰오 바쇼였다.

바쇼는 당시 언어의 유희에 가까웠던 하이카이를 예술로 완성시켰다는 평가를 받고 있다. 옥타비오 파스는 바쇼의 하이쿠 기행『오쿠로가는 작은 길(おくの ほそ道)』을 스페인어로 번역했고 스스로 하이쿠를 짓기도 하였다. 파스가 하이카이를 접하게 된 것은 중남미 시 개혁의 기수이면서 하이카이즘의 선구자였던 시인, 호세 후안 타블라다(José Juan Tablada)를 통해서였다. 뿐만 아니라 파스는 외교관 생활 중 두 차례에 걸쳐 일본에서 2년간 살았고 인도 주재 멕시코 대사로서 6년 동안 인도에서 머물렀다. 동양사상을 체득하기에 충분한 시간이었다. 한마디로 그는 동양 통이었다. 파스는『육조단경』을 비롯한 선(禪)불교에 관한 책을 많이 읽었으며 장자(莊子)에 심취하고 일본 철학자 스즈키다이세쓰[鈴木大拙]의 책을 애독했다. 중국 시와 하이쿠, 렌가에 이르기까지 그가 읽지 않은 동양문학이 있을까 싶을 정도였다.

말년에는 인도사상에 관한 저서『인도의 빛』을 발간했다. 또한『주역』을 평생 가까이 하였으며, 한때는 주역의 괘와 상(象)을 자신의 시작(詩作)에 응용하기도 하였다. 주역에 관한 것은 뒤에서 언급하기로 하겠다. 옥타비오 파스 문학의 핵심을 이루고 있는 유·불·선의 동양사상, 그것을 역으로 서구 작가에게서 읽는 재미도 신선한 감동이었다.

옥타비오 파스가 바쇼암을 다녀간 지 어언 반세기, 2006년 3월 28일 필자도 그곳을 찾았다. 벚꽃이 길게 이어진 에도가와[江戶川] 강변을 따라 이른 아침 바쇼암 정문 앞에 이르렀다.

'이제 가면 우에노[上野]와 야나카[谷中]의 벚꽃은 언제 다시 볼꼬,
다시 살아 돌아와 이 벚꽃을 볼 수 있을까?'
　　　　　　　　　　　　　　　—「오쿠로 가는 작은 길」에서

오쿠로 떠날 때 이렇게 말한 바쇼의 음성이 떠올라 자연히 걸음을 멈추게 된다. 그의 심정이 되어 눈 앞의 벚꽃을 바라본다. 여즉인생(旅

::도쿄의 바쇼암

則人生)이라던 운수(雲水) 납자의 나그네 시인, 그는 비장한 각오로 매번 길을 나서며 이렇게 말했다.

'머리가 세어 백발이 되는 한이 있어도 돌아올 수만 있다면,
목숨은 다시 주운 것과 같은 것.'

사실 생환(生還)을 확신할 수 없는 행각이기도 하였다. 그런 떠남을 그는 왜 반복하였을까?
동북지방인 오쿠의 변방으로 길을 떠나며 그는 여행에 즈음한 자신의 심경을 이렇게 토로하기도 했다.

"해와 달은 영원한 여행객이고, 오고 가는 해[年] 또한 나그네이다.
사공이 되어 배 위에서 평생을 보내거나 마부가 되어 말 머리를 붙잡은 채 노경을 맞이하는 사람은, 그날 그날이 여행이기에 여행을 거처로 삼는다.
옛 선인들 중에도 많은 풍류인들이, 여행길에서 죽음을 맞이했다…"
—「오쿠로 가는 작은 길」에서

여행길에서 죽음을 맞이한 많은 시인들처럼 그도 여행길인 오사카에서 숨을 거뒀다.
아예 죽기를 작정하고 집을 나선 러시아의 톨스토이나 미국의 시인 에드거 엘런 포, 여행을 거처(居處)로 삼던 김삿갓과 바쇼, 또한 바쇼가 좋아한 와카의 시인 사이교나 중국의 시인 이백, 그리고 오갈 데 없는 두보는 눈 내리는 겨울, 배 안에서 숨을 거두고 말았다. 여즉인생(旅則

人生)이다. 나그네 길에 오를 때마다 필자도 '여즉인생'의 처연한 심정이 되곤 한다.

잠깐 서서 바라보는 동안에도 눈꽃처럼 내리는 저 벚꽃의 산화(散花)가 생의 무상감을 조용히 흔들어 놓는다.

떨어지는 벚꽃
남아 있는 벚꽃도
떨어질 벚꽃.

양관(良寬)선사의 시구가 입안에 맴돈다.

바쇼암 정문 앞에는 문경구(文京區) 교육위원회가 세운 표지판이 서 있었다. 조심스레 문을 밀었다. 파릇파릇한 잔디 위에 굽어진 돌길, 그걸 딛고 들어서니 아담한 바쇼 암이 나타났다. 신발을 벗고 들어선 곳은 크지 않은 다다미방이었다. 정면 도코노마에는 바쇼의 자필화로 된 개구리 그림과 시가 족자로 걸려 있고, 족자 밑에는 바쇼의 목상(木像)이 안치되어 있다. 그가 고향 이가 우에노를 떠나 이곳에 온 것은 1680년경, 그러니까 그의 나이 37세 되던 해였다. 이듬해 제자 리카[李下]가 파초를 가져다 심어서 바쇼암(芭蕉庵)이라고 불렀으며 그의 호가 바쇼인 것도 여기에서 유래한다. 그는 이 근처 임제암에서 참선을 배웠으며 4년 동안 이곳에서 생활하면서 노장사상과 이백, 두보, 백낙천, 소동파 등 중국 시인의 시와 사이교 등 일본 전통시가에 심취했었다.

'높은 데서 깨닫고 속세로 돌아가라'는 그의 문학관도 어찌 보면 노자의 화광동진(和光同塵)에 뿌리를 잇대고 있는 것이 아닌가 한다.

옥타비오 파스가 기대어 앉았던 곳은 어디쯤일까?

::대리석 시비 옆의 표지판

눈으로 사방 벽을 둘러본다. 그는 바쇼암에서 여섯 수의 하이쿠를 남겼다. 지면 관계상 수미(首尾)의 두 수만 소개한다.

우주는 17자 속에
대 시인 바쇼는 이 작은 오두막에.

내가 한 말은 겨우 석 줄.
음절로 지은 초가집.

바쇼암 옆에 딸린 찻집으로 들어가 안내 책자를 사고, 감주 한 잔을 마신 후 밖으로 나왔다. 신록의 풀 향기가 폐부에 닿는다. 좁은 오솔길을 따라 나서니 작은 연못 근처에 시비 하나가 눈에 들어왔다. 흰 대리석에 가로로 흘려 쓴 넉 줄의 글귀.

해묵은 연못이여. 개구리 뛰어드는 물소리.
古池や 蛙飛こむ 水のをと.

과연 그의 대표작이라고 할 만하다. 조금 전 도코노마의 족자에서도 마주친 글귀다. 별안간 '첨벙' 하며 뛰어드는 물소리에 그만 정적이 깨어지고 마는 느낌. 그 본래의 적막(寂寞)을 상상으로 복원해내는 묘미가 하이쿠를 읽는 재미다. 이렇듯 5 · 7 · 5의 17자로 어느 한 순간 대상의 본질을 포착해내는 단형(短形) 시가가 일본의 하이쿠다. 아무런 설명 없이 불쑥 내던지는 하이쿠의 시 세계.

바쇼는 문하생들에게 이렇게 충고했다.

"모습을 먼저 보이고 마음은 뒤로 감추라."

시는 사물들로 하여금 말하게 해야 한다는 것이 그의 주장이었다. 정적을 묘사하지 않음으로써 묘사한 것 이상으로 이 시는 표현하고 있다.

바쇼 예술의 특징은 수행을 통해 얻어지는 도(道), 그리고 선적(禪的) 명상으로 얻어지는 깊은 사념의 경지(境地)가 아닐까 싶다. 롤랑 바르트는 하이쿠에 대해 "가까이 하기 쉬운 세계이면서 그러나 아무것도 말하려 하지 않는 이중의 성격을 가지고 있는 문예"(『기호의 제국』)라고 파악했다.

옥타비오 파스와 하이쿠

옥타비오 파스가 하이쿠에서 배운 것은 이미지의 비약적 병치, 말의 절약, 일상어의 사용, 시에 있어서 객관성의 도입이라고 밝힌 바 있다.

하루가 손을 벌린다.
구름 세 자락
그리고 이 조그만 말들.

파스의 이 하이쿠는 불교의 무상감(無常感)을 전해 준다. 우리 앞에 펼쳐진 하루, 그 일상마저 구름의 다른 형상일 뿐, 미구에 소멸되고 말 그 모든 것 앞에서 바쇼는 초라한 말의 무의미를 손가락으로 짚어내듯 한다.

눈을 감고 나는 나를 보았다.
빈 공간, 공간
거기 내가 있고 또 내가 없다.

—「비전」에서

공간과 빈 공간의 동일선상에 '거기 내가 있고 또 내가 없다'는 것은 바로 불교의 '공즉시색, 색즉시공(空卽是色, 色卽是空)'과 다르지 않다. 무(無)의 본체와 유(有)의 현상을 같이 보아야 한다는 노자(老子)의 견해와도 그 맥을 같이 한다.

이렇듯 파스의 시에 영향을 크게 끼친 것은 불교와 노장사상, 그리고 주역(周易)이다. 그가 바쇼의 시를 설명하는 대목에서도 선(禪) 불교의 사상은 심도 있게 언급된다.

"선불교에 의하면 각(覺)의 순간은 지금 여기, 모든 순간이면서 한 순간, 전 우주와 그 우주를 지탱하는 기(氣)가 한꺼번에 무너지는 순간의 계시라고 말한다. 이 순간은 시간을 부정하고 우리를 진리와 마주보게 한다.(⋯)

생명의 원상은 활기에 있다. 그리고 그 활기는 바로 이 죽을 수 있는 한정된 존재가 불어넣어 주는 힘이다. 즉, 생명은 죽음으로 엮여져 있다. 언어로써 말하지 않고 그 삶과 죽음의 연계를 설명할 수 있는 표현이 있을까? 있다. 그게 하이쿠다. 하이쿠는 사실에 대한 비판의 언어, 의미 형성에 대한 곁눈질 조소의 언어다. 바쇼의 하이쿠는 우리에게 깨달음(覺)의 문을 열어 준다. 의미와 무의미, 삶과 죽음이 공존한다. 대립의 붕괴나 융합으로 도달할 수 없는 경지가 '마음의 정지' 상태다."

파스는 이렇게 마음의 정지 상태, 니르바나와 선(禪)적인 바쇼의 시 세계를 이해하고 또 언급하기 위해 그는 일본학자 스즈키 다이세쓰의 번역과 해설서를 독파했던 것이다.


## 노장(老莊)사상과 옥타비오 파스


파스는 노자의 "도가 말해질 수 있으면 그것은 진정한 도가 아니다. 도의 이름은 이름 지을 수 있으나 항상한 이름이 아니다." 『도덕경』(제1장)에서 시와 사고의 혼연일체에 대한 직감을 얻고, 언어와 사물에 대한 통찰을 그의 시 이론서인 『활과 칠현금』에 이렇게 적어 넣고 있다.

"이름과 사물이 혼연일체가 되고 한 가지가 되는 언어, 그것이 시다.
시는 일컫는 것이 바로 존재가 되는 영토. 이미지는 형언할 수 없는 것을 이야기한다.(⋯)

우리는 언어가 원래 말할 수 없는 것을 이미지를 통하여 어떻게 말할 수 있는가의 경지를 보여 주기 위해 작업해야 한다."

::옥타비오 파스

「구약성서」를 보면 창세기에 "신(神)이 하늘이 있으라 하면 곧 하늘이 있었고 땅이 있으라 하면 곧 땅이 생겼다"고 한다.

일컫는 것이 바로 그대로 존재[天地]했다. 그러나 에덴동산에서 인간의 전락 이후, '일컫는 것과 사물' 사이에는 메울 수 없는 간격이 생겼다는 게 옥타비오 파스의 견해다. 따라서 그는 오늘날 시인의 작업이란 말과 사물 사이, 표현과 실제 사이의 간격을 좁히는 피나는 투쟁을 감수해야 한다고 말한다. 그러기 위해서는 말이 가진 전락된 의미부터 붕괴하고 새 의미, 즉 일컫는 것이 곧 존재가 되는 에덴 이전, 신의 언어 상태로 되돌려주어야 한다는 것이다.

그런 의미에서 파스는 특히 『장자(莊子)』의 「제물론(齊物論)」을 주목했다.

제물의 제(齊)는 고르게 살린다는 말이며, 물(物)은 이 세상에 존재하는 모든 것이라는 말이다. 즉 모든 것을 다 살려내는 것이 '제물'이다.

태초에는 자연(自然)만이 있었다. 자연은 아무런 방해받음 없이 스스로 사는 생명을 말한다. 풀 한 포기도, 나무 한 그루도 그렇게 제 모습을 오롯하게 드러내고 있다. 모든 것은 다 자기 존재가치를 지니고 있다. 이것을 '제물'이라고 한다.

'물화(物化)'라 함은 존재하는 모든 것이 고유의 본성을 유지하면서 일체를 이룬다는 것이다. 하나의 기준 속에 있는 것이 아니라 다 각기 자기 기준 속에 자기로서 있는 것을 말한다. '제물'이 존재를 다 살려내는 것이라면 '물화'는 모든 것이 다 다르게 존재한다는 것, 즉 다르게 존재한다는 것은 다 살려낸다는 의미를 지닌다. 마치 자연의 삼라만상이 악기가 되어 대 화음을 이루듯이 '천뢰악(天籟樂)'은 한 가지 소리도 죽이지 않고 완전한 소리를 이룩해내었건만 악인(樂人)이 공연히 이 세상에 나와 음률을 이루고 기준을 세우는 탓에 그 틀에 들어가지 않는 소리는 그만 다 죽고 말았다. 마찬가지로 성인(聖人)이 나와 세상을 망쳐 버렸다. 도덕이라는 틀과 선악과 시비의 기준 때문에 무위자연의 평화가 깨지고 말았다는 것이다. 그러나 세상에 옳지 않은 것이 없고, 세상에 그르지 않은 것이 없다.

이렇게 생각한 장자(莊子)는 어느 날 꿈을 꾸다 일어나 물화(物化)를 생각한다. 그는 호랑나비가 되어 산천을 훨훨 날아다니다가 꿈에서 깨어났다. 장자가 꿈에 호랑나비가 된 것인지, 호랑나비의 꿈에 장자가 된 것인지 따질 필요는 없다. 호랑나비는 호랑나비로 있고, 장자는 장자로 있으면 그것으로 족하다. 굳이 누구의 꿈인가를 따질 필요가 없다는 것. 이것이 그의 '물화(物化)'다.

옥타비오 파스는 장자의 '나비 꿈'을 시로 남겼다.


나비 한 마리 자동차들 사이에서 날고 있었다.
내 아내 마리 호세가 말했다. "장자님께서
뉴욕으로 산보 나오셨나 봐요."
그러나 나비는

자신이 나비라는 것을 모르고 있었다.
자신이 한때 장자가 된 꿈을 꾸었던
아니면 자신이
장자라는 것을 몰랐다. 한때 나비가 된 꿈을 꾼.
나비는 자신이 나비인가 장자인가 묻지 않았다.
그냥 날고 있을 뿐.

2천여 년 전의 장자가 나비로 환생하여 하필 뉴욕의 거리를 배회했겠다. 최첨단의 문명도시, 자동차들 사이에서 한 영혼이 나비로 날고 있다. 시간과 공간이 확장되고 일체의 벽이 무너져 내린다. 그가 선 지점, 과연 우리라는 존재도 우연히 '그냥 날고 있을 뿐'이 아닌가? 하는 이런 여운을 전해받게 된다.

그는 '일컫는 것이 바로 시가 되기 위해' 에덴 이전의 신(神)의 언어 상태로 되돌려주어야 한다고 앞에서도 말한 바 있다. 그리하여 악인(樂人)이 출연하기 전, '천뢰악'이 울려 퍼지던 장자가 꿈꾸는 세상으로, 성인(聖人)이 태어나기 전, 노자의 무위자연한 세계로의 회귀(回歸)를 염원했던 것이 아닐까.

결국 파스가 추구한 궁극적인 시의 경지는 노자가 말하는 도(道)의 경지와 동일선상이라고 볼 수 있겠다.

옥타피오 파스와 주역

오늘날 시인의 작업이란 말(시)과 사물의 사이, 표현과 실제 사이의 간격을 좁히는 피나는 투쟁을 감수해야 한다고 그는 역설했다. 그 자신 스스로도 투쟁의 전사가 되어 다양한 시적 체험을 꾸준히 시도했던 것이다.

말이 가진 전략된 의미를 붕괴하고, 말라르메의 '무의미 시'나 침묵을 주목하며, 언어의 극도 생략인 하이쿠의 시 형식을 천착하고 주역(周易)을 끌어들여 시 쓰기를 실험했다.

파스는 『활과 칠현금』에서 "언어가 원래 말할 수 없는 것을 이미지를 통하여 어떻게 말할 수 있는가의 경지를 보여 주기 위해 작업해야 한다"고 말했는데, 그것이 『주역』에서는 가능하다. 이 점을 파스가 놓쳤을 리 없다. 우리가 궁금한 사항을 주역의 시초점(占)에 물으면 신명(神明)은 말로 할 수 없기 때문에 괘(卦)라는 이미지를 통해 그 답을 알려준다.

괘를 통해 언어를 배제한 수작(酬酢)이 이루어지는 것이다. 주인이 객에게 술을 따르는 것을 '수'라 하고 객이 주인에게 답하는 것을 '작'이라 한다. 점 치는 자[筮者]가 시초에 길흉을 묻는 것이 '수'이며 시초로부터 그 길흉을 아는 것이 '작'이다. 글자가 없던 시대에 음양의 부호로 된 괘의 이미지를 통해 이렇게 문답을 주고받았던 것이다.

"글은 말을 다할 수 없고 말은 뜻을 다할 수 없다"고 공자도 "서부진언 언부진의(書不盡言, 言不盡意)"를 말했다. 문자와 언어로는 그 뜻이 충분히 전달되지 못할 때가 많다. 그렇다면 성인[作易者]의 뜻은 알 수 없다는 말인가? 그는 「계사전」에서 이런 답을 쓰고 있다.

"성인은 상을 세움으로써 그 뜻을 다하고(聖人立象以盡意) 괘[64괘 384효]를 배열함으로써 묘사를 다한다(設卦以盡情僞)."

괘(卦)란 천체(天體)상에 걸려[掛] 있는 일종의 자연현상을 말한다. 즉 리(☲)는 태양, 감(☵)은 달, 진(☳)은 우레, 손(☴)은 바람 등 복희는 괘를 배열하여 일체의 자연현상을 여덟 개의 기호[8패]로 바꾸어 놓았다.

이런 의미에서 주역은 최초의 기호 논리학이며 부호과학이라고 할 수 있다.

파스는 시각적 기호를 자신의 시작(詩作)에 활용했다.

그의 평론집 『결합과 해체』는 태극설의 음양이론에 근거를 두고 있으며 그는 한자(漢字)와 같이 표의문자적(表意文字的)인 시를 썼다. 이를 공간시(Topoemas)라 한다.

'토포에마[topo(地形) + Poema(詩) = topoema]'란, 즉 시간과 언어를 넘어선 '공간시'이다. 이들 시에는 시각적인 기호가 첨가되었다. 그의 시집 『시각의 원반』에도 많은 시가 주역 8패의 구조적 체계를 따르고 있는 것이 특징이다.

「일치(Concorde)」란 시의 텍스트는 다음과 같다.

arriba el agua ; 위에는 물

abajo el bosque ; 아래는 숲

여기서 물은 감괘(坎卦)다. 감은 차남, 남자다. 체위로는 위에 있다. 성질은 위험하다. 난폭하다. 신체로는 손이다.

숲은 손괘(巽卦)로 장녀다. 체위는 아래에 있으며 성질은 공손하다. 신체로는 사타구니에 해당된다.

왜 「일치」란 제목을 붙였을까?

陽
坎

陰
巽

AARIBA(위에는)

ELAGUA
(물)

ABAJO
(아래는)

EL Bosque(숲)

上
水

下
森

(공간시의 원형임)

자연에서의 물과 숲의 조화뿐 아니라, 음양의 이미지들을 동원하여 젊은 남녀의 성적(性的) 일치, 합환(合歡)의 극치를 나타내고자 한 것은 아니었을까?

실제로 파스는 언어의 에로티시즘에 빠져 있던 사람이었다.

이것을 시각적 원반에 옮겨 놓으면 앞쪽의 그림과 같다.

파스는 『주역』 8괘의 상징에서 새로운 영감을 얻고 이 이미지들을 신체 부위에 적용하면서 시를 통한 탄트리즘을 추구하였다.

피가 흐르는 물길을 통해
너의 육체 속에 나의 육체.
밤의 샘
너의 숲 속에 나의 혀의 태양
(생략)

—「축」에서

내 몸에서 너는 산[艮]을 찾는다
숲에 묻혀 있는 태양을
너의 몸에서 나는 배[坤]를 찾는다
한밤중에 길을 잃고.

—「상호보조」에서

여기서 배[腹]는 곤(坤)괘를 말하며 또한 여자를 상징한다.

제목의 「상호보조」처럼 숲(여자)과 태양(남자)이 어울려 불붙고 있다.

마치 화풍정(火風鼎)괘를 연상시키며 나무에 불이 타오르듯 합환의 극치를 보여 준다. 화(火)는 태양(陽), 풍(風)은 숲·나무(陰), '화풍정'은 불타는 나무의 이미지다. 파스는 주역의 괘를 이렇게 시작(詩作)에 응용했던 것이다.

「물과 바람」이라는 시에서도 숲(巽長女, 사타구니)과 태양(남자, 남자의 심볼)이 만난다.

숲이 다 된 숲 위를
태양이 도끼를 들고 지나간다.

그의 시집 『불도마뱀』은 1958년에서부터 1961년에 걸쳐 쓰여진 작품들이다.

『주역』의 역(易)이란 도마뱀을 형상한 자(字)로 ⊙는 머리와 눈을, 勿은 그 몸통과 다리를 나타낸다. 그리고 도마뱀(카멜레온)은 하루에 12차례씩 때의 변화에 맞추어 몸의 빛깔을 달리한다. 해서 도마뱀은 '변환의 주역'을 상징한다. 그런 때문인지 이 책의 대부분은 주역의 이미지를 담고 있다. 뿐만 아니라 서양 신화에 나오는 상상 속 동물인 불도마뱀의 모습은 피닉스와 비슷하다고 한다. 여전히 죽지 않는 불사조의 이 피닉스는 다함이 없는 생명력과 한편 절세의 미인을 뜻하기도 한다.

그런 가운데 「지속」이라는 작품은 '뇌풍항(雷風恒)'괘와 연관되며 선남선녀의 운우지정(雲雨之情)을 노래하고 있다.

"뇌풍항(恒)은 오래함(久)이니, 강(剛=雷)이 올라가며 유(柔=風)가 내려오고, 우뢰와 바람이 서로 더불어 교감하면서 강과 유가 다 함께 감응(感應)하는 것이 항(恒)괘다."

뇌풍항(恒)은 부부의 도(道)를 일컫는다. 이를 자연의 도로써 살피면 하늘의 도는 바람을 통해 아래로 행하고, 땅의 도는 우뢰를 통해 위로 오름으로써, 만물을 항구하게 생성화육한다. 파스는 '우뢰와 바람(뇌풍)'의 장구(長久)한 이미지를 「지속」이라는 시 여섯 편으로 형상화하였다.

I
까만 하늘, 노란 땅(玄天, 黃地)
수탉이 밤을 찢는다.
물이 일어나 시간을 묻는다.
바람이 일어나 너를 찾는다.


하늘은 검고 땅은 누르다. 천지현황(天地玄黃)이다.
"들판에서 용이 싸우니(음양교합으로) 그 피가 검고 누르도다."
이는 『주역』 곤(坤)괘의 괘사다. 현(玄)은 양(陽)의 피요, 황(黃)은 음(陰)의 피다.
수탉이 밤을 찢는다. 어둠은 점차 엷어진다. 물(坎=中男)이 일어나 아내에게 시간을 묻는다. 바람(巽=長女)이 일어나 감중남, 남편을 찾는다.

IV
말하라, 들으라, 대답해다오
우뢰가 말하는 것을
숲이 알고 안아준다.


우뢰, 진(震) 장남이 말하는 것을 숲, 손(巽) 장녀가 알아듣고 숲, 그녀가 우뢰를 안아준다. 우뢰와 바람이 더불어 응하는 일심동체의 부부의 모습이다. 우뢰와 바람, '뇌풍'이 힘을 합쳐서 만물의 생장과 화육을 돕는다. 아내는 순종하며 남편은 일터에서 씩씩하다. 음양 호응에 의한 항구불변(恒久不變)의 뜻을 이 시는 기저로 삼고 있다고 하겠다.

이번엔 「8각 형태의 수수께끼」라는 시를 보기로 하겠다.
다음의 여덟 구절을 맞는 번호에 써 넣어 보자.

1. 너는 중앙에
2. 태양의 칼
3. 이 8각형을 나눈다.
4. 눈 코 손 혀 귀
5. 동과 서 북과 남
6. 이 빵을 나누어 갖는다.
7. 심연은 중앙에 있다.
8. 보다. 냄새 맡다. 만지다. 맛보다. 듣다.

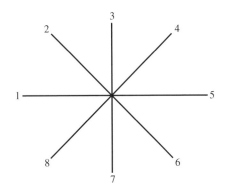

「8각 형태의 수수께끼」

번호를 따라가 보니 다음의 문장이 형성된다.
1과 5, 너는 중앙에, 동과 서 남과 북.
2와 6은, 태양의 칼, 이 빵을 나누어 갖는다.
3과 7, 이 8각형을 나눈다. 심연은 중앙에 있다.
4와 8은 눈 · 코 · 손 · 혀 · 귀, 보다, 냄새 맡다, 만지다, 맛보다, 듣다 파스는 왜 제목을 「8각형의 수수께끼」라고 붙였을까?

우주의 비의(秘意)라도 담은 것일까. 말하고 싶은 의도는 '수수께끼' 속에 감추어 놓고 "시는 사물들로 하여금 말하게 해야 한다"는 바쇼를 표방한 것일까. 그는 8괘의 형상을 벌려 놓고 그 위에 우연인 것처럼 해체된 글자를 흩어 놓았다. 그러나 마구잡이식이 아닌 분명히 의도된 결합임을 알 수 있다. 파스는 8각형의 시에 「복희의 8괘 방위도」를 슬그머니 원용하고 있다.

8괘란 다름 아닌 건, 태, 리, 진, 손, 감, 간, 곤(乾, 兌, 離, 震, 巽, 坎, 艮, 坤)을 말한다.

8괘란 여덟 가지의 우주 현상을 일컫는다. 즉 1 · 2 건곤(乾坤)은 하늘과 땅/3 · 4 리감(離坎)은 해와 달/4 · 5 진손(震巽)은 천둥과 바람/2 · 7 태간(兌艮)은 강과 산을 상징한다.


이들은 모두 음양 상대로 짝을 이루고 있으며 파스는 이것을 즐겨

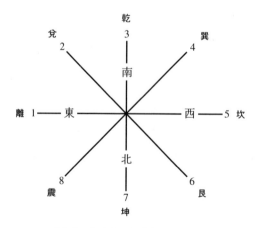

「복희 8괘 방위도에 앉힌 파스의 시」

시화(詩化)하였다.

복희의 「8괘 방위도」에 파스의 「8각형 번호」를 매겨 넣고 다시 그의 시를 읽어 보자.


1과 5 너는 중앙에 ; 동과 서, 남과 북, 그것은 건곤감리(乾坤坎離)의 4 정방(正方)의 자리. 여기에 위치한 하늘과 땅, 해와 달은 사사롭게 존재하지[公平無私] 않으며 부도전(不到轉)괘로서 영구불변한 천지, 일월(天地日月)의 원리를 내포하고 있다. 태극기에도 이 건곤감리의 4괘가 정좌(定座)해 있다.

십자(十字)의 중앙에, 그러니까 우주의 중심인 태극의 자리에 바로 네가 서 있다. 우리 모두가 서 있다. 수처작주(隨處作主)다. 그 자리의 주인이다.

2와 6 ; 태양의 칼, 이 빵을 나누어 갖는다.

태양의 칼로 태극을 쪼개니 음과 양이 생긴다. '太'는 하나(一)에 둘(人)이 생기고(大), 그 둘이 사귀는 가운데 또 하나(丶)를 낳는다(太)는 뜻이니 태극으로 말미암아 하늘과 땅이 나뉘고 음과 양이 나뉘며 人(만물)이 생겨 나오는 이치를 담고 있다. 만물은 태극의 씨앗(仁)을 받아 생명 활동이 있게 된다. 이 빵을 나누어 가짐으로써이다.

주역 「계사상전」의 "역에 태극이 있으니 이것이 양의(음양)를 낳고, 양의가 4상을 낳고, 4상(四象)이 8괘를 낳는" 소식이라고 하겠다. 이렇게 낳고 낳음을 역(易)이라고 부른다.

3과 7 ; 이 8각형을 나눈다. 심연은 중앙에 있다.

심연의 중앙이란 태극을 말함이요, 8각형은 8괘다. 3과 7은 바로 지구의 축을 가르는 자오선(子午線)이다. 동과 서로 나뉘어지고 주야가 바뀌며 생사가 오간다는 의미를 함축한 것이 아닐까. 이것은 모두 음양의 작용이다.

4와 8 ; 눈, 코, 손, 혀, 귀의 감각기관이 보다, 냄새 맡다, 만지다, 맛보다, 듣다의 감각작용과 만난다. 우리의 감각기관인 안(眼)·이(耳)·비(鼻)·설(舌)·신(身)·의(意) 6근(根)이 각각 색(色)·성(聲)·향(香)·미(味)·촉(觸)·법(法)의 6경(境)을 대상으로 하여 안식(眼識)·이식(耳識)·비식(鼻識)·설식(舌識)·신식(身識)·의식(意識)의 6식(識)을 일으킨다. 그렇지만 눈이 사물을 만나지 않으면 안식은 일어나지 않고, 귀가 소리를 만나지 않으면 이식은 성립되지 않는다. 이것을 거꾸로 되돌리면 6근(根) 없이 6경(境·塵), 6식(識)이 있을 리 없고, 우리의 감각기관인 6근은 인연에 의해 일시적으로 모인 가합(假合)된 존재인 것이다.

환언하자면 우리의 존재를 구성하고 있는 다섯 가지 요소[色(육체)·受·想·行·識]인 5온(蘊)의 이론을 기조로 우리가 하나의 이 집합체 이외에 다른 것이 아님을 시사하려는 것이 아닐까.

이들 요소는 각각 혼자서 존재할 수 없다. 이들의 배후에는 실체와 같은 불변적인 '나'라는 것은 없다고 넌지시 무아(無我)를 말하려는 것 같다. 이것은 어디까지나 필자의 임의적인 해석이므로 정답이 아닐 수 있다. 그러나 역(易)이나 시의 해석은 오로지 주관에 의한 유추이기 때문에 얼마든지 독자적인 해석이 가능하다.

파스는 자신의 공간시가 『주역』과 어떤 상관관계를 갖고 있는지에 대해 이렇게 밝혔다.

"나는 여러 가지 이유로 주역(周易)을 내 시의 모델로 삼기를 결심한 바 있다. 첫째 주역은 변환이라는 사상에 용이하다는 보조적인 뜻이 결합되어 있다. 변화하고 있는 기호를 변환하고 있는 상황에 적용시킴은 어떤 정해진 범주와 개념을 통해서 이해하려는 것보다 훨씬 용이하다. 더구나 나는 이 분법(分法)을 시험을 통해 체험하였다. 실제로 시를 쓰는 데 나에게 도움이 되었다"고 그는 고백했다.

다음의 「숫자」라는 제목의 시각시를 주목할 필요가 있다.
(괄호 안의 숫자는 필자가 임의로 붙인 것임.)

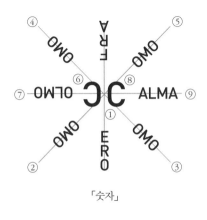

「숫자」

① 좌우로 등을 맞댄 글자 C를 합치면 하나의 '0'.

이 그림의 배치도는 0의 형태를 띤다.

파스의 설명에 의하면 제목 'Cifra 「숫자」'도 원래 cero '0'을 의미한다. 어원은 아랍어 Sifr(0, 혹은 空)에서 유래되며 산스크리트의 Sunxa(空)와 어원을 같이 한다. 이는 동시에 여성 성기의 모습을 또한 상징한다.

필자가 매겨 놓은 번호 ② ③ ④ ⑤의 COMO는 '같이, 같은'의 뜻이고, 좌측의 ⑥ colmo는 절정, ⑦ olmo는 느티나무, 느티나무는 손(巽) 장녀, 여성이다.

우측의 ⑧ calma는 고요, ⑨ alma는 영혼이다. 숫자와 0, 존재와 무(無). 비어 있으면서 충만한 것. 그 충기(沖氣)로 가득 찬 절정(colmo)이면서 한편 침묵(calma)인 느티나무(olmo). 그 끝에 머문 영혼(alma). 이 탄트리즘의 에로틱한 신비주의와 함께 여성의 음부를 그는 시에서 자주 펼쳐보이듯 숲처럼 드러내 보이고 있다.

'0'은 신비한 암컷의 입구요, 일체의 만물이 생겨난 문이다. 도(道)에서 만물이 생기는 것을 비유하여 '도를 현빈(玄牝)'이라 하듯 '0'은 현빈의 문이다. 산골짜기처럼 비(虛)어서 신묘한 작용이 끊이지 않는다.

「숫자」라는 시에서 '0'을 통해 그는 노자의 '곡신불사(谷神不死)'를 말하고 싶었던 것이 아니었을까? 이렇듯 그는 '언어의 에로티시즘'을 추구하며 주역괘의 손(巽)장녀, 진(震)장남 등의 육체를 가진 언어로 시 쓰기를 즐겨하였다.

파스는 생명의 핵심, 인간 존재 조건의 핵심을 에로스로 파악하였다. 실제로 그는 피가 뜨거운 사람이었다. 20대 초반에 멕시코의 여류시인과 결혼했으나 곧 헤어졌고, 나이 40에 인도 대사를 지낼 때 외교가에서 프랑스 출신의 금발의 글래머형인 마리조를 만났다. 목숨을 담보로 그는 푸슈킨처럼 그녀의 연적과 결투를 벌여 사랑을 쟁취한 것은 유명한 일화다. 두 사람의 금슬은 원앙이 어울린 뇌풍항괘와도 같았다. 마리조는 지금 멕시코시티의 옥타비오 파스 재단의 이사장으로 있다. 파스는 죽기 4년 전, 80이 넘은 나이에 『이중 불꽃-사랑과 에로티시즘』을 집필한 바 있다.

그것은 인도의 탄트리즘 영향 때문이기도 했다. 그는 힌두사원의 벽화에서 기묘한 포즈들의 남녀 합환상(合歡像)을 보고 지극한 도의 진리가 가장 관능적인 육체의 결합으로 표현된 것에서 『언어 하(下)의 자유』를 절감한다. 말하지 않으면서 말하는 법, '언어화된 침묵'의 이미지를 그는 그 벽화에서 도출해 낸다. 무(無)가 유(有)로 표현되는 그러나 말하지 않는 가르침을.

파스는 시 평론서인 『활과 칠현금』에서 특히 '피안(彼岸)'의 문제를 주목하였고 '시간의 초월'과 '침묵'에 대해 천착한다.

불교의 공(空)이나 주역의 태극(太極), 노자가 말한 도(道) 등은 언어로써는 설명이 쉽지 않다. 그래서 옥타비오 파스는 형언불가능(形言不可能)에서 오는 침묵에 대해 이런 말을 한다.

"비트겐슈타인, 하이데거, 레비스트로스와 불교는 사상의 핵심이 공통적으로 언어의 문제에 귀결된다. 즉 모든 단어[言語]는 침묵 속에서 용해되고 만다."

그러나 침묵도 하나의 메시지를 담고 있다. 석가가 한 송이 꽃을 들었을 때, 가섭이 미소로 답하던 이 무언극(無言劇), '이심전심(以心傳心)'으로써 그들은 정법안장(正法眼藏)을 주고받았다. 언어 이전의 소통이다.

옥타비오 파스에 의하면 부처의 침묵은 단순한 지식이 아닌, 지식 다음에 오는 지혜라는 것이다. 시인들이 그 같은 지혜의 경지에 도달하려면 언어 순화와 그 투명화의 과정을 거쳐야 한다는 것, 그런 후에야 시인들도 바라미타, 즉 '피안(彼岸)'에 도달할 수가 있다는 것이 그의 견해였다.

피안이란 19세기 서구 작가들이 말하던 '절대(絶對)' 그리고 초현실주의자들에 있어서 '최상의 점(點)'과 동일한 것이라고 그는 설파했다.

『활과 칠현금』의 원제를 놓고 고심하다가 마드리드 대학에서 옥타비오 파스를 전공한 김홍근 선생께 도움을 요청했다. 메일로 알려온 『활과 칠현금』의 출전은 다음과 같았다.

그리스의 장자(莊子)로 불리는 '변환의 철학자' 헤라클라이토스가 쓴 『단편집』에서 한 구절을 파스가 따 왔다는 것이다.

"세상은 서로 상대적인 힘의 조화로 이루어져 있다. 마치 활과 칠현금처럼."

이 글을 보는 순간 필자는 부음이포양(負陰而抱陽)한 태극의 모습이 유쾌하게 떠올랐다. 헤라클라이토스도 '음을 등에 지고 앞에 양을 안은' 태극의 모습에서 대립이 아닌 음양의 상대적 힘의 조화를 떠올렸을지도 모른다.

나는 다시 생각해 본다.

앞에서처럼 나비면 어떻고 장자면 어떠한가?

활은 활로서, 칠현금은 칠현금으로서 이미 그것으로 족하지 않은가.

활은 양(陽)이요, 칠현금은 음(陰)으로 두두 물물(頭頭物物)이 각각 진리인 제 소리를 내고 있다. 그렇다면 파스는 자연의 대화음을 이루고 있는 저 장자(莊子)의 천뢰악(天籟樂)을 염두에 둔 것이 아니었을까? 그리하여 격이 맞지 않는 '활과 칠현금'은 줄 없는 거문고로서 상식이나 사량 분별 따위를 초월한 깨달음의 세계를 우리에게 묵시(黙視)코자 한 의도가 아니었을까 짐작해 본다.

줄 없는 거문고, '몰 현금(沒絃琴)'으로서 소리 없는 소리를 듣는다. 형언(形言) 불가능에서 오는 침묵의 소리를 듣고자 한다. 왜냐하면 모든 언어[詩]는 침묵 속에서 용해되고 마니까.

나는 지금 『활과 칠현금』 사이에서 서성거리며 동서양의 대 화음인 천뢰악을 듣기 위해 귀를 모은다. 작은 생명들이 외치는 소리 없는 환희의 송가(頌歌)를 놓치고 싶지 않아서이다.

# 험난한 때의 쓰임이 크도다

——육우와 풍산점(風山漸)

## 고통을 넘어서 환희로

벅찬 함성 속에 나를 가둬 놓고야마는 베토벤의 나인 심포니 「환희의 송가」를 들을 때마다 '환희'보다는 고통으로 일그러진 그의 얼굴이 먼저 떠오르곤 한다. 웃음기라고는 없는 사람, 중국의 다인(茶人) 육우(陸羽)를 만날 때도 마찬가지였다. 차의 성인으로 숭앙되고 다신(茶神)으로까지 떠받들리는 사람, 그의 평전을 보면서도 왠지 베토벤의 「환희」를 들을 때처럼 어떤 고통이 느껴졌다. 험난한 때를 어떻게 살았는가?

환희와 고통. 그것을 맞바꾼 사람의 지경(地境)이 헤아려지는 것이다. 불우함을 넘어 성(聖)으로. 한 사람은 악성(樂聖)으로, 또 한 사람은 다성(茶聖)으로 고뇌에 찬 자신의 운명을 극복하고 마침내 '환희'로써 생의 마침표를 찍었다.

육우는 자신의 책『육문학자전(陸文學自傳)』첫머리에 이렇게 쓰고 있다.

"육자(陸子)는 이름이 우(羽)이고 자는 홍점(鴻漸)이며 어디 사람인지는 모른다."

부모가 누구인지도 모르게 내던져진 운명, 그는 자신의 출생에 대해 담담히 말하는 듯하나 실은 내면에 억제된 서글픔이 행간에 묻어 나온다. '어디 사람인지는 모른다'고 한 것은 자신이 극복해야 할 운명의 첫 과제라고 할 수 있다.

육우(당나라 현종 15년)는 경릉(지금의 호북 천문시)에서 태어났다. 태어난 지 사흘 만에 서호 강가에 버려졌다. 새벽 공기가 차가운 어느 가을날이었다. 용개사 지적(智積) 스님이 이른 아침 호숫가에 나갔다가 기러기가 울어대는 소리에 가까이 가 보니 새들이 깃털로 한 영아를 덮고 있었다. 스님이 그를 절에 데리고 와서 길렀다. 어려서부터 지적 선사에게 차 달이는 것을 배웠으며 불경을 공부하다가 갑자기 유학(儒學)에 뜻을 세웠다.

지적 스님은 그에게 잡념을 없애 주고 마음을 붙들고자 여러 가지 노역을 시켰다. 측간을 청소하게 하고 소 30마리를 돌보게 했다. 종이가 귀해 그는 소의 등에다 대나무 꼬챙이로 글을 쓰며 공부했다. 공부에 발전이 없자 '세월은 흘러가는데 글을 알 수 없을까 두렵구나' 탄식하며 울기를 그치지 않았다. 스스로 화를 내어 채찍으로 등을 때렸으며 절을 뛰쳐나와 광대패와 어울리기도 했다. 전쟁터에서 도망친 군인을 조롱하는 연극을 해 보였고「학담(謔談)」세 편을 지었다. 세상에 대한 원망과 분노와 열정이 뒤섞인 청소년기였다. 그는 항상 낡은 옷에 해진 신발을 신고 홀로 들판을 쏘다녔다. 어떤 때는 들을 가다가 불경을 읽고 고시를 읊으면서 때론 나뭇가지를 치고 손으로 흐르는 물을 희롱하다가 해가 이슥해져서야 소리내어 울면서 돌아왔다고 기록은 전한다.

:: 평생을 정직하고 검소하게 살다 간 『다경』의 저자 육우.

송아지 코처럼 뭉툭한 코에 용모는 추하며 말더듬이였으나 언변은 좋은 편이었다. 성격은 편벽되고 논쟁을 즐겼다. 자기 중심적인 편이나 어떠한 경우에도 신의를 지켰으며 언행은 반드시 일치되었다고 한다. 그는 우연히 경릉 태수 이제물의 부임 축하연에 참가했다가 그의 눈에 들었다. 이제물은 책을 주면서 화문산(火門山) 별장으로 가서 추부자(鄒夫子) 선생께 가르침을 받도록 주선해 주었다. 그때 그의 나이 15세였고 『주역』을 포함한 6경(經)을 읽었다.

그는 스스로 주역 점을 쳐 하필이면 건(蹇, ䷦)괘를 뽑았다. 수산건(水山蹇)괘는 한 마디로 나쁜 괘다. 위의 감(坎)괘는 물의 험함이요, 아래에 있는 간(艮)괘는 산의 그침이니, 험한 물이 앞을 가로 막고 있어 그쳐서 나아가지 못하니 불길하다고 하는 괘이다.

다리 절뚝거릴 '건(蹇)'자를 파자(破字)하면 언 발(寒 + 足 = 蹇)이 되니, 더는 나아가지 못함을 뜻한다.

"건난(蹇難)의 때를 당하여 험함을 보고 멈추니 지혜롭다"고 주역은 말한다.

"험난한 때의 쓰임이 크도다."*

이것은 건괘의 괘사로 험난한 때의 시간 활용을 잘하라는 잠언과도 같은 말씀이다. 주(周)나라 문왕이 유리옥에 갇혀 저 유명한 『주역』의 괘사를 쓰듯, 다산의 『목민심서』나 사마천의 『사기(史記)』 또한 험난한 때의 불우함 속에서 쓰여진 명작들이다.

코를 치는 매화 향기란 눈꽃 속에서 피어나는 것임을 주역은 이렇게 넌지시 일러준다.

### 반신수덕(反身修德)

수산건(䷦)괘의 형상을 보고 공자는 이런 상사(象辭)의 말씀을 붙였다. "산 위에 물이 있음이 험난함이니, 군자는 이를 본받아 자기 몸을 돌아보고 덕을 닦느니라."**

험난한 건(蹇)괘의 형상을 본받아 이러한 때일수록 군자는 학문과 도덕을 갖추고 '반신수덕(反身修德)', 자기의 몸을 반성해야 한다는 것이다. 남이 나를 가볍게 보고 소홀히 여기는 것은 내게 덕이 모자라는 때문이니 덕을 닦아 인격을 고매하게 갖추고 재능을 모두 익힘으로써 사람들로 하여금 어렵게 여기도록 하라는 처세훈을 놓치지 않고 있다.

그는 평생을 독신으로 오두막 띠집의 문을 닫아걸고 맹렬히 책을 읽었으며, 인격 도야뿐 아니라 차에 관한 모든 연구와 노력을 아끼지 않았다. 전국의 차 생산지 40여 곳을 직접 답사하면서 품종과 작황 상태를 기록하고 전국의 샘물을 맛보며 등급을 매기기도 했다. 반신수덕하

* 蹇之 時用이 大矣哉.
** 山上有水가 蹇이니 君子는 以하여 反身修德하느니라.

면서 차에 관한 모든 기능을 익혔다.

육우가 첫 번째 뽑은 괘는 수산건(水山蹇)이었다. 그것은 본괘(本卦)이고, 6효의 변화를 알아보기 위해 두 번째로 뽑은 지괘(之卦)는 풍산점(風山漸)괘였다.

본괘는 체(體)로서 운명괘에 해당하고, 지괘는 용(用)으로서 운명의 변화 과정을 나타낸다고 볼 수 있다. 즉 언 발로 나아갈 수 없는 '수산건'괘에서 입장과 형편이 향상되어 점점 나아간다는 '풍산점'괘를 그는 얻었던 것이다. 풍산점괘의 형상은 산 위에 부는 바람이다.

풍산점(風山漸)은 안으로[山]는 멈추어 고요하고(內艮止), 밖[風]은 겸손하고 순일(純一)하므로 나아감에 곤궁함이 없으니, 차례를 따라서 점점 발전한다는 좋은 뜻을 담고 있다.

그는 풍산점의 3효 말씀에서 자신의 성씨와 자호를 가져왔다.

"홍점우육(鴻漸于陸)이라. 기러기가 뭍(陸)으로 나아감이니, 지아비가 정벌에 나아가면 돌아오지 못하고 지어미는 잉태하더라도 생육(生育)하지 못하리니 흉하다. 도적을 막는 것이 이로우니라."*

이 괘사 앞에서 그는 공교롭게 물가에 버려진 어린 날, 자신의 모습이 떠올랐고 기러기가 깃털로 자신을 감쌌다는 장면이 눈앞에 떠올랐다. 그리고 자식을 낳아 기르지 못하고 버려야만 하는 어미의 입장을 포함한 자신의 운명을 그대로 상징한 괘사라고 생각했다. 여기에 눈이 머물자 그는 주저없이 성은 육(陸)씨로, 자(字)는 홍점(鴻漸)으로 낙점했다. 이것을 어떻게 설명해야 할까?

육우와 기러기.

---

* 九三은 鴻漸于陸이니 夫征이면 不復하고 婦孕이라도 不育하여 凶하니 利禦寇니라.

'그 날개(羽)가 가히 본받을 만하다'는 풍산점괘의 마지막 효사에서 그는 '우(羽)'를 자신의 이름으로 삼았다.

풍산점괘는 각 효(爻)를 기러기에 비유한다. 초효는 기러기가 물가로 나아가고, 2효는 반석에, 3효는 육지로, 4효는 나무로 점진하며, 5효는 높은 구릉으로, 마지막 효(爻)에서는 드넓은 창공으로 높게 나아감이니 드디어 대붕의 비상(飛上)이 완성되는 것이다. 하늘에서 물가로 떨어진 영락(零落)한 기러기가 본향(本鄕)으로 귀천(歸天)하는 장면이 연상되면서 배경 음악으로 베토벤의 「환희」가 그때 환청으로 겹쳐 오기도 했다. 고통을 넘어선 사람의 '환희'가 가슴 벅차게 다가왔다.

그는 자신이 취득한 '수산건'과 '풍산점'괘로 자신의 운명을 들여다보고 스스로 가늠하며 개척해 나갔던 것이다. 늘 자신에게 엄격했고 수산건괘의 가르침대로 반신수덕(反身修德)하며 각고의 노력으로 몇 번씩이나 다시 고쳐 쓰면서 『다경』을 완성했다.

이것은 육우가 쓴 세계 최초의 차에 관한 저술이다. 차인이 되려면 반드시 읽어야 하는 다도의 경전이며 차와 인간이 처음으로 문화적으로 대화한 기록이기도 하다. 7,000자밖에 안 되는 글자로 차에 관한 모든 것을 망라했다. '다서(茶書)'를 넘어 '다경(茶經)'으로 예우되는 것은 그의 고매한 인격과 높은 차 정신에 기인할 것이다.


### 정행검덕(精行儉德)

육우의 차 정신은 한마디로 정행검덕(精行儉德)으로 집약된다.

차의 맛은 근본이 매우 차가우므로 그것을 마시기에 적합한 사람은 정성스러운 행실(精行)과 검소한 덕(儉德)을 갖춘 사람이라고 했다.*

차의 성(性)과 다인(茶人)의 성(性)을 그는 동격으로 보고 '차의 성(性)은 검(儉)'이라고 일축했던 것이다. 그의 '검덕(儉德)' 또한 『주역』의 천지비(天地否)괘에서 연유된다.

하늘과 땅이 어긋나고 시운(時運)이 막혀 곤궁할 때 '군자는 이를 본받아 검덕(儉德)으로써 어려움을 피할지언정 녹(祿)으로써 영화로움을 누리지 말라'**고 한 상전(象傳)의 말씀이 그것이다.

그는 검소하고 근면했으며 실제로 태상시태축의 높은 벼슬자리를 두고 임금이 불렀어도 나아가지 아니했다. 그리고 '풍산점'괘 상전의 말씀을 또한 가슴에 품고 지냈다.

"산 위에 나무가 있음(山上有木)이 점(漸)이니 군자는 이것을 본받아 어진 덕에 거(居)하여 풍속을 선(善)하게 하라'***는 말씀이 그것이다. 차는 덕을 기르게 하고 뜻을 고아하게 한다. 뿐만 아니라 예절과 어진 마음을 더하게 하나니 이러한 차 정신이야말로 사람의 마음을 순일하게 하고 풍속을 선하게 다스리는 데 도움이 되었던 것이다. 그의 차 생활은 『주역』의 이러한 '군자이학(君子以學)'의 실천에 다름 아니었다고 생각된다.

그는 『다경』의 저술뿐만 아니라 차를 만들고 끓이는 법, 차 달이는 데 필요한 기구들의 고안, 차에 관한 모든 것을 상세히 기술하여 차에 대한 인식뿐 아니라 차 마시는 법 등, 차의 경지를 다도의 정신으로 한 차원 높게 끌어 올렸다. 뿐만 아니라 직접 24종의 다구(茶具)들을 설계

---

* 茶之爲用 味至寒 爲飮 最宜 精行儉德之人.
** 天地不交否니 君子以하여 儉德辟難하여 不可榮以祿이니라.
*** 象에 曰 山上有木이 漸이니 君子는 以하여 居賢德하여 善俗하느니라.

하여 음차(飮茶) 과정을 체계화하고 도가의 정신을 융합하여 차를 다루는 도구들에 '정행(精行)' '검덕(儉德)'이라는 삶의 지표이자 이상인 '도(道)' 정신을 담았다.

『다경』 '차의 그릇[四之器]'에서 '그릇에 도를 담는다[器以載道]'가 바로 그러한 정신의 표방일 것이다.

사람들은 또한 육우가 인간에 태어나고서부터 세상에 봄차 마시는 일을 서로 전하게 되었으며 그의 창도로 말미암아 차(茶)는 잡스러운 마실 것들에서 떨어져 나와 '혼합하여 삶고, 채소와 같이 삶아도 그것을 모르고 마시는' 조잡한 방식에서 벗어나 세밀하게 가려 달여, 천천히 품음(品飮)하는 음차의 도(道)를 갖추게 되었다고 그의 업적을 치하했다.


육우는 말한다.

"근심과 번뇌를 벗어나려면 술을 마시고, 정신을 맑게 하려면 차를 마셔라."

『본초(本草)』에도 고다(苦茶)는 성질이 쓰고 차서 기운을 내리게 하며 머리와 눈을 맑게 하고 사색에 유익하다고 하였다. 당나라 사람 배문(裵汶)은 "차의 성품이 정청(精淸)하고 그 맛이 호결(浩潔)하며 그 공효(功效)는 중화(中和)를 이루게 해준다"고 기록했다. 육우가 『다경』에서 강조한 것 역시 『주역』의 시중(時中)과 중정(中正) 사상임을 간과해서는 안 된다.

주역은 중정(中正)사상에 바탕을 두어 중(中)과 정(正)을 귀히 여긴다. 중(中)이란 상하괘의 중간에 위치한 중효(中爻), 즉 6효 가운데 제2효와 5효가 제자리(位)를 얻었으면 득중(得中)이라 하고, 정(正)이란 1, 3, 5효의 자리에 양효(─)가 놓이고 2, 4, 6효의 자리에 음효(--)가 놓이는 것을 바름을 얻었다는 뜻으로 득정(得正)이라고 한다. '중(中)'은 때를 만남이요, '정(正)'은 제자리의 바름을 얻는 것이니 '중정(中正)'은 때에 지나치거나, 미치지 못함이 없으며 자리에 치우치거나 기울어짐이 없는 조화와 균형을 일컫는다. 그러므로 주역의 괘는 중정(中正)일 때가 가장 길하다. 역은 이렇게 시중(時中)을 숭상하나니 '때에 알맞음'을 늘 강조해 왔다. 역의 도(道)가 심오함이 한마디로 '시중(時中)'이라는 것이다. 군자가 덕에 나아가고 학업을 닦는 것 역시 '욕급시야(欲及時也)'니, 즉 때에 미치고자 함이니 때에 알맞은 조화와 균형으로써 현실에 대처하라는 가르침이다. 세상의 이치와 인간의 덕성은 '중용의 도 얻음'을 최상으로 여기나니 모두 주역의 중정(中正)사상에 그 바탕을 둔 것이라 하겠다. 그는 차 정신뿐 아니라 차를 다룸에 있어서도 시중(時中)을 중시했다.

육우는 「천품(泉品)」에서 차는 물의 신(神)이요 물은 차의 몸(體)이라, 그러므로 진수(眞水)가 아니면 다신(茶神)을 나타낼 수 없고 진다(眞茶)가 아니면 수체(水體)를 나타낼 수 없다. 비록 수체(水體)와 다신(茶神)이 모두 온전하다고 해도 물 끓이는 데 중정(中正)을 잃지 않아야 신건(神健)과 체령(體靈)이 모두 갖추어진다고 언급했다.

물 끓이는 것이 마치 고기의 눈알 같은 기포가 올라오고, 가느다란 소리를 내면 이것이 첫 번째 끓음이요. 솥의 가장자리 쪽이 솟아오르는 샘과 같고 구슬이 이어진 것처럼 기포가 올라오는 것을 두 번째 끓음이라 한다. 그 이상 끓으면 물이 쇠어지므로 먹어서는 안 된다. 즉 노수(老水)는 이미 중정을 잃었다는 뜻이다.

차와 물을 다룸에 있어서도 역시 중정(中正)은 강조된다. 왜냐하면 차의 분량이 물보다 지나치면 쓴 맛이 나고 향기가 묻혀 버리며, 반대로 물의 분량이 차보다 많으면 차맛이 적어지고 빛깔이 흐려지기 때문이다. 차의 품질이 좋고 나쁨은 곧 냄비에 넣을 때 시작되며, 물에 달여서 빛이 맑거나 흐림은 물과 불에 관계된다는 것이다.

차잎을 덖을 때, 온도 조절이 아주 잘 되면 차의 향이 맑아지고 솥의 열이 부족하면 다신(茶神)이 떨어진다. 열(熱)을 겉다루면 설익고, 연료가 부족하면 취색을 잃고, 지지하게 열을 다루면 과숙(過熟)한다.

찻물을 끓일 때, 너무 불기가 약하면 수성(水性)이 유연하여 다신(茶神)이 아래로 가라앉고, 불기가 세면 화성(火性)이 극렬하여 물이 끓어 노수(老水)가 된다. 그러면 다신(茶神)이 제압을 받는다. 모두 중화(中和, 中正)를 잃었으니 다가(茶家)의 중요한 요령이 아니라며 때에 맞은 시중(時中)과 중정(中正)을 그는 늘 강조했다.

육우는 또한 차를 달이기 위한 풍로를 고안해냈는데, 풍로 속에 솟아오른 둔덕을 만들어 세 개의 칸막이를 마련하고 각기 불을 상징하는 꿩과 이(☲)괘를 그려 넣고, 바람을 상징하는 표범과 손(☴)괘를, 물을 상징하는 물고기와 감(☵)괘를 그려 넣었다.

손(巽)괘는 바람을 주재하고, 이(離)괘는 불을 주재하며, 감(坎)괘는 물을 끓게 하므로 이와 같이 세 가지 괘(卦)를 갖추었다고 한다. 그리고 풍로의 발은 세 개인데 발 한쪽에 일곱 자씩 글자를 새겨 넣었다. 한쪽 발에는 '감상손하이우중(坎上巽下離于中)' '위에는 물, 아래는 바람, 가운데는 불'이란 뜻으로 풍로가 차를 끓이는 과정에서 물과 불과 바람의 작용을 각각 상징했다. 또 한쪽 발에는 "몸에 오행이 고르면 만병을 멀리할 수 있다"고 썼으며 마지막 발에는 제작 연호를 적어 넣었다.

『다경』은 이렇게 제다(制茶)의 기술적인 측면과 다른 한편으로는 정신적인 세계, 즉 차를 마시고 담소하는 시문과 예술정신의 추구로 두 가지 면을 조화롭게 아우르고 있었다.


그가 태어난 호북이 제1의 고향이라면 그에게 제2의 고향이라고 할 수 있는 절강성 호주에서는 30년 동안 시승(詩僧) 교연과 호주자사를 지낸 서예의 대가 안진경 등과 차문화를 이끌어 왔으며, 그곳에서 『다경』 세 권을 완성했다.

막역지우인 교연(皎然)이 먼저 세상을 떠나고, 육우는 정원 20년(804) 이곳 호주에서 병으로 생을 마감했다. 세수 72세였다. 그의 무덤은 교연 스님의 부도가 있는 곳에서 멀지 않았으며, 또 호주에는 육우를 위해 안진경이 지어 준 다정(茶亭) '삼계정(三癸亭)'과 한국 다인들이 육우를 사모하여 지은 '모우방(慕羽坊)'이라는 일주문도 있다.

:: 절강성 묘봉산에 위치한 육우의 묘

이제 그는 중국뿐 아니라 한국과 일본에서도 차의 종조(宗祖)로 손꼽히고 있다. 한국에서는 '육우다경연구회'가 발족되어 이미 한·중선차(禪茶)문화교류연토회가 개최되었고, 일본에서는 1988년 '육우차문화연구회'가 발족되었다. 일본의 센노리큐 가(家)의 가원인 천종실은 "『다경』을 연구한다는 것은 차의 주춧돌이 무엇이냐 하는 근본을 캐는 운동"이라고 밝혔다.

『끽다양생기(喫茶養生記)』를 쓴 일본의 에이사이(榮西)선사, 『동다송(東茶頌)』을 쓴 한국의 초의선사. 모두 같은 수원지에 뿌리를 둔 다선일여(茶禪一如)의 정신으로 이제 동양 3국은 선차(禪茶)로 그 뿌리를 공유하고 있다.

이 모든 것들은 1300여 년 전, 육우가 태어나고 그의 『다경』이 세상에 나오고 나서부터였다. 하남성 공현의 도자기 업자들은 옹기의 우인(偶人)을 만들어 '육홍점'이라 이름을 붙여 놓고, 차그릇을 많이 사가는 손님에게 육우(陸羽)의 형상 한 개씩을 선물로 주며, 이익이 있을 때면 육우의 형상에 찻물을 붓는다고 한다.

차를 끓여 파는 집에서는 도자기로 육우상을 만들어 신으로 모시고 제사를 지낼 정도여서 실제로 열 개의 다기 가운데 하나는 '홍점'일 정도라고 이조(李肇)는 「국사보(國史補)」에 적고 있다.


해 저문 들판에서 혼자 통곡하던 남자, 젊은 혈기의 그 울울한 분노를 모두 잠재우고 마침내 다신(茶神)이 된 사람 육우.

난청의 고립 속에서 고통을 넘어 마침내 환희를 이끌어 낸 사람, 악성(樂聖) 베토벤.

자기완성을 위해 그들은 높은 도덕정신에 뿌리를 잇대고 있었다.

"내가 비참한 지경에 빠져 있을 때, 나를 받들어 준 것은 도덕이었다. 자살로써 인생을 끝내 버리지 않을 수 있었던 것은 예술의 덕택이기도 하지만, 도덕의 덕택이기도 하다."

이렇게 말한 베토벤은 특히 칸트의 묘비에 새겨진 "머리 위에는 별바다, 가슴속에는 도덕률을"이란 글귀를 좋아하여 자주 암송했다고 한다.

베토벤에게 정신적 지침을 준 자국의 칸트가 있었다면, 육우에게는 두 말할 것도 없이 『주역』의 가르침이 있었다. 건난(蹇難)의 때를 이겨 낸 검덕(儉德)정신과 중정(中正)사상의 가르침이 그것이다.

드넓은 창공을 올려다본다.

거대한 두 날개를 펼치고 '잃었던 자유를 찾아 힘찬 비상'을 꿈꾸었던 시인 보들레르는 거기, 거대한 한 마리의 바닷새 앨버트로스였다. 채석공원에서 본 시인 이백도 도포 자락을 양날개처럼 펼친 채 "큰 붕새가 날아 팔극을 진동하며 하늘 높이 날아올랐으나"(그의 「임종가」에서) 그의 일생 또한 '중도에서 날개 꺾인' 붕새나 다름없었다. 그러나 유유히 날갯짓을 하며 저만치에서 홀로 날아가는 붕새가 있다.

'그 날개(羽)가 본받을 만하니, 가히 써 예의(禮儀)를 삼을 만하다'*는 풍산점(風山漸)괘의 기러기와 육우.

육우(陸羽)가 바로 그런 사람이 아닌가.

검은 날개를 ㄱ자로 꺾으며 가물가물 그가 눈앞에서 멀어져 간다.

* 上九는 鴻漸陸이니 其羽가 可用爲儀니 吉하니라.

# 먼저는 굽히나 폄을 이룬다

―정선과 지산겸(地山謙)

조선 중기의 대표적 화가이며 진경산수화(眞景山水畵)의 창시자인 겸재 정선. 그가 태어난 곳은 지금의 경복고등학교 경내 어디쯤이라고 하는데 그의 외가도 순화방(順化坊) 근방이었다고 한다.

절대적인 외가의 후원 아래 그는 삼연(三淵) 김창흡, 농암(農巖) 김창협 형제의 문하에 드나들며 학예에 정진했다. 김창흡을 중심으로 진경시문학(眞景詩文學)이 크게 일어났는데 그를 추종하던 이들은 대개 백악산과 인왕산 아래의 순화방에 살던 서인(西人)의 자제들이었다. 이들을 백악사단(白岳詞壇)이라 불렀다. 율곡과 정송강도 모두 이 동네에 살았으며 물론 겸재도 백악사단 출신이었다.

백악 기슭에서 함께 뛰어놀며 자란 친구 중에 사천(槎川) 이병연이 있었다. 그는 특히 시를 잘했으며 겸재와 함께 삼연의 진경(眞景) 문화정신을 계승하였다.

322

::겸재 정선이 그린 「인왕제색도」

  그래서 그런지 지금도 인왕산 앞을 지나칠 때면 늘 겸재를 떠올리게 되곤 한다. 인왕산 아래에 거처하면서 자신의 집을 그린 「인곡유거도(仁谷幽居圖)」나 「독서여가」 그리고 「인왕제색도(仁王霽色圖)」 때문인지 그림에서 본 인물은 곧바로 겸재와 연결된다.

  인왕산 자락에 널찍이 자리 잡은 겸재의 후원. 버드나무 뒤로 능선이 보이고 뜰 앞엔 화초가 가득하다. 「독서여가」에 잠시 툇마루에 나와 화분에 핀 모란꽃을 감상하고 있는 그의 모습은 그림에 나타난 그대로이다. 84세의 삶을 마칠 때까지 그는 이 산자락에 깃들어 평안한 나날을 보냈다.

  '군자가 머물러 있는 곳에서 편안한 것은 주역의 질서'라고 했던가.*

  그야말로 바쁠 것 없고 다툴 것 없는 조용한 만년이었다.

* 君子所居而安者는 易之序也.

::「독서여가(讀書餘暇)」

겸재(謙齋)는 그의 호이다. 그래서인지 화가 '정선'하기보다 '겸재 정선' 해야 더욱 친숙하게 와 닿는다. 그의 이름 앞에 언제나 대명사처럼 붙어 다니는 '겸재'. 먼저 그의 자호(自號)에 대한 이야기를 해볼까 한다.

원래 그는 좋은 가문의 출신이었다. 본관은 광주 정씨로 윗대의 벼슬은 높았으나 조부 대에 이르러 점차 가세가 기울었다. 몰락한 사대부의 자손으로 14세에 아버지마저 타계하고, 하나뿐인 아우는 양자로 보내졌다. 어린 시절부터 겸재는 노모를 봉양함에 효성스러웠다. 노모가 아들의 나이 마흔이 다 되도록 관직에 나아가지 못함을 안타까워하자 그는 김창집에게 부탁하여 '세자익위사'라는 직책을 맡는다. 보잘것 없는 직무였다. 왕세자의 경호원으로 행차 때 "에라 게 들어섰거라"하는 벽제 소리를 내거나 딱딱이를 치며 호위하는 일이었다.

겸재의 평생지기인 조영석은 애사(哀辭)에서 그의 인물됨을 이렇게 밝혔다.

"… 공은 대체로 성품이 본래 부드럽고 안존하여 부모에게 효도하고, 형제간에 우애하며 남과 사귐에 일체 겉으로 꾸밈이 없었다. 집안은 몹시 가난하여 끼니를 자주 걸렀으나 일찍이 옳지 않게 남에게 요구한 적이 없었다. 또 경학에 깊어서 『중용』과 『대학』을 논함에 있어서는 처음과 끝을 꿰뚫는 것이 마치 자기 말하듯 하였다.”

『중용』과 『대학』은 이미 『주역』에 뿌리를 둔 것이 아닌가.

한때 그는 또 주역점을 쳐서 생계를 도운 적도 있었다. 겸재는 역리(易理)에 밝아 스스로 괘를 내어 자호하였다. 그때 득괘한 것이 지산겸(地山謙)의 3효 '노겸군자유종 길'*이었다. 그는 겸(謙)괘에서 자호를 '겸재'로 가져왔고 또한 '겸노(謙老)'라는 낙관을 사용하기도 했다.

“겸은 형통하니 군자는 마침내 좋은 끝이 있으리라.”**

이것을 주자는 본의(本義)에서 이렇게 풀이하였다.

“겸(謙)은 소유하고도 자처하지 않는다는 뜻이다. (생략) 산(山)은 지극히 높고 땅[地]은 지극히 낮은데, 산이 마침내 굽혀서 그 아래에 그침[止]은 겸(謙)의 상(象)이다. 마침내 형통하여 끝마침이 있을 것이니, '유종(有終)'은 먼저는 굽히나 뒤에는 폄을 이룬다'는 것이다.”

'먼저는 굽히나 폄을 이룬다'***는 것은 그대로 겸재의 인생을 예언한 것이나 다름없었다.

그가 종4품의 사도시 첨정에 오르게 되었을 때, 사간원의 정술조는 “정선은 천한 재주로 이름을 얻고 잡된 길로 몸이 발탁되어 이제까지의 이력만으로도 이미 지나침이 많거늘 이제 이처럼 새로 제수하시니 더욱 이는 전거에 없습니다. 청컨대 정선을 쫓아 버리십시오”라는 상소문을 올렸으나 겸재는 “땅의 도는 낮은 곳에 처했기 때문에 그 기운

---

* 勞謙은 君子有終이니 吉하니라.
** 謙은 亨하니 君子有終이니라.
*** 有終은 謂先屈而後伸也.

이 위로 행하여 하늘과 사귀나니"* 모두 낮추어서 형통한 것이라는 겸
괘를 염두에 두고 잊지 않았다.

하늘의 도는 가득한 것은 이지러지게 하고 겸손한 것은 더해 주
며**, "귀신도 가득 찬 것은 해치고 겸손한 것은 복을 준다"***고 하지
않는가. 그는 괘사(卦辭) 말씀을 가슴에 새기며 자신을 낮추어 형통케
하는 겸손함을 결코 잊지 않았다. 그리고 '노겸(勞謙)'을 실행에 옮겼다.
매사에 최선을 다하였다. 그 때문이었을까?

겸재는 영조의 총애를 받아 다른 신하들의 반대가 있었음에도 불구
하고 종2품 동지충주부사라는 직위에 오른다.

그의 복력에 대해 창암(蒼岩) 박사해는 이렇게 말한 적이 있다.

"옹(翁)은 끝없는 명성을 차지하였고 겸해서 80의 수를 누렸으니 하
늘이 옹에게 주는 것이 너무 풍부하지 아니한가." 뿐만 아니라 그의 위
업이 조상들에게까지 미쳐 벼슬에 오르지 못했던 아버지, 할아버지, 증
조할아버지가 벼슬을 추증받게 되었다.

창암은 또한 겸재가 자신의 그림에 가려 학문이 묻히는 것을 몹시
안타까워했다.

"… 겸옹(謙翁)은 성리학에 조예가 깊었으나 특히 그림으로 덮인 바
되었으니 이를 아는 이 없고, 다만 세상에 그 화명(畫名)만 남으니 옹은
실로 불우하다 말해야 하겠으나, 옹 자신은 이로 번민하지 않았으니
옹을 일컬어 고고한 분이라 말하지 않을 수 없다."


* 地道卑而上行.
** 天道虧盈而益謙.
*** 鬼神害盈而福謙.

326

역(易)에 통달한 사람은 우, 불우(不遇)에 구애되지 않나니 아마 겸재가 그런 사람이었던 것 같다.

겸재는 만년에 주역의 『도설경해』를 저술했고, 사실 그림에서뿐만 아니라 주역에서도 제자를 길러냈다. 정조 때 성리학자로 이름을 떨친 근재(近齋) 박윤원도 겸재에게 『주역』을 배웠다.

다음은 그에게 『주역』을 배운 금석 박준원의 말이다.

"겸재는 '주역'을 좋아하여 자못 역리(易理)를 잘 풀었는데, 역의 이치를 잘 푸는 이는 변화에 능하나니 겸재의 화법은 『주역』에서 얻어 그러한가"라는 찬사를 잊지 않고 있다.

"역(易)은 수시변역(隨時變易)하여, 때를 따라 바뀌고 변화하여 도(道)를 따르는 것"*을 근본으로 하고 있다.

그의 대표작 「금강전도」만 하더라도 오른쪽의 골산, 왼쪽의 육산, 수직과 수평, 선과 점, 흰색과 검은색, 밝음과 어둠, 큰 것과 작은 것 등이 대비되면서 절묘한 조화를 이루고 있다. 자신의 그림에 그는 음양오행을 적용시켰다. 대련으로 그린 쌍폭의 「음양산수도」에는 남녀를 상징한 바위와 폭포를 삽입하였다.

뿐만 아니라 국보 제217호인 「금강전도」의 그림은 좌측이 무성한 침엽수림이 어우러진 부드러운 토산(土山)이고, 우측은 화강암이 예리한 봉우리들로서 각각 음과 양의 대조를 이루며 좌우가 S자 모양으로 분할되는 태극 문양을 띠고 있다. 그림 상단 중앙의 비로봉과 왼쪽 하단의 비홍교도 양과 음을 상징하는 것으로 해석된다. 미술평론가 최완수

---

* 易은 變易也 隨時變易하야 以從道也.

는 겸재의 그림에 대해 이렇게 논평했다.

"그림마다 음양(陰陽)의 대비가 극명하며, 음을 상징하는 토산은 더욱 임리(淋漓)하고 양을 상징하는 암봉(岩峰)은 더욱 삼엄하다. 원산(遠山)은 아련하고 락산(洛山)은 광활하며 파도는 흉용(洶湧)하고 입석(立石)은 기괴하니 과연 천공(天工)의 조화를 인공(人工)의 묘리로 빼앗은 느낌이 든다. 진정 화성(畫聖)의 경지에 오른 것이다."

누구보다도 그를 아꼈던 영조는 『주자어류』를 읽다가 감동받은 대목을 정선에게 그리도록 했다. 그가 감명 깊게 읽었다는 『주자어류』「묘암도기(茆菴圖記)」의 내용은 다음과 같다.

"주자는 장주에서 활 쏘는 집에 후원을 꾸며 놓았다. 후원은 우물 정(井) 자 모양으로 아홉 개의 구획으로 나누었다. 한가운데는 석축으로 높게 단을 쌓았다. 가운뎃줄 뒷부분에는 초가로 묘암을 짓고, 집에는 세 개의 창을 냈다. 왼쪽 창살은 태괘(泰卦, ䷊), 오른쪽 창살은 비괘(否卦, ䷋) 뒷 창살은 복괘(復卦, ䷗)이고 앞문은 박괘(剝卦, ䷖)가 된다. 이 묘암 앞에는 작은 초가집을 붙여 지었다. 맨 아래 구획에는 작은 초가 정자를 세웠다. 좌우의 세 개 구획, 각 옆에는 복숭아나무와 오얏나무를 심고 그 사이에는 매화나무를 심었다. 아홉 개의 구획 주변에는 대나무를 심어 빙 둘러싸게 했다. (선생께서는) 이날 묘암을 완성하고서 그 사이를 돌아보고 제자들에게 웃으며 이르기를 여기에는 위로 천하를 다스리는 아홉 가지 큰 법칙[九疇]에 팔괘(八卦)의 형상이 있고, 아래로는 세상 땅을 아홉 주[九州]로 나누는 팔진(八陳)의 도형(導形) 방법이 있다"고 말씀했다.

겸재는 주자의 「묘암도기」를 읽고 그대로 그림에 옮겼다. 석축으로 높게 쌓은 단, 띠집에는 세 개의 창문과 앞문. 그는 주역 괘로 창문을 달고 복숭아나무, 매화나무, 오얏나무, 대나무 울타리, 그 정원을 거니는 주자의 모습까지 그려놓고 나니 주역의 이법(理法)이 갖춰진 질서 정연한 묘암이 되었다. 그러나 겸재는 주자가 제시한 네 괘 중에서 '태(泰)'괘와 '복(復)'괘만을 뽑아 좌우의 창문에다 상징적으로 배치하였다. 역리에 밝은 영조도 그의 뜻을 짐작하니 다른 설명이 필요치 않았다. 배제시킨 '천지비'와 '산지박'괘는 상서롭지 못한 괘였다. 영조는 화폭 맨 위에 글을 지어 넣고 가운데는 『주자어류』의 본문을 적어 넣고 맨 아래에 겸재의 「묘암도」 그림을 배치하게 했다. 겸재는 그 후 『주자대전(朱子大全)』 전 85권의 「취성정화병찬(聚星亭畵屛贊)」에 나오는 고사를 대폭의 채색화로 그렸다. 이에 영조는 겸재를 화공 이상의 문신으로 대접하여 그의 이름을 함부로 부르지 않고 끝까지 호로 불렀다고 한다.

84세의 나이로 천명(天命)을 다한 그의 죽음을 애도한 박사석은 만사에서 이렇게 쓰고 있다.


세상에서 명화(名畵)라면 반드시 겸재를 지목하니
이치[理本]는 하도(河圖)에서 나왔고 그림의 공 이루었네
우리나라 백 년에 이런 솜씨 없었으니
정건(鄭虔)의 삼절도 이보다 한 수 아래일세
그림 그리는 한가한 일이라고 해서 사람이 속된 것은 아니니
담박한 당신의 마음, 누가 그려낼 것인가.
팔십 장수를 누렸고 이름 또한 오래 갈 것이니
높은 산과 흐르는 물과 더불어 끝이 없으라.

하도(河圖)란 황하에서 출현한 용마(龍馬)의 등에 1에서 10까지의 수가 점선으로 표시되어 있는데 그 점박이 무늬를 보고, 중국 고대의 제왕 복희씨가 만물존재의 원칙을 발견해냈다. 우주만물은 하나에서 나와 하나로 돌아가는 유기적 변화의 구조라는 것. 현상세계의 만물은 모두 상대적 음양의 관계로 존재하며 현상만물의 존재와 변화는 '원형이정(元亨利貞)'의 네 가지 원칙으로 진행한다는 것이다.

이러한 하도의 요체는 주역의 근본 이치로서 그는 이미 우주만물의 존재와 현상세계의 변화에 대해 두루 통하지 않음이 없었으니 겸재가 이룬 화업의 공(功)과 이치는 하도에서 나왔다고 할 만한 것이었다.

천지(天地)와 음양, 빛과 어둠의 명암, 고저(高低) 장단(長短)의 대비와 변화는 주역의 상례(常例)로서 사실 그림의 기본기(基本技)이기도 한 것이다. 또 땅과 산은 산수도에서 빼놓을 수 없는 소재가 아닌가.

그는 자신이 득괘(得卦)한 '노겸(勞謙)'으로써 수고를 마다 않고 조선 팔도를 돌아다니며 실경을 사생한 끝에 진경산수화풍을 창출해냈고 조선 후기 최고의 산수화가가 되었다.

선생은 공(功)이 있어도 자랑하지 아니하며 겸손할 뿐, 탁월한 재질로 공을 이루되 그 처(處)하는 예가 공손하기에 모든 사람의 따르는 바가 되었으니 공자가 말씀한 상(象)에 가로되 '노겸군자는 모든 백성의 복종함이라'* 한 것이 겸재 선생을 지칭한 것이라 하겠다.

신기(神技)에 가까운 노필로 최대 최다의 작품을 내놓은 겸재의 생애에는 주역의 '지산겸'괘가 있었다. 겸괘의 괘사대로 '만년에 유종의 미'를 거둔 바 되었으니, 주역에 길을 물어 그가 완성한 세계였다.

---

* 勞謙君子는 萬民服也.

# 하늘로 하여금 구슬을 뿌리게 한들
# 추운 사람에게 옷이 될 수 있겠는가

— 소동파의 「희우정비기(喜雨亭碑記)」

지금 서호(西湖)의 모습은 '평호추월(平湖秋月)' 그대로이겠다. 잔잔한 호수에 맑은 가을 달. 그러나 내가 그곳을 찾았을 때는 노란 납매가 향기를 터뜨리는 춘절 무렵이었다. 봄비가 추적추적 내리는 밤 늦은 시간, 호텔에서 우산을 빌려 쓰고 밖으로 나오니 수면 가득히 가로등 불빛을 안은 호수가 눈앞에 있었다. 서호였다. 서울보다 봄이 이른 그곳 호숫가의 버드나무에는 연두가 묻어 있고 가느다란 실가지가 촉촉이 젖어 있었다. 봄비를 맞으며 아치형의 구름다리를 지나자니 선경(仙境)이 따로 있겠는가 싶었다. "봄밤은 천금(千金)에 값한다"는 소동파(蘇東坡, 1036~1101)의 시구는 허사가 아니었다.

동파는 특히 이곳 항주와 인연이 깊었다. 36세 때 항주통판을 지냈고 54세 때는 항주시장으로 있었으며 재임 기간 동안 주민을 위해 많은 치적을 쌓았다.

항주 사람들은 그의 행적을 기리고자 누각 가운데 그의 초상을 모셔 놓고 생사(生祠, 생존하고 있는 사람을 모신 사당)를 삼을 정도였다. 그가 문자옥에 감금되었을 때는 시가지에다 제단을 쌓고 속히 석방되기를 기원했다. 동파 자신도 항주를 제2의 고향이라고 말했지만 항주 사람들도 동파를 '항주 사람'이라고 말했다. 그리하여 항주는 거리마다 가게마다 오직 '동파'였다.

동파(東坡)는 그의 호이며 본명은 식(軾), 자는 자첨이다. 쓰촨성 메이산[眉山]에서 태어났으며 아버지 소순, 동생 소철과 함께 당송 8대가에 이름을 올린 대문장가다.

효종은 그가 서거한 후 태사(太師)의 명예 직위를 수여하는 성지를 내렸고 문충공(文忠公)이라는 시호를 수여했다. 황제는 서문에서 그의 인물됨을 이렇게 소개했다.

… 복잡한 개혁 시기에 그는 국가의 부강을 꾀하는 항구책을 제기했으나 소인의 중상 모략으로 영남, 해남 등에서 귀양살이를 했다. 그의 사람됨은 그가 조정에서 권력을 잡고 있을 때나 마찬가지로 조금도 변함이 없었다. 그는 나름대로 고금의 역사를 두루 연구했으며, 우주의 질서에 대해 깊이 이해하고 있었다… 온 세상이 그대의 명성에 경의를 표하노니 영령이시여 구천에서 일어나시게….

황제는 그를 문인의 우두머리로 추대해 마지않는다고 썼다. 동파는 황주로 좌천되었을 때, 버려진 한 뙈기 땅을 일구어 개간하고 씨를 뿌렸다. 이 땅을 동파(東坡, 동쪽 언덕)라 이름 짓고 스스로 동파거사라고 자호했다. 그는 이곳에서 『역전(易傳)』과 『논어설』을 완성했다.

그리고 황주성 밖 적벽에 나가 조조와 유비의 전쟁을 떠올리며 「적벽부」를 지었다. 겨우 몇백 자로써 우주 가운데 인간 존재의 왜소함과 자연의 무궁함을 실감나게 그려낸 명문장이다.

임술년 추(秋) 7월 기망(16일)에 소자가 객과 더불어 배를 띄우고 적벽 아래에서 노닐었다. 손님 하나가 통소를 부는데 어찌나 슬프게 부는지라 까닭을 물었다.

"인간이 세상에 붙어 있는 것은 마치 하루살이의 짧은 삶을 천지간에 의탁한 거와 같고 아득한 창해의 일속, 좁쌀 한 알이라. 내 일생의 수유함을 슬퍼하고 강산의 다함없음을 부러워하노라. 이 맑은 경치를 영원히 누릴 수 없으니 그를 슬퍼한다"고 말하자 동파는 이렇게 답한다.

"그대는 저 물과 달을 아는가? 흘러가는 것은 이와 같다지만 그러나 일찍이 가는 것만이 아닌 것을. 차고 비움[盈虛]이 저와 같으나, 마침내 소장(消長)할 수 없음이라."

물이 흐르되 다 흘러가 버린 적이 없고, 달은 만월이 되거나 기울어 초생달이 되어도 끝내 없어지거나 사라지지 않는다. 영허소장은 현상계의 작용일 뿐, 본체는 변하지 않는다는 설리(說理)이다.

"대저 그 변(變)하는 자, 스스로 볼진대 곧 천지도 일찍이 한순간도 가만히 있지 못하는 것을. 그 변하지 않는 자, 스스로가 볼진대, 곧 만물과 내가 모두 다함이 없음이라."

'변자이관지(變者而觀之)' 변화의 관점에서 본다면 세상의 그 어떤 것도 변하지 않는 것이 없다. 이는 『주역』의 첫 번째 원칙인 변역(變易)이다. '불변자이관지(不變者而觀之)' 그 변하지 않은 관점에서 본다면 만물은 시시각각 변하되 그 가운데 영원히 불변하는 것이 있다. 그것이 불역(不易)이다. 만물을 변화하게 하는 그 이치는 변치 않는다는 것. 즉 춘하추동으로 반복되는 사계절의 순환, 계절은 변하되 그 운행의 질서만은 어김이 없으니 변하되 변하지 않는 그 근거를 도(道)라 하며, 이 (理)나 태극(太極) 또는 진리라고 한다.

강물은 주야로 흐르지만 끝내 줄어들지 않고, 달은 영허소장을 거듭하나 끝내 없어지지 않는다. 현상세계의 본질은 「반야심경」의 부증불감(不增不減)처럼 늘지도 줄지도 않는다. 그러므로 불변(不變)의 관점에서 본다면 천지만물은 오직 하나의 근원이라, 나고 죽음이 따로 없다. 불생불멸(不生不滅)이다. 이때의 만물과 나는 영원한 것을, 어찌 인생이 짧다고 비탄에 잠길 필요가 있겠느냐고 그는 객을 위로한다.

『주역』의 변역과 불변의 이치를 이와 같이 설파했다. 이 글은 '소동파기념관'에서도 읽을 수 있다.

그는 천하의 명문 「적벽부」를 쓴 시인이요, 붉은 대나무를 그리고 오도자(吳道子)를 좋아했으며 문인화를 수립한 화가요. 서예가며, 좀 고집스럽기는 해도 솔직했고 언제나 따뜻한 마음으로 백성들을 사랑한 현관이었다. 가뭄이 들면 몸소 사원에 올라가 비를 내려 달라고 기우제를 지냈던 적도 있다.

그는 태백산 정상에 올라 도교사원의 연못을 찾았다. 동파는 우신(雨神)인 용왕께 한재(旱災)가 아무런 이득이 될 것 없다는 점을 인식시키려고 애썼다. 그 덕인지 비가 조금 내리긴 했다. 그러나 턱부족이었다. 동파는 태백산신의 작위가 강등된 사실을 알아내고 황제께 회복시켜줄 것을 긴급히 요청했다. 당(唐)대에는 태백산신에게 공작의 지위가 주어졌었는데, 송(宋)의 황제가 작위를 백작으로 수여한 뒤부터 기우제의 효험이 없었다는 사실을 알아냈다.

그는 진흥사로 가서 다시 한번 더 기도를 올렸다. 갑자기 한 무더기의 먹구름이 땅 위로 낮게 몰려왔다. 서둘러 농가의 물동이를 빌려와 먹구름을 동이 속에 잡아넣고 동파는 온힘을 다해 뚜껑을 닫았다. 그런 다음 시로써 기도문을 지어 구름에게 말했다.

이제 너를 풀어 산봉우리로 돌아가게 해주마. 제발 우리 관리들을 곤란하게 만들지 말아다오.

일행이 근교에 이르렀을 때, 돌연 한 바람이 몰아쳤다. 빽빽한 구름이 야생마처럼 급강하고 천둥소리가 우르르 쿵쾅 울려왔다. 바로 이때 태백산 연못물인 용수(龍水)가 도착했다. 동파는 물동이를 받아 신감(神龕) 위에 안치한 뒤 축문을 낭독했다. 얼마 뒤 응답처럼 소나기가 성읍 전체에 고루 내렸다. 그리고 나서 이틀 뒤 다시 큰 비가 사흘 동안 내렸다. 시들었던 밀과 옥수수 줄기들이 다시 일어섰다. 마을 사람들이 모두 환호했고 그 중에서도 제일 기뻐한 사람은 동파였다. 그는 이를 기념하기 위해 관사 뒤에 있는 정자를 '희우정(喜雨亭)'이라 명명하고 한 편의 비기(碑記)를 지었다.

… 하늘로 하여금 구슬을 뿌리게 한들 추운 사람에게 옷이 될 수 있겠는가? 하늘로 하여금 옥을 뿌리게 한들 배고픈 사람에게 한 톨 좁쌀도 될 수 없다. 한번에 삼 일 동안 내리는 것은 대체 누구의 힘인가?

백성들은 태수의 덕이라 하고, 태수는 공을 천자께로 돌린다. 천자는 조물주에게로, 조물주는 자신의 공이 아니라며 하늘에 돌린다. 하늘은

::소동파기념관

아득하여 이름을 붙일 수 없는지라 내 정자를 내가 '희우정'이라 이름 짓는다고.

그의 기념관에서 이 비문을 마주 대하니 감격 때문인지 가슴이 두근 거렸다. 여러분도 항주에 가시거든 꼭 소동파기념관을 찾으시라. 거기 마당 한가운데 수염발을 휘날리며 표연히 서 있는 헌출한 한 헌헌장부 와 만나게 될 것이다.

그는 미수 허목 선생처럼 음양(陰陽)의 이치에 대해 밝았으므로 『주 역』에 관한 논문도 여러 편 썼을 뿐만 아니라 귀신을 직접 제도한 일화 도 전한다.

구양수의 손녀가 동파의 둘째 자부가 되었는데 해산한 지 며칠 안 되어 귀신에게 홀렸다. 며느리에게 씌인 여자 혼령이 말했다.

"나는 왕정(王靜)이다. 원한을 풀지 못해 이곳에서 오랫동안 떠돌아다녔다."

동파가 혼령에게 말했다.

"나는 귀신을 두려워하지 않는다. 이곳 경사에는 귀신을 쫓아내는 사제들이 많으니 그들을 시켜 너를 쫓아 보낼 수 있다. 그러니 어리석게 굴지 말아라. 분명히 너는 네 잘못으로 인해 죽었을 텐데, 죽어서도 여전히 말썽을 부리려 드느냐?"

그런 뒤 동파는 죽음과 삶, 사람과 귀신은 하나면서 둘이요, 둘이면서 하나인 음양과 생사(生死)의 원리에 대해 말해 주고 사람의 몸에 대한 불교적 원리를 설명해 주었다.

"그러니 이제 조용히 물러나거라. 내일 저녁 너를 위해 부처님께 공양을 드려 주마."

이에 귀신은 합장하며 물러났고 며느리는 제정신으로 돌아왔다고 한다.

어디에서건 수처작주(隨處作主)를 이루었던 당당한 사람, 그는 비축해 놓은 게 없어도 이웃이나 동료들에게 나누어 줄 줄 아는 따뜻한 마음씨의 소유자. 지극히 단순하면서도 꾸밈이 없었던 그의 말에는 언제나 위트가 넘쳐흘렀다. 무엇보다 그는 슬픈 일이 닥치거나 곤경에 빠질 때에도 미소로써 불행을 받아들였다. 어떤 상황에서도 순간마다 최선을 다함으로써 매 순간을 즐기며 살았던 생의 달관자였다.

# 혹 뛰어 연못에 있으면
—윤선도와 혹약암(或躍岩)

## 보길도로 향하며

한 사람을 진정으로 이해하는 데는 적지 않은 시간이 요구된다. 고산(孤山) 윤선도(尹善道, 1587~1671)의 경우도 예외는 아니었다. 학창 시절, 시험 때문에도 줄줄 외웠던 「오우가(五友歌)」나 「어부사시사(漁夫四時詞)」로 우리를 매혹시킨 윤선도는 빼어난 시인이었고, 내가 중년의 나이로 그를 찾아 보길도로 향했을 때는 윤씨 종가의 장자로, 효종의 스승으로 한때는 귀양살이를 했다 하나 이곳 보길도에 와서 지상 낙원을 꾸며 놓고 별유천지에서 호사스런 풍류로 생애를 마감한 부러운 존재로만 알고 있었다. 그러나 그것은 어디까지나 표면에 지나지 않았다. 표면 뒤의 이면을 헤아려 보게 된 것은 세연지(洗然池) 안에 있는 일곱 개의 바위 중 '혹약암'을 보고 그가 이름 붙인 그 바위 앞에서 한 사람의 심정과 맞닿아 당시의 정황이 찬찬히 이해되어 왔다. 우리는 작은 사물이거나 혹은 한마디의 말에서도 심중의 어떤 단서나 기미를 알아차릴 수 있다. 고산의 경우도 다르지 않았다.

고산 윤선도는 조선시대의 학자요, 정치가로서도 이름이 높았지만 나는 문인으로서의 그를 좋아한다. 그는 고전시가 중 특히 시조에서 금자탑을 이룩한 시인이다. '우리 국문학사에서 샛별 같은 존재'라고 말한 이병도 박사의 찬탄은 조금도 지나치지 않는다.

300여 년 전, 이웃나라 일본의 바쇼가 '하이쿠'를 문예예술로 완성시켰다면 그와 동시대 인물인 고산 윤선도는 우리의 '시조'를 빼어난 문학 장르로 자리매김케 하였다. 17세기 아시아 문학의 한 페이지를 다시 써야 할 것이다.

정조(22년)에 의해 개편 보완된 『고산유고(孤山遺稿)』를 보면 한글로 된 시가(詩歌)가 실려 있다. 권6 별집에 실린 가사 75수를 보면 시조작가로서의 그의 면목을 충분히 짐작하게 한다. 「산중신곡(山中新曲)」에는 「만흥(漫興)」 6수, 「오우가」 6수 등이, 「산중 속신곡」에는 「어부사시사」 40수가 각각 네 계절에 10수씩 배당되어 있으며, 「몽천요」, 「우후요」 등 도합 75수의 시조를 볼 수 있다.

그는 자연을 문학의 제재로 삼은 시조작가 가운데 가장 탁월한 기량을 나타낸 시인으로 평가된다. 특히 고산은 한시구(漢詩句)를 우리의 토속어로 살려내고 기교면에서 대구법(對句法)의 사용이라든지 시간의 경과에 따른 시상(詩想)의 전개와 그 조화는 가히 일품이라고 할 만하다. 나 또한 「어부사시사」 그 현장의 무대를 얼마나 꿈꾸어 왔던가.

방학마다 벼르기를 몇 차례, 교직 생활을 하던 1980년대만 해도 뱃길이 험하여 쉽게 엄두가 나질 않던 곳이었다. 내가 정작 그곳에 발을 들여놓게 된 것은 1996년 어느 봄날이었다.

나이 오십 중반이 되어 친구들과 어울린 봄나들이로 해서였다. 우리는 자료를 조사해서 유인물을 서로 나누어 갖고 설레는 마음으로 예약된 버스에 올랐다. 늦은 오후가 다 되어서야 우리나라 국토의 최남단인 땅끝 '토말'에 가 닿았다.

해남 땅 끝에서 12킬로미터 떨어져 있는 완도, 거기에서 3킬로미터를 더 가야 이르는 곳, 그 보길도를 쾌속정으로 달렸다. 하얀 물보라를 일으키며 시원스레 내달리는 배의 갑판에 나와 서 있었다. 드넓게 펼쳐진 검푸른 바다, 과연 그의 시구대로 "앞산이 지나가고 뒷산이 다가왔다".

만경창파에 노젓는 소리 '지국총 지국총 어사와'를 떠올리며 즐거운 상념에 젖는다. 한때 나는 「어부사시사」 40수 가운데에서 어렵사리 춘하추동의 네 편의 시를 뽑았다. 그것으로 시화(詩畵)를 꾸며 병풍으로 둘러놓고 보리라던 소망에서였다.

우는 것이 뻐꾹샌가 푸른 것이 버들 숲가
배 저어라 배 저어라
어촌의 두어 집이 안개 속에 들락날락

—「어부사시사」 중에서

회화적인 이 서경(敍景)을 나는 특히 좋아한다. 어촌을 배경으로 하여 철 따라 펼쳐지는 자연의 아름다운 풍광. 그곳에 가면 세속을 일탈한 어느 어옹과도 만나질 것 같았다. 이런 설렘을 안고 우리가 내린 곳은 청별 선착장이었다. 객수(客愁)를 곁들여 반주까지 했건만 그날 밤은 쉽게 잠을 이룰 수 없었다. 웃옷을 걸치고 포구에 나와 서니 밤바다와 탐조등, 그 위에 잔물결로 부서지는 시간의 파편들, 거기에 서서 나는 윤고산(尹孤山)을 생각했다.

## 고산 윤선도의 생애

그가 이곳에 처음 발을 들여놓은 것은 51세(인조 15년) 때라고 한다. 올곧은 성격 때문일까, 고결한 인품 탓이었을까? 그는 불의를 보면 참지 못했고 직언을 서슴지 않았다. 때문에 젊어서부터 유배의 길에 올라야 했다. 출사즉 직언(出仕卽直言)이요, 직언즉 유배(直言卽流配)로서 출사와 은둔 그리고 유배로 점철된 생애였다.

며칠 전 동숭동 마로니에 극장 앞에 가 그가 태어난 곳임을 알리는 비석을 보고 왔다. 고산은 종로구 연지동에서 태어나(선조 20년) 여덟 살 때, 큰 아버지인 관찰공 유기(惟幾)의 양자로 들어가 해남윤씨의 대종(大宗)을 이었다. 우리가 해남읍 연동 마을에 있는 그의 종가를 지나칠 수 없었던 것은 녹우당(綠雨堂) 때문이었다.

효종이 어린 시절의 사부였던 고산에게 집을 지어 주었는데 그 수원 집의 일부를 옮겨 온 것이 이 녹우당의 사랑채였다. 집 뒷산자락에 우거진 비자나무 숲이 바람에 흔들릴 때마다 쏴 하며 푸른 비가 내리는 듯하다고 하여 '녹우당'이라 이름 붙였다. 함경도로, 경상도로 거의 반평생을 유배되어 떠돌면서 고산이 잠시 잠시 마음을 쉬며 몸을 추스렸던 곳이다. 집 앞 유물전시관에는 「금쇄동집고」, 「산중신곡」 등 고산

이 직접 쓴 가첩들이 있고, 윤두서의 작품들을 모은 「해남윤씨 가전고
화첩」과 그의 「자화상」을 볼 수 있었다. 윤두서가 태어나고 고산의 체
취가 남아 있는 사랑채를 서성이며 그들의 안뜰에 잠시 머물렀던 것도
벌써 16년 전의 일이다.

천품이 영명한 고산은 20세 때, 승보시에 장원급제하고 26세 때(광해
군 4년) 진사에 급제했다. 당시 조정은 매우 어지러웠고 권력은 이이첨의
손안에 들어가 있었다. 고산은 이이첨을 베고 다음으로는 임금을 배반
하고 나라를 저버린 유희분과 박승종 등의 죄를 다스려야 한다는 것과
이원익, 이덕형, 심희수 등이 상소를 하다가 이이첨의 미움을 사서 귀양
가게 된 사실을 낱낱이 고한 「병진소(丙辰疏)」를 올렸다. 그것이 도리어
승정원과 삼사(三司)의 미움을 샀다. 그들은 윤선도가 어진 이들을 모함
하고 역적 김제남의 옥사를 뒤집으려 한다면서 극론을 폈다. 윤선도는
12월 23일 절도(絶島)에 안치되고 그의 아버지 유기는 삭탈관직되어 고
향으로 내쳐졌다. 소신이 투철한 많은 선비들이 윤선도를 옹호하는 소
를 올렸다. 그럼에도 광해군은 윤선도를 유배지인 함경도 경원으로 압
송하게 하였다. 한 달여의 눈길을 헤치고 그가 경원에 도착한 것은 2월
이었다. 고산은 오직 독서와 시작(詩作)으로써 소일하니 이때에 지은 한
시가 무려 43수나 된다. 유배지에 도착하여 처음 쓴 글이다.

내 일이 진실로 때에 맞지 아니한 줄을
너는 아는데 나는 몰랐구나
글을 읽고도 너만 못하니
천치라고 이를 만도 하겠도다.

— 「희증로방인(戱贈路傍人)」

자신이 처한 때[時]를, 때가 아닌 불시(不時)라고 해서 어찌 의(義)를 말함이 바보란 말인가? 그 해(32세) 겨울 윤선도는 경상도 기장으로 이배(移配)되는데 이유인즉 상소를 올리다가 북쪽으로 귀양 간 많은 선비들이 합심하여 오랑캐들과 내통하여 무슨 흉계라도 꾸미지 않을까 두려워해서였다고 한다.

37세 되던 해 3월, 드디어 인조반정이 일어났다. 광해군은 강화도로 쫓겨나고 고산은 8년간의 유배에서 풀려났다. 그 해 4월, 의금부도사로 부름을 받았으나 7월에 벼슬을 사직하고 해남으로 돌아왔다. 39세(인조 3년) 되던 해, 1월에 다시 의금부도사에 임명되었으나 나아가지 않고 40세에는 안기찰방에 제수되었으나 그 또한 취임하지 않았다.

42세(인조 6년) 되던 해 봄, 5년간의 해남 생활을 마치고 상경한 윤선도는 별시(別試) 문과에서 장원급제한다. 동국제일책(東國第一策)이라는 상찬을 받으며 송시열과 함께 봉림대군과 인평대군의 사부가 되었다. 그는 강학청에 나아가 대군께 먼저 『소학』을 가르쳤다.

"사람 되는 법이 다 여기에 있다"면서 고산 자신이 수백 번을 되풀이해 읽은 바로 그 책이었다. 그는 20대에 공부가 익어서 의리를 꿰뚫게 되자 박차를 가하면서 경전을 연구하여 스스로 심오한 경지까지 확연히 해득했다. 천문·지리는 물론 의학, 복서(卜筮) 등에 관한 서적에 두루 정통하게 되었다. 특히 오행과 풍수에 밝았으며 약을 잘 지었고, 효종의 능에 물이 찰 것을 예언하여 적중한 일화는 유명하다. 인조는 고산에게 호조정랑을 제수하고 다시 사복첨정을 제수하였다. 이에 대간(臺諫)이 윤선도의 품계를 갑자기 올린 것을 다시 조정해야 한다고 논책했으나 인조는 듣지 않고 다시 한성서윤으로 그를 승진시켰다. 그러나 고산은 겸임하던 왕자사부를 모두 사임하고 해남으로 돌아가 버렸다. 왜 그랬을까?

그러던 그가 47세(인조 11) 되던 해 봄, 증광향해(增廣鄕解) 별시에서 장원급제하여 예종정랑이 되고 7월에는 관서경시관, 9월에는 세자시 강원문학이 되었다. 당시의 재상 강석기 등은 윤선도가 임금의 총애를 받는 것을 시기하여 유언비어를 퍼뜨리며 그를 모함하였다. 이에 윤선도는 벼슬을 버리고 식구들과 함께 또 해남으로 돌아갔다.

인조는 두 번은 세자시강원에, 한 번은 사헌부에 그를 다시 임명하였으나 모두 병을 이유로 고산은 나아가지 아니하였다. 강석기 등은 윤선도를 외직으로 내몰고자 성산현감에 추천하였다. 그는 빌미를 주지 않으려고 서둘러 부임하였으나 다스림을 펼 때는 너무도 엄격했다. 명백을 원칙으로 했기에 방백들은 뜻을 굽혀 따르기는 해도 못마땅하게 여겼으며 조정에서도 배척하는 무리가 많아 일껏 추천된 홍문록에서 윤선도는 제외되기도 하였다.

인조 13년, 삼남(三南) 지방의 양전(量田) 문제로 그는 두 번째 상소 「을해소」를 올렸다. 그러나 인조에게 보고조차 되지 않았다. 그 해 겨울 고산은 병을 핑계로 성산현감을 사임하고 고향 해남으로 다시 돌아와 두문불출하며 조용히 지냈다. 그의 나이 49세 때였다. 바로 그 다음 해(1636년)에 병자호란이 일어났다. 인조는 허둥지둥 남한산성으로 피난했고 빈궁과 원손대군은 강화도로 피신했다. 고산은 소식을 듣자마자 향리의 자제(子弟)와 집안 노복 수백을 모아 배를 타고 밤낮을 가리지 않고 풍랑을 헤치며 강화도에 이르렀으나 강화도마저 함락된 뒤였다. 귀향하는 뱃길에서 인조가 청나라에 항복했다는 소식을 듣고 울분을 느낀 그는 다시 세상을 보지 않을 결심으로 제주도로 향했다. 항해 도중 수려한 산봉우리로 에워싸인 보길도를 지나가게 되었다. 기암절

벽과 동백나무가 어우러진 섬의 아름다운 경치에 이끌린 고산은 이곳에서 머물기로 마음먹고 뱃길을 멈추었다.

"산이 빙 둘러 있어서 바닷물 소리가 들리지 않고, 맑고 소쇄하며 천석(泉石)이 절승(絶勝)하니 물외(物外)의 가경(佳境)이라"하며 지형이 연꽃 같다 하여 섬 이름을 부용동(芙蓉洞)이라 지었다. 격자봉(格紫峰) 밑에 집을 지어 낙서재(樂書齋)라 칭하고 여생을 마칠 곳으로 삼았다.

| | |
|---|---|
| 큰 파도 거대한 물결 속에 | 洪濤巨浪中 |
| 우뚝 서서 나아가지도 물러서지도 않도다 | 特立不前却 |
| 하늘의 마음에 이르고자 한다면 | 慾格紫微心 |
| 요컨대 먼저 부끄러워하고 바로잡아야 하리라. | 要先恥且格 |
| | ─「격자봉」 |

격자봉(格紫峰)에 올라선 그의 심정, 노론과 남인이 한창 대립되는 당파의 거대한 물결 속에 "우뚝 서서 나아가지도 물러서지도 않겠다"는 그의 각오에도 불구하고 인조는 대동찰방을 다시 제수하여 그를 불렀다. 그러나 고산은 칭병하며 부임하지 않았다. 이 일을 기화로 그를 몹시 미워한 무리들은 고산을 다음과 같이 탄핵하였다.

"대동찰방 윤선도는 일찍이 병자호란 때, 해로를 따라 강화도 근처까지 이르렀는데, 서울을 지척에 두고서도 끝내 달려와 임금께 문안하지 않았으며 피난 중이던 처녀를 잡아 배에 싣고 돌아갔습니다. 그리고는 그 일이 남들에게 알려질까 두려워 섬으로 깊이 들어가 종적을 숨기려고 하였으니 잡아다 국문하여 정죄(定罪)하소서."

드디어 고산을 체포하여 옥에 가두고 심문하였으나 모두 사실무근

임이 드러났다. 다만 달려와 문안하지 않은 것을 문제 삼아 영덕으로 유배시켰다. 유배 가는 도중 죽령에서 이런 시를 남겼다.

지난번에는 일찍이 조령으로 갔는데
이번에는 죽령에 와서 앞길을 묻노라.
어찌하여 떳떳이 사는 곳을 벗어났는고 부끄럽도다.
밝은 세상에 이런 길을 가야 하다니

— 「죽령도중(竹嶺道中)」

영덕으로 유배된 고산은 이듬해(53세, 인조 17년) 풀려났다. 고향으로 돌아오는 길에 서자 미(尾)가 병을 앓다가 죽었다는 소식을 접한다. 집 안일은 큰아들에게 맡기고 수정동에서 10여 년의 본격적인 은거 생활로 들어갔다. 국문학사에 길이 빛나는 많은 작품들이 이때에 쏟아져 나왔다. 그는 자신의 생활을 한시로 노래하는 데 그치지 않고 이를 시조로 노래하여 주옥같은 명편을 남겼다.

눈은 청산에 있고 귀는 거문고에 있으니
세상의 무슨 일이 내 마음에 이르랴
창자 가득한 호기를 알아 줄 이 없으니
한 곡조 미친 노래, 홀로 읊조리노라

— 「악서제우음(樂書齊偶吟)」

한 곡조 미친 노래 '일곡광가(一曲狂歌)'로 소회를 풀어내며 자락자탄 (自樂自歎)하던 그의 심정이 되짚어진다.

1649년 인조가 세상을 떠나고 봉림대군(효종)이 등극했다. 고산은 '우리 선생님' 하고 따르던 효종에게 정성스럽게 『기축소』를 올렸고 효종은 "그리운 마음 자못 깊으니 올라와 만날 수 없겠는가"라는 비답을 내렸다. 그러자 그가 다시 등용될까 이를 막기 위해 사헌부에서는 강도 높게 고산을 탄핵했다.

"… 국상(國喪)이 있는데도 감히 마음대로 편안함만을 즐기고 달려와 곡(哭)하지 않고서 아들을 보내어 상소함으로써 은연중 조정의 뜻을 염탐하였으니 그의 교만하고 세상을 농락하는 정상은 매우 가증스럽습니다. 잡아다 국문하여 죄를 주소서."

효종은 이를 받아들이지 않았으며 고산은 한편 은인자중한 생활을 지속해야 했다.


물결이 흐리거든 발을 씻다 어떠하리
배 저어라 배 저어라
오강(吳江)에 가자 하니 천년노도(怒濤) 슬프도다
지국총 지국총 어사와
초강(楚江)에 가자 하니 어복충혼(漁腹忠魂) 낚을세라

　　　　　　　　　　　　　　　　　—「어부사시사」 중에서


고산은 중국의 충신 오자서와 굴원에 빗대어 자신의 비분강개한 심정을 나타냈다. 오왕 부차의 신하인 오자서는 충간을 하다 죽임을 당했고, 초나라 재상 굴원은 청렴 때문에 무고를 당하여 강반(江畔)으로 쫓겨났다. 어부가 그 까닭을 물으니 굴원은 이렇게 답했다.

"온 세상이 다 흐렸거늘 나 홀로 맑고, 뭇 사람이 취했거늘 나 홀로 깨어 있음이라, 이로써 추방을 당한 것이라네."

굴원이 지은 「어부사(漁父辭)」의 일절이다.

어부가 말하기를 세상과 더불어 어울려 지낼 것이지, 왜 깊이 생각하고 높이 행동하여 스스로 추방을 당했는가 하였을 때 그는 "차라리 강물에 몸을 던져 고기의 뱃속[魚腹]에 장사를 지낼지언정 결백한 몸으로 세속의 티끌을 어찌 받겠는가"라고 답했다. 이에 어부가 "창랑의 물이 맑으면 내 갓끈을 씻고, 창랑의 물이 흐리면 내 발을 씻으리로다" 뱃전을 두드려 노래하며 가 버렸다고 굴원은 쓰고 있다. 자문자답하는 그의 두 마음이다.

실제로 굴원은 멱라수에 몸을 던져 자신의 충혼(忠魂)을 입증하고 고독한 일생을 끝맺었다. 굴원이 죽은 음력 5월 5일은 단오절로서 중국에서는 쭝즈(粽子)라는 떡을 만들어 먹고 뱃놀이를 하는 풍습이 있다. 쭝즈라는 떡은 찹쌀 안에 대추 등을 넣어 댓잎이나 갈대잎으로 싸서 찐 것인데, 원래는 너무도 억울하고 비통한 굴원의 죽음에 그를 애도하는 초나라 사람들이 죽통에 쌀을 담아 강물에 던져서 교룡(蛟龍)에게 그걸 먹고 굴원의 시체를 다치지 말아 달라는 염원이 담긴 것이었다고 한다. 그 죽통의 쌀이 점차 바뀌어 오늘날의 댓잎에 싸서 찐 단오떡이 된 것이다. 현재 대만에서는 5월 5일을 '시인의 날'로 정하여 갖가지 문단 행사를 펼치며 굴원의 시정신을 기린다고 한다. 당대의 정치가이며 시인인 굴원을 윤선도는 어느 누구보다도 잘 이해했을 것이다. 「어부사」의 '창랑가'를 부르던 어옹의 충고도 그는 곱씹어 보았으리라.

"창랑의 물이 흐리거든 발을 씻다 어떠하리"가 그것일 것이다. 임금과의 사이를 가로막는 간신들의 모함, 그로 인해 굴원은 자결하고 말았다.

## 효종과 윤선도의 해후

　윤선도는 66세(효종 3년) 때, 드디어 효종의 부름을 받게 된다.

　경연에서 『서전』을 강독 받던 중 신하들이 능히 대답을 못하는지라 효종은 고산의 경학(經學) 깊음을 생각하고 그를 불러들이라 했는데 『실록』은 그날의 일을 이렇게 기록하고 있다.

　… 윤선도는 곧 내가 처음 배울 때의 사부이다. 이 사람이 가르치기를 잘했기 때문에 선왕께서 가상하게 여겨 특별히 3년 동안이나 사부로 있게 하였다. 내가 글자를 깨우친 것은 실로 그 사람이 공들인 덕택이므로 항상 내가 마음속으로 잊지 못했다. 정조(政曹)로 하여금 자리를 주게 하고 따로 하유하여 올라오도록 하라.

ー「효종실록」에서

　효종은 그에게 성균관 사예를 제수하고 역말을 타고 오도록 특별히 예우하였다. 고산은 도성문 밖에서 소를 올려 그 동안 탄핵받은 일들을 열거하면서 이것이 사실과는 다르나 자신 또한 죄가 없다고는 할 수 없으니 직명을 삭제하여 분수에 맞게 돌아가 살 수 있도록 해달라고 하였다. 고산의 상소에 대한 효종의 비답(批答)은 이러하였다.

　"소를 모두 읽었노라. 이미 지나간 일을 들출 필요가 있겠는가. 더구나 그대가 본마음에서 그랬던 것도 아닌 것을. 도성 밑에 와 있다는 것을 읽으며 내 마음은 매우 기뻤노라. 빨리 입성하여 나의 지극한 뜻을 받들도록 하라."

　1652년(효종 3년) 3월 4일 드디어 두 사람이 만났다. 강학청에서 마주하던 열 살짜리 소년 봉림대군과 그의 스승인 고산이 24년 만에 만난 자리였다. 먼저 효종이 지난날의 사부를 위로하면서 말한다.

"서로 보지 못한 지 오래되었도다. 수염과 머리는 옛날 그대로인데 피부는 어찌 그리 쇠하였는고."

"냇버들처럼 허약한 체질이라 이미 매우 쇠약해졌습니다마는 죽음을 무릅쓰고 명을 받들어 올라온 것은 오로지 천안(天顔)을 한번 우러러 뵙고 싶어서입니다."

효종이 일어나 앉으라 명하므로 윤선도는 머리를 들어 효종의 존안을 우러러보았다. 그러자 곁에 있던 승지는 무례하다 하여 추문(推問)할 것을 청했다. 효종이 노한 목소리로 꾸짖어 말하였다. "군신(君臣)은 부자(父子)와 같거늘 어찌 얼굴을 보지 못할 이치가 있겠느냐?" 효종은 특명으로 윤선도에게 동부승지를 제수하였다. 윤선도는 두 번씩 소를 올려 사퇴하였으나 효종은 이를 허락하지 않았다. 간원이 임명건에 논의를 제기하고 수찬 민정중 등이 윤선도를 탄핵하는 상소를 올리면서 대신 자신들을 파직해 줄 것을 요청했다. 그러나 효종은 듣지 않았다. 윤선도는 효종의 간곡한 만류를 뿌리칠 수 없어서 당분간 경기도 양주 고산(孤山)에 머물다가 가을이 되면 해남으로 내려갈 작정이었다. 여기서 그는 호를 고산(孤山)으로 삼았다.

그때의 심정은 「몽천요(夢天謠)」가 대변하고 있다.


풋잠의 꿈을 꾸어 십이루에 들어가니
옥황은 웃으시되 군선(群仙)이 꾸짖는다.
어즈버 백만억 창생을 어느 결에 물으리.

석 달 뒤 효종은 그에게 특명으로 예조참의를 제수하였다. 이번에도 사직을 청했으나 허락받지 못했다. 고산은 하는 수 없이 취임은 하였으나 인조반정에 공이 있다 하여 교만 방자하기 그지없는 원두표를 탄핵하는 소를 올렸다. 그는 곧바로 삭탈관직되고, 문외로 출송하는 조치를 당했다. 원두표가 윤선도와의 대질 심문을 강력히 주장하므로 헌부(憲府)와 간원에서는 두 사람을 잡아다가 심문하여 시비를 가릴 것을 극구 청하였다. 계속되는 논의에 밀려 효종은 윤선도를 물러나게 하였다. 67세가 되어서야 고산은 보길도로 다시 돌아오게 된 것이다. 얼마나 그리웠던 보길도인가.

## 세연정(洗然亭)과 혹약암

고산은 보길도의 부용동에 들어와 제일 먼저 세연정을 증축했다. 그리고 석실(石室), 회수당(回水堂), 무민당(無憫堂), 정성당(靜成堂) 등을 짓고 제자들을 가르치며 운둔 생활을 계속했다.

우리 일행은 이른 조반을 먹고 서둘러 길을 나섰다. 좁다란 흙 길에 떨어진 붉은 동백꽃잎을 밟을까 조심스레 내딛으며 보길초등학교를 지나 세연정 앞에 다다랐다.

세연(洗然)이라는 이름답게 주변 경관이 물에 씻은 듯 깨끗하게 꾸며진 아름다운 정원이었다. 연못 주변에는 노송들과 어울린 차나무, 동백나무 등의 상록수가 우거져 공기는 더없이 맑고 상쾌했다. 세연정은 세연지와 회수담 가운데에 있었다. 장방형으로 된 그 정자는 통풍이 자유롭도록 사방 문을 열어젖힐 수 있는 개방된 구조였다. 정자의 4면

:: 세연정

에는 편액을 달았는데 동쪽에는 호광루(呼光樓) 서쪽에는 동하각(仝何
閣) 남쪽에는 낙기란(樂飢欄) 북쪽에는 세연정(洗然亭)이 있던 터라고 한
다. 다행히 세연정과 동천석실은 3년 전(1993년)에 복원되어 직접 볼 수
있는 기회가 우리에게 주어졌다. 세연정 정원은 흐르는 부용동 계류를
돌 둑으로 막아 세연지(洗然池)를 만들고 그 물을 다시 인공 연못인 회
수담(回水潭)으로 끌어들여 머물게 한 다음 배수로를 통해 계곡으로 빠
져 나가도록 축조했다. 회수담은 다섯 개의 구멍으로 나오게 하는 오
입 삼출구(五入三出口)를 만들어 항상 새로운 물로 바꾸어 일정량의 연
못물을 유지할 수 있도록 했다는 가이드의 설명을 들으면서 우리는 고
산의 높은 안목과 조경술에 감탄할 따름이었다. 인공으로 만든 연못
속에는 크고 작은 일곱 개의 바위가 배치되어 있었다. 약 3,000평의 호

수에 그는 배를 띄우고 칠암(七岩) 사이를 선유하며 「어부사시사」를 노래 부르게 했다는 말에는 발걸음이 쉽게 떨어지지 않았다. 고산은 손수 가야금과 거문고를 뜯었고 음악이 없으면 하루도 세간의 걱정을 잊을 수 없다고 술회했다. 그의 5대손인 윤위의 기행문에도 당시의 모습이 잘 나타나 있다.

공(公)은 늘 무민당(無悶堂)에 거처하면서 첫 닭이 울면 일어나 경옥주 한 잔을 마신 다음 세수를 하고 단정히 앉아 제자들의 공부를 살폈다. 아침 식사 뒤에는 사륜거에 풍악을 대동하고 곡수(曲水)에서 놀기도 하고, 혹은 석실(石室)에 오르기도 했다.(…)
정자에 당도하면 제자들이 시립하고 가희들이 모시는 가운데 못 중앙에 배를 띄웠다. 그리고 무동(舞童)들에게 채색 옷을 입혀 뱃놀이를 하게 하며 공이 지은 「어부사시사」를 노래하게 했다. 당 위에서 관현악을 연주하게 했으며 동대·서대에서는 군무를 추게 하거나 옥소암에서도 춤을 추게 하였다.

옥소암(玉簫岩), 널찍하게 네모난, 그 바위 위에서 어린 소녀들이 채색옷을 입고 춤을 추게 되면 물에 비친 고운 자태를 감상하면서 고산은 술잔을 기울이며 시상에 잠겼다고 한다. 세연지의 풍광을 끌어안고 신선 세계에 도취된 듯한 그의 모습이 눈앞에 그려진다. 세연지(洗然池) 안에는 옥소암, 무도암(舞蹈岩), 사투암(射投岩), 혹약암(或躍岩) 등의 바위가 있었다. 가이드가 웅장한 바위를 가리키더니 이름을 대어 보라는 것이다. 어찌 보면 물속으로 곧 뛰어내리려는 두꺼비 형상 같기도 하고, 옆으로 보면 둔중한 황소 같기도 했다. 그 형상을 본 우리들의 의

:: 혹약암

견은 구구했다. 그것이 '혹약암(或躍岩)'이라는 가이드의 말에 나는 귀가 번쩍 뜨였다. '혹약(或躍)'이라면 두꺼비도 개구리도 황소도 아닌 용이라야 한다. 그것은 『주역』 건(乾)괘의 제4효, '혹약재연(或躍在淵)'의 효사에서 연유된 것이 아닌가. 그러나 내가 안내 책자의 사진으로 본 '혹약암'은 연못 앞에 앉아 뛸까 말까 하는 발랄한 기상이라고는 한 군데도 찾아볼 수 없는, 수심에 가득 찬 돌사자가 마치 갈기를 축 늘이고 물속에 투신자살이라도 할 것 같은 비장한 모습으로 보였다.

윤선도는 왜 이 둔중한 바위에 '혹약암'이라는 이름을 붙였던 것일까? 궁금하지 않을 수 없었다. 해서 나는 집으로 돌아오자마자 색다른 무슨 단초라도 찾을까 하여 부리나케 도서관으로 향했다. 관련 자료를 뒤적여 보았으나 얻어낸 것은 '혹약암'에 대한 그의 시 5언 절구 한 편

뿐이었다.

용처럼 꿈틀거리는 물속의 바위.
어찌하여 와룡암(臥龍岩)을 닮았는고.
나는 제갈량의 상(象)을 그려
이 연못가에 사당을 세우리.

—「혹약암」

왜 하필 제갈량일까?

병자호란의 치욕을 겪은 뒤라 그는 나라를 걱정하면서 제갈량 같은
제세재(濟世才)의 출현을 염원한 것이 아닐까? 아니면 그 자신이 제갈
량이 되고 싶었던 것은 아니었을까?

유비가 삼고초려로써 제갈량의 출사를 이루어냈듯이, 주변의 반대
에도 불구하고 효종은 자신에게 벼슬을 내려 얼마나 간곡하게 출사하
기를 바랐던가. 수원에 사랑채를 지어 하사하는 등, 자신에게 베푼 효
종의 예우를 고산은 잊을 수 없었을 것이다.

촉한의 유비를 도와 삼국의 통일을 꿈꾸고 그의 어린 아들 유선을
도와서 진충보국(盡忠報國)한 제갈량에 자신을 비견하면서 고산은 그렇
게 되고 싶었을는지도 모른다.

왕이 벼슬을 내리면 그는 늘 사임을 자청했다. 왕이 제수한 벼슬에
는 으레 간신들의 탄핵이 뒤따랐기 때문이다. 그가 여러 번 시험에 응
시하여 장원급제한 것은 자신의 실력을 확실하게 인정받고 싶어서였
을 것이다. 그것은 무슨 뜻이겠는가? 효종의 입장을 편안하게 해 주면
서 제갈량처럼 그의 곁에서 충성스런 보필을 하고 싶었기 때문이 아니

었을까? 혹자는 그것을 출세욕이라고 말할지 모르지만 필자는 그렇게
생각하지 않는다.

그렇다면 윤선도와 제갈량의 다른 점은 무엇이었을까? 임금의 두터
운 신임과 자신들의 충성심은 같았으나 그들이 처한 입장, 즉 건(乾)괘
에 있어 효(爻, ☰)의 자리가 달랐던 것이다.
　주공(周公)의 효사를 보자.

　━ 상구　亢龍有悔
　━ 9₅　　飛龍在天 利見大人
　━ 9₄　　或躍在淵 无咎
　━ 9₃　　君子終日乾乾 夕惕若厲无咎
　━ 9₂　　見龍在田 利見大人
　━ 초 9　潛龍勿用

초 9는 잠긴 용이니 쓰지 말라.
　9₂는 나타난 용이 밭에 있으니 대인을 만나는 것이 이롭다.
　9₃은 군자가 종일 굳세게 하고도 저녁에 두려워하면 위태롭긴 해도
허물 될 것은 없다.
　9₄는 혹 뛰어 연못에 있으면 허물이 없다.
　9₅는 날으는 용이 하늘에 있으니 대인을 만나는 것이 이롭다.
　상구는 높게 올라간 용이니 뉘우침이 있으리라.

주역은 두 개의 소성괘가 모여, 하나의 대성괘, 건(☰)을 이룬다. 주

역에서 효(爻)의 대응관계는 1효와 4효, 2효와 5효, 3효와 6효로써 정응(正應)이냐 불응(不應)이냐의 호등도를 살피는데 그 중에서도 소성괘의 중효(中爻)인 2효와 5효를 중시한다. 건괘의 이 같은 경우를 '득중(得中)'이라 한다. 중(中)을 얻어 중도(中道)로써 바름을 행하니 길하다는 것은 앞에서도 말한 바와 같다.

그렇다면 윤선도가 처한 혹약재연 $9_4$의 자리는 어떠한가?

건(☰)괘는 순양(純陽)이로되 $9_4$의 자리는 원래 음의 자리다. 다시 말하면 음위(陰位)에 놓여 있는 양(陽)이다. 양강(陽剛)한 능력과 재질을 갖추었음에도 음위에 놓인 양이기 때문에 실위(失位)한 상태라고 볼 수 있다. $9_4$와 대응관계인 건괘의 초 9도 용덕(龍德)을 갖춘 군자임에 틀림없다. 그러나 초 9의 군자는 물속에 잠긴 용, 즉 '잠룡(潛龍)'이니 이름이 잠인 도연명[陶潛]은 때를 더 기다려야 했고, $9_4$의 윤선도는 '연못 속에 처해(或躍在淵)' 덕을 쌓고 때가 무르익기를 기다려야만 했다.

건괘에서 물속에 갇힌 두 사람은 뛰어난 시인이요, 용덕을 갖춘 군자로서 그러나 세상을 등지고 스스로 둔세무민(遁世無悶) 해야 하는 운명이었다. 고산이 자신의 거처를 '무민당(無悶堂)'이라 한 것조차 나는 그냥 지나치기 어려웠다. '번민이 없는 집'이라 그래서 그는 부용동을 그렇게 꾸며 놓고 싶었던 것일까. $9_2$와 $9_5$의 자리가 제갈량과 유비에 해당한다면 초9와 $9_4$의 자리는 도연명과 윤선도에 비견할 수 있으리라.

하필 건괘 $9_4$의 '혹 뛰어 연못에 있으면 허물이 없을 것'이라는 '혹약재연무구(或躍在淵无咎)'의 말씀이 왜 그의 심정에 가 닿았던 것일까?

그 말씀의 뜻을 왕필(王弼)의 해석으로 읽어 보자.

"하체(下體)의 극을 떠나 상체의 아래에 거하므로 건도(乾道)가 변혁하는 시기이다. 4효로서 그는 위로 하늘에 있지 아니하고, 아래로 밭에 있지 않으며 가운데의 인간에도 있지 않다. 겹겹한 양강(陽剛)의 험난함을 디디어 밟고 일정한 위치가 없으므로 처한 바가 진실로 진퇴무상의 시기이다. 지존한 지위에 가까워 그 도리를 바치려 하고, 아랫사람에게 몰리되 아랫사람이 도약하여 미칠 바가 아니다. 그 거처함에 안정하고자 하나 거처함이 안정되지 않으므로 의심을 품고 머뭇거리어 감히 뜻을 결정하지 못한다. 마음을 써서 공변됨을 지키고, 나아가되 사사로움을 두지 않아 의심하고 우려한다. 따라서 너무 과감하기는 해도 그르치지 않는다. 그래서 허물이 없다는 것이다."

윤선도의 입장에 꼭 들어맞는 경우다. 지존한 지위에 가까워 그 도리를 바치려 하나 아랫사람에게 몰리되 아랫사람이 도약하여 미칠 바가 아니었다. 사실 9₄는 아래의 건(☰)괘를 벗어났으므로 한 번 뛰어보아 자신의 능력을 시험해 보고 싶은 자리이기도 하다. '혹 뛰었다가 다시 못 속에 들어감'은 나아가고 물러남에 제자리를 지키고 있다고 할 수는 없으나 그렇다고 간사한 짓을 한다거나 동류(陽의 무리)를 떠나고자 함은 아니었다. 왜냐하면 그는 9₃의 진덕수업(進德修業)의 과정을 거쳐 9₄에 이르렀고, 또한 '진덕수업'한 군자이므로 때에 맞게 행하고자 함이니 허물될 것은 없다는 것이다. 그는 천하를 경륜할 수 있는 능력을 갖고 있으면서도 남인이었기에 서인이 득세한 시기에는 실위(失位)한 처지에 놓일 수밖에 없었다. 그러니 가끔씩 자신의 존재를 드러내어 연못 밖으로 몸을 날려보는 쓸쓸한 용의 자태라고나 할까, 절해고도에서 혼자 자맥질하는 그러면서 스스로의 생존을 확인해 보는 몸부림 같은 것은 아니었을까 하는 데 생각이 미치자 괜히 가슴 한끝이 저려왔다.

연못을 혼자 오르내리는 용처럼 그렇게라도 자신의 심중을 다스려야 했던 고산 윤선도의 절망, 보길도를 다녀나올 때까지 흐린 날씨만큼이나 울울한 심정을 나는 가누기 어려웠다.

## 효종의 이장(移葬)을 예언하다

그가 73세 되던 1659년 5월 4일, 효종(10년)이 승하하고 현종이 즉위하였다. 고산은 남인 정개청의 일로 파직된 상태였다. 첨지를 제수받고서 지관들과 어울려 산릉을 찾아 나섰다. 그는 여주의 홍제동과 수원이 적합하다고 생각했다. 이에 현종은 홍제동이 좋기는 하나 인조 때도 길이 멀다 하여 쓰지 않았고, 효종도 그 길이 먼 것을 혐의하였으니 자손으로서 쓸 수 없다며 수원이 좋겠다고 말했다. 그러나 송시열 등은 수원이 나라의 대진(大鎭)이며 또 민가 수백 채를 일시에 철거해야 하니 불가하다고 반대하였다. 현종은 총호사 심지원, 판중추 송시열, 대사헌 송준길, 참지 윤선도 등을 다시 불러 상의하게 하였다. 그러나 수원산의 정혈을 두고 윤선도와 이원진의 의견이 엇갈렸다. 윤선도는 "이원진이 지정한 곳을 협락(狹落)이 된다" 하고 이원진은 "고산이 지정한 곳을 호사(護砂)가 된다" 하여 논쟁이 그치질 않았다. 윤선도는 "도로의 원근을 논하지 않고 산의 우열만을 논한다면 홍제동이 제일이고 수원이 그 다음이다. 수원이 홍제동에는 미치지 못하나 오히려 건원릉(健元陵)의 여러 산등성이보다는 낫다"고 말했다. 윤강은 윤선도가 비록 홍제동을 주찬하지만 "자신의 생각으로는 영릉(英陵, 홍제동의 늪)이

전기(專氣)가 된다면 이는 곧 그 지엽간에 맺힌 혈인데 선도가 제일로 삼는 의도를 모르겠다"고 반박했다.

현종은 "수원이 가깝고 또 흉해가 없으니 그곳을 쓰기로 결정함이 좋겠다"고 말했다. 현종은 수원으로 마음을 굳혔으나 송시열 등이 적극 반대하고 나섰다. 하는 수없이 현종은 예조판서 윤강으로 하여금 다시 건원릉 왼편 산등성이와 불암산 화접동을 살펴보라고 지시했다. 이때 윤선도는 병이 심해 경기감사를 통하여 참석할 수 없음을 알리고 이렇게 말했다.

"건원릉 왼쪽 언덕의 형세가 수원에 미치지 못함은 일찍이 상달하였으며 불암산은 화산(火山)인데 화산 아래는 혈(穴)을 맺지 못한다고 예로부터 비방에 나와 있습니다. 참여한다 하더라도 어리석은 견해로 쓸 만한 땅을 알 이치가 만무하니 계문(啓聞)해 주시기 바랍니다."

총호사 심지원은 건원릉의 두 언덕과 수원을 놓고 다시 논의한 뒤 왕께 "건원릉 언덕을 다시 살펴보게 하고, 우선 수원의 역사를 정지하게 하소서"라고 아뢰었다. 현종은 "윤선도가 사는 곳이 건원릉과 멀지 않다고 하니, 비록 신병이 있더라도 산을 살피는 데 참여하지 않을 수 없다. 참석케 하라"고 명을 내렸다.

며칠 뒤, 이조판서 송준길이 어전에 입시하여 "건원릉 안에 있는 건좌(乾坐)의 언덕을 써야 하며, 수원을 쓰면 나라가 불안해진다는 비기(秘記)의 말이 있다"고 진달하자 현종은 하는 수 없이 건좌의 언덕으로 결정하였다. 효종의 능이 건원릉 안쪽 건좌의 언덕으로 결정되자 윤선도는 시골로 내려가 버렸다. 조정에서는 그가 두 번째의 산릉 간심에 병을 핑계로 참여하지 않는 불경을 저질렀다고 잡아다 국문하라는 논의가 세 번이나 거듭되었다. 현종은 더 이상 죄를 묻지 않았다. 고산은

"십 년이 못 되어 능 위에 망극한 변고가 일어나 천장(遷葬)을 하는 일이 있을 것이다. 나는 보지 못하겠지만 그대들은 마땅히 볼 것이니 내 말을 생각하라"고 했다. 그 후 15년 뒤 봉분에 틈이 생겨 결국 윤선도가 가장 좋다고 한 홍제동으로 효종릉을 이장하였다.

역(易)에 통달하면 천문(天文)과 지리(地理)에 통해 우주의 법칙을 손바닥 들여다보듯 안다고 한다. 지혜가 완성되면 천지(天地)의 법칙과 같아지기 때문이니 노자(老子)는 이것을 "사람은 땅을 본받고, 땅은 하늘을 본받으며, 하늘은 도를 본받고 도는 자연을 본받는다(道法自然)"고 하였다. 원래 주역의 괘는 어떤 모습을 형상(形象)한 것이며 괘에는 수(數)가 붙게 마련이다. 괘상과 괘수, 즉 상수(象數)는 원래 자연의 원리를 표현한 것으로 위로는 천문(天文)을 알고 아래로는 지리(地理)를 알며 상(相)을 보고 점을 치기 전에 미리 아는 것을 말한다.

'현상저명(懸象著明)'이란 말에서도 알 수 있듯이 상의 계시를 철저히 꿰뚫어 봄으로써 미래를 아는 경지를 일컫는다. 이런 사람을 이인(異人)이라고 하는데 우리나라의 이인으로는 서화담, 이토정, 율곡, 허미수, 윤선도 등이 그러한 분이시다.

풍수란(風水)란 말 그대로 바람과 물을 신중하게 살피는 일이다. 관속에 물이 차 있었고 관 뚜껑에는 흰개미가 붙어 있었는데 그 이유는 지하에도 바람이 있는데, 바람의 힘이 너무 강해 관을 뒤틀어 놓았다는 것을 들은 적이 있다. 눈에 보이지 않는 지하(地下)의 현상을 살피고 물길과 바람의 흐름을 미리 안다는 것은 역시 자연 현상을 읽어내는 능력이라고 하겠다.

현종 1년 윤선도는 산릉 문제로 미운 털이 박힌 상태였는데 조대비

(인조계비)의 복제(服制) 문제로 또다시 휘말려 들게 된다. 남인의 3년설과 서인의 기년설이 대립하다 서인의 기년설이 채택되었다. 이에 윤선도는 송시열의 기년설을 신랄히 비판하고 허목의 삼년설을 지지하는 장문의 소를 올림으로써 다시 한 번 조야를 들끓게 하였다. 이 일로 그는 함경도 삼수로 유배 가서도 「예설(禮說)」 두 편을 지어 자신의 신념에는 변함이 없음을 밝혔다. 그러나 「예설」이 문제가 되어 위리안치의 명이 더해졌다. 가시나무로 집을 두르고 구멍으로 밥을 넣어 주는 푸대를 받으면서도 그는 태연히 앉아 시를 지었다.

귀양살이는 일천 날의 반이 이미 지나갔고
살아온 해 일흔여덟 장차 다가오는구나.
부용동에는 어느 때나 돌아가
남창에서 회포 풀며 술잔을 마주할꼬.

전라도 광양 땅을 거쳐 유배에서 풀려나 부용동으로 돌아온 것은 그의 나이 81세가 되는 어느 여름날이었다. 무민당 동쪽 시냇가에 작은 집을 지어 곡수(曲水)라 이름 짓고 지친 심신을 달래며 그는 파란 많은 자신의 생애를 조용히 돌아다본다.

내 어찌 능히 세상을 어기리오
세상이 바야흐로 나를 어겼도다.
이름은 비록 중서(中書)의 지위 아니나
거처는 녹야(綠野)의 규범과 같았다네.

—「동하각(소何閣)」

83세 때 지은 「동하각」이라는 시다. 세상 일이 뜻과 같았다면 정치적 이상을 한 번 펼쳐볼 수도 있으련만 그는 끊임없이 논책을 당하였고 그를 옹호하는 이들마다 죄를 받아 귀양 갔다. 윤선도에게 포부를 마음껏 펼 수 있는 기회는 주어지지 않았다. 그래서 그는 세상이 나를 어겼지 내가 세상을 어긴 것은 아니라고 말한다. 그러나 "내 비록 세상을 피해 살았지만 망세(忘世)는 아니라"고 그는 감히 말했다. 고산은 산림에 은거하면서도 조정을 잊지 않았다. "선비의 처세는 구차스럽게 나아가서도 진정 아니 될 것이며 구차스럽게 물러나서도 진정 아니 될 것이다. 나아감엔 마땅히 이익을 탐한 것이 아닌가 경계해야 하며, 물러남엔 마땅히 세상을 잊은 것이 아닌가 경계해야 한다"고 「병환고산선상감흥」에 적고 있다. 그의 연군지정(戀君之情)은 「견회요」나 「몽천요」, 「산중신곡」 등에서도 알 수 있다. 그도 그럴 만한 것이 선조 때 태어난 고산은 인조, 효종, 현종의 총애와 비호를 한 몸에 받았다. 그리고 특히 사제관계였던 효종에 대한 남다른 애착으로 그의 마음은 항상 궁궐을 향한 수구초심이었을 테니까 말이다. 그러나 조정은 이미 서인이 득세한 때였다. 실위(失位)한 건괘의 9₄, '혹약재연'에 처해 있을 수밖에 없었던 그의 비감(悲感)한 심정을 짚어 보며 나는 낙서재터 건너편 산자락에 있는 동천석실로 발걸음을 옮겼다.

동천(洞天)은 본래 신선들이 사는 세계를 일컫는다. 하늘이 잔뜩 흐린가 했더니 추적추적 4월 봄비가 내리기 시작했다. 고산은 격자봉 혁희대에 올라 임금이 계신 궁궐을 향해 자주 바라보곤 했다고 한다. 해발 120미터 중턱쯤에 오르니 1,000여 평 공간에 돌계단과 석문, 석담(石潭) 석대 및 희황교(羲皇橋)의 유적이 남아 있었다. 고산은 특히 하도(河

::동천석실

圖)에서 주역 8괘를 그린 중국의 황제 복희씨를 존숭한 나머지 동천석
실에 오르는 돌다리를 '희황교'라 이름 지었다. 그가 다도를 즐겼다던
오목한 차바위도 그대로 있고 정자의 옛 건물 터도 아직 남아 있었다.
구름이 머흘한 우중선경(雨中仙境), 게다가 희황제의 다리 위에 서 있
자니 정말 선계에 떠 있는 듯 황홀한 심경이었다. 그 순간은 '황(恍)'하
고 '홀(惚)'했다. 고산은 승룡대(乘龍臺)에 외롭게 혼자 올라 시를 짓거
나 석담(石潭)과 석천(石泉) 사이의 희황교를 지나 석실(石室)에 혼자 앉
아 있기를 좋아하였다고 한다. 용두암 바위에 서니 부용동 마을이 과
연 한눈에 들어왔다.

　고산은 85세를 일기로 자신이 거처하던 부용동 낙서재에서 무거운
그의 두 눈을 감았다. 가끔씩 격자봉 아래에서 먼 하늘을 바라보던 그

의 심사는 어떠하였을까?

동자가 차를 끓여 올리면 단정히 앉아서 차를 받아 마시던 그 차 바위의 주인은 가고 없는데, 나는 그 자리에 서서 그가 만년에 지었다는 시구 하나로 300여 년의 시간을 가로질러 그와 만나고 있었다.

우락(憂樂)과 시비(是非)를 모두 던져 버리고
만사(萬事)를 유유히 천지조화(天地造化)의 신비에 맡기리라.

출처진퇴(出處進退)를 오직 도(道)와 그리고 의(義)에 따랐던, 그러므로 해서 평생이 고달프기만 했던, 윤선도(尹善道)와 도연명(陶淵明).

천지의 무궁한 조화(造化)와 변화의 흐름 속에 그들은 지금 어디에 있을까?

동쪽 언덕에 올라가 나직이 읊조리고, 맑은 시냇가에서 시를 짓던 그분들의 향취가 내 둘레에서 가만가만 느껴진다. 나는 잠시 눈을 감았다. 광속(光束)의 그 지극한 감응(感應)을 위해서.

# 잠긴 용이니 쓰지 말라

— 도연명과 주역

## 도연명의 탯자리를 찾아서

은일의 시인 도연명(陶淵明, 365~427)은 진(晉)나라 사람으로 심양의 시상(柴桑)이라는 마을에서 태어났다.

한 세기가 저무는 늦가을, 문우들과 양자강 상류를 거쳐 두보 시의 현장인 구당협을 지나 여산으로 향하고 있었다. 시인치고 여산을 노래하지 않은 이가 없을 정도로 과연 아름다운 산이었다. 도연명은 청복(淸福)이 많아 좋은 곳에서 태어나 이곳에서 생애를 마감했다.

우리는 그의 생가를 찾아가고 있었다. 마침 날씨도 쾌청하고 만추의 양광(陽光)이 차창 안으로 들어와 마음 깊숙한 곳에까지 닿는다. 고조된 설렘을 누르며 시린 눈을 감는다.

나는 도연명을 『오류선생전(五柳先生傳)』으로 처음 만났다. 고등학교

:: 시상교

2학년 때였다. 50년 전 김구용(金丘庸) 시인께 이 시를 배운 후, 내 어느 부분엔가 그분의 인생관이 들어와 박혀 영향 받았던 것을 부인할 수 없다. '독서를 좋아하나 심히 구하지 않는다'는 대체(大體)만을 보신 안목이나 '일찍이 가고 오는 데는 뜻을 아끼지 않으신' 그 무애(無碍)한 발걸음을 본받고 싶었던 때가 있었다. 세상을 건너뛰는 성큼한 그 발걸음을.

비바람을 가리지 못하는 초옥에서 밥그릇이 자주 비어도 태연히 앉아 스스로 글을 짓고 즐기며 편안히 생을 마쳤다는 시인의 전기(傳記)가 왜 그리 가슴을 축축하게 하던지. '편안히'라고 했지만 사실은 그 속에 담긴 깊은 절망을 어찌 모른다고 할 수 있으랴.

일본의 시인 다쿠보쿠는 "그가 맛있게 먹었던 술이 실상은 쓴 것이 아니었겠느냐"고 반문하기도 했다. 동병자(同病者)로서의 애상을 말하던 것이리라. 사나이 대장부로 태어나서 원대한 꿈을 접어야만 했던 시대적 상황, 게다가 그가 「책자(責子)」에서 밝힌 것처럼 기대에 미치지 못하는 다섯 아이들, 가난과 절망을 타서 마신 술이 과연 썼는지 달았는지? '인생실난(人生實難)'을 조용히 토로하던, 그의 외침이 나그네의 가슴을 먹먹하게 하던 것이다.

> 말과 노래 주고받을 짝도 없이
> 술잔 들어 외로운 그림자에 권하노라
> 세월은 날 버리고 가거늘
> 나는 뜻을 이루지 못하니
> 가슴속 서글프고 처량하여 밤새 조용하지 못했노라
> ─「잡시 5」

밤새 조용하지 못한 가슴속 그의 시를 더듬고 있는데 버스는 성자현(星子縣)이란 팻말을 막 지나치고 있었다. 지금의 시상(柴桑)은 행정구역상으로 성자현과 구강현으로 나뉜다고 한다. 구강(九江)은 진(晋)나라 때의 군현 소재지로, 삼국시대 때는 오나라의 영토로서 유비와 조조가 한판 승부를 겨루던 요충지였다. 그런 생각으로 감개가 벅차올랐다. 창밖으로 '취석산장(醉石山莊)'이란 글씨가 보인다. 도연명이 술에 취하면 돌아갈 줄 모르고 쉬었다는 바위가 바로 저것인가 보다. 이 근방 백록동서원에 기거하던 주자(朱子)도 도연명을 기리며 이곳에 찾아와 귀거래관(歸去來館)'이라는 글씨를 남겼다고 한다. 버스가 멈추어 선 곳의 표지판은 시상교(柴桑橋). 가슴이 콩닥거렸다. 왼편으로 펼쳐진 가르마 같은 논둑길을 따라 마음 바쁘게 걸어 들어갔다. 오석 넉 장을 잇댄 진짜 '시상교'가 나왔다. 그 옆에 내력을 설명하는 표지판이 있었다. 도연명이 딛던 그 자리려니… 별안간 발밑이 후끈해 왔다. 발을 떼기가 쉽지 않았다. 다리 옆에 수령을 짐작하기 어려운 몸통 굵은 세 그루의 나무가 고개를 기웃하며 마치 수문장처럼 우리를 반갑게 맞아 준다.

"내 어찌 쌀 다섯 말 때문에…" 하며 팽택령의 자리를 박차고 일어나 집으로 돌아올 때, 그는 이 다리를 지나 "마침내 나의 집 대문과 지붕이 보이자, 나는 기뻐서 뛰었다. 머슴아이가 길에 나와 나를 맞고, 어린 자식은 문에서 기다리고 있었다"고 적은 「귀거래사」의 현장이다.

우리도 시상교를 건너 도씨(陶氏) 집성촌으로 들어갔다. 추색(秋色) 짙은 잡초 속에 벽돌집만 띄엄띄엄 있을 뿐, 민가(民家)는 쓸쓸했다. 도연명과 관련된 기념물은 하나도 보이지 않았다. 햇볕 아래에서 뜨개질을 하고 있는 아낙에게 물었더니 자기는 이곳으로 시집 온 사람이며 여기가 진짜 도씨 촌인데 이곳엔 기념관 하나 없다고 불만을 내놓는다. 도연명과 관련된 자료들은 현청 소재지인 사하(沙河)에 모든 것이 가 있다는 것이다. 예전엔 시상 한 곳이던 것이 지금은 구강현과 성자현으로 나뉘니 도연명의 연고지를 두고 다투고 있는 모양이었다.

나는 머리를 들어 아득한 하늘을 잠시 올려다보다가 그만 눈을 감고 말았다. 하늘은 1,600여 년 전 그대로이려니 하고, 그 태고의 정적 속에 당시를 재현해 본다.


반듯한 300여 평 대지에 조촐한 여덟, 아홉 간의 초가집
  뒤뜰의 느릅과 버들은 그늘지어 처마를 시원히 덮고
  앞뜰의 복숭아 오얏꽃들 집 앞에 줄지어 피었노라

저 멀리 아득한 마을 어둑어둑 깊어질 새,
허전한 인가의 연기 길게 피어 오르네
깊은 골목 안에 개 짖는 소리 들리고, 뽕나무 가지에는 닭이 운다

도연명의 시 「귀원전거(歸園田居)」를 빌려와 당시를 그려보노라니 매캐하니 나무 타는 냄새도 나는 것 같고, 밥 짓는 연기도 눈앞에 피어오르며 컹컹 개 짖는 소리도 들려오는 듯하다. 그러나 다시 눈을 뜨니 모든 것이 환청일 뿐, 빈 들판엔 바람만이 지나가고 있었다.

이제 그대의 옛집을 찾아 숙연한 마음으로 그대 앞에 있노라
허나 나는 단지에 있는 술이 그리운 것도 아니고
또한 줄 없는 그대의 거문고가 그리운 것도 아니다
오직 그대가 명예나 이득을 버리고 이 산과 들에서
스러져 간 것이 그리웁노라

백거이는 이곳에 찾아와 소회를 피력했지만 나는 아무 할 말도 찾지 못하고 울울한 심정으로 그저 그 자리에 서 있었다.

내가 그를 좋아하는 까닭은 오랜 굶주림이나 면하려고 농기구를 던지고 관직에 나아갔으나 천성이 벼슬에 맞지 않아서 그때마다 되돌아온 일, 게다가 "가난한 내 집 클 필요 없고 누울 잠자리 터전 있으면 족해"(「移居其一」)라던 안분지족(安分知足)의 삶, "다만 한스러운 건 세상에 살아 있을 적에 술 마시는 게 흡족하지 못했던 거라"(「挽歌」)고 하면서도 "얼큰하게 취하면 곧 물러나서 일찍이 가고 오는 데는 뜻을 아끼지 않으신"『오류선생전』의 이미 도(道)에 계합된 그분의 경지, 그리고

… 동쪽 울타리 밑에 핀 국화꽃을 꺾어 들고

멍하니 남산을 바라보네.

산 기운은 저녁나절에 좋고

나는 새도 함께 돌아오네.

이 가운데에 참 뜻이 들어 있으나

따져 말하려 해도 이미 말을 잊어버렸노라

―「음주 5」

라고 하신 득의망언(得意忘言)한, 언어가 끊어진 자리에서의 무위자연한 경지. 그 중에서도 나는 그가 죽기 며칠 전에 쓴 「자제문(自祭文)」을 좋아하며 몇 구절들을 가슴 아프게 기억한다.

살 만큼 살고 늙어서 죽었거늘 또 무엇을 미련쩍게 여기겠느냐?… 흙으로 돌아간 나는 결국은 흙이 되어 없어져 아무것도 없는 공(空)으로 화하고, 또 다른 사람들 기억속에서도 멀어져 아득하게 되고 말 것이다. … 돌이켜 생각하니 나는 참으로 어려운 삶을 살았노라. 사후의 세계는 또 어떨는지. 오호애재(嗚呼哀哉)라!

"… 현실적으로 나는 부귀도 바라지 않고, 또 죽은 후에 천제(天帝)가 사는 천국에 가서 살 것이라 기대도 하지 않는다… 모름지기 천지조화의 원칙을 따라 죽음의 나라로 돌아가자! 또 천명을 감수해 즐긴다면 그 무엇을 의심하고 망설일 것이냐?"라고 「귀거래사」에서 노래하던 그였건만 이승에서의 삶이 얼마나 고달팠으면 내생(來生)에서의 사후 세계를 또 걱정한단 말인가.

'아 애달프구나!' 그 '오호애재'가 들리는 듯했다.

세모에 바람은 찬데 땟거리가 없었다. 천 년 전의 책들을 뒤지다가 그는 위인의 덕행을 보고 말한다.

"높은 지조야 좇아 오를 수 없으나,

고궁절(固窮節)만은 나도 깊이 터득했노라."

끝내 그는 고궁절을 지키며 참으로 어려운 삶을 살았다.


## 이름과 운명에 대하여


연명(淵明)은 그의 자(字)요, 본명은 잠(潛)이다. 누가 그의 이름을 이렇게 지었던 것일까? 왜 하필 허구 많은 글자 중에서 물에 잠긴다는 '잠(潛)' 자를 썼던 것일까?

그의 명조(命造)를 훤히 알기 때문에 이름을 이렇게 지었을까. 아니면 '잠길 잠, 숨을 잠'이란 이름 때문에 그의 운명이 숨어서 은둔해야 하는 삶을 살아가게 된 것인지 나는 궁금하지 않을 수 없었다. 내가 잠룡(潛龍)과 도연명을 연관지어 생각하게 된 것은 그의 이름이 '잠(潛)'인 것뿐만 아니라 그의 자서전 『오류선생전』에서 만난 그의 생애와 인품이 실제로 주역의 건(乾)괘 초 9의 효사와 일치하고 있었기 때문이다.

"초 9는 잠긴 용[潛龍]이니 쓰지 말라[勿用]."

그렇다면 누군가 그의 운명을 예견한 사람이 건괘에서 이름을 따왔다고 볼 수 있다. 사실 건괘는 좋은 괘이다. 그리고 다른 괘의 경우라도 주역의 괘 자체엔 이미 좋고 나쁨이 없다. 보다 중요한 것은 효의 자리이다. 효의 위치로 현재의 그 사람이 처해진 입장과 앞으로의 상황 전

::도연명기념관

개, 그리고 길흉을 예측할 수 있는 것이다. 그런데 왜 하필이면 제일 낮은 위치에서 숨어 지내야 한다는 초 9 잠룡의 '잠(潛)'자를 가져왔단 말인가?

이름이란 어떤 존재와 만나는 순간, 그 역할에 맞게 알 수 없는 어떤 작용력을 부여받게 되는 것 같다. 가령 무명베를 싹둑 잘라 한 토막을 '수건'이라 하고 다른 한 토막을 '걸레'라고 이름 지었을 때, 설령 걸레가 더 깨끗해 보여도 걸레로 얼굴을 닦는 사람은 아무도 없기 때문이다.

사물이란 이렇게 이름으로 불리게 된 순간, 불린 존재로 다시 태어나는 것이다. 이름에 걸맞은 어떤 운명의 작용력도 함께 생겨나는 것 같다.

이름을 부를 때, 거기에 따른 소리의 음파(音波)가 벌써 어떤 영적인 힘을 가지고 작용을 하기 때문일까? 그래서인지 작명가들은 이름을 지을 때, 음파 영동(音波靈動)을 그만큼 중요시했다.

아무튼 옛 어른들은 이름이나 자(字)를 지을 때, 함부로 짓지 않았다. 신중을 기했다. 하나의 덕목, 아니면 좋은 염원이나 희망의 뜻을 담아 정성껏 이름을 지었다.

20세의 성년이 되면 관례(冠禮)라 하여 성년식을 치르고 집안 어른들께서 자(字)를 내려 본명 대신 사용토록 했는데, 자(字) 안에 담긴 뜻을 일상생활에 하나의 덕목으로 즉 지표로 삼게 했던 것이다.

내가 이름이나 자호(字號), 당호(堂號) 또는 자(字)에 관해 부쩍 관심을 갖게 된 것은 주역을 공부하면서부터였다.

성리학으로서의 『주역』이 필독서이던 조선시대의 선비들 이름에는 주역과 관련된 글자가 많이 보였다. 특히 자호(自號)에 더욱 관심을 갖게 된 것은 자호(自號)란 본인 스스로 짓는 이름으로, 자기가 추구하는 바, 사상적 이념이나 정신적 지표를 호에 담는 것이기 때문에 그 사람의 인격이나 이상을 알게 하는 관건이 되기도 해서였다.

가령 소동파의 『적벽부』를 워낙 좋아한 현진건 선생은 거기에서 본 딴 것으로 '창공을 의지한다'는 '빙허(憑虛)'를 가져왔고, 무애(無涯) 양주동(梁柱東) 선생은 '가없는 것을 좋아한다' 하여 '무애(無涯)'라 자호 했는데 이는 『장자(莊子)』의 양생주(養生主) 첫머리에서 따왔음이 분명했다. 또한 거처하는 곳의 지명을 호로 사용하는 경우도 많았다. 화담(花潭) 서경덕 선생, 퇴계(退溪) 이황, 상산(象山) 육구연, 율곡(栗谷) 이이, 양촌(陽村) 권근, 오리(梧里) 이원익 등은 자기가 머물고 있는 곳의 지명(地名)을 그대로 사용했다. 개중에는 소유한 물건을 가지고 그대로 자신의 자호로 삼은 이들도 있었다.

도연명은 집 둘레에 다섯 그루의 버드나무가 있어 '오류(五柳) 선생'이라 자호한 바 있다.

도연명의 가계를 살펴보면 그의 증조부 도간(陶侃)은 장군이었고 그의 외조부는 풍류로 이름이 높았던 시인 묵객인 맹가(孟嘉)였다. 문사(文士)로서 이름이 높았던 그의 외조부가 혹시 그의 이름을 그렇게 지었던 것은 아닐까? 왜냐하면 일찍 어머니를 여의였던 도잠은 어려서부터 외조부의 보호 아래 컸으며, 은일한 풍류와 시인으로서의 자질 모두가 외조부로부터 이어받은 것이라고 볼 때 아무래도 그는 외조부의 영향 아래에 있었기 때문이다. 도연명이 태어났을 때 그의 집안은 완전 몰락하여 부친의 정확한 이름도 알 수 없었다고 하며 전란과 기근으로 생계 또한 막연했다. 나이 20에는 상처(喪妻)까지 했다. 발을 디디고 선 현실적 입장[初地]이 그에겐 좋지 않았다. 주역 소성괘에서도 초효는 당사자의 현실적 입장으로 환치해 보고, 2효는 그 사람됨의 능력으로, 3효는 하늘이 내리는 기회 여부로 살펴본다.

도연명의 집안 환경은 물론, 그가 처한 나라 안팎의 사정도 좋지 않았다. 이런 시대적 상황을 잘 파악한 더구나 은일의 시인인 그의 외조부가 손자의 이름을 그렇게 지었던 것이 아닐까 생각되기도 했다.

도연명이 살던 동진(東晉)시대는 왕실의 세력이 약화되고 신흥 군벌들이 대두하여 서로 각축을 벌이던 때였다. 동진의 왕은 유폐되거나 사살되었으며 바깥으로는 이민족의 침략이요, 안으로는 농민 봉기가 끊이질 않아 백성들은 도탄에 빠져 허덕이고 있을 때였다.

그렇다면 그의 생애는 어떠했는가? 대략 다음의 3기로 나눌 수 있다.

제1기는 29세 이전으로 면학과 농사를 짓고 살았을 때이며, 제2기는 29세부터 41세까지로 여러 차례 벼슬에 나갔다가 이내 그만두고 은퇴를 거듭했던 착잡한 시기였다. 그는 처음부터 은일을 계획했던 선비는 아니었다. 수기치인(修己治人)의 유가(儒家)를 공부했던 만큼 세상에 대해 큰 포부를 갖고 있었다. "달통한즉 나서서 천하를 구제하고, 막힌 즉 물러나 착하게 산다"는 유가의 입장이었다.

돌이켜보건대 어려서 나는
속세의 낙이 없어도 혼자 흥겨웠고
세찬 뜻을 사해에 떨치어 내고
날개를 펴고 멀리 날고자 했도다

—「잡시 5」

이렇게 노래한 그는 어찌하여 사해(四海)에 큰 뜻을 펼치지 못하고 날개를 접어야 했던 것일까? 건(乾)괘에는 '현룡(見龍)' '비룡(飛龍)' '항룡(亢龍)'이 있건만 그는 왜 '잠룡(潛龍)'이 되어 세상 밖으로 나오지 못했던 것일까? 바로 그가 처한 시기는 모순과 부조리의 악순환의 시대였던 것이다. 전란과 흉년으로 생계마저 궁핍하니 밥이나마 해결하려고 그는 다섯 번이나 출사와 은퇴를 반복했던 것이다.

첫 번째는 강주의 제주(祭酒, 현 교육감)가 되었다가 며칠도 안 되어 스스로 물러났고, 두 번째는 35세의 나이로 유로지 장군의 참모가 되어 부임하러 가는 도중에 벌써 그는 은퇴를 각오하며 이런 시를 남겼던 것이다.

구름을 타고 자유로이 나는 새를 보니 부끄럽고
물속에서 멋대로 노니는 물고기에도 창피하게 느껴진다(생략)

잠시 세상의 조화를 타고, 벼슬을 살기는 하지만
결국은 반표같이 원두막 생활로 돌아오겠노라
　　　　　　─「시작진군참군 경곡아작(始作鎭軍參軍 經曲阿作)」

　사실 그의 천성은 벼슬살이에 맞지 않았다. 세 번째로 37세였을 때,
형주자사 환현의 막하가 되었다. 그러나 채 2년도 못되어 다시 고향으
로 발걸음을 돌리고 만다. 환현은 그 뒤 국호를 초(楚)라 하고 제위에
올랐으나 유로지 장군의 부하였던 유유의 손에 죽게 되고 말았다. 네
번째는 그의 나이 40세로 횡포한 유로지 장군의 아들인 유경선의 참군
이 되었다가 이듬해에 사직하고 물러나면서 그 심정을 이렇게 시로 남
겼다.

　나는 어찌했다고 이렇게 고생스런 벼슬에 붙어 있는고
　허긴 몸은 매여 있는 듯해도 본래의 뜻은 변함이 없노라
　매일 꿈에 그리는 고향의 정원을 오래 버려둘 수 있으랴
　마지막 소망은 은둔생활이라 서리에도 변치 않는 송백같이 되리라
　　　　　─「을사세삼월 위건위참군 사도경전계(乙巳歲三月 爲建威參軍 使都經錢溪)」

　송백같이 살고 싶었으나 현실적으로는 추위와 굶주림을 면하기 어
려워서 바로 그 다음해에 팽택의 현령이 되었다. 나이 어린 감찰관이
현으로 내려와 의관을 갖추고 맞이하라고 하니 이에 그는 "내 어찌 다
섯 말의 쌀 때문에 촌뜨기 아이놈에게 허리를 굽힐 수 있겠느냐"면서
저 유명한 『귀거래사』를 쓰고 고향으로 돌아오니 그의 나이 마흔한 살
때였다. 80일간의 벼슬살이로 이것이 마지막이었다.

이 시기를 기점으로 하여 세상을 떠나던 63세까지가 제3기에 해당된다. 포악무도한 유유(劉裕)는 진나라의 공제(恭帝)를 유폐시키고 자신이 제위에 올라 국호를 송(宋)이라고 개칭했다. 그 뒤 도연명은 저작랑이란 벼슬에 초청된 일이 있었고 출사를 요청받은 일도 있었으나 깨끗이 거절하고 보내온 예물까지 되돌려보냈다.

그는 밭에 나가 스스로 농사를 지어 궁경(躬耕)했다.

… 몸소 농사 지으며 게을리 한 일 없거늘
노상 추위와 굶주림에 시달렸노라
내 어찌 배 채우기 이상을 기대하리오…

—「잡시 8」

「음주(飲酒) 16」에서는 "결국 빈곤에 굴하지 않은 절개 지닌 채/ 싫도록 굶주림과 추위만을 겪었노라"는 '경포고궁절(竟捕固窮節)'을 술회한 바 있다.

"만약 운명대로 가난을 지키지 않는다면/평생 지닌 정절 앞에 깊이 뉘우치리." 「음주(飲酒) 15」에서 다시 한 번 다짐하고 있다.

### 도연명의 고궁절(固窮節)과 잠룡물용(潛龍勿用)

그는 운명대로 가난하게 살지언정 절개를 바꾸지 않았다.

'군자는 궁박함에서 굳은 법이다. 군자고궁(君子固窮)이다'

선비 된 몸으로 고궁의 절개가 아니고서 후세에 어찌 이름을 전하리오?

이것은 공자의 말씀이다.

고궁절의 절(節)은 군자의 절개, 지조를 뜻하며 주역의 수택절(水澤節)괘와 연관된다.

수택절(䷮)은 연못(☱, 兌) 위에 물(☵, 坎)이 있는 상(像)으로 차면 넘쳐흐르게 하고, 비면 고여 모이게 함으로써 수위를 조절하니 수택절인 것이다.

절(節)괘는 밖의 험한 감수(坎水) 과정을 안으로 화열(和悅)하여 행하는 태택(兌澤)의 덕이 있다. 은자들의 둔세무민(遁世無悶)이라고나 할까? 그래서인지 이름은 '잠', 자를 '연명(淵明)'으로 지었다. '연못에 뜬 달', '연못 위에 있는 물' 또는 그 속에 잠장(潛藏)된 '잠룡의 지혜, 은둔자의 덕성, 현자의 둔세무민(遁世無悶)'으로도 해석할 수 있으리라.

수택절괘의 $6_4$는 안절(安節), $9_5$는 감절(甘節), 상 6은 고절(苦節)이다. 절괘의 자리[爻]에 따라 입장과 길흉이 달라진다. 그러니까 고절(苦節)은 수택절괘의 상 6을 가리킨다. 상 6은 연못의 물이 넘쳐 연못으로서의 기능을 제대로 못하나니 '고절(苦節)은 가히 바르게 지킬 수 없다[苦節不可貞]'는 것이다.

수택절은 $9_2$와 $9_5$의 중(中)을 귀하게 여기므로 절도 있게 한계를 그어가면서 행동하면 좋으나 절(節)을 지나치게 주장한다면 큰일은 이룰 수 없나니 '바르게 지킬 수 없다[不可貞]'는 경계사를 두고 있다.

예를 들면, 수양산에서 아사한 백이·숙제나, 멱라수에 몸을 던진 굴원 같은 이는 지조를 지켜 후세의 사표는 되었을망정 누구나 할 수 있는 것이 아니다. 그래서 상 6의 고절(苦節)은 바르더라도 너무 고집하면 흉하다고 했다. 그만큼 효(爻)의 자리가 좋지 못한 편이다. 왜냐하면 그 도가 이미 궁극에 달했기 때문이다.

절(節)괘 초 9의 효사도 건(乾)괘의 초 9의 효사인 '잠룡물용'과 비슷하다.

'초 9(初九)는 불출호정(不出戶庭)이면 무구(无咎)리라'
집안의 뜰을 나서지 않으면 허물이 없으리라

수택절(☵☱)괘의 초 9는 강으로 절(節)괘의 초효에 위치하고 위로 $6_4$와 응이 되니 위로 나아가고자 한다. 그러나 앞에 $9_2$가 가로막고 있어 나아가지 못할 것을 알고 제자리에 머무른다면 허물 될 것이 없다는 말이다.

건(☰)괘의 초 9도 강으로 제일 아래에 처하고 있는 상태이다. 효의 자리는 그 위(位)가 바르긴 해도 하괘의 중(中)을 얻지 못한데다가 최하위에 있어 아직 양기가 미약하고 어린 때이므로 비유하면 물속에 잠긴 용[潛龍]의 형상이니 따라서 '쓰지 말라[勿用]'고 한 것이다.

「문언전(文言傳)」은 '잠'의 말뜻을 이렇게 풀이하고 있다.
"잠(潛)이라고 하는 것은 숨어서 나타나지 않는 것이며, 행하여 이루지 못함이라. 이로써 군자가 쓰지 않느니라."
친절하게도 공자는 부연설명을 이렇게 다시 한다.
"잠긴 용이니 쓰지 말라고 한 것은 어째서인가?
초9는 용의 덕이 있으되, 나설 때가 되지 않았으므로 아래에 숨어 있는 것이니[龍德而 隱者也], 자신의 뜻을 펴 세상을 바꾸려 하지 않으며

[不易乎世] 이름을 내려고도 하지 않아서[不成乎名], 비록 세상을 피해 초야에 묻혀 살아도 민망하지 아니하며[遯世無悶], 옳음을 남이 알아주지 않아도 민망함이 없다는 것이다[不見是而 无悶]. 스스로 즐거우면 행하고[樂則行之] 옳은 일이 아니어서 근심되면 등져 피하나니[憂則違之], 그 지킴이 확고하여 움직일 수 없는 것이[確乎其不可拔] '잠룡(潛龍)'이니라."

도연명, 그는 처음부터 용덕(龍德)의 자질을 갖춘 군자였다. 그러나 "숨어서 나타나지 않아야 하며 행하여도 이루지 못한다"는 건괘 초 9의 효사처럼 때를 잘못 타고난 까닭에 은둔[潛]할 수밖에 없는 운명이었다.

건(☰)괘, 여섯 효 가운데서 그가 처한 자리는 시대적으로나 공간적으로나 자신의 뜻을 펼 수 없었던 '잠룡물용'의 자리였던 것이다. 자신의 뜻을 펼 수 있는 상황을 만나느냐, 못 만나느냐의 '우·불우(遇·不遇)'는 운명인 것이다.

운명이란 도대체 무엇인가?

"아무도 하지 않아도 그렇게 되는 것이 하늘의 뜻이고, 누구도 부르지 않아도 이르는 것이 운명이다."

맹자(孟子)의 말씀이다.

"시불리(時不利)하니 추(騅)도 달리지 않는구나!"

역발산기개세(力拔山氣蓋世)를 자랑하던 항우의 탄식이 들리는 듯하다. 능력이 모자란 것이 아니고 모두 시운이 불리했던 탓이리라.

::도연명의 무덤

    수택절을 착종(錯綜)하면 택수곤(澤水困)괘가 된다. 물과 연못의 자리
가 바뀐 것이다. 곤(困)괘는 연못 속의 물이 아래로 스며들어 땅이 마
르니 역시 곤궁한 상이다. 비록 곤궁하고 험난한 가운데 있어서도 천
명(天命)을 기뻐하고, 의로움을 지켜 그 기쁨과 즐거움을 얻는다. 이것
이 곤괘의 덕성이다. 도연명이 바로 그러한 사람이었다. 곤궁한 가운데
글을 지어 스스로 즐기며 생을 마쳤으니, 자서(自序)한 『오류선생전』이
그것을 뒷받침하기에 충분하다고 생각된다. 나는 기억을 더듬으며 입
속으로 『오류선생전』을 외워 보았다.

    "선생은 어떠한 사람인지 알지 못함이요. 또한 성씨까지 자세치 않
음이라. 다만 집 주변에 다섯 그루의 버드나무가 있어 이로써 호를 삼

음이라.

성품은 한적하고 조용하고 말씀이 적었으며, 명예와 이익을 사모치 아니하였다. 책 읽기를 좋아하되 지나치게 따지며 집착하지 않았고, 뜻에 맞는 글을 대하면 너무나 기뻐 잡숫는 것을 잊었다.

성품이 술을 즐기시되 집이 가난하여 항상 구할 수가 없었다. 친구가 이와 같음을 알고, 혹 술상을 마련하고 그를 초대하면 선뜻 나아가 마셨으며, 마시는 데는 기필코 취하고자 하였다.

취한 뒤에는 선뜻 물러나, 가고 오는 데는 일찍이 뜻을 아끼지 않았다. 작은 집은 텅 비어 쓸쓸했으며 바람과 햇빛조차 제대로 가리지 못했다. 짧고 거친 베옷은 누덕누덕 기웠고, 밥그릇이나 표주박은 자주 비었다. 그래도 태연하였으며, 노상 글을 지어 스스로 즐기시었다.

오직 자기 뜻을 펴보였을 뿐, 얻고 잃는 것에는 관심을 두지 않았다. 이렇게 함으로써 스스로 생을 마쳤다."


## 도연명기념관에서

나는 그의 묘비 앞에서 '상저문장자오(常著文章以自娛)라. 파시기지(頗示己志)하고 망회득실(忘懷得失)하며 이차자종(以此自終)하니라'를 큰 소리로 읽었다. 뜻을 가슴에 새기면서.

중국 정부가 1982년에 세웠다는 구강현의 도연명기념관에서였다. 나는 마회령(馬回嶺) 경내의 면양산 남쪽 기슭에 누워 있는 그의 진짜 묘를 참배하고 싶었으나 해군병참기지가 자리 잡고 있어 뜻을 이룰 수 없었다. 우리가 찾아간 '도연명기념관'은 검은 기와에 회색 벽돌로 지은 강남 민거(民居)풍의 건물이었다. 대문 안으로 들어서니 오른편에 『도화원기(桃花源記)』를 기념하는 듯 '도화원'이라는 인공 호수가 있고 둘레에 버드나무가 줄을 잇고 있었다. '귀래정(歸來亭)'이란 정자를 지나 '비랑(碑廊)'을 밟아 나오니 흰색 패방(牌坊)이 우뚝 서 있고, 그 중앙에 '청풍고절(淸風高節)'이란 넉 자가 그의 덕을 기리고 있었다. 패방의 층계를 따라 오르니 좌우 양옆에 비정(碑亭)을 거느린 그의 무덤, 도묘(陶墓)가 안치되어 있었다. 조금 전 기념관 전시실에서 사진으로 본 원래의 무덤과 조금도 다를 바 없는 똑같은 모습의 재현이었다. 묘비의 중앙에는 '진징사도공정절선생지묘(晋徵士陶公靖節先生之墓)'라 써놓고 상단에는 '청풍고절(淸風高節)'의 넉 자가 다시 눈에 띄었다.

징사(徵士)란 부름을 받고도 벼슬에 나아가지 않은 선비를 가리킨다. 도연명과 윤선도는 왕의 부름을 받고도 나아가지 않았다. 도연명은 건괘 초 9의 용덕(龍德)을 갖춘 군자로서 세상을 피해 살아도 번민하지 않았으며(遁世無悶) 옳음을 남이 알아주지 않아도 민망함이 없었다. '무민'했던 것이다.

도연명이 건괘 초 9에 해당된다면, 윤선도는 건괘 9₄에 해당된다.

주역에서는 이것을 대응(對應)관계로 풀이한다. 초 9의 도연명은 '잠룡물용'이요, 9₄의 윤선도는 '혹약재연 무구(或躍在淵 无咎)'다. 둘 다 연못을 떠나지 못하고 있다.

당파싸움이 치열하던 어지러운 사회에서 두 사람이 처한 위치와 입장은 달랐으나 '둔세무민'하며 불후의 명작을 남긴 것은 다르지 않았다.

고산 윤선도는 낙서재의 '무민당'에서 책을 읽으며 스스로 번민 없이 살고자 하였다. 그러나 초 9와 9₄의 기본 입장은 현격히 달라서 고산은 도잠처럼 궁핍하지도 않았으며 어찌할 수 없는 둔세였다고 한다면, 도잠은 그에 비해 보다 철저한 망세(忘世)였다고 할 수 있다. 같은 건괘라 할지라도 효(爻)의 자리에 따라 이렇게 다름을 알 수 있다.

정절(靖節)과 고절(高節)의 절(節)자가 도연명의 대명사처럼 느껴진다.

옛 동료였던 유유가 내민 손을 잡기만 했어도 그는 밥을 빌러 다니는 일은 없었을 텐데. 그칠[止] 때를 알아 그는 그쳤고 난세에 안빈낙도하며 고궁절을 지켰기에 '나는 악덕의 속세에 타락하지 않았다'고 감히 외칠 수 있었던 것이다.

그의 높은 정절(靖節)을 흠모하는 이는 시공을 초월하여 한둘이 아니었다. 퇴계 이황도 그를 흠모하여 「화도집음주(和陶集飲酒)」 20수를 지었고, 백거이는 도연명을 좋아하여 그의 시를 본떠서 16수의 시를 지었다. 소동파도 100여 편의 화작시를 지었다. 구양수는 "진(晋)에는 글이 없고 오직 도연명의 「귀거래사」만이 있다"고 말할 정도였다.

그는 "속세의 행적을 적어 높이고, 노래할 사람이 누가 있겠느냐?"고 반문했지만 사람은 가도 남는 것은 역시 예술뿐인가 싶다.

묘지 오른편에는 『오류선생전』 전문이 쓰여 있었고, 왼편에는 묘지 건립에 관계된 기록이 적혀 있었다. 가묘(假墓) 앞에 선 내 심회가 헤식해지던 것을 다스리며 그의 무덤 앞에 오래 서 있었다. 형상 없는 것을 형상 있는 것으로 보고자 한 것은 선생께 대한 나의 애정의 일단이겠다.

죽음을 예감하며 그는 「만가시(挽歌詩)」 세 수를 지었고 스스로 제문[自祭文]을 지었다. 그가 하세(下世)한 날은 서기 427년 9월 15일이요, 「자제문」을 쓴 날은 같은 해 율려(律呂) 9월이라고 하니, 죽기 며칠 전에 쓴 것이 분명하다.


때는 정묘년 9월

하늘은 차고 밤은 긴데, 바람 기운이 삭막하기만 하다

기러기들은 날아가고 초목은 누렇게 시들어 떨어진다

도(陶) 아무개는 임시로 몸담았던 객사에서 물러나 바야흐로 영원한
본연의 집으로 돌아가고자 한다….

'도자장사 역려지관 영귀어본택(陶子將辭 逆旅之館 永歸於本宅)'을 뇌어
본다.

객사에서 현세의 삶은 고달팠으나 내세의 본택에서는 부디 평안하
시기를 마음을 모아 기원했다.

나는 한때 죽음을 화두로 책을 묶은 일이 있다. 작가들의 묘지 기행
을 쓰면서 도연명의「자제문」을 통해 그의 원숙한 사생관(死生觀)에 공
감을 표했던 적이 있다. 몇 줄을 소개할까 한다.

"사람은 지명(知命)을 알면서도 죽게 되면, 미련을 가지고 뒤를 돌아
다본다. 그러나 나는 이제 죽어 흙으로 화함에 있어 한탄하지 않고, 태
연할 수가 있다. (…) 살 만큼 살고 늙어서 죽었거늘, 또 무엇을 미련쩍
게 여기겠느냐?"는 그 '종로득종 해부소연(從老得終 奚復所戀)'의 구절을
특히 좋아한다. 살 만큼 살다가 죽어야 죽음에 미련을 두지 않기 때문
이며 가장 바람직한 죽음은 어떠한 형태로든 본인 스스로가 '이제 되
었다'라고 죽음을 맞이할 준비가 되어 있을 때 그것이 찾아와 준다면
죽기에 더없이 좋은 때라고 여겨지기 때문이다.

'죽음에 대해 또 무엇을 미련쩍게 여기겠느냐?'

참으로 그 다운 면목(面目)이 아닐 수 없다.

'… 흙으로 돌아간 나는 결국은 흙이 되어 없어져, 아무것도 없는 공

(空)으로 화하고, 또 사람들 기억속에서도 멀어져 아득하게 되고 말 것이다. 내 무덤에는 봉토도 안할 것이며, 비석도 세우지 않은 채로, 세월과 더불어 스러지게 하리라….'

이것을 입속에 뇌고 있는데 초겨울의 세찬 바람이 온몸을 훑고 지나간다. '세월과 더불어 스러지게 하리라'던 그분의 말씀을 나는 사나운 초겨울 바람 속에서 듣고 있었다. 또한 허공 어디에선가 그분의 음성이 또렷하게 들려왔다.

인생은 어차피 허깨비(人生似幻化)
끝내는 공(空)과 무(無)로 돌아가리(終當歸無空)
　　　　　　　　　　—「귀원전거 4(歸園田居其四)」

그의 가묘(假墓) 앞에 선 나도 한줄기 바람으로 화하여, 아득한 우주의 블랙홀 속으로 빨려 들어가는 듯했다.

적멸(寂滅)의 한 순간이었다.

# 밭에 나타난 용이 대인을 봄이 이롭다

　나는 아직도 건위천(☰)괘에서 머물고 있다. 그만큼 건괘는 높고 장중하며 의미심장하다. 건괘 초9의 '잠룡물용'에서는 도연명을, 9₄의 '혹약재연'에서는 윤선도의 모습을 재조명해 보았다.

　초 9와 9₄는 대응관계로 초 9의 지괘(之卦)는 천풍구(天風姤)요, 9₄의 지괘는 풍천소축(風天小畜)이다. 효의 자리가 다르긴 하나 하늘과 바람인 '천풍(天風)'이나 바람과 하늘인 '풍천(風天)'의 재질은 같다.

　그들은 용덕을 갖춘 군자로서 두 사람 모두 위대한 시인이었다. 그러나 때가 불리했으니 초 9의 도연명은 물속에 잠긴 용으로 때를 기다려야 했고 9₄의 윤선도는 연못 속에 처해(或躍在淵) 덕을 쌓고 때가 도래하기를 기다려야 했다.

　그들은 세상을 버리고 물러나 둔세무민(遁世無悶)했다.

이번에는 2효와 5효의 자리를 살펴볼 차례다.

건괘의 주효(主爻)인 5효의 지괘는 화천대유(☰)'이다. 5효와 대응관계인 9₂의 지괘는 '천화동인(☰)'이다. 재질은 다 같은 하늘과 불(天火), 불과 하늘(火天)이다. 9₅의 화천대유(火天大有)괘는 '하늘에 높이 뜬 태양'으로 사람으로는 임금이요, 9₂의 천화동인(天火同人)은 능력을 겸비한 동지를 가리킨다. 9₅의 파트너는 9₂며 9₂가 섬길 주군(主君)은 9₅다. 그래서 이들은 만나야 한다. 주공께서 쓴 효사를 살펴보자.

9₂는 '현룡재전 이견대인(見龍在田 利見大人)'
9₅는 '비룡재천 이견대인(飛龍在天 利見大人)'

신하인 9₂는 '밭에 나타난 용'으로 대인을 만나 보는 것이 이롭고 임금인 9₅는 '나는 용'이 하늘에 있는 것이니 이 또한 대인을 만나 보는 것이 이롭다는 것이다. 밭에 있는 용과 하늘에 있는 용은 효의 자리가 다르긴 하나 동덕(同德)으로써 이미 의기가 투합되고 있다. 그러므로 그 둘은 만나야 천하의 대의를 도모할 수 있고 천하의 사업을 성취할 수 있다.

건괘 9₂와 9₅를 제갈공명과 유비에 비견하는 일이 필자를 더없이 즐겁게 한 것은 유비의 땅이었던 촉한, 즉 사천성의 도읍지 성도(成都)를 다녀온 기억 때문일는지도 모르겠다.

2000년 가을, 중경에서 밤비행기로 성도에 내렸었다. 유비와 조조와 손권이 패권을 놓고 서로 다투던 역사의 현장, 1880여 년 전의 『삼국지』의 무대로 들어섰던 것이다.

11월 17일, 이른 아침 상쾌한 기분으로 망강루 공원을 돌아보고 제갈공명의 사당인 무후사로 향했다. 낯익은 『삼국지』의 인물들이 떠올랐다. 그 유명한 첫 장면의 '도원결의'. "우리들은 성은 다르지만 의형제의 인연을 맺으면서부터 같은 해, 같은 달, 같은 날에 죽기를 바란다. 천지신명이시여 굽어보소서"라고 맹세하던 유현덕과 관운장, 그리고 장비. 그러나 우리를 감동의 물결로 이끌어 들이는 것은 역시 제갈공명이라는 인물을 통해서였다.

경학(經學)의 전성기이던 후한(後漢)은 유교의 윤리를 준수하는 도덕 편중의 사회였다. 그러므로 유비의 인(仁)이나 공명의 충(忠)은 나관중에 의해 한껏 빛을 발(發)했던 것이다. 120회의 장(章)으로 나뉘어 씌어진 나관중의 소설 『삼국지연의』를 읽고 제출해야 했던 독후감 쓰기는 중학교 2학년 때의 방학 숙제였다. 그 후로 두 번을 더 읽었으나 감명 깊게 남아 있는 장면은 주유가 이끄는 3만 수군이 80만 명의 조조 군사를 무찔러 양자강의 고기밥이 되게 하는 적벽대전의 쾌거와 적벽 싸움을 앞에 둔 제갈공명이 칠성단을 쌓고 동풍을 기원하는 대목이었다. 칠성단 주위에는 주역의 64괘를 본뜬 64개의 황색 깃발이 꽂혀 있고 그 깃발이란 8괘를 상징한 가로 세로 여덟 개씩 정팔각형으로 배치된 이른바 마법진(魔法陣)의 배치라는 것이다. 이 비책을 구사한 덕분에 제갈공명은 겨울철에 불 리가 없는 동풍을 불러일으켜 오나라 장군 황개의 조조 본진에 대한 기습 화공이 성공을 거두게 한다. 초자연적인 신통한 그의 능력이 어린 마음에도 몹시 우러러 보였다.

나 자신도 모르게 주역으로 다가서게 된 것에는 제갈공명이라는 인물도 작용한 것만은 틀림없다.

제갈량(諸葛亮), 량(亮)은 그의 이름이요, 자는 공명(孔明)이다. 181년 낭사군 양도에서 태어났다. 전한 말 그의 선조는 오늘날의 치안국장격인 사예교위를 지냈고, 부친은 태상군의 승(丞)에 임명되었으나 그가 14세쯤에 타계하였고, 어머니는 동생을 낳자 곧 별세하니 일찍이 고아가 되었다. 그들 형제를 돌봐 주던 숙부마저 별세하자 그는 융중이라는 곳에서 초막을 짓고 책을 읽으며 불우한 나날을 지내고 있었다.

200년 동안 지속되던 후한(後漢)의 왕조가 붕괴되고 때는 바야흐로 군웅할거의 시대로 접어들고 있었다. 유비는 도원결의의 형제인 관우와 장비를 데리고 20여 년의 세월이 넘도록 부침하며 조조에게 패하여 형주의 유표에게 의탁한 적도 있었다. 좋은 참모를 얻고 싶어 하던 유비에게 나타난 것이 백면의 서생, 제갈공명이었다. 유비는 그의 인물됨을 듣고 형주에서 남양의 시골까지 일부러 찾아갔다. 세 번 만에 만날 수 있었는데 유비는 47세, 공명은 그때 27세였다. 이것이 유명한 삼고초려(三顧草廬)이다. 젊은 공명은 유비의 겸손하고 정중한 자세에 감격하여 마침내 출사(出仕)를 결심하고 '천하삼분지계(天下三分之計)'라는 헌책을 올려 유비를 크게 돕는다. 공명의 계책대로 형주 남부에 확고한 지반을 얻어 '천하삼분지계(天下三分之計)'의 제일보를 내딛게 된다. 이것을 발판으로 촉한의 건국까지는 12년이 걸렸다. 221년 유비는 군신의 추대를 받아 즉위하였고 국호는 한(漢)나라, 공명도 승상에 임명된다. 이렇게 하여 한번 맺어진 군신(君臣)의 인연은 살아서는 28년이요, 죽어서는 영원히 한 곳에서 함께 하나니 이런 것을 일러 무엇이라 해야 좋을까?

우리가 탄 버스는 '무후사' 앞에 정차했다. 그런데 막상 무후사 정문에 붙은 커다란 금글씨의 액자는 한나라 소열제의 사당 '한소열묘(漢昭烈廟)'라고 되어 있고, 서쪽 울타리 문에는 '한소열릉(漢昭烈陵)'이라고 쓴 가로 액자가 걸려 있다.

참배도(道)를 따라 나아가니 북단에 유비의 묘가 있었다. 높이 12미

::공명전의 깃털 부채를 든 공명상

터, 둘레가 80미터나 되는 둥근 모양의 흙으로 쌓아 올린 소박한 무덤이다. 다른 황제릉과 비교하면 작고 간소한 편이다. 그러나 그로 인해 한 번의 도굴 피해도 없었다고 하니 지금까지 무사히 보존된 유일한 묘라는 것이다.

유비는 관우의 복수전과 형주탈환을 목표로 하여 성급한 동정(東征)을 감행했다. 그러나 오나라 육손에게 대패하여 백제성까지 도망쳐 와야 했다. 결국은 비통한 마음과 노령의 피로가 겹쳐 병들어 눕게 된다. 자신의 생명이 길지 않음을 알아차린 유비는 성도에 있는 제갈공명을 백제성(白帝城)으로 오게 하여 뒷일을 부탁한다. '유비탁고'의 현장이다.

"승상, 당신의 재능은 위나라의 조비보다 열 배이니, 반드시 나라를 안정시키고 대업을 성취시킬 분이시오. 뒤를 이을 유선이 보좌를 해서 될 만한 인물이면 보좌를 하고, 그럴 만한 가치가 없으면 당신이 그를 대신하여 이 나라를 맡아 주기 바라오."

공명은 흐느껴 울면서 그 자리에서 유비에게 이렇게 맹세한다.

"있을 수 없는 일입니다. 저는 어디까지나 신뢰받는 신하로서 충절을 다할 것이며, 목숨을 걸고 황태자 전하를 지켜 나가겠습니다."

그 앞에서 공명은 결의를 지킬 것을 맹세하였고 「후출사표」에서도 밝힌 바와 같이 젊은 왕을 위해 그는 '국궁진력'하였다. 유비의 뒤를 이어 11세로 황제가 된 유선(劉禪)을 두고 공명은 위나라를 치기 위해 북정을 감행하게 될 때에도 살아 돌아올 기약이 없는 출정인지라 무능한 군주인 유선이 그가 없는 동안 후방을 제대로 다스릴 수 있을지가 가장 큰 걱정이었다. 그래서 출정을 앞두고 정치, 통수, 인사, 군주로서의 마음가짐 등에 대한 자세한 건의서를 제출한다. 이것이 이른바 '출사표'다.

궁정의 안과 밖은 일체입니다. 공죄(功罪)를 평가하는 데 있어서는 불공정이 있어서는 안 됩니다… 사적인 감정에 사로잡혀 궁정의 안과 밖에서 법령 적용에 차별을 두어서도 안 됩니다.
—「출사표」

태화 2년(228년) 공명은 한 번 패했다가 세력을 다시 회복하여 기산으로 출격했다. 출전에 앞서 다시금 건의서를 황제 유선에게 바쳤다. 이것이 '후출사표'다.

… 무릇 사태라는 것은 변전하기 쉬워 성취할 수 있느냐는 헤아릴 수 없는 것입니다. 저는 오직 황공한 마음으로 나라를 위하고, 폐하를 위해 진심전력을 바쳐 죽기를 기약할 따름입니다. 성공할 것인가 실패할 것인가는 저로서도 예견할 수 없습니다.
—「후출사표」

선주삼고(先主三顧)의 예와 임종의 무거운 유촉을 맡긴 데 대한 감격과 후주(後主)에 바치는 충애의 정은 지금까지도 읽는 이에게 많은 감동을 주고 있다. 어린 황제에 대한 어버이 같은 사랑, 그리고 무엇보다 신하로서 충절을 다하겠다는 순충의 맹서, 유비에 대한 정의를 잊지 않은 한 사람의 성실됨에서 우리는 더욱 감동을 받게 되는 것인지도 모른다. 유비는 유선과 다른 두 아들에게도 다음과 같이 유언했다.

내가 죽은 후에는 승상을 아버지라 생각하고 승상과 함께 촉한을 다스리도록 하라.

장무 3년(223년) 4월, 63세를 일기로 유비는 백제성 영안궁에서 눈을 감았다. 시호를 '소열황제'라 하고 5월에 그 관을 성도로 옮겨 8월에 혜릉(惠陵)에 장사 지냈다는 기록이 보인다.

공명을 기념하는 '무후사'는 유비의 혜릉 동쪽에 위치하고 있었다. 유비의 묘당(廟堂)이 앞에 있고, 공명의 사당이 뒤에 있는 군신합묘(君臣合廟)의 진기한 형식을 취하고 있었다.

공명전(孔明殿)의 전각 안으로 들어섰다. 금으로 도금된 제갈공명의 동상 앞에서 나는 한참 서 있었다. 윤건을 쓰고 깃털부채를 손에 들고 편안한 마음가짐으로 좌대 위에 앉은 모습은 퍽 단정해 보였다. 사방을 살펴보다 우연히 서까래에 그려진 주역 8괘도가 눈에 들어왔다. 그가 앉은 이곳은 '정원당(靜遠堂)'이라고 한다. 공명이 아들들에게 가르치기를 "원대한 의지를 실현시키기 위해서는 마음을 조용히 가라앉히고 욕심이 없도록 하라"고 평소에 교훈으로 지시한 '영정이치원 담박이명지(寧靜以致遠 淡泊以明志)'에서 따온 글귀라고 한다. 공명좌상 좌우에 아들인 제갈첨과 손자인 제갈상의 동상도 보인다. 이 두 사람도 공명의 유지를 받들어 촉한을 지키려고 무척 애쓰다가 모두 싸움터에서 쓰러졌다. 공명의 유해는 자신의 유언에 따라 한중의 정군산(定軍山)에 안장되었다. 숨을 거두기 전, 그는 국사(國事)나 군사(軍事)에 대하여 지시를 남겼는데 자신의 장례의식에 대해서도 다음과 같은 내용의 유언을 남겼다.

내가 죽은 후에 한중(漢中)의 정군산에 묻어라. 산을 봉분으로 보면 되니까. 구덩이를 파고 관을 묻기만 하면 될 것이며 입관시킬 때는 평상복 그대로 하고, 부장품은 일체 넣지 않도록 하라.

그는 평생 검소했으며 죽음의 길에서마저 역시 그랬다. 그러면 그는 왜 촉의 수도인 성도(成都)가 아니라 정군산에 묻어 달라고 유언을 한 것일까? 성도에서 멀리 떨어진 한중은 섬서성 남쪽에 있다. 정군산이 있는 한중(漢中)은 촉나라 영토의 북부에 위치해 있고 그곳이 천연의 방벽이 되어 촉나라 전체를 지키고 있으며, 경제적으로는 풍요한 토지였다. 유비도 "한중이 없으면 촉나라도 없다"고 할 만큼 한중의 확보는 촉나라의 존망(存亡)과 직결되는 전략적 요충지였다. 공명은 그의 만년 8년간을 정군산 일대를 대본영으로 삼고 위나라를 쓰러뜨리기 위하여 전후 다섯 차례에 달하는 북벌 작전을 전개했지만 그때마다 좌절하여 병력을 거두지 않을 수 없었던 곳, 그는 죽은 후에도 이 전략의 요지인 한중 땅을 계속 지키겠다고 하는, 저 마치 해저(海底)에 묻힌 신라의 문무왕 같은 의지를 나타내기 위한 충정으로도 보인다. 그는 늘 말하던 "한나라 왕조를 다시 부흥시키고 그 옛 도읍지로 돌아간다"는 염원이 실천되지 못한 것이 한스러워 혼백이나마 정군산 아래로 돌아가 누운

것은 아닐까? 그러니까 그가 죽은 후에 그만 두겠다던 '국궁진췌(鞠躬
盡瘁)'는 죽은 후에도 그만두지 못했던 것이다.

삼고초려의 예에 의하여 유비가 맞아들인 이래 공명은 죽음에 이르
기까지 28년 동안 유씨 부자(劉氏父子)를 계속하여 보좌해 왔다. 위, 촉,
오의 삼국(三國) 중에 가장 약한 촉나라에 몸을 바쳐 중국 전체를 통일
하여 한(漢)나라의 왕실을 재건하고 부흥시키려는 이상을 실현하기 위
하여 몇 번이나 좌절하면서도 그때마다 다시 일어서곤 했던 제갈공명.
진정으로 자신의 모든 힘을 다 바치고 죽을 때까지 멈추지 않았던 그
의 정신은 아들과 손자에게로까지 이어졌다. 무자기(毋自欺)를 통해 스
스로 자신에게 성실을 다한, 한 사람의 고귀한 인격과 만나는 것은 참
으로 감격스러운 일이었다.

내가 건괘의 9₂효를 감히 제갈공명에 비견한 것은 『주역』 본문에서
언급하신 공자의 말씀이 그것을 굳게 뒷받침해 주고 있기 때문이다.
본문은 다음과 같다.

"현룡재전 이견대인은 무엇을 말함인가?*

용의 덕으로 중정(中正)한 사람이니 바르게 하고, 가운데에 적중하며
언행에는 신의가 있고, 행동에는 삼가함이 있어서 간사함을 막아 그
정성을 보존하며(閑邪存其誠), 세상을 착하게 하였어도 스스로 자랑하
지 않으며(善世而不伐) 덕을 넓게 펼쳐 교화시키나니 역에 말하기를 '현

---

* 九二曰 見龍在田 利見大人은 何謂也오
　子曰 龍德이 正中者也니 庸言之信하며
　庸行之謹하야 閑邪存其誠하며
　善世而不伐하며 德博而化니
　易曰 見龍在田 利見大人이라 하니 君德也라

룡재전 이견대인'이라. 임금인 9₅와 9₂도 마찬가지로 대인으로서 같은 군덕(君德)을 갖추고 있다"고 공자는 말했다.

스스로 와룡(臥龍)이라고 칭한 공명 선생은 참으로 '용언지신, 용행지근(庸言之信, 庸行之謹)'으로 언행에는 신의가 있었으며 행동에는 늘 자신을 살펴보는 근신이 뒤따랐다. 퇴계 선생께서 9₂의 효사 '한사존기성(閑邪存其誠)'을 받들어 도산서원의 전교당호(典教堂號)를 '한존재(閑存齋)'라 지은 것도, 동락(東洛)서원의 전교당호가 '중정당(中正堂)'이라 작호한 것도 모두 『주역』 건(乾)괘 9₂의 효사에서 비롯된 것임은 주지의 사실이다.

『주역』은 중정(中正)사상에 바탕을 두어 중과 정을 귀히 여긴다. 세상의 이치와 인간의 덕성은 '중용의 도' 얻음을 최상으로 치나니, 역의 중정(中正)사상에 바탕을 둔 『중용』을 그러므로 『소주역(小周易)』이라고 일컫기도 한다.

정(正)이란 각기 효가 놓일 자리를 말함인데 1, 3, 5효의 자리에는 양효(—)가 놓이고 2, 4, 6효의 자리에는 음효(--)가 놓이는 것을 '바름'을 얻었다는 뜻으로 득정(得正)이라고 한다.

그러나 중(中)은 정(正)을 포함할 수 있으나 정(正)이라고 해서 반드시 중(中)인 것은 아니다. 건괘 9₂는 음(--)이 놓일 자리에 양(—)이 처하여 바름(正)을 얻은 상태는 아니지만 득중(得中)하여 중도(中道)로써 바름을 행하기 때문에 '중정(中正)'하다고 한 것이다. 그는 건괘의 중정(中正)한 덕과 이미 계합되어 있었다.

제갈공명은 과연 중정하고 공명정대한, 신하로서의 예의를 끝까지 잃지 않은 만세의 사표(師表)였다.

# 천지天地의 덕과 주역은 같다

— 백거이와 낙천지명(樂天知命)

## 거이(居易)에 대하여

당(唐)나라 시인, 백거이(白居易, 772~846)는 이백이 죽은 지 10년, 그리고 두보가 죽은 지는 2년 뒤에 태어나 그들과 함께 당을 대표하는 3대 시인으로 손꼽힌다. 본명은 거이(居易)요 자(字)는 낙천(樂天)이다. 노후에 여산의 향산사에 머물러 향산거사(香山居士)라 칭하고 술을 좋아하여 취음 선생(醉吟先生)이라 자호하였다.

백거이의 집안은 유학(儒學)을 바탕으로 한 선비의 가문으로, 즉 서문향제(書門香第)였다. 조부는 전중시어사(殿中侍御史)와 공현령을 지냈고, 아버지 계경(季庚)은 팽성현령과 양주별가를 지냈다. 형제는 넷이요, 누이동생이 둘 있었다. 형의 이름은 유문(幼文), 둘째가 거이(居易)요, 동생들의 이름은 행간(行簡)과 금강노(金剛奴)였다. 그 중에서 거이와 행간은 둘 다 글을 잘했다. 소설가 노신(魯迅)의 명성에 가려졌으나 그의 동생 주작인(周作人)이 좋은 수필을 썼던 것처럼 백행간도 그러했다.

저 인구(人口)에 회자되는 『장한가』와 『비파행』을 지은 백거이. 그리고 「음과 양, 하늘과 땅의 성적 합일의 지고의 희열에 관한 시적 산문」이라는 제목의 수필을 쓴 백행간. 행간은 인간의 모든 기쁨들 중에서 성적 합일의 기쁨을 능가하는 것은 없다고 적고 있다. 거이와 행간은 유별난 형제애만큼이나 주역에서도 건곤(乾坤)괘로서 환상의 짝을 이룬다.

거이(居易), 하늘의 덕을 닮아 쉽게 거처하고,
행간(行簡), 땅의 덕을 닮아 간단하게 행한다.

쉬울 이(易), 간단할 간(簡), 이는 건곤(乾坤)괘의 덕성으로서 '건곤(乾坤)은 주역으로 들어가는 문'이며, 따라서 주역을 '이간(易簡)의 학문'이라고도 일컫는다. 이간(易簡)이라는 것은 주역의 원리가 간단하고 평이하다는 것. 그의 아버지는 주역의 건곤괘에서 이렇게 두 아들의 이름자를 따왔던 것이다.

건이이지(乾以易知)하고
곤이간능(坤以簡能)이라.
건(乾)은 쉬운 이치로써 알고,
곤(坤)은 간소한 이치로써 능히 이룬다.
즉 이(易)는 자연의 이치가 쉬운 것을 말함이며,
간(簡)은 자연의 이치가 간단하게 이루어짐을 뜻한다.

이것은 「계사상전」 제1장의 말씀이다.

쉽고 간단한 것은 천지의 덕이다. 천지의 덕을 본받아 남자인 건(乾)은 크게 시작하는 것을 주장하고, 여자인 곤(坤)은 건을 뒤쫓아가면서 일의 끝마무리를 짓는다.

"이것이 건지대시(乾知大始)이며 곤작성물(坤作成物)이다."

따라서 양도(陽道)인 건은 경영의 주체(主體)가 되고, 음도(陰道)인 곤은 운영의 실체(實体)가 된다. 건의 도가 창조하여 개척하는 길이라면, 곤의 도는 계승하여 완성하는 길이다.


"대재(大哉)라 건원(乾元)이여! 만물자시(萬物資始)며,

지재(至哉)라 곤원(坤元)이여! 만물자성(萬物資成)이라"가 바로 그것이다.


건곤과 음양의 덕은 개물(開物) 성무(成務)로 요약된다.

"이즉이지(易則易知)요,

간즉이종(簡則易從)이라."

천하의 이치가 쉽기 때문에 주재하기 쉽고,

간편하므로 따르기 쉽다는 것이다.

이간(易簡)하여 천하의 이치를 얻으니, 천하의 이치를 얻음에 위(位)가 그 가운데서 이루어지느니라(易簡而天下之理 得矣니 天下之理 得而成位乎其中矣니라). 모두 「계사상전」 제1장의 말씀들이다.


주재하기 쉬우면 친함이 있고, 따르기 쉬우면 공(功)이 있다.

친함이 있으면 오래할 수 있고[可久], 공이 있으면 클 수[可大] 있다.

"가구즉 현인지덕(可久則 賢人之德)이요,

가대즉 현인지업(可大則 賢人之業)이다."

오래할 수 있는 것은 어진 사람의 덕이요,

클 수 있는 것은 어진 사람의 업적이다.

주역은 '건·곤'의 도를 본받음이 여기까지 이르면 어진 사람이 될 수 있다고 일러준다. 화담 서경덕 선생은 여기에서 가구(可久)를 자신의 호로 삼았다.


"주역의 광대(廣大)한 것은 천지(天地)와 짝하고,

변해서 통하는 변통(變通)은 사시(四時)와 짝하며,

음양지의(陰陽之義)는 일월(日月)에 짝하고,

이간지선(易簡之善)은 지극한 덕(至德)과 짝한다"고 공자는 「계사상전」에서 요약하고 있다.

이렇게 '이간(易簡)'이라는 두 글자에 건곤의 천지, 음양의 공능(功能)과 덕성을 담아냈다. 그러니까 이들 형제는 하늘과 땅의 쪽패를 서로 나누어 가진 셈이었다.

거이(居易)란 이름 때문이었을까?

그는 글도 어렵게 쓰지 않았다. 일부러 평이(平易)한 언어만을 골라 썼다. 시를 한 편 지으면 늙은 할멈에게 먼저 보이고 그가 알겠다면 그대로 기록해 발표했고 그가 모르겠다면 다시 고쳐 쓰는 일화는 유명하다.

사실 문장도 지극한 경지에 오르면 현란하게 꾸미지 않고 소박하며 다만 표현이 알맞을 뿐이다. 인품 또한 완성의 경지에 도달하면 편안하고 자연스러워 '지시 본연(只是本然)'이라던 고인의 말씀을 떠올리게 된다. 백거이는 그래서인지 누구에게나 사랑을 받던 다정다감한 '평민의 시인'이었다.

위로는 왕이나 귀족에서부터 아래로는 졸부나 가기(歌妓)에 이르기까지 사랑을 받던 평민 시인으로 힘없는 약자와 평민을 위해 시를 썼고 그 자신도 평민적으로 생활하였다. 건실한 현실주의자로 사회를 비판한 풍자시와 충군애민(忠君愛民)의 충정에서 현실을 고발하는 많은 작품들을 쓰기도 했다.

그는 시를 쓰는 목적에 대해 이렇게 말한 바 있다.

"시의 음률의 고상함을 찾거나 또는 문자 표현의 기묘함에 애를 쓰지 않았다. 오직 모든 사람들의 괴로움을 노래로 불러 천자로 하여금 알게 하기를 바라서였다."

그래서인지 그의 문학에는 고상함이나 기묘함보다는 따뜻한 인간애가 우선했다. 그는 서민의 애환을 즐겨 노래했고 불의를 보면 직언과 간쟁(諫諍)을 서슴지 않았다.

백거이는 태어나면서부터 총명하여 생후 6, 7개월 되었을 때, 이미 무(無)와 지(之)자를 터득했고 5, 6세에 시 짓기를 배웠다. 「장한가」로 문명(文名)을 날린 것은 그의 나이 35세 때였다.

29세의 나이로 진사에 입신하여 좌습유, 43세에는 황실 교사인 태자 좌찬선대부가 되었다. 815년 6월, 재상 무원형이 절도사가 보낸 자객에 의해 암살되자 백거이는 신속한 범인 체포의 상소를 올렸다. 이 일로 그해 가을 강주사마로 쫓겨나고 만다. 그러나 직접적인 원인은 조정대신들을 질타하는 그의 거침없는 풍간시(諷諫詩) 때문이기도 했다.

## 백낙천과 여산(廬山)

　창졸간에 쫓겨난 그는 만물이 영락하는 가을, 홀홀단신으로 경사를 떠나 강주로 향한다.


　"…나뭇잎이 노랗게 시들고/나의 머리 하얗게 덮일 무렵/
　더더욱 고향에서 멀리 떨어져/친구들과 작별을 했네./
　오직 아픔과 늙음만이/한 발도/떨어지지 않음이 딱하구나."

—「도중감추(途中感秋)」


　여산으로 가는 도중에 지은 시다. 그의 나이 44세 때였다. 어린 딸 금란자를 잃고 어이없게도 사고로 죽은 어머니의 탈상을 치른 뒤 무상감에 젖은 그는 자연히 불교 쪽으로 향했다.


　아침에는 죽은 딸을 슬퍼하고
　저녁에는 돌아가신 어머니를 위해 통곡하니
　슬픔에 사지가 늘어지고 눈물에 두 눈이 흐렸노라.
　나이 사십에 마음은 칠십 노인 같구나.(생략)
　나는 들었노라. 불교의 가르침에 해탈문이 있다고.
　마음을 명경지수같이 갖고/몸을 뜬 구름같이 보고
　때 묻은 옷을 떨어 버리고/생과 사의 테두리도 벗어나리라.
　맹서하리라./지혜의 물로 번뇌의 먼지를 영원히 씻고
　다시는 인간적인 은애의 정에 엉키며
　걱정과 슬픔의 씨를 뿌리지 않겠노라.

—「자각(自覺)」에서

인간적인 은애(恩愛)의 정에 다시는 엉키지 않으며 생사의 테두리에서 벗어나리라고 다짐한다. 강주에 온 뒤로는 "고지식하여 꺾이고 부러진 이 칼을 멸시하지 말라"던 그의 서슬 푸른 기개도 한풀 꺾이고 점차 독선(獨善)을 지향하며 참선과 노장(老莊) 쪽으로 기울었다.

"삶이나 죽음이나 왔다가 가는 것이 모두가 환상이다.
환상에 사는 인간이 어찌 슬프다 즐겁다 하리오."

이곳에서 「방언(放言)」 다섯 수의 시를 지었다.

"언젠가 장자(莊子)가 지은 남화경을 읽고, 재주 있는 자는 고생하고 지혜 있는 자는 근심 걱정 많음을 알았노라.
차라리 무능한 꼴로 배불리 먹고, 빈둥빈둥 노는 게 좋겠다.
나도 평소에 그 일을 그리워했거늘 이제 가까이할 수 있으며, 특히 심양군(潯陽郡)으로 폄적되어 일 년이 지나는 동안 흑백도 따지지 않고 오직 때와 더불어 부침하고 있노라."

—「영의(詠意)」에서

사마란 한직이니 자연히 여산 일대의 절이나 선사를 찾아 불법을 묻고 좌선을 참구하며 탈속과 한유에 빠져들었다.
향로봉 아래 초당을 지어 한적한 생활을 즐기며 "아침에는 오직 약초를 먹고, 밤에는 등불만을 벗하니 청삼(靑衫)만 없다면 바로 중이라

::여산의 경백정

하겠노라"고 「산거(山居)」에서도 읊고 있다.

그는 3년 남짓 이 강주에 머물면서 여산의 백련사와 혜원(慧遠)선사
가 주석하던 동림사(東林寺)를 자주 찾았고, 춘사월 어느 날, 화전놀이
를 겸해 여금호(如琴湖) 인근에 있는 대림사(大林寺)를 찾았다.

우리 일행은 백록동서원을 둘러본 다음, 아래로 내려가 여산폭포와
도연명의 유적지를 돌아보고 이곳 백거이 문학의 현장인 고령가 서쪽
골짜기에 와 있었다. 해발 1,167미터의 한양봉 아래 여금호가 정말 거
문고처럼 누대를 가운데 안고 비스듬히 누워 있었다. 안개를 드리운
호수의 그림자 진 모습이 소제금(小提琴) 그대로였다. 바위에 새겨진
'여금'이란 글자를 따와 '여금호'라 부르기도 하고 호수가 서곡(西谷)에

있다 하여 서호 또는 화경호라 부르기도 한다. 꽃길인 '화경(花徑)'은 호심도(湖心島) 동편에 세워진 대림사와 연관된다.

그로부터 1,100여 년이 지난 1930년, 대림사 옛 자리에 정자를 지으려고 흙을 파던 석공에 의해 발견된 '花徑'이란 두 글자가 백거이의 글씨임을 알아내어 그곳에다 '화경정'을 짓고 그 일대를 '화경원'이라 불렀다.

우리는 '花徑'이란 글자가 발견된 곳에 세워진 '경백정(景白亭)'이란 정자 앞에 서 있었다. 여섯 개의 붉은 기둥이 마치 우산을 떠받치는 듯한 모양의 정자였다. 나는 잠시 그 앞에 서서 도저한 봄날의 정취에 발흥되어 바위에다 '화경'을 쓰고 있는 그의 모습을 그려보았다.

그는 거울에 비친 자신의 모습을 보며 '조용히 신기(神氣)와 골격을 살펴보니 마땅히 산중에서 살 위인'이라고 했다.

내가 그의 석상과 마주친 것은 정자 왼편의 '백거이 초당'에서였다. 측백나무가 초당을 에워싼 뜰에 백거이가 왼손으로 턱을 살짝 괴고 무엇인가를 골똘하게 생각하는 표정을 짓고 있는데 그가 이곳에 발붙인 44세에 자신은 벌써 노인 같다고 말했지만 동상의 모습은 청수하게 잘생긴 젊은 선비 그대로였다. 초당 옆에는 청죽과 어울린 연청지(蓮淸池)가 운치를 더하고 그 위에는 구곡교가 무지개처럼 아름답게 걸려 있었다.

진열실 안에는 백거이의 유품과 역사적인 자료들, 시화, 서적 등이 있었다.

천생 시인인 그는 3년 남짓한 이곳에서 100여 편의 시를 지었다. 가장 많은 시를 남긴 시인으로도 기록될 뿐 아니라 3,480여 수에 달하는 자신의 글을 손수 집대성하여 총 75권을 만들었다. 그리고 5본을 만들어 여러 절에 나누어 보관케 하였는데 여산 대림사에도 그의 글이 남아 있다고 한다.

　백거이는 다행히 아름다운 여산의 풍광과 선지식들 때문에 점차 안정을 찾게 되었으며 이듬해에는 동생 행간이 찾아와 우애의 시간을 나눈다.


　　어느덧 나이가 45세로 접어들고
　　양쪽의 귀밑털도 반백으로 변했노라.
　　헬쓱하게 야윈 주제에 시 쓰는 버릇 있고
　　억세고 거친 성품 술 마시면 광태 부린다.
　　늙어서 천명(天命)에 의탁하게 되었고
　　조용히 있는 곳이 바로 고향이려니
　　내년 봄에는 여산 기슭에
　　초당이나 엉성하게 엮을까 한다.

—「45세」


　계획대로 그는 향로봉 아래 초당을 짓고 그곳에 안주했다. 안주하는 곳이 고향이라며 주어진 천명에 모든 것을 맡기고자 했던 백거이. 그는 은일한 선비, 완적과 혜강을 따라 어리석은 체했고, 마음껏 게으름도 부렸다. 머리 빗고 세수하는 일도 때로는 게을리하며 "옛날에는 시 읊는 미치광이였으나 이제는 술에 병든 몸"이라고 자탄하기도 했다.


　　식사를 마치고 한바탕 낮잠을 자고
　　깨어나 두 사발의 차를 마시며
　　머리를 들어 해 그림자를 바라보니

벌써 서남쪽으로 기울고 있네.
즐거운 사람에겐 해가 짧아 애석하겠고
걱정스런 자에겐 세월 길어 염증 나겠지.
나같이 즐거움도 걱정도 없는 자에겐
길거나 짧거나 한 평생을 맡기고 살 뿐.

—「식후(食後)」


여산에 있을 때 지은 시다.
그는 즐거움도, 걱정도 없는 무우무락자(無憂無樂者)로서 명리(名利)에서 벗어나 빈천을 지키며 살겠노라고 자를 '낙천(樂天)'이라고 지었다.


그대들이여 명예를 구하지 마라.
명예는 몸을 묶는 쇠사슬이다.
또한 이득을 찾지 마라.
이득은 몸을 태우는 불이니라.

—「한좌간서시독소년(閑坐看書眙讀少年)」


그는 명리(名利)만 허무하다고 한 것이 아니었다.
"삶이나 죽음 자체도 허무한 것이 아니냐?"고 물음을 던진다.
"그렇거늘 꿈같은 인생에서 슬프다 즐겁다 하는 정(情)도 허무하리라(幻人哀樂繫何情)"고 했다.
도연명의 시를 본뜬 「효도잠체시(效陶潛体詩)」에서 그는 말한다.
"달인의 경지에서 볼 때, 만화(萬化)가 다 한 길로 이루어진다"고.
도연명의 '만화동일도(萬化同一途)'의 경지를 그리워하며 그는 낙천지명(樂天知命)하고자 했다. 그는 자기에게 주어진 삶을 지나치게 애착하지도 않고 또한 지나치게 미워하지도 않으면서 담담히 살겠다는 심경을 『자회시(自誨詩)』에 담고 있다. 강주로 쫓겨 온 바로 그해(44세)에 지은 시다.

> 낙천아! 낙천아!
> 오너라. 내 너에게 이르겠노라.(생략)
> 낙천아! 낙천아! 불쌍하구나!
> 이제부터는 배고프면 먹고, 목마르면 마시고,
> 낮에는 일어나고 밤에는 잠자라.
> 함부로 기뻐하지도 말고, 또 걱정하지도 말아라.
> 병들면 눕고, 죽으면 쉬도록 해라.
> 그렇게 하는 경지가 바로 너의 집이자, 너의 본 고향이니라.
> 왜 그것을 버리고 불안한 세상을 택하고자 하느냐?
> 들뜨고 불안한 속에서 어찌 편안히 살고자 하느냐?
> 낙천아! 낙천아! 본고장으로 돌아오너라.
>
> —「자회시(自誨詩)」에서

거울을 보고 자신에게 타이르듯 말하는 모습이 눈앞에 그려진다.

"함부로 기뻐하지도 말고, 또 걱정하지 마라. 병들면 눕고, 죽으면 쉬도록 해라." '사즉휴(死則休)!'가 눈길을 잡는다.

자연의 질서에 이렇듯 순(順)하는 것이 낙천지명이 아니겠는가.

'낙천(樂天)'의 유래는 『주역』 「계사상전」의 '낙천지명 고불우(樂天知命 故不憂)'에서 연유된다. 우주와 합일되어 천(天)을 즐기고 자신의 명

(命)을 아나니, 그러므로 근심하지 않는다는 뜻이다.

　우주와의 합일(合一), 주역의 법칙은 곧 천지(天地)와 같기 때문이다. '여천지상사(與天地相似)'다. 천지의 덕과 주역은 같다. 그러므로 어긋나지 아니하는 것이다. 역(易)은 만물의 모든 일을 포함하고 그것들에 대해 두루 알기 때문에 도제천하(道濟天下)할 수 있다. 그러므로 천하를 건너도 지나치지 않으며 설령 정도(正道)가 아닌 곁으로 행한다 하여도 잘못 흐르지 아니한다고 한 것이다.

　하늘을 즐기고 자신의 명을 알므로 근심하지 아니하며(樂天知命 故不憂) 주어진 장소에 편안히 해서 어짊을 돈독하게 한다. '안토돈호인(安土敦乎仁)'이다. 그럼으로써 사랑할 수 있다는 것이다. 돈독한 어짊이 사랑으로 이어진다.

　이것은 「계사상전」의 말씀이고, 정이천(程伊川) 선생은 낙천지명에 대해 또 이렇게 덧붙였다.

　"'낙천지명'은 위와 아래를 통해서 한 말이니, 성인이 하늘을 즐기면 명(命)을 알 것은 말할 필요도 없다. '지명(知命)'은 명이 있음을 알고 믿는 것이니, 명(命)을 알지 못하면 군자가 자기 몸을 옮기게 할 수 없다. 명(命)이라는 것은 의리를 돕는 것이니, 한결같이 의리만을 따르면 명으로써 판단할 것이 무엇이 있으랴? 어진 사람은 근심하지 않고 하늘을 즐기는 사람(仁者不憂 樂天知命)이다. 어진 사람은 자기에게 모두 갖추어 있으니 무엇을 근심할 것이 있겠는가? 자기에게 없어서 물건을 따라가면 바깥에 있는 것이니 모든 것이 근심스러운 것이다. '하늘을 즐기고 명을 알기 때문에 근심하지 않는다(樂天知命 故不憂)' 함은 이것을 말함이다."

백낙천의 이러한 높은 경지에도 불구하고 그날 초당에서 만난 그 말쑥한 선비 앞에서 나는 마음이 편치 못했던 것을 고백하지 않을 수 없다.

"낙천아. 낙천아! 불쌍하구나!"

'낙천낙천 가불대애(樂天樂天 可不大哀)'하며 자신의 이름을 수 없이 불러대던 젖은 그의 목소리가 가슴속에서 맴을 쳤던 때문이다.

### 비파정(琵琶亭)에서

백낙천은 강주에 머무는 동안 대체로 두 군데서 살았다. 한 곳은 여산 향로봉 아래의 초당이요, 또 한 곳은 용정하(龍井河) 강이 양자강으로 흘러드는 심양 강가였다. 지금은 서문구(西門口)라 부른다. 서문구 동쪽으로 4킬로미터 떨어진 양자강 나루터에 '비파정'이 8각 2층의 형태로 웅좌하고 있다. 두 말할 것도 없이 백거이의 명작인 「장한가」와 쌍벽을 이루고 있는 「비파행」을 기념하여 세운 정자이다. 건물 오른편으로 대리석 소상의 백낙천이 청아준일한 모습으로 우뚝하게 서 있다. 그 옛날 자신이

::비파정 앞에 선 백거이

옷깃을 적시며 울던 「비파행」의 현장을 지켜보듯이 서 있다.

그가 귀양 온 이듬해의 어느 가을날 밤이었다. 심양강 강가에서 나그네를 전송하려던 밤에 홀연히 강물을 타고 들려오는 비파 소리를 듣게 된다. 그 소리는 예사 솜씨가 아닌 세련된 가락이었다. 사람을 찾아 물으니 본래 장안의 기생으로서 그녀는 비파의 명인에게 전수받은 고수였다. 늙고 시들어 장사꾼의 아낙이 되었으나 남편은 돈만 중히 알 뿐, 그 사람은 차를 사러 집을 떠났고 여인은 깊은 밤 홀연히 화려했던 옛날을 꿈 속에 그리며 비파를 뜯고 있었다. 낙천은 술자리를 다시 차리고 그녀에게 비파를 청해 듣는다. 연주를 끝내고 그녀는 환락에 젖었던 젊은 시절과 늙어 영락하여 초췌한 꼴로 강호를 유랑하는 애처로운 자신의 신세를 털어놓기 시작한다. 낙천은 동병상련의 정을 느끼며 2년째 귀양살이하는 자신의 심사와 다를 바 없는 감회로써 「비파행」을 지어 그녀에게 바쳤던 것이다.


다 같이 우리는 하늘가에 떨어진 영락한 신세로　　　同是天涯淪落人
이렇듯 만났으니 굳이 지난날의 면식을 논하랴!　　相逢何必會相識


그날 밤 심양강두에는 단풍잎 갈대꽃이 소슬대고 가을 달은 오직 강물속까지 창백하게 비추는데, 눈썹을 떨구며 신묘한 솜씨로 연주하였다.


모든 사람은 얼굴을 묻고 울면서 들었노라.
그 중에서도 가장 많이 눈물 흘린 사람은
다름 아닌 청삼을 흠뻑 적신 강주사마였노라.

　　　　　　　　　　　　　　　　　—「비파행」 중에서

나는 특히 이 끝 구절을 좋아한다. 자신은 빼놓고 강주사마가 청삼을 흠뻑 적시며 울었다는 이 능청맞은 애상(哀傷)을.

실제로 그는 눈물이 많고 마음이 따뜻한 사람이었다. 친형제뿐만 아니라 큰집의 형제들과도 화목했고 만년에는 앞서 떠나간 동생들의 유족들을 모두 거두어 부양했다. 인정 많고 멋과 흥취가 많은 백낙천. 그는 감당호(甘堂湖) 부근에다 연꽃 모양의 정자를 또 남겼다. 귀양살이 3년에 그의 족적은 비파정과 여산의 화경, 그리고 감당호의 연수정(煙水亭)으로 이어졌다. 그리고 100여 편의 시와 함께 『비파행』이란 장편 서사시를 남겼다.

「비파행」은 연극, 청삼루잡극(靑衫淚雜劇)으로 다시 태어나 많은 사람들의 사랑을 받고 있다. 이 작품이 쓰여진 것은 45세. 그 뒤 47세에 충주자사로 복직되어 항주자사, 소주자사를 거쳐 마지막에 이른 관직은 형부상서였다.

슬하에 5남매를 두었으나 세 딸이 모두 요사했고 58세에 만득자로 아들 하나를 얻긴 했으나 그마저 세 살을 넘기지 못했다. 동기 3형제도 모두 그를 앞서 떠났고 어머니는 꽃구경을 나갔다가 어이없게 우물에 빠져 죽었다. 눈이 잘 보이지 않는 것도 어린 자식의 참척으로 인한 상명(傷明)일터, 폐병 또한 가족 모두를 앞세운 슬픔이 가슴 밑바닥에 남아 있기 때문일 것이었다. 그럼에도 75세의 장수를 누린 것은 글자 그대로 낙천지명(樂天知命)한 그의 생활 태도와 연관이 있지 않았을까 한다. 그는 이름 그대로 '거이(居易)', 즉 죽고 사는 것을 쉽게 용납했다. "살아도 그만 죽어도 그만, 죽음이나 삶을 가타부타 안하게 되었으니" 그는 스스로 달통했노라고 외쳐댔던 것이다.

사나 죽으나 별반 좋을 것도 나쁠 것도 없노라.　　死生無可 無不可
깨닫고 달통했노라. 백낙천은 달통했노라.　　　達哉達哉 白樂天

향산거사 백낙천은 846년 8월 낙양에서 75세를 일기로 별세하니 장안 용문(龍門)에 묻혔다.

유달리 슬픔과 낭만이 많았던 사람, 백낙천. 함부로 기뻐하지도 말고 또 걱정하지도 말자던 사람. 기쁜 일이 있어도 기뻐하지 않았고 슬픈 일이 있어도 그다지 슬퍼하지 않은 담담한 심정으로 한 세상을 건너고자 했지만 어찌 낙천(樂天)이라고 해서 가슴 밑바닥에 슬픔이 없었겠는가. 거울을 향해 "낙천아 낙천아 불쌍하구나!"를 외치던 젖은 음성 속엔 어느새 내 모습이 겹쳐지던 것이다.

# 저자 후기

　구미 각국에서는 『주역』을 『역경』의 중국어 음을 따라 "I Ching" 혹은 "I Ging"이라 부른다. 공자의 후손으로부터 『주역』을 사사받은 리하르트 빌헬름(Richard Wilhelm)은 1956년 독일어 번역판 『주역』을 『변화의 책, 역경(I Ging Das Buch der Wandlungen)』이란 제목으로 뒤셀도르프에서 출간하였다. 이때 카를 융은 리하르트 빌헬름의 독일어판 『주역』에 서문을 썼다. 그리고 보셀만(D. J. Vozelmann)은 빌헬름의 독일어판을 스페인어로 번역하여 1975년 부에노스아이레스에서 출간했다.

　중남미의 호머, 20세기의 창조자라 일컫는 호르헤 루이스 보르헤스는 스페인어판 『주역』에 헌시를 썼고, 스페인어권 독자들에게 『주역』 읽기를 권했다.

　예리한 직관으로 형이상학적 문제를 포착, 독자들을 환상의 세계로 이끌었던 아르헨티나 출신의 작가 보르헤스의 『주역』 서문에 부친 헌시를 부록에 소개한다. 그리고 『주역』 첫 페이지에 실려 있었으나 지금은 낙장이 된 「역서(易序)」를 번역과 함께 수록한다. 작자 미상의 이 「역서(易序)」에는 주역의 중요한 뜻이 담겨 있다. 길 위의 나그네가 고향으로 보내는 편지에서 아무래도 못다 한 사연이 있는 것만 같아 봉

을 뜯는 것처럼 필자 역시 같은 심정으로 후기를 첨언한다. 충정으로
이해해 주셨으면 한다.


2012년 10월 그믐

觀如 合掌

# 『주역』 서문에 부쳐

호르헤 루이스 보르헤스(김홍근 옮김)


미래는 취소할 수 없다
무표정한 어제가 그런 것처럼
시간이란 책, 거기에 쓰인
해독할 수 없는 영원한 글
사물치고 그 글의 철자 아닌 게 없다
집을 떠난 사람은 이미 돌아와 있다
우리의 삶은 걸어본 미래의 오솔길
어떤 엄밀함이 실타래를 잣고 있다
주춤거리지 마시라
감옥은 어둡고
견고한 플롯은 간단없는 쇠로 되었지
하지만 당신의 우리 한 구석엔
어떤 빛, 어떤 균열이 있을 거야
길은 화살처럼 피할 수 없지만
틈틈이 절대가 숨어서 기다리고 있다

# 역서易序

역의 글됨이 괘, 효, 단, 상의 의리(義理)가 갖추어 있고

천지 만물의 정(情)이 나타나 있으니

성인이 천하의 오는 세상을 걱정함이 지극(至極)하도다.

선 천하에서는 그 물건을 열며

후 천하에서는 그 일을 이루니라.

이런 고로 그 수(數)를 극(極)하여 천하의 상(象)을 정(定)하며

그 상(象)을 나타내어 천하의 길흉(吉凶)을 정(定)하나니

64괘와 384효는 모두 성명(性命)의 이치(理致)에 순(順)하며

변화의 도(道)를 다하는 바라.

흩어서 이치에 있은 즉 만 가지로 다르고

모아서 도(道)에 있은 즉 두 가지에 이르지 아니하나니

역에 태극이 있으니 이것이 양의(兩儀)를 냄이라.

태극은 도(道)요 양의(兩義)는 음(陰)과 양(陽)이니 음양은 한 도(道)요

태극은 무극(无極)이라

만물의 남[生]이 음(陰)을 지고 양(陽)을 안으니

태극이 있지 않음이 없으며

양의(兩義)가 있지 않음이 없으니

인온(絪縕)이 서로 느낌에 변화가 궁하지 않음이라.

형(形)이 그 생(生)을 한 번 받고

신(神)은 그 지혜를 한 번 발(發)하여 참과 거짓이 나감에 만(萬) 가지 단서(端緖)가 일어나니

역(易)이 길흉(吉凶)을 정(定)하고 대업(大業)을 내는 바라.

고로 역은 음양의 도(道)요

괘(卦)는 음양의 물건(物件)이요

효(爻)는 음양의 동(動)하는 것이니

괘(卦)가 비록 같지 않으나 같은 것은 홀수와 짝수요

효(爻)가 비록 같지 않으나 같은 것은 구(九)와 육(六)이라.

이런 고로 64괘를 체(體)로 하고

384효를 서로 그 용(用)으로 하여

멀리는 육합(六合)의 밖에 있고

가까이는 한 몸에 있어서

눈 깜짝하고 숨 한 번 쉬는 잠깐 사이와 동정(動靜)의 미세한 것에도

괘(卦)와 상(象)이 있지 않음이 없으며

효(爻)의 뜻이 있지 않음이 없으니

지극하도다 역(易)이여!

그 도(道)는 지극히 크고 싸지[包] 않음이 없으며

그 용(用)에는 지극히 신묘(神妙)하여 있지 않음이 없도다

때[時]는 진실로 비로소(처음부터) 하나에 있지 아니하고

괘(卦)는 비로소 정(定)한 상(象)이 있지 아니하며

일은 진실로 비로소 궁(窮)함이 있지 아니하고

효(爻)는 또한 비로소 정(定)한 위(位)가 있지 아니하니라

한 때로써 괘를 찾으면 즉 변하지 않음에 거리끼니 역(易)이 아니요

한 일로써 효를 밝히면 즉 막혀서 통하지 않으니 역(易)이 아니요

이른바 괘효단상(卦爻彖象)의 뜻을 알고

괘효단상의 용(用)을 알지 못하면 역시 역(易)이 아니다.

고로 정신의 운영과 심술(心術)의 동(動)함을 얻어

천지와 그 덕(德)을 합(合)하고

일월(日月)과 그 밝음을 합(合)하고

사시(四時)와 그 차례를 합(合)하고

귀신(鬼神)과 그 길흉을 합(合)한 연후에

가히 역(易)을 안다고 이르느니라.

비록 그렇지만 역(易)에 괘(卦)가 있는 것은

역(易)이 이미 형상(形象)한 것이요

괘(卦)에 효(爻)가 있는 것은

괘(卦)가 이미 나타난 것이니

이미 형상(形象)하고 이미 나타난 것은

가히 안다고 하거니와

형상(形象)하지 않고 나타나지 않은 것은

가히 이름을 구(求)하지 못할지니

즉 이른바 역(易)은 과연 어떠한 것인가?

이는 배우는 자가 당연히 알아야 할 바라.

## 易序

易之爲書 卦爻象象之義備而 天地萬物之情이 見하니

聖人之憂 天下來世 其至矣로다.

先天下而 開其物하며

後天下而 成其務라

是故로 極其數하야 以定天下之象하며

著其象하야 以定天下之吉凶하니

64卦와 384爻 皆所以 順性命之理하며

盡變化之道也라.

散之在理則 有萬殊하고

統之在道則 无二致니 所以 易有太極하니 是生兩儀라.

太極者는 道也요 兩儀者는 陰陽也니 陰陽은 一道也요

太極은 无極也라.

萬物之生이 負陰而抱陽하여 莫不有太極하며

莫不有兩儀하니 絪縕交感에 變化不窮이라

形一受其生하고

神一發其智하야 情僞出焉하고

萬緖起焉하니 易所以定 吉凶而 生大業이다.

故로 易者는 陰陽之道也요

卦者는 陰陽之物也요

爻者는 陰陽之動也니 卦雖不同이나 所同者 奇偶요

爻雖不同이나 所同者 九六이라

是以로 64卦 爲其體하고

384爻 互爲其用하야 遠在六合之外하고

近在一身之中하야

暫於瞬息과 微於動靜에 莫不有卦之象焉하며

莫不有爻之義焉하니

至哉라 易乎여! 其道 至大而 无不抱하며

其用 至神而 无不存이라

時固未始 有一而 卦未始 有定象하며

事固未始 有窮而 爻亦未始 有定位하니

以一時而索卦 則拘於无變이니 非易也요

以一事而明爻 則窒而不通이면 非易也요

知所謂 卦爻彖象之義而 不知有 卦爻彖象之用이면 亦非易也라

故로 得之於 精神之運과 心術之動하야

與天地 合其德하며

與日月 合其明하며

與四時 合其序하며

與鬼神 合其吉凶 然後에야 可以謂之知易也라

雖然이나 易之有卦는 易之已形者也요

卦之有爻는 卦之已見者也니

已形已見者는 可以言知어니와

未形未見者는 不可以名求니

則所謂易者 果何如哉아

此 學者所當知也라